フランス保護国時代のカンボジア

カンボジアの行政

A. シルベストル
著

坂本恭章
訳

上田広美／岡田知子
編

ក្បួន
បច្ចាញ
ចំណេះវិជាការខាងរដ្ឋបាល
សំរាប់
មន្ត្រីនគូរាជ្ការខ្មែរ
ហើយនិង
ពួកកូនសិស្សសាលារដ្ឋបាលខ្មែរ

めこん

A.シルベストル
Achille Silvestre

1879-1937年。1901年からカンボジアの複数の州の弁務官を務め、続いて高等弁務官事務局長となった。フランスの租借地であった広州湾の主任行政官を経て、カンボジアに戻り高等弁務官となった。最後はインドシナ総督代行となり、インドシナの地で35年間奉職した。カンボジアの行政学校でも教鞭をとり、またカンボジアで初めての中等教育機関となったシソワット校、およびシソワット校卒業生友愛会の設立を支援するなど、カンボジアで数多くの功績を残した。

まえがき

1.1　この訳書は、神田真紀子さんから頂戴いたしました

A. Silvestre
Administrateur des Services Civiles de l'Indochine
Chargé de Cours à l'Ecole d'Administration Cambodgienne

Cours
de
Connaissance Administratives
à l'Usage des
Fonctionnaires Cambodgiens
et des
Élèves de l'École d'Administration Cambodgienne
Traduit par
M.Nal,Secrétaire-Interprète à la Résidence Supérieure
Répétiteur à l'Ecole d'Administration Cambodgienne

Publié sous les Auspices
de
l'Administration du Protectorat
1920

のコピーの抄訳です。

1.2　この本は、上記にありますように、フランス語で書かれたもののクメール語への翻訳書で、それを孫訳することになりますので、これらを区別するために、「原書」、「原訳書」、「本訳書」とし、「原著者」、「原訳者」、「本訳者」とします。「注」は「原注」と「訳注」にし、「原文」「原訳文」も使います。

1.3　原書は教科書なので、税額や舟の積載量の計算例、選挙における当選者の決定方法例、推薦昇任候補者の順位の決定例などをあげたり、記述も重複を恐れず大変親切に詳細に述べてあり、さらに、たとえば通貨や関税の存在意義、はては庶民に対して官吏が払うべき配慮と持つべき心得、といった教養的記述もあり、それはそれで大変興味の持てる記述なのですが、今回はインドシナ国とカンボジア国の行政・司法制度に直接関連のない部分は割愛し、およそ60％の量になっています。

　なお、原訳書での記述が前後している、あるいは別項目を挟んで2ヶ所に分離しているなどを、本訳書では順序を入れ替えて理解しやすくした部分もあり、その結果記述の順序が原訳文とは変わっている部分があります。また章や節の名称も原訳文とは必ずしも一致していませんので、原訳文と照合なさる場合は、ご注意ください。

　貴重な資料を提供して下さった神田真紀子さんにお礼を申し上げます。

2. 記号

　(　)は原訳書の通りです。

　原訳書の'　'は「　」にしました。また本訳者の判断で、文を読みやすいように語を「　」で囲ったものもあります。

［　］は原訳文にはなく、文意を明らかにするために本訳者が補ったものです。誤りがあるかも知れません。
本訳注は［訳注。］としてありますが、[cf.]の場合は「訳注」を略してあります。
また、本訳者の誤訳であると理解される恐れがあるものには［ママ］を使ってあります。

3. 訳語について

3.1　本書に現れる法律、政治、経済などの専門用語は、本訳者の知識不足から適切でない、あるいは誤った語に翻訳されている語が多々あると思います。しかし、本訳者が目的とする意味は推察できると思いますので、適切な専門用語に置き換えてご利用ください。また、それらをご教示いただければ幸いです。

3.2　原訳書はフランス語からの翻訳ですが、当時、通常はフランス語のままで使用している語をクメール語に翻訳するにあたっての訳語が安定していなかったらしく、たとえば、immigration は「外国人入国管理局」、「外国人出入国管理局」、「アジア人外国人入国管理局」など複数の訳語が使用されています。「外国人登録料税」、「外国人人頭税」、「アジア人外国人人頭税」、「中国人登録料税」などもあります。これらの語が実は同一物をさすと判断したものは、「外国人入国管理局」、「外国人登録料税」のように統一しました。それは、原語に忠実であることで、かえって制度を知る上で混乱を生じるのを防ぐためです。

3.3　たとえば、森林規定に関する記述中で「規定に違反する」、また伐採許可書に関する記述中で「許可書を紛失する」などのように、略記されているものは、それぞれ「森林規定に違反する」、「伐採許可書を紛失する」というように補いました。

3.4　たとえば、「郡長は村長から受け取った税金を国財務局長の所に持参する」の「国財務局長」は明らかに「州財務局長」の誤りです。このように誤りであることが明瞭なものは、断りなく訂正してあります。誤りであることが確実ではない、あるいは何らかの理由で原文または原訳文の誤りらしい記述を生かしておきたい場合には、原訳文のまま訳し、［ママ］と注記しました。

実は、上の「アジア人外国人人頭税」、「中国人登録料税」などは、当時の国情を示すものとしてそのままにしておくのがよかったのかも知れませんが、繁雑になるのでやめました。

4. 注意が必要な訳語についてのべます。

4.1　たとえば日本語の「県」は、「A県で竜巻が発生」というように、単に地理的区画を指す場合と、「県の方針は」、「県に損害賠償を求める」のように「行政機関」を意味する場合があり、原訳書は後者にはクメール語で「政府」を意味するraajakaaraが使用されています。この後者を区別するために、「州政府」「市政府」「郡政府」「村政府」を使いました。「国政府」は特に必要がない場合は単に「政府」としました。

4.2　行政区画が現在と異なりますので、下に本書で使用した訳語とともに示します。

```
                              khaetra    (khaṇḍa)    ghum
カンボジア国政府                  郡        （支郡）     村

                  ただし、バット・ドンボーン、シエム・リアプ、シー・ソーポンの3郡では、
                              khaetra     sruk       ghum
                                郡         sruk       村

                  ruam khaetra
                       州
保護国政府
                  krum mwang
                       市
```

括弧内の khaṇḍa は、広い郡では住民の便宜のために郡庁の支所をおいたものですが、村長は郡長に直属しました。一方バット・ドンボーンなどのsrukは統治上、郡と村との間に介在するもので、村長はsruk長に直属しました。これはシャム領時代の名残です。

保護国政府はクメール国政府の51郡を1つの市と12の州に分け、それぞれに弁務官を配置しました。そして、村長が王国政府に送る公文書は、郡長－弁務官－高等弁務官を経由して王国政府に到着していました。

この図から明らかなように、この後まもなく、遅くとも1936年までに、カンボジア国政府は統治ラインに州を組み込み州知事を配置して、現在の、

```
  khaetra    sruk     ghum
    州        郡       村
```

になったわけです。つまりバット・ドンボーンなど3郡の名称をそのまま使ったのですが、語の意味する内容は変わっています。なお、ruam khaetra は dii ruam khaetra「州都」として、現在も生き延びています。

4.3 たとえば、当時のインドシナ国には、フランス国で資格を取ったフランス医師とハノイの医学校で資格を取った現地国医師との区別がありました。ですから「フランス人医師」には厳密には「フランス人フランス医師」と「フランス人現地国医師」の2つを含むことになるのですが、原訳書では「フランス医師」と「フランス人医師」とを区別しているのか不明です。フランス官吏とフランス人官吏、現地国官吏と現地国人官吏などについても同様です。これらは区別されている場合もあることを考慮して、原訳書通りに訳してあります。

これらの他にも、後日の再検討のために、たとえば「発給する」などのように文の意味が不明にならない限度で原訳書の語を一定の日本語でおきかえたものもあり、その結果日本語として少し不自然な訳文があります。

4.4 コンテキストから「船」であるか「艦」であるかが判断できないものは「船」にしました。

4.5 本書のカンボジア国の政治は、従来の「五卿」制度がおこなわれています。従って、たとえば「内務を担当する卿」すなわち「内務大臣」は存在せず、「首相の職務と内務と宗務を担当する卿」がその職務を司っています。ところがこの「内務を担当する卿」という表現は外国の「内務大臣」にそのまま使用されますので、クメール国についても「内務大臣」にしました。これで本訳書内では支障は起こらないのですが、（他の書物で）たとえば同一人物が首相になり、内務大臣になり、宗務大臣になっている場合、これは1人の大臣が大臣3名を兼任しているのではないことを理解しておいてください。

4.6 政府に勤務する者、つまり政府から俸給を受ける者には次の5グループがありました。政府に勤務するという意味で、ここでは仮に公務員と呼びます。

a。上級職公務員（国王が任命）
b。中級職公務員（国王が任命）
c。初級職公務員（大臣が任命）
d。補助公務員（大臣が任命）
e。村公務員（村政府が雇用する smien、教師、警察官で弁務官が任命。村長と助役は政府からの俸給がないので、公務員ではありません）。

ア。「官吏」は「mantrii」の訳語で、上の a、b、c の3つ、または a と b の2つを指します。「mantrii」は原書は mandarine ではないかと思います。

イ。「官員」は「anak raajakaara」の訳語で、上の a から e まで全部、あるいは c 以下、あるいは d 以下のこともあります。d は「下級官員」とされることもあります。「anak raajakaara」は原書では恐らく fonctionnaire でしょう。
なお。「官吏」も「官員」も日本の旧官制からの借りものですが、「中央」「地方」の区別ではありません。

ウ。「職員」は本来は職務／任務を分担する者という意味の「bhnaak ngaar」の訳語で、上の公務員に限りません。たとえば「村長」は村職員で、官員ではないのですが、「村長は国家警察の職員で、犯人を捜査、逮捕する」というように述べられています。なお「警察職員」は「警察官」にしました。「bhnaak ngaar」は原書では personnel である可能性があります。

エ。実は上に述べました区別は原訳書ではおおまかなもので、「mantrii」と「anak raajakaara」と「bhnaak ngaar」3語の用法は判然としませんので、いわば今後の研究資料として本訳書ではそのまま忠実に翻訳してあります。

4.7 コーチシナ国は植民地なので、長は gouverneur です。これは「小総督」として、インドシナ国の長である gouverneur général「総督」と区別しました。少々変ですが、他に名案があればお教えください。

4.8 原訳書はトンキン国、アンナン国、コーチシナ国の3国をまとめたものを yuon としています。この yuon は本訳書では「ベトナム」と訳します。なお、yuon はカンボジア学界の一部で信じられているらしい「蔑視」のニュアンスはありません。

4.9 当時の裁判所は、検察部と公判部の2部門がありました。従って、「裁判所に告訴／告発する」は、たとえば「婚姻届を区役所に提出する」と同程度に普通の表現でした。

4.10 クメール行政・司法制度特有のもので、適切な訳語がみつからないものは訳さず、ラテン文字で表記しました。cau krama、kramakaara などで、多くは本文中に解説されています。本文に解説がないものは個別に注をつけました。

4.11 原訳書で kambujā、khmaer は、本書ではそれぞれカンボジア、クメールとします。

5. 転写

ラテン文字による表記方法は文字転写で、クメール文字が対応するサンスクリット文字音を使用します。なお、長母音はaa、ii、uuのように同一母音を2つ使います。また、ṅとñは一般になじみのあるngとnhを使います。またṃはmにします。

サンスクリットにない母音の転写は次の通りです。

ŏ	w
ŏ̄	ww
ɨŏ	œ
ɨə̆	wa
ɨə̆	ie
ɨɔ̆	ae

6. 多義に使用される語について

ア。ベトナム人： 「ベトナム」はトンキン・ベトナム、アンナン・ベトナム、コーチシナ・ベトナム3国の総称ですが、「ベトナム人」はコーチシナ・ベトナム人だけをさしていることがあります。コーチシナ・ベトナム人であることが明瞭で、かつそのことが重要である場合のみ、[コーチシナ・]ベトナム人としました。

イ。シャム人、ラオス人など： これは、「シャム国人、ラオス国人など」の場合と、「シャム系、ラオス系カンボジア国人」の場合があります。

ウ。ヨーロッパ人： 多くの場合は、本文中に記述がありますが、「高度に文明の発達したヨーロッパの国および準ヨーロッパ国（たとえばアメリカ、日本）」ですが、その確認ができませんので、原訳のままにしました。

エ。欧米人： これは上のヨーロッパ人にアメリカ人を加えたものですが、日本人が含まれていることもあると思われます。

オ。フランス人： フランス国人の場合と、上の欧米人のことがあります。

カ。アジア人外国人： 定義は、「極東の中国などの国の国民と、イギリスなどの保護を受ける国、たとえばインドの国民」ですが、中国人だけを意識している記述がたくさんあります。なお、日本人は含まれません。

キ。フランス保護国： カンボジア国を含む場合と含まない場合があります。

ク。フランス植民地： フランス保護国を含むことがあります。特にインドシナ総督はフランス国植民地相（「植民地大臣」は「植民地国の大臣」と紛らわしいので本訳書では使用しません）に直属していました。

ケ。華僑会長： 一般の華僑会の私的な会長のほかに、所定の手続きを経て高等弁務官が任命した華僑会長で、郡に1人だけのもあります。

7. 本文中のクメール語について

ア。nagaravatta： 遺跡名でカナ表記では「アンコール・ワット」ですが、本書ではカンボジアで最初のクメール語紙（1936年12月～1942年7月）の名です。クメール語とカナ表記の乖離が大きすぎますので、一般には新聞名の場合はナガラワッタとされることもありますが、本訳書ではラテン文字表記にしました。なお、「最初のクメール語紙」というのは神田真紀子さん（の修士論文）によると正確ではないのですが、ここでは通説に従います。

イ。aacaarya： 寺所属の在家で、ほぼ事務長に相当するようです。故人の家族に対する葬儀の指導などもします。

8. 参考

1937年3月20日付nagaravatta 13号によると、同18日のショロンでの米相場は、1級精米60キロが3.75－3.77リエル。日本へ輸出される2級籾68キロが2.53－2.57リエルです。同19日のプノンペンでは、1級精米100キロが6.65－6.70リエルです。

9. お願い

1953年の独立以前のカンボジアを「フランス植民地時代のカンボジア」と呼ぶのが一般のようです。なるほど、インドシナ国総督はフランス共和国政府の植民地相に直属してはいましたが、本訳書では原訳書の記述に従って「フランスの保護国」としますので、「通説とは異なります」。なお、nagaravattaにも、「カンボジアはフランスの保護国であ

って植民地ではない」と怒りを述べる文がしばしば現れます。

　本訳書は、資料として提供するものです。不適切な訳語、あるいは、原訳文はいわば同時通訳のような文になっていて、錯綜していて意味不明、あるいは多義のことが多く、前後の関係から推測した部分が少なからずありますので、本訳者による誤訳もあるかと思います。しかし、「通説とは異なる」という理由だけで「誤訳である」としないでください。「通説と異なる」記述があれば、本訳書の上記原訳書の文を検討して、本訳者の誤訳であるか、それとも原訳書の記述が「通説と異なる」のかを判断してください。「原訳書の記述が定説と異なる」可能性がありますからこそ、資料として提供するのです。拙訳書に対して行われている、拙訳書の底本とは異なる資料を使い、拙訳書中の訳語の原語とは異なる原語を論じて、「訳に問題あり」とするのはご勘弁ください。

　2010年吉月

本訳者

カンボジアの行政

目次

まえがき……1

序論

「1」フランスが来てインドシナ国を統治するに至った歴史…………27
　　①フランスとベトナムとシャムとカンボジア　27／②インドシナ　27／③広州湾　28

「2」地理…………28
　　①インドシナ国の人口　28／②各国の産物　28

「3」インドシナ国の政治と行政の仕組み…………29
　　①総督　29／②総督に直属する高官　29／③総督の諮問会議と委員会　29／④インドシナ国総予算　29

「4」各国政府…………30
　　①各国の長と諮問機関　30／②各国の長に直属する高官　30／③各国の行政区分と統治形態　30

第 1 編
カンボジア国を統治する政府

第 1 章
保護国政府、カンボジア国に保護国政府を設置する条約と協定 ………………… 35

「1」1863年8月11日の保護国条約………35

「2」フランス政府とシャム政府間の条約………35
　①1867年の条約 35／②1893年の条約 36／③1904年の国境変更 36／④1907年の条約 36

「3」1884年6月17日の協定………36

第 2 章
クメール国政府 ……………………………………………………………………………… 37

「1」国王………37
　①国王と高等弁務官 37／②国王の権利 37／③王室費 37

「2」王族………37
　①王族 37／②王族扶助局 38／③王族の就職 38

「3」内閣………38
　①大臣 38／②閣議と大閣議 38／③大臣の補佐者 39

「4」卿………39
　①郡守の廃止 39／②卿の職務 39／③その他 41

「5」三権分立………41
　①立法権 41／②法律執行権 41／③司法部官吏の職務 41／④行政権と司法権の分離 41

第 3 章
現地国諮問会議 …………………………………………………………………………… 41

「1」総説………41

「2」委員………42
　①選挙人 42／②被選挙人 42／③定員と投票の方法 43／④異議申し立て 44／⑤補欠選挙 44
　⑥プノンペン市のための別規定 44／⑦クメール政府が選任する委員 45／⑧任期 45

「3」会議………45
　①会期 45／②諮問会議委員長 45／③会議 45／④現地国諮問会議の職務 45

第2編
カンボジア国における行政機関の仕組み

第1部
保護国政府の仕組み

第1章
カンボジア国内の上級政府の仕組み ……………………………………………………………… 49

「1」高等弁務官…………49
①インドシナ総督と高等弁務官 49 ／②カンボジア国高等弁務官の職務 49

「2」保護国諮問会議…………49
①カンボジア国の保護国諮問会議 49 ／②委員 50 ／③職務 50

「3」高等弁務官府の課…………50
①官房 50 ／②事務局 51 ／③事務局内の課 51

第2章
州政府 ……………………………………………………………………………………………… 51

「1」州と州支庁…………51

「2」プノンペン市政府…………51
①市政府と市長の設置 51 ／②市委員会 52 ／③市長の職務 52 ／④区長 52

「3」州政府の仕組み…………53
①弁務官 53 ／②弁務官を補佐する官吏 53 ／③弁務官のクメール政府に対する職務と司法職務 53
④州支庁 54 ／⑤州諮問会議 54 ／⑥州諮問会議委員 54 ／⑦州諮問会議委員の選挙 54
⑧州諮問会議の会議 55 ／⑨州諮問会議の職務 55 ／⑩州諮問会議委員の義務と任務 55

第3章
総督府総局のカンボジア国支局 ……………………………………………………………………… 56

「1」関税・消費税・使用料局…………56
①関税 56 ／②消費税・使用料 56 ／③組織 56 ／④税関 56 ／⑤公社と酒税 57
⑥州関税・消費税・使用料局長 57 ／⑦酒造所関税・消費税・使用料長 57
⑧州関税・消費税・使用料局巡視課官員 57 ／⑨その他 57

「2」郵政総局…………58
①インドシナ国郵政総局の業務 58 ／②組織 58 ／③郵便局の種類 58 ／④職員 58 ／⑤電報 59

「3」登記所…………59
①登記 59 ／②印紙 59 ／③公証人 59 ／④弁務官が代行 60

「4」フランス裁判所…………60
①総説 60 ／②民事裁判 60 ／③刑事裁判 60 ／④重罪犯罪の審理 60

⑤中級罪犯罪の審理 61 ／⑥軽罪犯罪の審理 61 ／⑦裁判所の補助職員 61

第4章
軍 62

「1」陸軍…………62

①総説 62 ／②カンボジア国内の陸軍 62 ／③フランス人兵士 62
④現地国人軍 62 ／⑤その他の部隊 62

「2」海軍…………63

第5章
国内局 63

「1」総説…………63

【1】国民の安全に関する局……………………63

「1」国家警察…………63

①公安警察 63 ／②警視 64 ／③市警察 64 ／④警察署 64

「2」憲兵隊…………65

①総説 65 ／②プノンペン市の憲兵 65 ／③州の憲兵 65

「3」保安隊…………65

①総説 65 ／②職務 65 ／③階級 66 ／④軍に動員 66 ／⑤保安隊員の選抜 66

「4」刑務局…………66

①刑罰 66 ／②刑務所 66 ／③役務 66 ／④受刑者の保護 67 ／⑤刑務所の統括 67

「5」受刑者特徴記録局…………67

①職務 67 ／②特徴カード 67 ／③組織 67 ／④特徴カードを作成しない者 68

「6」外国人入国管理局…………68

①アジア人外国人 68 ／②組織 68 ／③パスポートの発給 68

【2】国の公金を扱う部局、すなわち財務局……………………68

①予算と財務局 68 ／②財務局長 68 ／③組織 69 ／④会計検査 69

【3】国の財産を増すための局……………………69

「1」公共土木事業局…………70

①職務 70 ／②組織 70 ／③鉱床、蒸気機関 70

「2」農業・工業・商業局…………70

①総説 70 ／②農業 71 ／③工業 71 ／④奨励 71 ／⑤その他の機関 71

「3」森林局…………71

①総説 71 ／②森林利用税 71 ／③森林管理官 71 ／④組織、森林局管区 72

「4」獣医局と動物の病気…………72

①総説 72 ／②獣医局管区と獣医助手 72 ／③検疫 72 ／④品種改良 72

「5」地図局（土地登記局）…………73

①総説 73 ／②組織 73 ／③職務 73

【4】国民を発展させるための局……………………73

「1」医務局…………73

①総説 73 ／②組織 74 ／③プノンペン市内 74 ／④船舶検疫所 74 ／⑤プノンペン市医務局 74

⑥病気予防委員会 74／⑦州医務局 75／⑧州病気予防委員会 75／⑨薬配布所 75
⑩隔離施設 75／⑪マラリア 76／⑫予防注射 76

「2」教育局…………76
①高等教育 76／②フランス語―現地国語特別課程教育 76／③フランス語―現地国語初等教育 77
④寺での教育 78／⑤女子校 78／⑥工業教育 78／⑦美術工芸教育 79／⑧宗教教育 79

第6章
商業農業諮問外国人会議 …………………………………………………………………………… 79
①総説 79／②委員の選任 80／③委員の選挙 80／④委員会の費用 80

第2部
現地国政府

第1章
現地国政府官員 …………………………………………………………………………… 81

「1」総説…………81
①官員の任命と処分規定 81／②政府制度の改正 81

「2」行政権と司法権の分立…………82

「3」官員職に関する国王規定…………82
①要点 82／②行政部官吏 82／③司法部官吏 82／④官職と位階 82／⑤官員の採用 84／⑥知識試験 85
⑦任官 85／⑧採用人数と試験日 86／⑨試験科目 86／⑩昇給昇任の仕組み 86
⑪住民がクメール人でない郡の官員 87／⑫マラリア汚染支郡に派遣する官員 87／⑬行政処分 87
⑭査問委員会 88／⑮刑事罰を受けた官員 88／⑯官員の義務 89／⑰官員の配置、退職 89／⑱官員の特典 89

第2章
クメール行政司法学校 …………………………………………………………………………… 90
①沿革 90／②入学生選抜試験 90／③カリキュラム 90／④奨学制度 90／⑤進級試験、卒業試験 91
⑥特典 91／⑦聴講生 91

第3章
籾税査定徴収人団に関する国王規定 …………………………………………………………………………… 91
①総説 91／②籾税査定徴収人とme kangの選任 91／③郡への配置 91／④欠員の補充と再募集 92
⑤採用試験の受験 92／⑥smien 92／⑦郡補佐官 92／⑧報奨金 92／⑨籾税査定徴収人に与えられる特典 92

第4章
雇員と看守に関する国王規定 …………………………………………………………………………… 93
①総説 93／②任命、昇任 93／③処分 93

第5章
郡政府の仕組み……………………………………………………………………………………93

- 「1」行政区画…………93
  - ①保護国政府——州と市 93／②クメール政府——郡 94
- 「2」郡長の職務と責務…………94
  - ①行政権と司法権 94／②住民の安全を守る職務 94／③ベトナム人長と華僑会長 94／④徴税 95
  - ⑤公金の受け取り 95／⑥司法 95
- 「3」郡における郡長への助力者…………95
  - ①kramakaara 95／②smien 96／③cau krama、subhaa,検察事務官、yukapaat 96
  - ④雇員と看守 96／⑤保安隊 96
- 「4」官舎…………96
- 「5」乗り物…………96
- 「6」支郡…………96
- 「7」sruk…………97
- 「8」現地国政府官吏の公文書…………97
- 「9」郡の引き渡し…………97
  - ①引渡し式 97／②引渡しの手続き 97

第6章
村政府……………………………………………………………………………………………98

- 「1」村…………98
  - ①総説 98／②村の新設 98／③村の境界 98
- 「2」村民…………99
- 「3」村委員…………99
  - ①総説 99／②選挙権と被選挙権 99／③選挙 99／④定員 100
  - ⑤村長、助役、地区長 100／⑥村委員会 100
- 「4」村職員の職務と義務…………100
  - ①村長 100／②助役 102／③地区長 102／④村委員 103
  - ⑤smien、教師、警察官 103
- 「5」村職員が得る特典…………103
  - ①義務の免除 103／②徴税報奨金、徴収料 103
  - ③司法関係の村長への報奨金 103／④栄典 104
- 「6」処分…………104
- 「7」村民の義務…………104
  - ①警備・巡視 104／②護送、文書送達、逮捕、消防 105
  - ③共同作業 105／④遠来者 105／⑤村民への注意 105
- 「8」国民の特典…………106
- 「9」村有財産とその管理…………106
  - ①不動産 106／②動産 106／③管理 106
- 「10」村予算…………106
  - ①総説 106／②収入項目 107／③収入実務 107／④支出費目 108
  - ⑤村予算の会計検査 108／⑥収支金額調査簿 108／⑦村予算作成の現況 109

「11」住民がクメール人でない村…………109

「12」村長と村職員への忠告…………109

第3部
行政の方法

第1章
国有財産 …………110

「1」序説…………110

「2」公共国有財産…………110
①総説 110／②規定 110／③固有財産への移転 111／④私用に使用する許可 111

「3」固有国有財産…………111
①総説 111／②インドシナ国政府固有国有財産 111／③保護国政府固有国有財産 111
④国王位固有国有財産 111／⑤クメール政府固有国有財産 112

「4」固有国有財産である土地の譲渡規定…………112
①政府の権利 112／②規定 112

「5」市内地に関する規定…………112
①市内地 112／②売却 113／③購入者の義務 113／④管理権の取り消し、あるいは完全譲渡 113
⑤例外規定 113

「6」市外地…………114

「7」土地譲渡の全般的原則…………114
①譲渡する権利と譲渡しない権利 114／②権利を保持するもの 114／③島と岸 114／④第3者の権利 115
⑤返還 115／⑥被譲渡者の死亡 115

「8」土地の無償譲渡…………115
①申請 115／②調査、決定 116／③仮土地権利書 116／④土地の開墾開始 116／⑤作物状況確認検査 116
⑥権利剥奪 117／⑦完全譲渡 117

「9」土地の有償売却…………117
①面積による区別 117／②購入申請手続き 117／③調査、聴聞 118／④異議申し立て 118／⑤競売仕様書 118
⑥競売の方法 119／⑦第3者の権利 119／⑧土地購入者が負担するべき費用 119／⑨記録書の承認 119
⑩購入者の義務 120／⑪義務遂行検査、完全譲渡 120

「10」土地購入に関する訴訟…………120

第2章
カンボジア国の森林規定 …………121

「1」保護林と保護樹種…………121
①保護林と非保護林 121／②保護樹種 121／③伐採した樹木の分類 121

「2」伐採規定…………121
①伐採許可書 121／②伐採人証 122／③伐採の不許可 122／④保護樹種 122

⑤細い木の特別伐採許可書　124 ／⑥森林中での製材　124 ／⑦その他　124

「3」計測検査………124
①伐採した材木の計測検査と検印の刻印　124 ／②材木の移動　125 ／③計測検査　125 ／④再計測検査　125
⑤材木運搬許可書　125 ／⑥新造の舟の登録　125 ／⑦計測検査を受けていない丸太の売却　125
⑧計測検査を受ける期限　126

「4」樹脂の採取………126

「5」森林中に製作場を作ること………126

「6」薪………126

「7」窯………126

「8」森林利用税………126
①建築用材の税額　126 ／②その他の税額　127 ／③納税　127

「9」流木………128
①総説　128 ／②拾得　128 ／③引き渡し　128 ／④謝礼　128

「10」無料伐採許可書………128
①総説　128 ／②申請　129 ／③運搬　129 ／④その他　129 ／⑤罰　129

「11」森林防火規定………130
①森林内で火を燃やす　130 ／②野原を焼く　130 ／③森林火災の消火　130 ／④罰　130

「12」焼畑農業の禁止………130

「13」薪についての規定………131
①薪運搬書　131 ／②船による運搬　131 ／③木炭とタケ材　131

「14」保護林………131
①指定　131 ／②伐採　132

「15」森林規定の中級罪違反と軽罪違反………132
①裁判権　132 ／②捜査と告発　132 ／③捜直権を持つ現地国政府官員　132 ／④森林法違反の起訴　132 ／⑤示談　133

「16」森林規定の罰則………133

第3章
衛生……………135

「1」衛生規定………135
①総説　135 ／②伝染病　135 ／③検死　135 ／④市場の監督　135 ／⑤市および大きい市街地区に関する特別規定　135
⑥衛生課　136 ／⑦衛生規定違反　136

「2」伝染病………136
①天然痘　136 ／②隔離　137 ／③ペスト　137

「3」海上防疫課………137

「4」ハンセン病………137
①規定　137 ／②ハンセン病療養園　138

「5」国のキニーネ………138

第4章
動物に関する規定……………139

「1」動物の伝染病………139
①規定　139 ／②動物防疫班を監督する　139 ／③伝染病が発生した時の措置　139

- 「2」動物の登録…………140
  - ①役畜証明書 140 ／②役畜証明書の作成と発給 140 ／③役畜の盗難 141 ／④役畜証明書の紛失 141
  - ⑤役畜記録簿と役畜管理台帳 141
- 「3」役畜売却規定…………141
  - ①役畜売却証明書 141 ／②役畜売却証明書の破棄 142 ／③罰 142
- 「4」ウシ、ウマ、スイギュウのカンボジア国外への移送…………142
  - ①総説 142 ／②インドシナ諸国内の国への移送 142 ／③クメール人が売るためにコーチシナ国へ連れて行く役畜 143
  - ④単にカンボジア国を通過して他のインドシナ国内の国へ行く役畜 143 ／⑤クメールの役畜の外国への輸出 143
- 「5」雌ウシと雌スイギュウの屠殺…………144
- 「6」コウノトリ、白ツル、ペリカンは禁猟…………144
- 「7」ゾウ猟規定…………145
- 「8」動物による被害…………145

第5章
カンボジア国に入国するアジア人外国人 …………146

- 「1」序説…………146
- 「2」僑会…………146
  - ①僑会長と副僑会長 146 ／②僑会長と副僑会長の権限と義務 147
- 「3」カンボジア国到着時に果たすべき手続き…………147
  - ①通行許可書 147 ／②国内居住許可書 147 ／③個人情報記録書 147 ／④身分証明書 147 ／⑤特別居住許可書 148
- 「4」国内居住…………148
- 「5」住所の変更…………148
- 「6」アジア人外国人の死亡…………148
- 「7」旅行証明書と通行許可書…………148
  - ①旅行証明書 148 ／②通行許可書 148
- 「8」罰…………149
  - ①国外追放 149 ／②僑会長 149 ／③書類の不携帯 149 ／④税金 150

第6章
身分証明書 …………150
  - ①通行許可書 150 ／②身分証明書 150

第7章
人と乗り物の徴用とフランス人による雇用 …………151

- 「1」原則…………151
- 「2」徴用…………152
  - ①徴用できる事業 152 ／②人 152 ／③徴用地域 152 ／④補償 152 ／⑤賃金 152 ／⑥乗り物の徴用 152
- 「3」被徴用人の賃金と徴用された乗り物の賃貸料の額…………153
- 「4」フランス人農場経営者の被用者とフランス人家畜飼育業者の被用者…………153
  - ①被フランス人雇用者の特典 153 ／②被用者証明書 154 ／③罰 154

「5」フランス人に雇用されている職人と召使…………154
　①職人手帳 154 ／②契約 154 ／③罰 154

「6」フランス人に雇用されてカンボジア国内の農場あるいは鉱山で働く外国人…………155

第8章
軍、警備業務を行う部局（保安隊、州警備隊、自警団）　155

「1」保安隊…………155
　①選抜方法 155 ／②服務期間 155 ／③罰 156 ／④俸給 156 ／⑤特典 156

「2」クメール国現地国人軍…………156
　①選抜方法 156 ／②任期 157 ／③裁判権 157 ／④予備役 157 ／⑤特典 157

「3」州警備隊…………157

「4」自警団員…………157

第9章
クメール王権界と仏教界　158

「1」国王と仏教…………158
　①国王 158 ／②国王からの仏教徒への注意 158 ／③教義の変更 158

「2」比丘と沙彌…………158
　①比丘証と沙彌証 158 ／②居住寺の変更 159 ／③旅行 159 ／④違反の審理 159

「3」寺院…………159

「4」僧の統治組織…………159
　①総説 159 ／②出家郡守の廃止と郡僧侶長 160 ／③僧侶委員会 160 ／④住職 160 ／⑤郡僧侶裁判所 160
　⑥役職僧の選任 160 ／⑦両派の争い 161 ／⑧僧の法律違反 161 ／⑨出家郡守の権限 161

第10章
銃　161

「1」総説…………161

「2」銃所持許可書…………161
　①戦闘用銃所持許可書 161 ／②戦闘用銃所持特別許可書 161 ／③猟銃所持許可書 162 ／④弾薬の購入 162
　⑤許可書の再発給 162 ／⑥現地国政府官員への発給 162

「3」銃所持許可書所持者に適用される規定…………162

「4」罰…………163

第3編
カンボジア国内の裁判所の仕組み

第1章
カンボジア国内の諸民族それぞれの基本規則　167

「1」基本原則……167

「2」裁判権……167
　①法律の適用範囲　167／②各裁判所の裁判権　167

第2章
カンボジア国内のフランス裁判所　167

「1」総説……167

「2」カンボジア国にあるフランス裁判所……168
　①地方裁判所　168／②地方裁判所の職務　168／③重罪裁判所　168

「3」裁判……168
　①フランス裁判の種類　168／②民事商事裁判　168／③刑事裁判　168／④軍法会議　169／⑤行政訴訟裁判所　169

第3章
クメール裁判所の仕組み　169

「1」総説……169

「2」簡易裁判所と調停裁判……169
　①職務　169／②簡易裁判所 cau krama と調停 cau krama　170／③バット・ドンボーン地域の特例　170
　④審理の手続き　170

「3」地方裁判所……170
　①職務　170／②組織　170

「4」中級罪裁判所と民事裁判所の審理手続き……170

「5」重罪裁判所……170

「6」高等裁判所……171
　①控訴　171／②組織　171／③判決　171

「7」最高裁判所……171
　①組織　171／②職務　171／③判決の無効　171／④判決の破棄　172

「8」審理する cau krama の交代……172

「9」法律に違反した官吏……172

「10」郡刑務所規定……172
　①刑務所　172／②収監　173／③検事　173／④収監者への罰　173

第4編
カンボジア国財務局の仕組み

第1部
税

第1章
総説 …………………………………………………………………………………………… 177

「1」直接税、間接税…………177

「2」国の税と料金等収入の査定と徴収に関する基本規定…………177
　　①領収証 177 ／②税簿 177 ／③納付書 177 ／④罰 178

「3」新税、新料金の制定…………178

第2章
人頭税 …………………………………………………………………………………………… 178

「1」クメール人と準クメール人…………178
　　①被課税者と免除者 178 ／②税額と納期 179 ／③税簿 179 ／④徴税 179
　　⑤移転届 179 ／⑥人頭税カード 180 ／⑦罰 180 ／⑧報奨金 180

「2」シャム国人とラオス国人…………180
　　①ラオス国人 180 ／②シャム国人 180

「3」ベトナム人…………181
　　①免除 181 ／②ベトナム人長 181 ／③税額 181
　　④税名簿 181 ／⑤移転 182 ／⑥罰 182
　　⑦徴収料 182 ／⑧ベトナム人長への処罰 182

第3章
アジア人外国人登録料税 …………………………………………………………………… 182

　　①税額 182 ／②税簿 183 ／③免除 183 ／④出国許可書 183
　　⑤パスポート 183 ／⑥納付 183 ／⑦罰 183 ／⑧徴収料 183

第4章
徴用税 …………………………………………………………………………………………… 184

「1」総説…………184

「2」各国人の徴用税…………184
　　①規定している国王布告と政令 184 ／②クメール人 184 ／③ラオス国人とシャム国人 184
　　④ベトナム国人とアジア人外国人 184 ／⑤領収証と報奨金 184

第5章
高地畑税と畑税 ……………………………………………………………………………………… 185

  「1」高地畑地と畑地………… 185

  「2」クメール人………… 185
    ①課税対象 185 ／②高地畑税額 185 ／③畑税額 185 ／④税簿 186
    ⑤徴収 186 ／⑥罰、報奨金 186

  「3」ベトナム人とアジア人外国人………… 186

  「4」欧米人と準欧米人………… 186

第6章
籾税とバット・ドンボーン地域の水田税 ………………………………………………………… 187

  「1」クメール人の籾税………… 187
    ①課税 187 ／②税額の査定と徴収 187 ／③籾運搬許可書 187 ／④徴収した税の納付 187
    ⑤罰 188 ／⑥報奨金 188 ／⑦例外 188

  「2」ベトナム人とアジア人外国人との籾税………… 188

  「3」欧米人の籾税………… 188
    ①課税 188 ／②税額査定 188 ／③納税 189 ／④籾運搬許可書 189 ／⑤罰 189

  「4」バット・ドンボーン地域の水田地税………… 189
    ①課税 189 ／②税額査定 189 ／③徴収 189 ／④税額の減額 190 ／⑤罰 190
    ⑥報奨金 190 ／⑦土地占有許可証(traa cang) 190

第7章
コショウ税 ………………………………………………………………………………………… 190

  「1」総説………… 190

  「2」クメール人………… 191
    ①課税 191 ／②コショウの価格 191 ／③税簿 191 ／④徴税、罰 192

  「3」ベトナム人とアジア人外国人………… 192

  「4」欧米人………… 192

第8章
営業税 ……………………………………………………………………………………………… 192

  ①総説 192 ／②定額税額 193 ／③割額税額 193 ／④複数の商業種を営む者 193
  ⑤表中にない業種 193 ／⑥半額と非課税 193 ／⑦外国からの持ち込み販売 193
  ⑧夫婦で営業 193 ／⑨廃業 193 ／⑩売却、譲渡 194 ／⑪移転 194
  ⑫分割納付 194 ／⑬税簿 194 ／⑭営業税補正税簿 194 ／⑮異議申し立て、減額の申請 194
  ⑯営業許可書 194 ／⑰罰 195 ／⑱総督政令と国王布告との相異点 195

第9章
舟税 ………………………………………………………………………………………………… 195

  「1」総説………… 195

  「2」舟の計測・積載量推定と登録………… 195
    ①計測 195 ／②積載量の計算 196 ／③登録 196 ／④舟証明書 196 ／⑤変更 197 ／⑥舟手帳 197 ／⑦罰 197

「3」舟主の変更………197

「4」税の査定と徴収………198
　①税簿　198 ／②税額　198 ／③納付　198 ／④舟手帳と舟証明書　198 ／⑤免税　198
　⑥移転　198 ／⑦報奨金　198

「5」欧米人、ベトナム人、アジア人外国人の舟………199

「6」コーチシナ国で登録され、カンボジア国内を走る舟………199

「7」輸出入品の統計………199

第10章
追加税 …………199
　①課税　199 ／②クメール人　200 ／③クメール人以外　200

第11章
カンボジア国保護国政府予算の諸料金収入 …………200

【1】国有財産収入………200

【2】森林収入………200

【3】使用独占権売却代金収入………200

「1」漁区………200

「2」漁具税………200
　①総説　200 ／②samraḥ　201 ／③税簿　201 ／④徴税　201 ／⑤クメール人以外　201

「3」ブタの屠殺と屠殺場………201
　①ブタ屠殺料　201 ／②屠殺場　202

「4」市場………202

「5」渡し場………202

【4】その他の収入………202

「1」拾得動物保護料、拾得物保管料………202

「2」銃所持許可書………203

「3」ゾウ登録料とゾウ売却税………203
　①登録　203 ／②ゾウ証明書　203 ／③ゾウの移動　203 ／④ゾウ登録料　203 ／⑤罰　203 ／⑥売却、譲渡　203

「4」度量衡器検査料………204
　①総説　204 ／②検査と証印　204 ／③徴収　204 ／④罰　204 ／⑤クメール人に対する規定　204

第12章
インドシナ国総予算の主な料金収入項目 …………205

「1」登記料………205
　①私署証書と公正証書　205 ／②文書の登記　205 ／③登記料　205

「2」印紙税………206
　①印紙と印紙税　206 ／②印紙税額の種類　206 ／③文書用紙のサイズによる印紙　206
　④文書中の金額に応じて徴収する印紙税額　206 ／⑤掲示と領収証など　207
　⑥印紙税が課される主な文書　207 ／⑦主な非課税文書　207 ／⑧貼付印紙の消印　207 ／⑨罰　207

　　　　⑩印紙型文書用紙と貼付印紙の販売　208

　「3」関税…………208

　「4」酒税…………208
　　　　①課税　208／②酒造　208／③酒運搬許可書　209／④酒販売許可書　209／⑤罰　209／⑥例外　209

　「5」タバコ運搬税…………209
　　　　①課税　209／②タバコ運搬許可書　210／③税額　210／④罰　210／⑤タバコ工場　210

　「6」マッチ消費税…………210
　　　　①マッチ消費税額と監督料　210／②証紙　210／③マッチ工場　210

　「7」石油関税…………210
　　　　①課税　210／②事故防止　211／③罰　211

　「8」火薬消費税…………211

　「9」籾・米輸出税…………211

　「10」アヘン販売税…………211
　　　　①課税　211／②アヘンの販売　212／③罰　212／④価格　212／⑤アヘンの禁止　212

　「11」塩販売税…………213
　　　　①公社　213／②塩田　213／③塩倉庫　213／④価格　213

　「12」郵政局からの収入…………213

第2部
予算

第1章
総説　214

　「1」予算の原則…………214
　　　　①予算の成立　214／②予算執行命令者と公金出納官　214／③有効期間　214／④収入と支出　214

　「2」予算の作成…………214

　「3」予算執行…………215
　　　　①原則　215／②納付書　215／③支払い書　215／④移項　215

　「4」予算の会計検査…………215
　　　　①予算執行命令者と公金出納官　215／②会計検査、行政会計報告書、会計検査院　215

第2章
カンボジア国内の諸予算　216

　「1」予算の種類…………216

　「2」インドシナ国総予算…………216
　　　　①総説　216／②収入　216／③支出　217／④総予算について　217

「3」カンボジア国予算…………217
　　①総説　217／②収入　217／③支出　218／④予算作成と執行　218

「4」プノンペン市予算…………218
　　①総説　218／②収入　218／③支出　219／④補正予算　219／⑤予算の作成と執行　219

語彙集 …………………………………………………………………………………………221

序論

「1」フランスが来てインドシナ国を統治するに至った歴史

①フランスとベトナムとシャムとカンボジア

1. 1624年に1名のフランス人宣教師がコーチシナ国に来て住んだのが、フランス人がインドシナ国に来た最初である。その後は主として貿易目的で来るようになったが、少しずつ国王の許可を得てアンナン国などに住みつくようになった。キリスト教の宣教師もベトナム国に多数来て布教に従事した。

2. 今からおよそ200年前［ママ］、ベトナム国皇太子Nguyễn Phúc Ảnh［阮福暎］王が北方から来た反乱軍と戦って破れ、フランス人宣教師Pigneau de Béhaine師を頼り、ベトナム国王を守り、敵を破り王位に就く助力をすることをフランス国に求める依頼をした。同神父は同ベトナム国皇太子の王子7歳を帯同してフランス国に行き、フランス国王に謁見させた。こうして、1787年にフランス国王とコーチシナ国［ママ］との間に、「フランス国は反乱軍を懲らしめる。アンナン国は商業が円滑に行われるよう、フランス国を保護する」という友好条約が結ばれた。しかし、フランス国は当時内乱と外敵との戦争で忙しくて、条約通りに［阮福暎王に］助力することができなかった。しかし、Pigneau de Béhaine師は若干のフランス人と共にアンナン国に帰り、Nguyễn Phúc Ảnh［阮福暎］王派を集めて軍を組織し、反乱軍と戦って撃破して勝利し、反乱軍を追い出して王位を取り戻し［阮福暎王が］即位してGia Long［嘉隆］帝と称した。このGia Long［嘉隆］帝の治世中は、［帝は］フランス人に助力し、保護して宣教師たちを支援した。

3. しかし、Gia Long［嘉隆］帝の後の国王たちはベトナム国王に対するフランスの恩を忘れ、アンナン国にいる宣教師を虐待し、フランス人がベトナム国内で商業を行うことができないようにするあらゆる策を講じた。

 　フランス国は何回もベトナム国王にフランス国の恩を思い出させようとしたが、ベトナム国王はフランス国の恩を思い出そうとしなかったので、1847年、フランス国は海軍を送り、Thiệu Trị［紹治］帝の海軍を全滅させた。フランス国が教訓を与えたことで、ベトナム国王はますますフランス国に対する敵意を強くした。

4. それゆえ1858年、フランス国は兵を送り、アンナン国海岸のトゥーラン［＝ダナン］市を占領、さらにサイゴン市を占領した。Tự Đức［嗣徳］帝は降伏して、1862年に「コーチシナ国の大きい省を3省、フランス国に割譲する」［第1次サイゴン］条約を結び、フランス国に敵意を持つことを止める約束をした。

5. しかしその後も反乱・暴動が起こり続けたので、ついにフランス国は1867年にコーチシナ国の残りの省全てを占領し、それ以後コーチシナ国はフランス国の植民地になった。

6. 当時カンボジア国は、西からはシャム国がクメール国に対する統治権を持つと主張し、東と南はコーチシナ国に侵略されて、少しずつ領土を失って苦しんでいた。それでカンボジア国王は王国を守るためにフランス国に助力を求め、その結果既に1863年8月11日にカンボジア国王は、「カンボジア国にフランス国の保護国政府を置く」条約をフランス国と結んでいた。

7. それゆえ、1867年にフランス国はインドシナに植民地を1つ、すなわちコーチシナ国と、保護国を1つ、すなわちカンボジア国を持つことになった。

8. ベトナム国王政府はその後もフランスにトラブルを起こし続け、自らが締結に同意した条約中の協約に背いた。

 　このトラブルは大きくなり続けたので、1873年、フランス政府は兵を送ってトンキン国の一部を占領した。その結果、フランス国とベトナム国は1874年に条約を結び、その協約条項により、ベトナム国王は海岸の大きな港をフランス国商人に開港し、フランス人を虐待しないことになった。しかし今回もベトナム国王は協約条項に従おうとせず、中国に助力を求め、フランス国は再びベトナム国および中国と戦った。

 　フランス国は今回も戦勝し、1884年6月6日にベトナム国王は、「アンナン国とトンキン国をフランス国の保護の下におく」終戦条約［＝第2次フエ条約＝パトノール条約］を結んだ。

9. その後フランス国は、シャム国がメコン左岸を犯すのを妨げるために、1893年10月3日にシャム政府に条約を結ばせて、「フランス国はラオス国を保護する権利」を確立し、インドシナ国を拡大した。

②インドシナ

1. 以上の結果、フランス国は極東に総面積700,000平方キロメートルの大領土を持ち、その中には植民地がコーチシナ国1ヶ国と、保護の下にある国がカンボジア国、アンナン国、トンキン国、ラオス国の4ヶ国あり、この5ヶ国が「インドシナ」と呼ぶフランス領土を形成しているのである。

2. フランスの保護の下にある国は、それぞれがフランス国との間に、種々の条約と協定による種々の協約がある。

すなわち、どの国も自ら国を統治する行政職務を保持しているが、フランス政府官員が現地国政府官員を直接監督している。

③広州湾

さらに、インドシナ国には中国の南部、トンキン国の近くの「広州湾」という小さい租借地が含まれる。これは中国政府の領土であるが、トンキン湾に出没する中国人武装海賊を取り締まるために、ずっと以前から中国政府がフランス国に現地国人に対する統治権を与えているものである。

「2」地理

①インドシナ国の人口
総人口は16,000,000人で、その内訳は次のとおりである。
1. 先住民族　ベトナム語でmọi、クメール語でbnangやsdieng、ラオス語でkhaa［など］。　500,000人
2. クメール人（インド系［ママ］）　1,700,000人
3. タイ族（ラオス人）　1,200,000人
4. ベトナム人（トンキン・ベトナム人、フエ・ベトナム人、コーチシナ・ベトナム人）　12,000,000人
5. 中国人　250,000人
6. この他にインド人が少数

②各国の産物
1. カンボジア国
    農産物が主で米が多い。海岸でコショウ、ポー・サット州の山地でショウズク、川岸でワタとタバコを栽培している。
    川・湖沼・海での漁業が行われ漁獲量も多い。森林が多く、家畜飼育も大きい商業種目になりつつある。
    コンポン・トム州に鉄、バット・ドンボーン州のシャム国境付近に宝石がある。
    国内には他の鉱物も多いと思われ、将来採掘業が生じる可能性がある。
2. コーチシナ国
    メコンデルタであり、南部と西部は稲のみが栽培可能である。土地改良が行われているのと住民が多いので米の収穫量は多い。東部は森林で、伐採し建材として使用。ゴム園が作られていて利益が大きい。
    職人技術業は塩田業と海の漁業以外はあまりない。
    住民が暮らすための職業と商業は中国人の手中にあり、コーチシナ国ベトナム人は農民である。
3. アンナン国
    農業と家畜飼育が行われている。この国の土地は大きい田を作るのに適さないので、稲1つだけにこだわることなく、ココヤシやサトウキビを栽培し、ニッケイと茶の栽培も多い。
    家畜飼育と材木業も行われているが、カンボジア国より少ない。
    南部海岸は漁場が多く、得た魚で魚醬を作っている。
    ベトナム山脈中には鉱物が多いと推測されるが、未だ探鉱した者はいない。
4. トンキン国
    稲作ができる土地が紅河デルタ以外にはないにもかかわらず人口が非常に多く、全ての住民が稲作をすることは不可能であるという理由からインドシナ国の中で最も職人技術業が多い。
    鉱業が盛んで石炭、鉄、亜鉛、銅、鉛を産出することも職人技術業を盛んにし、多くの物を生産している。
    海岸には塩田があり、魚の加工もしている。この国の職人は勤勉で技術が優れているので、フランス人が毎年職人技術業を起こしていて、ますます盛んになりつつある。
5. ラオス国
    土地は広いが人口が少なく、さらに山地がラオス国を海から切り離していて海へ行くことができない。それゆえ産物を外国に売るためにはメコン川に頼るほか方法がないのであるが、さらにメコン川も急流なので舟や船の航行が不可能であり、物資の輸送が不便であることから、この国の産物は外国に知られていない。
    農産物のほかに鉱物が豊富にあるが、未発展である。

6. 総じて言えば、インドシナ国は農産物は多種類あり、これらを商品にすることができれば国の財産を増すことは確実である。それゆえこれらの産物を輸送するための道路と鉄道の建設と、容易に舟や船が航行できるように水路を深くすることが急務である。

「3」インドシナ国の政治と行政の仕組み

①総督
1. 政治の組織は、5ヶ国が、それぞれ互いに異なるその国のための行政機関の仕組みと法律を持つ。しかしフランス国とのつながりにおいては、5ヶ国を別々のものとするのではなく、インドシナ国1国と考える。フランス国はインドシナ国の長として総督を派遣する。総督はフランス国の代表であり、フランス国の保護の下にある国王と現地国民に助言し、近隣諸国との交渉に当たる。すなわち服属する国の長である。
2. 総督はフランス国政府の職務全てを司る権限を持ち、フランス国植民地相の直接命令下にある。［総督は］インドシナ国における最高官職の官吏であり、種々の職のフランス官吏の任命権と、軍を指揮して外敵から国を守り、国の治安を守る権限を持つ。

②総督に直属する高官
1. インドシナ諸国5ヶ国のそれぞれの長である高官、すなわちコーチシナ国の小総督、カンボジア国、アンナン国、トンキン国、ラオス国各国の高等弁務官
2. 軍
   ア。インドシナ国の全フランス陸軍と全現地国人軍陸軍を指揮する陸軍司令官で、階級は将軍である陸軍将官
   イ。海軍司令官の職にあり、インドシナ国の全ての軍艦とその乗組員である海軍軍人を指揮する任務を持つ海軍提督
3. インドシナ総督の直接命令下にあるインドシナ総督府の総局長、すなわち司法部の長（官職は検事総長）、郵政総局、財務総局、教育総局、交通総局、医務総局、関税・消費税・使用料総局、それぞれの長

③総督の諮問会議と委員会
1. 国政諮問会議
   ア。委員は陸軍司令官、海軍司令官、全5ヶ国各国の長［＝小総督と高等弁務官］、官員ではなく、商業、工業もしくは農業に従事する人々が選挙で選任した代表、現地国政府の高官から選出された各国国民の代表からなり、少なくとも1年に1回会議を開く。
   イ。総督がインドシナ国全体に関する規定を出すために何らかのことを決定する前、あるいは総督がその職務内に属することで、インドシナ諸国全てあるいは一部に関する何らかの規定書に署名する前に諮問しなければならない。
   ウ。支出金と収入金に関しては必ず諮問して意見を問わなければならない。国政諮問会議は、インドシナ諸国全体に関する税の各々について、公務の支出にあてるために徴収する税額とその査定・徴収方法について、判断を決定しなければならない。
   エ。1年に1回の定例会議のほかに、急いで決定する必要があり、かつ国政諮問会議に諮問しなければならない案件の決定が遅くならないように、総督の近くにいる国政諮問会議委員で構成する常任委員会がある。この常任委員会の意見は国政諮問会議の総会の判断と同等の効力を持つ。
2. 国防委員会
   総督が長に、インドシナ国で公務を司る高位の将軍たちが委員になる。職務は国の安全を守る軍に関する全てのことと、外敵の侵入を防ぐ国防のために行う全てのことを検討し決定する。

④インドシナ国総予算
インドシナ諸国全体に関する予算である。
1. 主な収入
   間接税金である。即ち、消費税・使用料金（公営質屋、酒、アヘン、塩、タバコ）、関税、登記料と押印証明印紙税金、それに郵政局入金、鉄道事業入金

2. 主な支出

総督府費、政治費［＝予算内に収入をもたらさない総局の費用］、予算内に収入をもたらす総局（関税・消費税・使用料総局、郵政総局、鉄道）費、インドシナ国の負債返済費、インドシナ国の公共の利益のための費用、軍の維持費

「4」各国政府

①各国の長と諮問機関

1. コーチシナ国の長は小総督で、諮問機関として私的諮問会議を持つ。
2. その他の4ヶ国のそれぞれの長は高等弁務官で、諮問機関として保護国諮問会議を持つ。
3. これらの諮問会議の委員は、官員と非官吏［ママ］合わせて計10名で、税、支出などの重要なことの諮問を受ける。
4. コーチシナ国の植民地委員会
    ア。コーチシナ国は植民地なので、総督にはもう1つ植民地委員会と呼ぶ委員会がある。この委員は国民、すなわち商業あるいは農業を取り仕切る人々が選挙で選出するフランス人と現地国人で、税などいくつかの公務についてのこの委員会の議決は完全な法律上の権限を持つ。
    イ。コーチシナ小総督は、植民地委員会が法律によって与えられた職務に従って行った議決に、常に従わなければならない。植民地委員会は、予め定められた会期および政府の必要に応じて会議を開かなければならない。

②各国の長に直属する高官

コーチシナ小総督と各国の高等弁務官を補佐する局長は、

  公共土木事業局長（官職は公共土木事業主任技師）
  財務局長（官職は財務監）
  教育局長
  地図局（土地登記局）長
  農業局長
  警察局長
  医務局長
  森林局長
  外国人入国管理局長
  獣医局長

である。これらの局長は自己の職務に属することを高等弁務官［コーチシナ国では小総督］に報告し、決定を仰ぐ。各国の全ての公務の決定権者は高等弁務官［およびコーチシナ小総督］である。

③各国の行政区分と統治形態

1. コーチシナ国
    ア。昔からのベトナムの習慣を保持している。
    イ。最小単位は 村 (làng) で、名士、すなわち (hương chức［郷職］) による委員会が村政を司る。この委員会の委員各人が職務を分担する。
    ウ。村の上はcanton［郡］で、郡長1名と副郡長1名がいて、上級政府からの命令を村に伝達し、その命令通りに実行するよう監督する。
    エ。大きい市街地区に高位のベトナム官吏がいて、複数の郡を統括する。
    オ。これに平行して、複数の郡が省を構成し、上級行政官の職にあるフランス官吏が省の長になり小総督の命令下にあって省の公務を司る。そして［国政府の］各局の代表であるフランス官吏が［省政府の］局長として上級行政官を補佐する。
    カ。［省長である］上級行政官の諮問機関として省諮問会議があり、その委員は各郡から、その郡の人口に応じて定められる定数を選挙で選出する。
2. アンナン国

ア。アンナン国はフランス国とフエのベトナム国王の間の条約による保護国である。

イ。行政組織は保護国になる以前と変化していない。すなわち、コーチシナ国と同様に最小単位の村の上にcanton［郡］があり、郡の上にphủ［府］と呼ばれる行政区画があり、ベトナム人官吏がその長で、tổng dốc［総督］の官職にある［「府」の上の］省知事の命令下にあって公務を司る。

ウ。このtổng dốc［総督］［＝省知事］は、それぞれ異なる職務を持つ数名の現地国政府官吏に補佐される（1人は行政、1人は司法、1人は教育、等々）。

エ。首都には国王がいて、内務省、財務省、陸軍省、宗務省、法務省、交通省、教育省の各省の大臣が計7名いて国王の統治を補佐する。これらの大臣各々は、自己の省に属して地方で公務を司る官吏を管理・監督する。

オ。保護国政府の方は、高等弁務官がいて、大閣議［cf.「②閣議と大閣議」p.38］の長になる。農業局、関税・消費税・使用料局、交通局、郵政局などのフランス政府に属する局の職務全てを管理・監督する。高等弁務官は国の財務を管理し、現地国政府の全ての部局を自ら、もしくは省弁務官が高等弁務官の仲介代理人になることにより監督する。

カ。アンナン国高等弁務官には、諮問機関として保護国諮問会議があり、委員は高位のフランス官吏と、官吏［ママ］でない者の代表と高位の現地国政府官吏である。

3. トンキン国

ア。トンキン国の［現地国政府］官吏は、フエの国王の政府には属さず、直接高等弁務官に属するから、アンナン国に比してフランス政府がより強く直接現地国政府官員を監督する。すなわち、かつてアンナン国王が命じてトンキン属国を統治させていたトンキン国王が持っていた全ての職権を高等弁務官が持つ。

イ。トンキン国は人口が多いので、各省に州をいくつか置く。上級行政官の官職にあるフランス政府官吏が弁務官［訳注。文脈からは「州弁務官」であるが、そうすると現地国政府の省知事の下位ということになるので、恐らく「省弁務官」が正しい］になり［省の長として］省知事、即ちtổng dốc［総督］と共に公務を司る。

ウ。高等弁務官がアンナン国と同様にトンキン国の財務を管理し、諮問機関として保護国諮問会議を持つ。

4. ラオス国

ア。この国の行政機関の仕組みはインドシナ国の他の国と全く異なる。国土が広く、民族の数が多いからである。さらに、この国はベトナム国やクメール国と異なり、以前から1人の国王が統治していたのではなく多数の国王がいたが、シャムの手が入って王国のいくつかが滅び少数が残った。

イ。現在は、大国が1つ、すなわちルアン・プラ・バン国があり、国王がいる。それから小国はsingha国があり、属領の王が治めている。その他の王がいなくなった地域は全てフランス政府が統治している。

ウ。最小単位である地区の長はphuu paanと呼ぶ。地区の上の村の長はtaa laengと呼ぶ［訳注。原訳文は、「小さい村の長はphuu paan、大きい村の長はtaa laeng」と記述されているが、それぞれ「地区」、「村」を意味すると解釈する］。村長には委員会があり、村民の長老が委員［会］の顧問になる。これらの村職員は村の安寧を守り、小さな民事訴訟を審理する。

エ。この村の上がmwang［郡］になる。各郡には郡長がいて官吏3名が郡長を補佐する。郡長は司法以外の全ての職務を持つ。裁判所は各郡にcau kramaがいて、地方裁判所を構成し郡長の職務とは切り離して審理・判決する。

オ。フランス政府の方は高等弁務官がいる。その下に官職が上級行政官であるフランス政府官吏がいて、地方の省の公務を司り、commissaire du gouvernement［政府委員］と呼ばれる。

カ。ラオス国の省は複数のmwang［郡］で構成される。政府委員はmwang長［＝郡長］を直接監督するほか、地方裁判所のcau kramaの判決に対する控訴を審理する高等裁判所長を兼ねる。

キ。高等弁務官はラオス国の首都であるヴィエン・チャンにある上級裁判所長を務める。

［訳注。原訳書には、保護国諮問会議の存在についての記述がないが、恐らく記述漏れであろう］

5. 広州湾

ア。ここは、フランス国が管理するように期限付きで提供された中国領土である。行政組織は他のインドシナ諸国と異なり、官職は主任上級行政官であるフランス官吏が長で、管理の全ての権限を持つ。

イ。主任上級行政官はインドシナ総督だけの命令下にあり、独立の予算を持ち、関税局など各政府部局の長である官吏の補佐を受ける。

ウ。この領土の住民は全て中国人であるが、フランス国が直接公務を司り、中国政府は監督する権限を持たない。しかし、租借地であるから、以前の統治形態をそのまま残している。

エ。広州湾の警備・巡視業務は、フランス軍と、中国人志願者による保安隊が行っている。

第1編
カンボジア国を統治する政府

第1章 保護国政府、カンボジア国に保護国政府を設置する条約と協定

「1」1863年8月11日の保護国条約

　ノロドム王は、西のシャム、東のベトナムの脅威から逃れるためにフランス国に保護を求め、1863年8月11日にフランス国と保護国条約を締結した。この条約は現在も有効であり、その内容は次の通りである。
1. フランス国はカンボジア国を保護することに同意する。
2. フランス国は、この条約に定めることを正しく実行するよう監督させるために、フランス高官を弁務官[訳注。その後「高等弁務官」になった]に任命してカンボジア国に派遣し、カンボジア国王に助言させる。
3. 当時カンボジア国弁務官は、コーチシナ小総督の指示下にあったので、カンボジア国はコーチシナ国の小総督と直接会談することができるように、クメール駐在官1名をサイゴンに駐在させる権利を有する。
4. その後、カンボジア国王は、フランス国の許可なく他の主権国家と交渉する権利を放棄した。
5. フランス人およびフランス植民地人が持つ権利は次の通りである。
   ア。カンボジア国内を自由に往来する。
   イ。いかなる財産をも取得できる。
   ウ。カンボジア国内のどこでも自由に居住できるが、フランス弁務官の許可を必要とする。
6. 一方、クメール人がもつ権利は、フランス国とコーチシナ国内に自由に往来し、かつ居住できる。
7. フランス人とクメール人との間の民事訴訟に関しては、弁務官が和解させることに努める。調停して効果がない場合は、弁務官はクメール官吏1名と共に裁判所を設置して審理し判決する。
   この条約は弁務官がクメール人とクメール人との間の民事訴訟に介入することを禁じているから、弁務官がクメール人を審理し判決する権限を有するのはこのケースに限られる。
8. フランス船がカンボジア国にもたらす全ての物品は、カンボジア国内では免税とする。クメール船がコーチシナ国にもたらす全ての物品も免税とするが、クメール政府からの特別許可が必要である。
9. 両国政府はそれぞれ自国内に居住する相手国人から船あるいは家[で物品]を窃盗、あるいは強奪した自国人盗犯人を審理・処罰する権利を持つ。
10. カトリック教宣教師は、カトリック教を布教する権利を有する。カンボジア国内に教会、学校、診療所を建設することができるが、許可が必要である[訳注。許可権者は無記述]。
11. フランス国はノロドム王をカンボジア国全土を統治する国王として承認し、フランス国はカンボジア国内に秩序と安寧を保持し、外敵が侵入しないようにカンボジア国に助力し、安全を守る。
12. これら全ての利益と引換えに、カンボジア国は、フランス国が石炭倉庫、その他の倉庫を建設するために、jroy cangvaa[岬の先端の]の両側の[メコン川とトンレー・サープ川の]川岸に沿った[長さ]500mの土地1区画をフランス国に完全譲渡する。また、船を建造するためにカンボジア国内の森林を伐採する権利をフランス国に与える。

　以上が、カンボジア国とフランス国とが互いに交渉して決定した条約中の重要な協約条項であり、カンボジア国内の保護国政府の根幹条項である。
　なお、フランス国は、フランス国がカンボジア国王に固い友情を持つ証として船1隻をカンボジア国王に献じ、同船のフランス人乗組員の俸給を全て負担した。現在王宮の前に投錨、停泊している船がそれである。

「2」フランス政府とシャム政府間の条約

①1867年の条約
　1867年7月15日にフランス国は、カンボジア国をシャム国から守りシャム国にカンボジア国を独立国として承認させるために、シャム国と条約を結んだ。その内容は以下の通りである。
1. シャム国は、フランス国政府が法律上正式にカンボジア国を保護する権利を持つことを承認し、シャム国がカンボジア国王に対して行ってきた抗議全てを放棄する。

2. フランス国はシャム国に対し、カンボジア国をコーチシナ国に併合しないことを約定し、バット・ドンボーン郡とシエム・リアプ郡とを放棄してシャム国に与える。
3. 以後両国は互いに相手国を侵略する権利を有さない。ただし、クメール人およびシャム人に、許可なしに自由に相手国に往来し、生計を立て、居住することを許す。
4. シャム人、あるいはクメール人が相手国で重罪もしくは中級罪の犯罪を犯した場合は、その重罪もしくは中級罪犯罪を犯した場所が属する国がその者に対する裁判権を有する。

②1893年の条約

その後フランス国は、ラオス国内に関することでシャム国に対して大きい異議を持ち、シャム国と戦争をして勝利して1893年に新しい条約を結んだ。しかし、この条約ではカンボジア国の領土に関する変更はなかった。

③1904年の国境変更

1867年のフランス国とシャム国間の条約によって国境を定めたカンボジア国は、1904年にその後初めての国境変更を行った。すなわち、フランス国がまずストゥン・トラエン郡を、次いで mwang kraat 郡、mluu brai 郡、danle rabau 郡をカンボジア国に与えた。

④1907年の条約

1907年、フランス国はシャム国と争い、領土の交換を行う最後の条約を結んだ。この条約により、シャム国がかつてカンボジア国から不法に入手し、それ以来常にカンボジア国が領有権を主張していたバット・ドンボーン郡、シエム・リアプ郡、シー・ソーポン郡をフランス国はシャム国から奪い、カンボジア国に与えた。

以後国境の変更はない。

「3」1884年6月17日の協定

カンボジア国はフランス国の保護国になる以前から、古くからの習慣と法律による国家政府組織を有していた。しかしカンボジア国を能率よく統治する必要から、ノロドム王を代表とするカンボジア国政府とコーチシナ小総督を代表とするフランス国政府が協議して、両国が従うべき原則として、1884年6月17日に協定を結んだ。この協定は全て現在も有効である。その内容は以下の通りである。

1. カンボジア国王は従来通り、王位に就いてクメール国を統治し、保護国の監督の下に国を統治する権利を有する。各郡において公務を司るクメール政府官員は今後も引き続きその郡にいて、郡の安全を保つ公務を行う。しかし、関税・消費税・使用料と間接税を定める公務、および道路、橋を建設する公務は、1人で監督するべきものも、何らかの学問知識を持つ者が監督するべきものも、フランス官員に管理させ、監督させる。
2. 保護国政府は、国内の秩序と安寧を保ち、クメール官吏の業務を監督する職務を持つ弁務官職にフランス官吏を任命し、郡あるいはその他の必要と思われる場所に配置して公務を司らせる権利を有する。これらの弁務官は保護国政府の代表でありカンボジア国王に助言して公務を一手に管掌する弁務総監［訳注。後に高等弁務官になった］の命令下にある。
3. 王国政府の支出金と保護国政府の支出金は全てカンボジア国が負担する。しかし、カンボジア国が他国から金を借りることについては、フランス国政府の許可がない場合には、カンボジア国王は借りることが絶対的にできない。
4. カンボジア国王は以後国内の［債務］奴隷を廃止する。
5. カンボジア国王は、王国内の従前から国王の所有物であった土地上の全ての財物の所有権を放棄し、これらの土地の上の財物の所有権は、フランス国とカンボジア国とが協議し合意した方法により、国民のそれぞれに与えられる。

この協定はその後生じた理由により、わずかな変更が加えられたが、元の協約に変更はなく、現在も原則とされており、両国政府が互いに交渉するべき職務と保護国政府が専決できる職務は変更されていない。

第2章　クメール国政府

カンボジア国政府の体制は絶対君主制であり、これを保護国政府が弛めている。

「1」国王

①国王と高等弁務官

1. カンボジア国の長は国王であり、国民全てが従うべき法律である規定を記した国王布告を出す権利[＝立法権]を、国王1人が持つ。しかし国王は発布しようとする国王布告を、まず保護国政府の代表に送って検討させる。
2. その国王布告の内容を検討して、保護国政府の考えに合致し、かつ王国を発展させるものであると判断した場合、保護国政府の代表は、「その国王布告に規定されていることを国王政府が施行することにフランス政府は同意する」ことの証明として、その国王布告に国王の署名と並べて署名する。
3. 以上が、現在施行されている[保護国]条約に従う、高等弁務官によるクメール国政府の業務の監督である。すなわち、国王の御署名がある国王布告全てに、高等弁務官が施行同意署名をするのである。
4. また各大臣が、その職務に従って出す大臣令全てにも、高等弁務官が施行同意署名をする。

②国王の権利

1884年の協定によると、

1. カンボジア国王は国を統治する。すなわち立法権を有し、王国内の行政機関を管理する。
2. それゆえ国王は、クメール政府官員任免権を持つ。しかしこの任免は、官員を選任する原則を定めるためと、官員に対する越権不法行為が行われるのを防ぐために、国王が予め施行を定めた規定に従わなければならない。
3. 国王は仏教両派の長である。
4 国王は、クメール裁判所が自由刑に処する判決をしたクメール人を恩赦する権利を有する。

[訳注。ここの記述で司法に関する記述がないのは、当時行政権と司法権とは分立されていなかったからである]

③王室費

1. クメール国政府の収入全てをフランス国に管理させる。しかし保護国政府は、これらの金を王国内の公務を行うのに十分であるように措置し、また国王個人の出費と宮内省の官員の俸給の支払いと必要な諸物品の購入に足りるように予め定められた金額を国王に提供しなければならない。
2. この金は王室費、通例は liste civil と呼ばれ、保護国政府は毎月提供する。王室費の支出には会計検査は行わない。
3. 王室費は、毎年王室経理局長が王室費予算[案]を作成する。この王室費予算[案]は内閣に送り、内閣が検討してから国王に御同意の署名をいただく。それから高等弁務官に送って高等弁務官の執行同意署名を得て予算が決定する。
4. 王室費予算の作成を容易にし、また[王室費予算執行を]管掌する官員が原則通りに正しく執行するよう監督するために、国王は保護国政府に、フランス政府官員を王室費監査官として派遣することを求めている。
5. 年末には決算をして、剰余金は翌年度の王室費収入に加える。

「2」王族

①王族

1. 以前に統治した国王、および現在統治中の国王の王子、王女、王孫男女を王族と呼ぶ。
2. 王族は国の法律と習慣とにより、いくつかの特典を得る権利を有する。また国王に対する義務もあり、これらの義務と権利は1907年1月1日付国王布告によって定められている。

この国王布告によると、

ア。女性王族は男性王族しか夫にすることができない。
イ。男性王族が女性王族に結婚を申し込む場合はその旨を国王に申し上げ、国王のご慈悲をお願いする［訳注。一般クメール人男性が女性に結婚を申し込む場合、男性の親が女性の親に申し込むのが通例であり、女性王族の場合は国王が親の役割を果たす、ということである］。
ウ。王族は王族籍を離脱して平民になることを申請することができる。
エ。王族が罪を犯す、あるいはその他の件で王族の名誉を穢した場合は、王族の身分剥奪の処罰もあり得る［訳注。nagaravatta 14号2-2に実例がある］。

②王族扶助局

1. 王族の特典を管理し［王族を］保護する業務は、1915年4月12日付国王布告によって設立された王族扶助局が持つ。この局は国王が任命を許可した男女の王族8名が王族扶助局委員になる。王族扶助局は王族を保護する職務と処罰する職務を持つ。
2. 保護する職務
   ア。王族団の発展を図るためのことを考え、実行する。
   イ。王族団と王族各人の名誉を守るために、王族がその品行を王族に相応しくするよう忠告・監督する。
   ウ。王族が国王に届けるための文書を受け取って検討する。
   エ。貧しくて生命を養うのが困難な王族に、補助金を出していただくよう国王に申し上げる。
   オ。未成年の王族を教育して十分な知識を与えることを考慮する。
   カ。王族からの王族籍から離脱する申請書を検討する。
3. 処罰する職務
   ア。過ちを犯した王族を尋問し、どのような罪があるかを調査して裁判所に告発するべき罪がある場合は裁判所に告発して審理させる。尋問が終わったら、その罪に応じての処罰を国王に言上する。申請された処罰を行うか否かは国王が決定する。
   イ。過ちを犯した王族に対する処罰は、［軽い方から］注意、厳重叱責、罰金、公務から解雇、拘禁、降格、王族籍剥奪がある。

③王族の就職

1915年［4月12日付］の国王布告は次のことを定めた。

1. 古くからの習慣を変更して、王族が王族籍を離脱することなく、政府内に職を求める権利を得るための試験を受ける権利を与えた。これにより現在、郡長になっている王族が複数名と宮内省に勤務する王族が複数名いる。
2. 政府内に職を得て俸給を得た場合、その俸給は、王室費から王族の名誉を守るために十分な額を支給されている手当に加えて使用することができる。

「3」内閣

①大臣

どこの国の国王にも公務を司る国王を補佐する内閣がある。カンボジア国では次の5卿が内閣のメンバー、すなわち大臣に任命されている。

1. ʔnak oknhaa aggamahaasenaa 卿
2. ʔnak oknhaa yomaraaja 卿
3. ʔnak oknhaa kraḷaahom 卿
4. ʔnak oknhaa cakrii 卿
5. ʔnak oknhaa vaang 卿

②閣議と大閣議

大臣は、1897年7月11日付国王布告で、各々の職務が規定されている。

1. 大臣は高等弁務官を長として大閣議を開く。通常この大閣議は週に1度開かれる。

2. 国内の行政公務のことはまず定例閣議で検討する。この定例閣議は内務大臣［訳注。後述されるが、クメール政府には「内務・宗務大臣」がいて「内務大臣」はいないのであるが、正確さを欠くのは事実であるが、繁雑をさけて「内務大臣」とする。「陸軍大臣」なども同様である］を議長として毎日開かれる。内務大臣が都合で出席できない場合は、最先任の［訳注。原訳文は「政府勤務年数がもっと多い」であるが、後の「③その他」の4、p.41の記述から「大臣としての」を補う］大臣が議長になる。
3. この定例閣議で合意されたことが、もう1度大閣議に提出される。大閣議では、高等弁務官の前で案件のそれぞれについて再検討され、各大臣が自らの意見を述べて賛否が議決される。
4. この議決のうちの、大臣の職務に属するものは直ちに決定となるが、国王の御署名を得てはじめて決定となるものもある。
5. 国家政府の行政機関あるいは裁判所の仕組みを改正すること、および官員の任命、昇給昇任、処分に関する国王布告案は、まず内閣が検討、同意してから大閣議で同意が得られると、国王に御署名を願い、御署名が終われば国王布告が成立する［訳注。高等弁務官の施行同意署名に関しては無記述］。

③大臣の補佐者
1. 各大臣には副大臣が1名ついて、大臣が不在または所用で閣議を欠席する場合、代理で閣議に出席する。平常は大臣の職務を助ける。
2. 内閣官房には、上級秘書官として複数の samuha panhjii［文書書記官］、秘書官として複数の smien がいて、職務の補佐をする。
   上級秘書官は閣議に出席して聞き［＝発言権はない］、案件書類を整え、大閣議で検討するために各案件についての大臣の意見の記録をとる。大閣議では議論と決定されたことの議事録を作成する。国王のご署名があり、高等弁務官が施行同意署名をした国王布告の原本を保管し、必要に応じてこの原本から謄本を作成して全ての政府部局に発給する。

以上が、1897年7月11日付国王布告の内容である。

「4」卿

①郡守の廃止
1. 昔からノロドム王がお亡くなりになるまで、カンボジア国には郡守がいた。すなわち各卿は自己に属する郡を持ち［訳注。cf.坂本恭章訳、上田広美編『カンボジア　王の年代記』、明石書店、2006 p.196～］、その領地である郡の統治に関しては他の卿が干渉することはできなかった。このことは、あたかもカンボジア国内に小独立国がいくつも存在することになるので、1905年5月5日付国王布告でこの郡守を廃止した。その結果、カンボジア国全土の公務が統一された。
2. さらに同布告は、カンボジア王国全土の公務は全て oknhaa aggamahaasenaa 卿 が検討してから、閣議に提出して検討、決定してから大閣議で高等弁務官が検討することになった。
3. この国王布告が出て以来、oknhaa aggamahaasenaa 卿は全ての郡の官員と全ての種類の公務の文書のやりとりをする権限を持つことになった。他の卿も同様に全ての郡の官員と文書のやりとりをする権限を持つが、自分の職務に属することに限られる。

②卿の職務
各卿の職務は1905年7月3日付国王布告により定められ、1912年2月20日付国王布告により一部改正が行われた。
1. oknhaa aggamahaasenaa 卿
   首相。内務・宗務大臣。定例閣議議長である。
   ア。行政部クメール官吏簿を審査・監督する。すなわち官吏の選任・移動、退職させて恩給を支給する、休暇を与える、過ちを犯した官吏の尋問・調査、官吏の処分、官吏の表彰などの官員に関することを審査する。
   イ。公務の秩序を整え、国内の秩序と安寧を守ることを監督する。
   ウ。国民の健康を守り、人または動物の伝染病が発生した場合は、その伝染病を鎮圧する規定を監督する。
   エ。郡あるいは村の境界の変更を検討し申請する。村政府の組織の整備をする。
   オ。出生簿を監督する。

カ。仏教両派の僧と互いに協議を行う。
2. oknhaa yomaraaja 卿
　法務大臣である。
　ア。クメール国 cau krama に関する全てのこと、すなわち、司法部官員の任命・昇任・処分などを行う。
　イ。クメール国刑務所を監督する。
　ウ。クメール国裁判所の長である。すなわち、プノンペン市内、地方を含めて全ての裁判所を検査・監督する権限を持ち、裁判所が出した判決を審査して、国王規定中の裁決に従うよう監督する。裁判料、罰金の徴収の任にあたる官員が徴収した裁判料金、罰金額簿の額の調査をする。
　エ。刑事訴訟法に規定があるので司法職務もある。死刑囚に対する死刑からの恩赦嘆願書、服役囚から国王への減刑の嘆願書が出た場合に、まず法務大臣が検討し、それから国王へ言上して裁決を願う。司法関係の国王布告の内容、および国の法律の規定を集めて、改正するべき規定の改正を国王にお願いする。
　オ。保護国政府は、フランス官吏1名を保護国政府代行補佐官として派遣して法務大臣の近くで公務を司らせており、その職務は、プノンペン市内の裁判所の cau krama たちへの法律顧問で、cau krama たちに法律の規定の意味を説明して、どう従うべきであるかをはっきりと理解させることである。この保護国政府代行補佐官は cau krama と共同して審理、判決することはない。

3. oknhaa vaang 卿
　宮内大臣。王宮、王室の財務、美術工芸を担当する。
　ア。国王と保護国政府との間の協議全てを管理する。
　イ。プノンペン市内の国王・王族の土地に関することを［プノンペン］市政府と互いに協議する。
　ウ。王室費予算を作成し、王室費予算の執行を監督し、管掌する官員に各官吏へ俸給を支給させる。また、宮内省の備品・用品を購入させる指示を出す。
　エ。王室の行事や式典を行うことを監督する。
　オ。王宮内の公務を監督し、王宮内の争いに関する規定を作成する。王宮内の者が互いに争いを生じた場合、それを審理し裁決する。
　カ。王宮内の全ての建物の、建築その他の全てのことを監督する。
　キ。カンボジア王国の勲章に関することを取り仕切る。
　ク。税に関しては、王室金庫に不足が生じないように消費税・使用料の項目、また通貨についてなど、規定するべきであると考える規定についての意見を国王に言上する。
　ケ。改編したばかりの美術工芸学校を監督する。

4. oknhaa kraḷaahom 卿
　水利・商務・農務大臣。
　ア。王室の全ての舟と船を監督する。
　イ。水路交通路、水路による乗り物、漁場を監督する。
　ウ。職人技術、商業、森林も担当するが、特に田畑、農園に大きい関心を払う。すなわち種々の栽培品目を検討し、新しい栽培方法を導入して、民衆に使用させて収穫を増させることを考える。
　エ。農民にアドバイスして、外国の作物を国内で栽培させるようにする。良い農具を導入して使用させる。灌漑用水路を掘削して農作物の収穫量を増すことを考える。
　オ。国民に有償または無償で譲渡するべき国有地と国有林とを検討する。

5. oknhaa cakrii 卿
　陸軍・交通・教育大臣。
　ア。現地国人軍兵士と保安隊員の選抜に関しては、選抜するべき兵士の数を全ての郡に、その人口に応じて平等に割り当てる。また脱走兵を捜索する。
　イ。陸上交通路と運搬手段（すなわち、牛車と王室のゾウ）に関すること全てと、民衆もしくは政府から新しい道路の建設に関する請願を検討する。
　ウ。教育行政については、視学官が定めた規定と命令の下に、学校と寺における教育を取り仕切る。プノンペン市のパーリ語学校を校長として監督する。
　エ。カンボジア国の歴史編纂を取り仕切る。

③その他
1. 卿の選任の基礎になる規定はない。すなわち、国王が高等弁務官と協議、同意して、他よりも公務に功績があり、学問知識がある官員を卿に任命する。
2. 卿に定年はなく、公務を円滑に果たす力がある限り勤務を続けさせる。
3. 卿の位階は 10 huubaan である。oknhaa aggamahaasenaa 卿は、優れた功績があれば、［王に列して］11 huubaan の samtec aggamahaasenaa に昇任させることがある。
4. 1905年7月5日付国王布告は卿の席次を定めている。oknhaa aggamahaasenaa 卿が常に首座で、他の4名は卿としての先任順である。これは国王に随行する時も、儀式で着席する時にも適用される。卿の代理を副大臣が務める場合は、末座の卿の次位になる。

「5」三権分立

①立法権

カンボジア国における立法権は国王だけにある。フランスとの保護国条約により、その保護下にある国王は国王布告を発布する前に、その国王布告に対する高等弁務官の施行同意署名が必要であるが、この保護国条約は国王1人が立法権を独占する原則を変えてはいない。

②法律執行権

法律執行権［＝行政権と司法権］は大臣が持つ。法律を執行する職務を持つ官吏には行政部官員と司法部官員とがある。地方で直接国民に公務を行う行政機関の大小の官吏と職員は全て各大臣の命令下にあり、常に保護国政府の監督を受ける。

③司法部官吏の職務
1. 法律と政府の規定に従わない者の罪を罰する。これを刑事裁判と呼ぶ。
2. 人と人との間で、各人の利益に関して生じた争いを、契約の一般原則に関する法律に基づいて審理し判決する。これを民事裁判と呼ぶ。

④行政権と司法権の分離
1. プノンペン市では、市長［訳注。弁務官である］の職務には地方裁判所長の職務は含まれていず、行政権と司法権は分離されている。
2. コーチシナ国の省では、省の長である上級行政官と並んで cau krama がいて司法職務を持つ。さらに昔からのベトナムの政府制度もこのように行政権と司法権とは分離されていた。シャム国も同様で、郡を統治する行政部官吏は裁判を行う権限を持たない。そして12年前［＝1907年］にカンボジア国に編入されたバット・ドンボーン地域でも、この分離は保持されていて、どの郡長も、どの sruk 長も裁判権を持たない。ラオス国も全く同様である。
3. しかしカンボジア国では、この行政権と司法権の分離に反対する考えがあって分離されていず、郡長がこの行政職務と司法職務の2つの職務を持つ。
   この2つの職務は早く分離するべきであり、保護国政府の求めにより、カンボジア国王は1917年11月14日付国王布告でクメール政府官員を行政部と司法部とに分離した。

第3章　現地国諮問会議

「1」総説

1. 1912年に Albert Sarraut 総督は、カンボジア国における教育が成果をあげはじめたのを見て、フランス国の保

護下にある国民たちに、公務に関して自己の考えをフランス国に対して明らかにし自己の望みをフランス国に知らしめるよう求め、そして政府が何かを決定する前に、それに関する民衆の苦楽について政府に知らせる機会を与えるのに適切な時期に達したと判断した。すなわち、「クメール民衆は政府が公務を司ることに一部参画し、政府が行わなければならない事業が円滑に進むことができるように自己の意見を政府に正しく知らせるのに十分な学問知識を持つ」と考えた。

2. 実は、1903年以来、全ての州に民衆の選挙で委員を選ぶ委員会があった。これは政府が毎年各州に作る必要がある道路、橋、建物、その他公共の利益になることを行うために諮問するためであった。しかしこの委員会はその職務を行うのに十分な自己の自由意志を持たず、またその州の利益になることのみを諮問したので、国全体の利益のことを知ることがなかった。今回［＝1912年］の総督の考えは、学識があり、名誉があり、国王と保護国政府に忠誠心を持ち、カンボジア国全体の利益を増進することに喜んで働く人を選んで委員会を作ることであった。これは民衆の意見を聞くと共に、委員が保護国政府の意図を理解し、それを民衆に広めることをも期待した。

3. 総督が州弁務官［訳注。恐らく高等弁務官が正しい］、大臣、国王と共に検討、考慮を重ねた結果、1913年3月18日付国王布告が出た。この布告は、カンボジア国の行政機関の税の件と王国と王国民の経済を発展させるための件に対する国民の意見を聞くために、現地国諮問会議を設立することを定めた。

以下は、特記がないものはこの1913年3月18日付国王布告の規定によるものである。

「2」委員

この会議の委員は次の通りである。
1. 民衆が選挙して選任する委員
2. クメール国政府が選任する委員

［訳注。以下の選挙についての記述は興味ある事実を多く含むので煩瑣を承知で詳しく訳出する］

①選挙人
1. 上の1を選ぶためには、次の3つに該当する21歳以上のクメール人で、フランス裁判所あるいはクメール裁判所により刑を宣告されたという、名誉に汚点のない者が選出権を持つ。
   ア。民衆から投票で選ばれた州諮問会議の現職の委員と元委員
   イ。定年で政府勤務から引退して恩給を受給している、あるいは政府勤務を［依願］退職した元官吏と、現職の現地国政府官吏
   ウ。フランス［語］高等初等教育、あるいは同中等教育、あるいは同高等教育の修了証書を持つ者、およびフランス語－クメール語初等教育校卒業証書を持つ者
2. 選挙人簿
   ア。実際に投票権を持つのは、自分が居住する州の選挙人簿に名前がある者である。
   イ。この選挙人簿には、選挙人の名前が郡、村、地区毎に記されている。
   ウ。選挙人簿の作成は、まず各郡の郡長が自己の郡に住所を持つ選挙人の名前と、その名前の前にその者に選挙人になる権利をもたらす資格を記した選挙人簿を作り州庁に送る。
   エ。弁務官は郡長2名の補佐のもとに、提出された選挙人簿中の各選挙人の資格について、権利があるのは事実か否かをチェックし、誤って名簿中に記載されている者の名を抹消し、名簿から脱落している者があればその名を追加する。
   オ。名簿の作成が終わると、州庁には選挙人簿中の全員の名、郡庁にはその郡に住所を有する選挙人の部分を張り出して公示する。このリストの張り出し公示は各選挙人に自分の名が選挙人簿中にあることを確認させるためで、4月20日に張り出す。
   カ。自分の名がリストから脱落しているのを知った選挙人は、5月15日までに州弁務官に異議申し立て書を提出する。この異議申し立て書は［州］弁務官が検討して適切に処理する。

②被選挙人
1. 現地国諮問会議委員の被選挙人になることができるのは、

ア。民衆が投票して選任した州諮問会議の現職委員と元委員。ただし名誉への汚点行為があって州諮問会議委員から除名された者を除く。
イ。定年退職して恩給を受給している元現地国政府官吏
ウ。プノンペン市の現職および元区長
2. 1913年6月7日付高等弁務官政令で立候補制が採用された。立候補を望む者は印紙を貼った用紙で届書を作成し投票日の15日前までに州弁務官に届け出る。

③定員と投票の方法
1. 各州の国政諮問会議委員の定員は、その州の州諮問会議委員の定員数［cf.「⑦州諮問会議委員の選挙」p.54］の4分の1である。たとえば、カンダール州は州諮問会議委員の定員が20名なので、定員は5名になる。
2. 各州は州内の郡を、この定員数に等しい数の選挙区に分ける。この時、各選挙区の住民の数に従わなければならない［＝できるだけ等しくする］。各選挙区の定員は1名である。
    例。カンダール州（＝国内最大州）
        第1選挙区　gien svaay、s?aang、banhaa lii［の3郡］
        第2選挙区　gang biisiiya、kanṭaal sding［の2郡］
        第3選挙区　プノンペン［1郡］
        第4選挙区　samrong dang［1郡］
        第5選挙区　bhnam sruoc［1郡］
3. カンボジア国全体は38選挙区に分けているので、州の選挙で選出される現地国諮問会議委員数は38名である。
4. 投票所は各選挙区に1つだけである。
5. 投票日は高等弁務官が［高等弁務官］政令を出して定める。この［高等弁務官］政令は投票日の1ヶ月前に出して選挙人に知らせ、かつ立候補の届け出を受けるためである。次いで弁務官は選挙人簿中の全ての者に、投票日、投票時間、投票場所を記した通知書を各人に1通だけ送る。
［訳注。以下の記述では、複数の郡からなる選挙区のことは記述されていない。恐らくその選挙区中の最大の郡、とその郡の郡長であろう］
6. 投票日当日は、郡長がその郡庁内の最大の室に、施錠しかつ完全に空の［訳注。空であることの確認方法は無記述］投票箱を設置し、次に［投票］事務局を設立する。この［投票］事務局は投票時に郡長を補佐し、かつ投票に際して郡長が行ったことの証人になり、投票者全員に、「投票が公正に、かつ全ての投票業務のプロセスが法律の規定通りに正しく行われた」と信頼させるためのものである。
7. 投票事務局は郡長が長になり、投票事務局設置時に投票所に来ている選挙人の中の最年長者2名と最年少者2名が委員になる。この中の最年少委員が書記になり、投票時の全ての事の記録をとる。これら4名は投票箱がおいてあるテーブルの周囲に郡長［ママ。「投票事務局長」が適切。以下の「郡長」も同様］の近くに座る。投票事務局の設置が終わったら、郡長は投票時間の開始を宣言する。
8. 投票時間は午前6時から午後3時までと定められていて、中断することはできない。すなわち、この間は投票事務局委員全員が同時に投票箱［が置かれてあるテーブル］を離れることはできず、常に委員複数名がそこにいなければならない。これは投票の不正を防止するためである。
9. 投票者は1人ずつ投票室に入り、自分の投票用紙を投票事務局長に渡す。この投票用紙は投票人自身が、外側には何も目印がついてない四角形の小さい何も書いてない白紙を用意して、投票室の外で投票事務局委員の眼前でない所で［訳注。他の投票人の目については無記述］、郡庁の扉に貼り出してある立候補者名リストの中から投票人自身が選んだ立候補者名を書き、無記名で、記入した立候補者名が見えないように4つ折りにしておく。
10. 郡長［ママ］は、その投票用紙を受け取る前に、投票者の名が選挙人簿中にあることをチェックして確認し、その選挙人簿のその投票者の名前の前に投票済みの証拠として、投票事務局委員の1人に署名させる。それから投票事務局長はその投票人から投票用紙を受け取り、投票箱の中に落とす。
11. 午後3時に投票を締め切り開票を始めるが、まずその前に選挙人簿で名前の前に投票事務局委員の署名がある投票者の数を数えてから、投票事務局長が投票箱を開けて中の投票用紙を全部テーブル上に空け、票数を数えて、名前の前に委員の署名がある投票者の数と一致することを確認する。
12. それから投票用紙を順次開いて、そこに書かれてある名前を郡長［ママ］が大声で読み上げ、各候補者に投票

された票数を数えていく。複数の立候補者名が書いてある票は、先頭に書かれてある名のみを有効にする。
13. 書いた名前が判読できない、何も書いてない、立候補者ではない者の名が書いてある、投票者が自分の名を署名してある、などの票は全て無効とする。ただしその投票用紙は投票記録書と共に提出するために保存しておく。
14. 第1回投票が有効になるのは、最多得票者が選挙人簿中の人数［訳注。「投票者数」ではない。このことについては例で明示してある。また次のパラグラフの第2回投票についての記述も参照］の4分の1以上を得た場合である。

    もし、得票数が選挙人簿中の人数の4分の1に達さない場合は、この第1回投票は無効となり、予め高等弁務官が定めてある日時に第2回投票を行う。この第2回投票の方法は第1回投票と同じであるが、単に最多得票者が当選となる。
15. 開票が終わると、投票事務局長は各候補者の名前にその得票数を記入し、貼りだして公示する。
16. それから同じ内容の記録書を2部作る。この記録書には、投票箱をテーブル上に置いた時から、開票が終わってその投票箱をテーブルから撤去するまでの間に行ったことと、生じたこと、行われた異議申し立て全てを記録し、無効票をピンで留めて添付して投票事務局長と書記が署名する。
17. 各選挙区の第1回投票記録書は直ちに弁務官に送られ、弁務官がチェックして仮当選者の名を公示するか、第2回投票を行うかを決める。第2回投票を行わなければならないと決定したら、予め定めてあった日時に第2回投票を行う旨の文書を選挙人に出す。
18. 第2回投票も含めて州内の全ての投票が終わったら、弁務官は記録書全てを高等弁務官府に送り、高等弁務官が当選者38名の名を決定しリストを作成する。

④異議申し立て
1. 選挙人簿に名前がある選挙人は、「投票が公正に、あるいは規定通りに行われなかった」と判断した場合は異議を申し立てる権利を有する。この異議申し立ては投票中に本人が投票事務局［員］に口頭もしくは届け書で異議を述べ、その内容を記録書に記載することを求める。また投票の時に異議を申し立てることを望まない場合は、投票日から10日以内に異議申し立て書を作成して弁務官に提出することもできる。
2. この異議申し立て書は弁務官を長とし、州内で最高位の郡長2名からなる委員会に提出され裁決される。
3. 異議申し立て者は、この委員会の裁決に不満であれば、［裁決を受けた日から］1ヶ月以内に内閣に抗告する権利を有する。内閣の裁決に対してさらに抗告することはできない。
4. 州のこの委員会は、たとえ選挙人からの異議申し立てがなくても、投票が不正に行われたことを知った場合は、その投票を調査する、あるいはその投票を無効にする権限を持つ。無効にされた投票は、投票が無効にされた月の翌月中に再投票を行う。
5. こうして全ての投票が終わったら、国王布告が出て、選挙による当選者を現地国諮問会議委員に任命する。

⑤補欠選挙
1. 委員の死亡、辞職、その他の理由で委員に欠員が生じた場合は、欠員が生じた日から2ヶ月以内に補欠選挙を行う。
2. この補欠選挙で選任された委員の任期は、次の総選挙までの残存期間であり、この残存期間が6ヶ月未満の場合は補欠選挙を行わない。

⑥プノンペン市のための別規定
1. 以上の規定は州のためのものであり、プノンペン市には弁務官諮問会議［訳注。州諮問会議に相当する］がないから、現地国諮問会議委員選出に関しては同国王布告に別規定がある。
2. プノンペン市の全ての現区長が集まって、プノンペン市の現職の区長と元区長の中から投票で現地国諮問会議委員を2名選出する。投票の方法は州の場合と同じである。この投票についての異議申し立ては、市長が長になり、市委員会のクメール人委員1名と商業会議所のクメール人委員1名とが委員になる委員会が調査し裁決する。
3. 以上で、選挙によって選出される委員の数は、州から38名、プノンペン市から2名の計40名になる。

⑦クメール政府が選任する委員
1. 同国王布告の第7条で、「クメール政府が選任する現地国諮問会議委員であるクメール政府官吏の数は、選挙で選出される委員数の8分の1を越えてはならない」と規定されている。
2. この現地国諮問会議委員になる官吏の名簿は、毎年高等弁務官が大臣と協議して作成する。
3. 現地国諮問会議にこの範疇の委員を加えるよう定められているのは、国王布告の起草者が「委員を選挙選出委員のみに限定すると、英知があり国全体の利益を優先する心を持ち適切な情報を政府に提供することができる人からの意見を聞くことができなくなる恐れがある」と考えたからである。それゆえ、政府内で行政職務あるいは司法職務に携わる人々を委員に加えるのである。しかし人数を少なくしてあり、この政府官吏［委員］の意見が諮問会議の意見を左右する力を持つことはできないようにしてある。
4. クメール政府選出の委員数は40名の8分の1、すなわち5名であり、結局現地国諮問会議委員は総数45名になる。

⑧任期
　選挙による委員の任期は3年で、再任は可である。政府任命の委員の任期は1年である［訳注。再任については無記述］。

「3」会議

①会期
　毎年、国王誕生日祭にプノンペン市で会議を開き、会期は10日間であるが延長できる。これ以外に必要があれば、高等弁務官は国王と協議して国王の同意を得て特別会議を開くことができる。

②諮問会議委員長
1. 会議の開会式には国王と高等弁務官が全ての大臣、高官の随行のもとに出席する。
2. 国王が退席すると［訳注。高等弁務官については無記述］、委員中の最年長者3名と最年少者2名を委員とする仮事務局を作り、その5名の中の最年長者が長になる。
3. この仮事務局の手で委員全員の無記名投票による互選で正事務局委員5名を選出し、この正事務局委員5名の互選で1名を選び、諮問会議委員長に任命する。［訳注。この委員長が会議の時の議長になるらしい］
4. 諮問会議委員長は、会議の時に秩序を保つよう監督する。委員に対して、
　ア。礼儀正しくし秩序を保つよう、注意する。
　イ。会議場から退場させる。
　の2つの罰を下すことができる。
　ウ。また委員［の不適切さ］が重大な場合には、内閣と高等弁務官に届けて同意を得た後に、その委員にその会期中は討議への出席を禁止することもできる。

③会議
1. 会議の討議は非公開であるが、必要に応じて委員以外の者を会議場に呼んで質問することができる。
2. 各回の会議には、通訳 smien が1名いて、他の smien 1名、あるいは複数名の補佐を受けて会議の議事録を作成する。
3. 会議の議決は無記名投票で行われる。予め準備された議題リスト以外のことについて発言した場合、その発言の内容は無効である。この無効にすることは内閣からの申請により、国王布告によって行われる。

④現地国諮問会議の職務
1. カンボジア国予算の収入項目、すなわち各税金については、それを徴収することとその徴収の方法、いくつかの支出、すなわち道を作る、橋をかける、などの［国の］財産を増すための支出と、病気治療、教育など国民全ての利益のための支出は、必ず現地国諮問会議に諮問しなければならない。
2. 政府が、有益であり諮問会議に諮問するべきであると考え、国王と協議して同意を得て［議題］リストに入れて諮問会議に検討、討議させること全てについて、諮問会議は自らの意見に関する情報を政府に提供する。

3. 諮問会議は、国の統治に関すること以外は、行政のことも司法のことも全て、討議するよう求める権利を有する。ただし、これは諮問会議委員長が予め高等弁務官に議題にすることを申請し、高等弁務官が国王と協議して、いずれかの回の会議の議題にすることに同意してはじめて討議することができる。
4. 国王布告は最後に、「この現地国諮問会議委員が自己の任務を弁えず、自己の任務ではないことを自己の任務とする場合は、直ちに高等弁務官と協議し同意を得て、国王布告を発してこの諮問会議を廃止する」と定めている。

第2編
カンボジア国における行政機関の仕組み

第1部
保護国政府の仕組み

第1章　カンボジア国内の上級政府の仕組み

「1」高等弁務官

①インドシナ総督と高等弁務官

　保護国、たとえばカンボジア国とフランス国とを結び付けている条約と協定は、[国の]職権[の一部]をフランス国代表に譲渡している。インドシナ国に対するフランス国の代表は総督である。総督は自己が責任を持つ職務を各保護国政府の長であり、総督の命令下にある高等弁務官と国王とに司らせる許可をフランス政府から得ている。

②カンボジア国高等弁務官の職務

1. カンボジア国では、総督の命令を受ける総督代行補佐官である高等弁務官が、フランス国の代表に職権[の一部]を譲渡した1863年の条約と1884年の協定による、国王へのフランス国の代表としての職務を司る。
2. 現在、高等弁務官は、条約によってフランス国代表に譲渡された職務のみを司るだけでは不十分である。その理由は、カンボジア国内にはクメール[国]人ではない住民、すなわちフランス人、フランス植民地人（＝コーチシナ国人）、フランス保護国人（＝アンナン国人、トンキン国人、ラオス国人）、アジア人外国人（＝中国人、インド国人）、その他の外国人がいて、これらの人々はカンボジア国王の指示下にはない、すなわちカンボジア国王の行政機関と裁判所の職権の外にいるからである。しかし、これらの人々は、高等弁務官を代表とするフランス政府の指示下には入る。それゆえ、カンボジア国の高等弁務官は、クメール政府に対しては保護者、もう1つ、フランス人、フランス植民地人、外国人に対しては、これらの外国人が、自分たちが従わなければならない法律と規定に従うよう監督する長、という2つの職務を持つ。
3. これらの職権は、1911年10月20日付フランス共和国大統領令によって定められている。すなわち、「インドシナ国総督府領内にある各国のそれぞれに、総督の直接命令下にある高等弁務官1名をおき、総督はその職務の一部または全てを高等弁務官に、その高等弁務官が長である国内において司らせる」と定めている。この大統領令は、高等弁務官が署名して出す[高等弁務官]政令あるいは[高等弁務官]規定の上に、常に「この大統領令を見た」と記すことを定めている。
4. 高等弁務官は、インドシナ国内で人々が従うべく課された法律の規定と法令の規定が施行されるよう監督する。また、高等弁務官は国内の行政業務全般と、国内の治安を守るための警備業務に対する[高等弁務官]政令を出す権限を持つ。すなわち、国王指示の権限の下にいるクメール人を除く者に対して植民地相もしくは総督がまだ規定を出していない行政業務上の全てのことに対して規定を出す職務を持つ。フランス人官員と現地国人官員は、クメール政府官吏[ママ]を除いて、全て高等弁務官の命令下にいる。
5. 前述のように高等弁務官は、国王の指示下にある民衆に対しては、保護国政府の代表としての職務、カンボジア国内にいてフランス政府の指示下にある外国人全てに対してはフランス政府の長としての職務、この2つの職務を司る。そして、この2つの職務を司るために、互いに関わり合う2つの政府の仕組みを制定する権限を持つ。

「2」保護国諮問会議

①カンボジア国の保護国諮問会議

　フランス国は、フランス国の権限の下にある他の国々と同様、カンボジア国においても、自己の命令下にある者

に対して規定を出す権限を持つ官員には全て、その規定を出す前にその規定について、あるいはその他のことについて諮問する諮問会議を設けている。従って総督には国政諮問会議があり、カンボジア国高等弁務官には、1911年10月20日付法令により保護国諮問会議が設置されている。

②委員
1. この保護国諮問会議は高等弁務官が長で、法令によって定められた政府内の役職による委員と、官吏ではなく、高等弁務官の申請により総督が任命する委員の2グループがある。
2. 役職による委員は、
  ア。高等弁務官府事務局長
  イ。カンボジア国駐屯フランス軍の長である陸軍司令官
  ウ。地方裁判所の共和国検事1名
  エ。公共土木事業局長（官職は技師）
3. 総督が選任する委員は、
  ア。フランス人名士2名
  イ。フランス国の保護の下にある現地国人高官もしくは名士2名
である。
4. 以上の委員の任期は2年で、再任できる。
5. 高等弁務官の官房長がこの諮問会議の書記を務める。
6. 法令の規定により、この諮問会議の会議は全員の出席が必要なので、総督は不在もしくは都合で出席できない委員の代わりに出席するフランス人名士2名と現地国人名士2名を副委員に任命する。役職による委員が欠席する時は、その委員の公務の代行者が出席する。

③職務
1. 保護国諮問会議の会期は定まっておらず、高等弁務官の招集により会議を開く。
2. 諮問が必要不可欠な事柄は次の通りである。
  ア。国家予算作成と年度末の予算決算書作成
  イ。税の査定方法と額
  ウ。行政区画の決定
  エ。土地を購入して国有財産にする。
  オ。1,500フラン以上の物品の購入あるいは事業についての政府と民衆との間の契約
  カ。公益の目的で、土地所有者である民衆からその土地を収用する、あるいは不動産を購入する時
3. 政府が何かを諮問する場合は理由説明書を作成して、「政府はどのような規定を作ろうとしているか」を保護国諮問会議委員に明らかにしなければならない。［保護国］諮問会議委員はこの説明書を検討して、［保護国］諮問会議の意見を答申する。
4. 保護国諮問会議は単なる諮問機関に過ぎず、「政府は常にこの諮問会議に諮問しなければならない」と規定されてはいるが、政府はこの諮問会議の意見に常に従う必要はない。よって、政府は単に諮問会議の意見を承知しておくだけで、それには従わないこともしばしばある。すなわち、この諮問会議は高等弁務官が行いたいことを妨げることはできず、高等弁務官は自分が行いたいことを行う権限を有するのである。

「3」高等弁務官府の課

①官房
1. 高等弁務官への公文書と届け書は全て官房が受け取り、官房が分類して管掌する課に送る。
2. 課は送られてきた案件を検討して、現行規定に照らし合わせて処理を検討し、処理案書を高等弁務官に提出し、高等弁務官が決定する。その決定は官房を通じて管掌する課に戻され、そこで高等弁務官の決定通りの措置をとる。
3. 国の政治に関する文書、フランス人官員および現地国人官員について述べる文書、人々に知られるべきでない秘密に関する文書は、直接高等弁務官に渡し、課には渡さない。

4. 高等弁務官が署名した公文書の発送を行う。
   5. 保安隊司令部、船舶、公文書保管所、印刷所、保護国刑務所を統括する。

②事務局
   1. 全ての課の業務を監督し、種々の問題を処理して高等弁務官に案件を送って裁決を受ける。
   2. 高等弁務官が命じた案件を検討する。

③事務局内の課
   この事務局には次の3つの課がある。
   1. 第1課。一般行政に関すること。
   2. 第2課。保護国政府関連［案件］を管掌する。係が2つある。
      ア。1つの係は、現地国行政公務関連、すなわち保護国政府が国王政府と協議をする必要があること全てを扱う。また、国王布告案の検討、すなわち内閣がクメール行政部官吏を任命したり昇任させたりする案件を扱う。
      イ。もう1つの係は、法務省付高等弁務官代行補佐官の事務室である。クメール人の争いの検討、クメール人 cau krama への法律の内容と法律の執行についてのアドバイス、以前の法律あるいは国王布告を検討して整備・改正、クメール政府司法部官吏の任命・昇任・配置換えの申請、クメール刑務所の監督を行う。
   3. 第3課。公金簿に関することを管掌する。すなわち税額と税の査定徴収方法の決定、カンボジア国予算の作成、官員の俸給と備品用品購入のための費用の支給、政府が民衆と交わした物品納入と請負契約の作成と履行、カンボジア国内で受け取って財務総局に納付した金とカンボジア国内で支出した金の出納簿の管理、インドシナ国総予算および他のインドシナ諸国の予算への出納簿の管理などを行う。
   4. これらの各課はフランス官吏が長で、フランス人官員と現地国人官員が補佐する。これらの課に属する者は何かを決定するのではなく、全てのことを検討して知ったことを高等弁務官に報告して決定を待つ。何かを決定する権限は高等弁務官だけが持つからである。

第2章　州政府

「1」州と州支庁

1. カンボジア国を保護することと、フランス政府の指示下にある民衆に対しての公務を司る便宜のため、全国の郡をいくつかまとめて、「州」と呼ぶ行政区画に分ける。現在、州はプノンペン市、カンポート、ター・カエウ、カンダール、コンポン・チナン、ポー・サット、バット・ドンボーン、コンポン・トム、ストゥン・トラエン、クラチェ、コンポン・チャム、プレイ・ヴェーン、スヴァーイ・リエンの13がある。
2. 大きい州には、州庁の州支庁をおく。州支庁は、
   ア。カンポート州に koḥ kung と kambang traac の2つ
   イ。バット・ドンボーン州に paay lin とシエム・リアプの2つ
   ウ。コンポン・トム州に kambang ghlaang が1つ
   エ。ストゥン・トラエン州に jaam khsaan と viel saay の2つ
   がある。

「2」プノンペン市政府

①市政府と市長の設置
   1. プノンペン市には、州とは異なる組織の政府をおく。プノンペン市政府の組織は、1884年の協定中の条項を、後

に新しく生じた原因と保護国政府の部局の組織が大きくなったために、若干修正した別の条項によるものである。
2. プノンペン市に関する最新の規定は1915年9月7日付総督政令であり、これに基づいて、官職は上級行政官で、市長の職にあるフランス官吏が長である。
3. この市長は、高等弁務官の申請により総督が任命する。
4. 市長は、既に隣接する州との境界が明らかに規定されているプノンペン市域内と王宮内域の公務を司る職権を持つ。
5. このプノンペン市域内には、クメールの［行政区画である］「郡」はない。

②市委員会
1. 市長には諮問機関として「市委員会」があり、市長が長である。
2. 市委員会の委員は次の合計10名である。
   ア。前科がなく、官員でないフランス人で、高等弁務官が選任した者5名
   イ。クメール人名士で、内閣が作成して国王の承認を受けて提出した6名のリストから高等弁務官が選任した3名
   ウ。ベトナム人名士で、高等弁務官が選任した者1名
   エ。中国人名士で、華僑会長［cf.「①僑会長と副僑会長」p.146］が作成して提出した3名のリストから高等弁務官が選任した者1名
3. 市長は、市政府の公務全てについて市委員会に諮問する。特に市の公金、すなわち市の予算、収入、課した税、支出、土地の売買などは常に諮問しなければならない。
4. 市委員会の議決は高等弁務官の承認を得てはじめて有効になる。これは市政府は保護国政府の監督・保護の下にあるからである。

③市長の職務
1. 市長は、道を作り橋をかける局［＝公共土木事業局］、衛生局、警察局など、市政府の全ての部局の長である。
2. 伝染病を予防することと警察のことについて条例を出して規定する。
3. 市長の条例は予め高等弁務官の承認を受けなければならない。
4. 市政府の予算については、徴税簿の作成と公金の支出について市長が責任を持つ。
5. 市政府に入るすべての種類の収入金は、市財務局長1人だけが受け取って保管し、紛失しないように保管することに責任を持つ。
6. 警察の面は、市をいくつかの管区にわけ、各管区に警察局官吏1名、職は警察署長がいる。その命令下にフランス警察官と現地国警察官がいる。
7. 衛生の面は、市長はその命令下に、市内の市立施薬所で住民の健康を守り、無料で診断し、また検死をする職務を持つフランス医師1名を持つ。
8. 市長の命令下にフランス医師がもう1人いて、ペスト、コレラなどの伝染病を撲滅する計画を立て、伝染病患者の家の消毒、道や市場の清掃、これらの病気の媒介者であるネズミの駆除を取り仕切ることを担当する。
9. 市長の命令下にある公共土木事業局が市内の道の保守管理を担当し、道を砕石で舗装する、市内の全ての家を清潔にする、民衆が家を建てることを監督し、火事を消すことを指揮する。
10. 市長は他の州弁務官と違って司法面の職務は持たない。

④区長
1. 現地国政府の方は、市を区に分け、各区にクメール人区長1名がいて、州の村長と同じように区内に居住するクメール人に対する公務を司る。
2. 区長はフランス政府からの用件を区民に伝える人である。区民は何かを直接区長に訴えて裁決してもらうこともできるし、警察署長あるいは市庁に行って裁決してもらうこともできる。
3. フランス人民衆についての公務は、［プノンペン市を1つの村とみなして］市長がフランス国における村長の職務を司り、フランス官吏の役割を果たす。

「3」州政府の仕組み

①弁務官

1. 各州の長は弁務官で、州の全ての公務を司り、掌握し、監督する。州弁務官は州内の最も大きい市街地区に州庁をおく。州弁務官には弁務官が公務を円滑に行うのを助けるための局がある。
2. 弁務官は、その州に派遣された高等弁務官代行補佐官であり、次の職務をもつ。
    ア。長である高等弁務官から受けた命令を施行し、種々の法律と規定の施行を監督する。
    イ。州の治安を守る。
    ウ。クメール政府官員が行うことを常に監督する。
    エ。税の徴収と財務局への納付を規定通りに全額行うよう監督する。
    オ。徴税簿を作成する。
    カ。州内で生じたことを上級政府に報告する。
3. 弁務官はクメール人以外の者に対する裁判職務を有する。
4. 州内で公務を司るフランス人官吏もクメール人官吏も、総督府総局の職員は州弁務官の監督のもとにあり、それ以外の官員は州弁務官の命令下にある。

②弁務官を補佐する官吏

1. 官職は上級行政官である副弁務官1名。平常は弁務官の補佐をするが、弁務官不在、もしくは所用がある時は弁務官の代りに公務を司る。
2. 法務官1名。州地方裁判所の検察事務官を務める。
3. 公金出納官1名。徴税簿を作成し、支出金を支出し、国有財産備品の管理保管に責任を持つ。
4. 州財務局長1名。弁務官が作成して高等弁務官が同意した徴税簿に従って徴収した税金を［徴収者から］受け取り財務総局に納める。公金を保管し、人々が支給を求めて持ってくる法律上正式な支払い書に従って金を支給する。
5. 主任警備官、または憲兵1名。州保安隊長になり、州保安隊を武器の使用ができるように訓練し、規定に従って州の治安を守る。さらに警察局官吏の職務、すなわち、州政府所在地である市街地区の警察署長も兼ねる。弁務官の命令により保安隊員を派遣して盗賊を逮捕させる。州政府刑務所長の職を務める。フランス裁判所が出した判決を執行させる。
6. 上記の、弁務官の直接命令下にあって弁務官を補佐する官吏の他に、関税・消費税・使用料総局、森林総局、教育総局、郵政総局などの州における代表で、プノンペンにいるそれぞれの各国局長の命令下にある官吏がいる。弁務官はこれらの者が規定通りに正しく行動すること、クメール政府官員やクメール民衆と話し合うことについて監督する。

③弁務官のクメール政府に対する職務と司法職務

1. 条約による保護国政府の責務により、弁務官はクメール政府官員を監督する職務を司る。
    ア。すなわち、弁務官は、フランス政府とクメール政府とが互いに協議して公務を行うべき場合の地方政府官員の案件書類を受け取ってクメール国内閣に渡す仲介をする。すなわち、郡長が大臣に届ける全ての文書は封筒に入れて封をせずに弁務官に渡し、弁務官から高等弁務官府を経由してクメール政府に渡される。
    イ。弁務官が州内を視察する時は、郡庁の公務を検討して、クメール政府官員が自己の職務を正しく行っていること、職権を乱用して民衆に不法を行っていないことを確認する。徴収済と未徴収の税額を調査する。クメール裁判所の判決が正しく執行されているか否か、クメール裁判所は、逮捕し拘束している者を規定通りに迅速に期限以内に審理、判決しているか否か、をチェックする。要するに弁務官はクメール政府の業務を常に監督する。
    ウ。郡長は自己の郡内で生じたことを全て弁務官に報告し、郡内の作物の収穫について、いずれかの作物に被害を与えた現象と事情の種類について報告し、住民と家畜の健康に対する住民の考えを動かし変化させることについて報告する。
2. フランス裁判所に関しては、弁務官が cau krama の職務を務め、州内で発生した民事訴訟と中級罪であってフランス法律で審理するべき事案全てを審理し判決する権限を有する。

ア。小額の民事訴訟、あるいは軽罰事案についての最終審を行う。
　　　イ。多額の民事訴訟、あるい中級罰事案の第1審を行う。
　3. 警察
　　　ア。弁務官は国家警察官員の職務も司るので、州内で重罪犯罪事件が発生した場合はその重罪犯人を捜査、逮捕させて連行させ、尋問して案件書類を作成し、身柄とともにサイゴンの上級裁判所に送り、重罪裁判で審理、判決させる。
　　　イ。それゆえ、郡長は郡内で重罪犯人を逮捕したら、その被疑者がクメール人ではない、あるいはその重罪犯罪の被害者がクメール人ではないために郡裁判所で審理するべきでない場合、郡長は直ちにその被疑者の身柄を報告書と共に弁務官に送らなければならない。
　　　ウ。要するに、弁務官の司法面の職務は、民事訴訟と中級罪犯罪を審理する cau krama の職務を持つ。ただし、カンダール州弁務官は例外で、プノンペンにフランス地方裁判所があるので、州弁務官は cau krama の職務は持たず、州内で重罪犯罪あるいは中級罪犯罪の事案が生じた時には、「被疑者を逮捕してプノンペン［フランス］地方裁判所に報告書と共に身柄を送る」という王国警察局職員の職務を持つだけである。

④州支庁
1. 州支庁には弁務官代理補佐官をおき、その州支庁の管轄地域内の全ての公務を弁務官に代わって司らせる。この弁務官代理補佐官は固有の職務を持たず、弁務官の単なる代理であって弁務官から受けた命令を管轄地域内で執行するだけである。州の長であり、州内の全てのことに対して責任を持つのは弁務官ただ1人だけなので、弁務官代理補佐官は全て弁務官の名前で行う。
2. 州支庁管轄地の住民は、何か弁務官に伝えるべきことがあれば州支庁長である弁務官代理補佐官に伝え、弁務官が州支庁管轄地の住民に伝えるべきことがあれば州支庁長である弁務官代理補佐官に伝える。

⑤州諮問会議
1. 州弁務官の諮問機関は「州諮問会議」と呼び、これは保護国政府とクメール政府の討議、同意の結果、1903年8月12日付国王布告で、住民の希望についての情報を弁務官に提供するために設置することが決定されたものである。
2. 州諮問会議は保護国政府組織中にあり、クメール政府の組織中には属さない。
3. 州諮問会議は、設立された当初の1903年から1912年までは、州弁務官が州予算を管理していて、弁務官が予算案の作成を終えると州諮問会議に諮問し、同意を得てから上級政府に送って承認を求めていたので、諮問会議は広い職務をもっていた。しかし1912年に州予算が廃止されたので、現在は職務は縮小されている。州予算を廃止した理由についは我々は知り得ないが、州諮問会議は廃止されず、単に重要職務の一部が無くなっただけである。現在は、州諮問会議は年に1回会議を開くだけで、政府が公共の利益のために改正あるいは制定しようとする規定について検討する。要するに、この州諮問会議の弁務官に対する職務は、国王と保護国政府とに情報を提供する現地国諮問会議のそれと同じである。

⑥州諮問会議委員
1. 1903年8月12日付国王布告の規定によると、この諮問会議委員になれるのは、クメール人もしくは準クメール人、すなわち国王の指示下にある者だけである。
2. 1903年8月27日付総督政令により、委員には2グループがある。
　　　ア。1つは規定の効力より自動的に決まる委員、すなわち州内の全ての郡長で、この正委員が不在の場合は、副郡長が郡長の代理として会議に出席する。
　　　イ。もう1つのグループは、各郡の選挙人が投票で選任する委員である。

⑦州諮問会議委員の選挙
1. 各郡が選出する委員の定数は、その郡に属する村の数で決定する。すなわち、
　　　10村未満：　　　1名
　　　10－20村：　　　2名
　　　21－30村：　　　3名

以下、10村ごとに定員を1名を増す。
2. 選出権を有するのは、各村の現職の村長と助役で、予め作成されて弁務官が同意した名簿中に名前がある者である。
3. 被選挙権を持つ者は、クメール政府税・使用料簿に名前があるクメール人と準クメール人全ての中の、郡内に常住し、26歳以上で重罪あるいは中級罪の前科がない者である。政府から俸給を受けている［現職の］官吏と官員は被選挙権がない。政府勤務から退職して恩給を受けている［元］官吏、政府勤務を依願退職した［元］官吏は被選挙権がある。
4. 投票
   ア。高等弁務官が定めた投票日に、選挙人は自己の村が属する郡の郡庁に集合する。
   イ。郡 kramakaara の補佐のもとに郡長が投票事務局を設立し、郡長が午前8時から午前11時までの間、選挙人が自分が委員に選びたいと思う者の名前をその郡の定数の数だけ書いた投票券を受け取る。投票終了時刻、すなわち午前11時を過ぎると投票を止め、直ちに郡長が開票して各人の得票数を公示する。
   ウ。この第1回投票で、最多得票者から順に、その得票数が総投票数［訳注。有権者の総数ではない］の4分の1以上の者が当選である。
   エ。この第1回投票による当選者数が定員数に満たない場合は、その不足数だけについて、第1回投票と同日の午後2時から5時まで再投票を行う。この再投票の当選者の決定方法は第1回投票と同じである。なお、第1回投票の各候補者の得票数は考慮に入れない。
   オ。「この投票に不正がある」という異議申し立ては、投票中に直接投票事務局長に申し立て、投票記録書中に記載させる。あるいは、投票日後5日以内に異議申し立て書を弁務官に提出する。この異議申し立ては高等弁務官に送られ、保護国諮問会議の同意の下に高等弁務官が裁決する。
   カ。この州諮問会議委員の投票方法の細部は現地国諮問会議委員の選挙の投票方法と同じである。
5. 州諮問会議委員の任期は4年である。改選は2年毎に毎回委員の半数に対して行われ、再任は可である。
6. 委員職に欠員が生じた場合は、欠員が生じた日から3ヶ月以内に補欠選挙を行う。

⑧州諮問会議の会議
1. 1903年8月27日の総督政令は、州諮問会議は通常は年に2回、各回の会期は8日間と定めてあったが、職務が減少したことにより、現在は1年に1回、予め高等弁務官が定めた日に会議を開く［訳注。日数は無記述］。保護国政府は必要な時に臨時に州諮問会議を開く権限を持つ。
2. 州諮問会議の会議は、弁務官が議長になり、フランス人書記官1名とクメール人通訳1名が補佐する。議決は投票による。この投票は無記名式でも公開投票でも可。会議が終わると議事録をフランス語とクメール語とで作成して上級政府に送る。

⑨州諮問会議の職務
1. 「政府は、州の利益に大きく関わる案件は州諮問会議に諮問する」と定められていて、たとえば、州境・郡境・村境の変更、州の廃止・拡大・縮小、村の合併・新設などは、州諮問会議に諮問して初めて決定できる。諮問会議はこれに対して、賛成・反対の意見表明はできるが、政府は必ずしもそれに従う必要はない。
2. 政府が税金を使って州内に道を作る、橋を架ける、建物を建てることを考える場合も諮問する。弁務官は事業の計画とそのために支出する金額、その事業によって得られる利益を州諮問会議に明らかにして委員に意見を訊ねた後に、その事業を行う。
3. 州諮問会議委員は政府に請求する権利がある。すなわち、行政上の各規定をより良くするために含ませる、あるいは除くべきであると考える事柄を提案することができる。ただし国家政府に対する政策の請求はできない。たとえば、作物の栽培、商業、動物の飼育など国の経済を発展させることに関しては請求できる。これらの請求は、州諮問会議がその手段として存在している民衆の希望を知るためのものとして上級政府に送られる。

⑩州諮問会議委員の義務と任務
1. 広く民衆の意見を州政府に伝えること。自分個人の利益にこだわってはならない。また、政府のことを広く民衆に伝えること。自分を偉いと思ってはいけない。
2. 1904年3月［訳注。「日」は無記述］に大臣通達があり、「州諮問会議委員は官吏ではなく、単に政府に情報を与

えるためのものであるという、自分の職務をよく弁えなければならない。郡政府の処理に逆らって介入した場合は法律により罰される」という注意があった。

第3章　総督府総局のカンボジア国支局

総督を補佐する高官としては、[各国の]高等弁務官のほかに、総督府の総局長がいる。
総局は全インドシナ諸国に対して同一の規定を適用する。この総局はインドシナ諸国に各国支局をおく。

「1」関税・消費税・使用料局 [訳注。以下「総局各国支局」は単に「局」とする]

①関税
1. インドシナ国は、米、コショウ、トウモロコシ、役畜などは国民が必要とする以上に豊富にあるが、鉄器、食品、日用品、布などは不足していて輸入している。
2. 関税は、輸入品に課すことにより国内産業を守り、輸出品に課すことにより国内品の値上がりを防ぐ。それ以外に、関税収入を得て財務局の収入を増す利益もある。

②消費税・使用料
1. 関税・消費税・使用料局は、民衆が毎日の生活で消費するマッチと塩とアヘンから消費税を徴収して財務局に納める。
2. タバコ栽培者は、タバコを栽培して収穫した場所から他所に運搬する時に消費税を納め、納めてはじめて売ることができる。
3. 酒造者は、酒に含まれるアルコール量によって額が計算される消費税を納める。
4. これらの消費税の徴収はインドシナ国の収入にするために制定されたもので、国の財産の損失を防ぐための関税とは存在意義が異なる。
[訳注。使用料については後述。cf.「第11章。カンボジア国保護国政府予算の諸料金収入」p.200]

③組織
1. 関税・消費税・使用料総局長は総督の直接命令下にある。
2. 関税・消費税・使用料総局長は、自己の代表として[関税・消費税・使用料]総局次長をインドシナ諸国に、その国の[関税・消費税・使用料]局長として駐在させ、その国の関税・消費税・使用料局職員を監督させる。
3. この[関税・消費税・使用料]総局次長、すなわち各国の関税・消費税・使用料局長を補佐する者は次の通りである。
    ア。視察官。局の各事務所を自ら視察して、関税・消費税・使用料局官員を良くするために監督する。種々の件について質問して調査し、種々の訴えを検討する。局を発展させることを検討する。
    イ。内勤職官員。国内の全ての関税・消費税・使用料局の帳簿を集めて入金額を調査する。関税と消費税・使用料に関する案件書類を審査する。
    ウ。巡視課官員。巡視して日常行われている関税の脱税行為を監視する。
4. 以上の局長、視察官、内勤職官員、巡視課官員は全てプノンペン市で公務を司り、局の公務が規定通りに行われるよう監督し、統括する。またプノンペン市内と近郊の関税と消費税・使用料の徴収をする。

④税関
1. 地方における関税徴収の便宜のために官員を港と国境付近の全ての所に駐在させるには人員が不足なので、外国との貿易港を指定し、そこに税関を設置してある。すなわち、プノンペン港、カエプ、カンポート、srae ampil、koḥ saaket（＝uukuun 島）の諸税関である。海岸近くで貨物の陸揚げもしくは積み込みをするために、この税

関を避けた船は、関税を脱税したものとして関税・消費税・使用料局官員はその船を告発する記録書を作成し、裁判所に告発して審理を受けさせ、船の貨物の没収など厳しい処罰を受けさせることもある。これらの関税職務を正しく行うために、各税関に関税・消費税・使用料局官員を配属する必要がある。

⑤公社と酒税
1. 消費税・使用料（アヘン、塩、酒の各公社、マッチとタバコの各運搬税）も、これを近くに待機していて販売するのを待って消費税・使用料を徴収する官員が必要である。アヘンと塩には、それぞれ公社が設立されている。
2. インドシナ国には、アヘン製造販売公社があり、政府だけがアヘンを製造し販売する権利を持つ。
3. また、塩販売公社があり、政府は海岸の塩田での［一般人の］塩製造を監督していて、塩が生産されると、政府はその塩を全て買い入れる。そして政府が定める価格で民衆に販売する。
4. 酒は、一般人の酒業者が酒造所から出荷する時に税を徴収する。

⑥州関税・消費税・使用料局長
1. 関税・消費税・使用料局は各州に州関税・消費税・使用料局長1名を配置して、その州の関税・消費税・使用料局の公務を司らせる。この長は州都で公務を司り、その命令下にある職員としては、人口の多い市街地区に州関税・消費税・使用料局次長を駐在させている。
2. 州関税・消費税・使用料局長と州関税・消費税・使用料局次長の職務は、
   ア。自己が公務を司る関税・消費税・使用料事務所が、輸出入商人が商品を検査して関税を徴収することを求めることができる地域内にある場合は、関税を徴収する。
   イ。民衆の需要のために準備されている箱詰めのアヘンと塩を、あたかも商人であるかのように定価で販売する。
   ウ。規定で徴収することが許されているタバコ運搬税、およびその他の税を徴収する。

⑦酒造所関税・消費税・使用料長
1. 政府が酒造を許可した各酒造所に配置されていて、その酒造所主がたとえ少量でも税を納めることなく販売することができないように、常に監視する。
2. 酒造所主は生産した酒の全量を酒造所関税・消費税使用料局長に示し、酒造所関税・消費税・使用料局長は道具で酒の強度を測定して含有アルコール量を知り、既に定められてある税率に従って税金を徴収する。

⑧州関税・消費税・使用料局巡視課官員
1. 州関税・消費税・使用料局長の命令のもとに、常に村、川、海岸を巡視して密輸出入を防ぐ。
2. 違反者は逮捕して州関税・消費税・使用料局長に引き渡す。州関税・消費税・使用料局長は裁判所に告発し、審理、処罰させる。

⑨その他
1. 以上の官員は、巡視課官員を除いて、全て関税を徴収して財務局に納付する職務を持つ。
2. 州関税・消費税・使用料局次長は定められた日に、自己が徴収した税金を全額、帳簿と共に上司である州関税・消費税・使用料局長に提出する。
3. 州関税・消費税・使用料局長は州関税・消費税・使用料局次長から受け取った税金を財務局に持参し、総局の予算に入れさせる。
4. 関税・消費税・使用料局には、現地国人官員もいる。すなわち、通訳、smien、それにフランス職員が巡視に出る時に随行する初級職職員などである。
5. この局は巡視して脱税者を逮捕する便宜のために、公務に利用する乗り物、すなわち、船、自動車、小汽艇、舟などを持つ。
6. この局の官員は数が多く、国内のあらゆる地域の、脱税者を監視するのに便利なところに配置されているので、インドシナ国総予算の関税・消費税・使用料を徴収する以外に、保護国政府は保護国予算の税の徴収も手伝わせている。
   ア。関税・消費税・使用料局職員は、籾税領収証を携帯せずに籾を運搬している者を発見したら、籾税未納の籾であるとして税を徴収して保護国政府財務局に納付する。

イ。森林伐採者は森林利用税を森林局に納めるが、森林局官員は少数なので伐採地の近くにいないことがあり、その場合は関税・消費税・使用料局官員が代わりに徴収することが許されている。この森林利用税の徴収は、関税・消費税・使用料局官員の本来の職務には含まれていないので、保護国政府は、関税・消費税・使用料局官員が徴収した森林利用税の一部をその官員に報奨金として与えることを許している。

「2」郵政総局

①インドシナ国郵政総局の業務
  1. 郵便・電報
     郵便料金例
     20グラム未満の手紙は、インドシナ国内は0.04リエル。インドシナ国外のフランス国とフランス植民地は0.06リエル。外国は0.10リエル。これらは手紙が紛失しても賠償しない。書留にして書留料を払えば受取人の所まで世話する。また、手紙の価格を届けて料金を払っておけば、紛失した時に補償される。
  2. 郵便為替の発給
  3. 小包。重量は10キロ以下。大きさの制限もある。郵便局に持参する。料金は小包の重量と配達先までの距離による。
  4. 貸し金の代理請求。遠方に住む人からの求めにより、貸し金の回収を行う。
  5. 電報
     ア。料金は配達地までの距離と電報文の長さによる。2-3時間で着く。
     イ。無線電信局はトンキン国の局がハノイに1つある。サイゴン国［ママ］にも1つあるが、ハノイ国［ママ］の局ほど強力ではない。まもなくインドシナ国の大都市（ヴィエン・チャン、プノンペン、フエ）にも設置される。
  6. 電話。電話はプノンペン市にひとそろいあり、まもなくプノンペンからサイゴンに繋がり、さらにその後、無線電話がインドシナ国の全ての地域に広がる。

②組織
  1. 郵政総局には総局長がいて総督に直属し、全インドシナ諸国の郵政局の長である。
  2. インドシナ各国に総局長代行がいて、その国の郵政局長になる。

③郵便局の種類
  1. 中央郵便局。プノンペンにある。中央郵便局長であるフランス官吏がいて公務を統括する。その下にフランス人官員と現地国人官員が、手紙と電報を配達するのに十分な数いる。
     地方から外国に出された手紙はひとまずこの中央郵便局に集められる。
  2. 普通郵便局。各州都におかれている。職務は種々の手紙と郵便を配達することで、フランス人官吏が普通郵便局長を務めるか、あるいは現地国人官吏が公務を司る。
  3. 補助郵便局。大きい市街地区に置かれていて、予め定められている職務のみを行う。あまり多額の金は扱うことはできない。現地国人官員が取り仕切る。
  4. 農村郵便局。補助郵便局の下にある。これはカンボジア国ではできたばかりで、数はまだ少ない。この局は郵政局官員ではない者、通例は郡庁官員が職務を司る。郵便切手を販売し、政府または民衆が持ってきた手紙を受け取り、それを受取人に渡す。

④職員
  1. 郵政局には郵便局内で業務を取り仕切る官員のほかに、官員があと2グループ、すなわち、配達をするグループと、電線の管理、保守をするグループとがある。
  2. 郵便の配達は、プノンペンのように大きい都市では配達人が受取人に配達に行く。地方では、郵政局補助官員がいて、州都の普通郵便局、または農村郵便局の［配達］業務を行う。この官員は traam と呼ばれ、業務を行うために配属された郵便局に行って手紙を預かり、そこから郡庁に行く途中で、自分が通過する村に住所がある受取人の手紙を受取人に渡す。渡すことができずに手元に残った手紙は郡庁に渡し、郡庁に勤務している兵

士が配達に行く。郡庁からの帰途は、郵便局に持っていくよう預かった手紙の一部を、途中で受取人に渡しながら郵便局に持って行く。

⑤電報
1. 電信機は郵便局にあり、フランス人技術者と現地国人技術者が保守する。
2. 電線の保守は各郵便局に現地国人官員1名がいて検査と保守をしている。またフランス人官員が定期的に見回って、腐った電柱の交換、電線に触れている樹木の枝の切り落とし、割れたボード（？）、避雷針などのチェックをする。
3. 電線を盗むなどの目的で電線を損壊させた犯人の捜索に村政府が関心を持たない場合、あるいは犯人が見つからない場合は、その村の村民全員が罰金を科される。この罰金を科すことは、高等弁務官が内閣と協議して決定する。
4. 1911年1月5日付大臣通達があり、民衆が電線の近くに高い樹を植えることを禁止している。電線検査員は、これに違反している樹木をいつでも切り倒すことが許されていて、樹木の所有者に補償する必要はない。

「3」登記所

①登記
1. 契約書、売却書、寄贈書、交換書などの財物を移転する契約をした、民法の規定に従った文書の内容は登記簿に記録する。
2. 不動産の所有権移転書は、原本を2部作って1部を登記所、1部を所有権移転書の所有者本人が保管する。

②印紙
印紙の存在は徴税の便宜のためである。印紙は登記とは関係がない。

③公証人
1. インドシナ国に登記総局という名の総局はない。徴収した登記料は全てインドシナ国総予算に入るので、登記所の業務に携わる官員は、インドシナ国総予算を管理する職務を持つ財務総局長の命令下にある。
2. 登記所に属する官員は少数で、職は公証人である。
3. カンボジア国には、登記所の代表1名がプノンペン市にいて公務を司っていて、公務の報告は直接ハノイの財務総局長に行う。
4. 公証人の職務は次の通りである。
    ア。カンボジア国内におけるフランス人とフランス人との間の契約書、フランス人と外国人もしくは現地国人との間の契約書、フランス裁判所の判決書の登記
    イ。プノンペン市における現地国人同士の契約書の登記
    ウ。印紙と印紙型文書用紙、すなわち押印証明用文書用紙の小売りをするが、それ以外に、これらを小売りして政府からわずかの手数料を得る人への卸売りもする。これは小売りしている場所を［国内に］たくさん作る、という公益のためである。なお、印紙は郵便局で買うこともできる。
    民衆は誰でも、申請書を出して印紙を公証人からまたは州庁から仕入れて小売りすることができる。しかし小売者は印紙の額面価格より少し安く仕入れるので、その差額が利益になるのであり、額面価格より高く売ってはならない。
    エ。カンボジア国内の公証人は国有財産の管理もする。すなわち、政府が国有財産を売却する場合は公証人に行わせる。公証人は売却物の買受人からその代金を受け取り、領収証を発給する。この領収証は法律上完全に有効である。この売却は競売で行い、代金はインドシナ国総予算に入れる。
    オ。公証人は財産管理人の職務も持ち、無主財物を管理する。すなわち、フランス人または外国人が死亡あるいは失踪し、その者がカンボジア国内に所有する財物の相続人、またはそれを管理する法律上正当な代理人がいない場合、公証人はその無主財物を管理する。すなわち、残された財物の目録を作成し、借金を返済し、貸金を請求し、財物全てを集めて、それを遺産相続人に引き渡すために管理する。

④弁務官が代行

プノンペン市にいる公証人1名だけで、地方の州の業務まで行うことはできないから、地方では公証人の職務を州弁務官に行わせる。

> ア。ただし、登記に関しては現地国人同士が現地国法律に従って契約した契約書の登記権限のみを与えている。この登記料金として弁務官が受け取った金は、プノンペン市の公証人に届けるのではなく、直接財務局に納める。
>
> イ。州内に無主財物が生じた場合は、弁務官は直ちに公証人に知らせる。それから弁務官は無主である動産、不動産の目録を作成し、無主財物の管理人である公証人に送る。そして公証人から、保管しておくべきではない物品を売却する指示と、保管して相続人に渡すべき品物を公証人に送る指示を得る。

「4」フランス裁判所　[訳注。「第2章カンボジア国内のフランス裁判所」p.167も見よ]

①総説
1. フランス裁判所は検事総長の指示下にあり、インドシナ諸国全てを管轄する。
2. フランス裁判所は現地国人の審理はしない。
3. 裁判には、民事裁判と刑事裁判の2種類がある。
4. 刑事裁判は犯罪の種類により、軽罪犯罪裁判と中級罪犯罪裁判と重罪犯罪裁判の3種にわかれる。

②民事裁判
1. カンボジア国における民事裁判の第1審はプノンペン地方裁判所（プノンペン市、カンダール州、プレイ・ヴェーン州の lvaa aem 郡とコンポン・チャム州の khsaac kanṭaal 郡と muk kambuul 郡を管轄）と、カンダール州都以外の全ての州都に設置してある州［地方］裁判所で行われる。
2. プノンペン地方裁判所には、検事として共和国検事1名、裁判所長になる cau krama 1名、cau krama 補1名、検察事務官1名、検察事務官 smien 1名がいる。これらの官員は全て司法部に属する。
3. 州［地方］裁判所では、弁務官が cau krama になり、弁務官が不在の場合は、副弁務官が代わる。法務官であるフランス官吏1名が検察事務官の職を司る。
4. これらの［地方］裁判所は訴訟金額の多少に関わらず、全ての民事訴訟の審理をする権限を持つ。地方裁判所の判決に不服である場合は、少額の訴訟を除いて、1級上の上級裁判所である高等裁判所に控訴する権利があり、高等裁判所が最終審である。高等裁判所はサイゴンにあり、コーチシナ国、クメール国、ラオス国低地部、アンナン国南部の地方裁判所からの控訴を管轄する。
5. 最高裁判所はパリ市にある。[cf.「『6』最高裁判所」p.171]

③刑事裁判

罰は3種に分類される。
1. 軽罰　　投獄1～5日、罰金1～15フランの罰則
2. 中級罰　罰金と最長5年までの投獄の罰則
3. 重罰　　独房投獄、重労働投獄、死刑までの罰則

④重罪犯罪の審理
1. フランス人がカンボジア国内で犯した重罪犯罪は、カンボジア国内では審理されず、サイゴンにある重罪院と呼ばれる重罪裁判所で審理される。
2. この審理は、高等裁判所の cau krama priksaa の中からの3名と、陪審員団によって行われる［訳注。陪審員の人数は無記述］。
3. 陪審員団は裁判所官員ではないフランス人名士から選ぶ。陪審員団は被告の有罪、無罪を判断し、その判断に従って cau krama が量刑を定める。
4. フランスの指示下にある民衆あるいはアジア人外国人、すなわち、いわゆる現地国人が犯した重罪犯罪は、刑事裁判所と呼ばれる重罪裁判所が審理する。この重罪裁判所はプノンペンで、3ヶ月に1回審理する。この重罪裁判所は、高等裁判所の cau krama prikksaa 1名が裁判所長になり、cau krama 2名、予め作成してある名簿か

ら抽籤で選ばれた現地国人陪審員複数名、審理の時の検察官になる次席検事、審理の記録をとる職務を持つ検察事務官1名、審理の時に法廷の秩序を保つ執行官1名からなる。
5. 重罪を犯した者は逮捕して検事に送る。検事が取り調べて、取調べ調書を高等裁判所の公訴課に送る。そこで起訴することを決定したら、重罪裁判所に送る。

　　審理は、次席検事［＝検察官］による起訴状読み上げ－被告を尋問して供述を取る－検察側証人を尋問－被告側証人を尋問－次席検事が論告求刑－弁護人の最終弁論－判決、と行われる。
6. 重罪裁判の判決は控訴できないが、パリ市の最高裁判所に上告して、判決の破棄を求めることはできる。判決が破棄されたら、同じ高等裁判所で新しい cau krama を選んで再審理する。あるいは別の最高裁判所で審理することもある。

⑤中級罪犯罪の審理
1. 中級罪は中級罪裁判所で審理する。この中級罪裁判所は、
　ア。プノンペン地方裁判所で、cau krama 1名、共和国検事1名、検察事務官1名からなる。
　イ。州［地方］裁判所で、州弁務官が cau krama になり、検察事務官1名が補佐する。
2. 重罪裁判の審理は被告には必ず弁護人が必要である。中級罪裁判の場合は、被告に弁護人はいてもいなくても構わないが、被告が［自費で］弁護人を雇って弁護させるのは自由である。
3. 中級罪裁判所の判決はサイゴンの高等裁判所に控訴でき、これが最終審である。ただし、最高裁判所に上告することができる［場合がある］。

⑥軽罪犯罪の審理
軽罪犯罪は中級罪裁判と同じ構成で審理する。

⑦裁判所の補助職員
1. 検察事務官
　ア。民事訴訟裁判でも刑事訴訟裁判でも、cau krama は常に検察事務官1名に補佐される。この検察事務官は官吏であり、審理時に、法律で規定されている全ての記録と、生じたこと全ての記録をとる。
　イ。審理時以外は、検事が被疑者と証人の供述を取る補佐をする、必要に応じて判決書の謄本を発給する、判決書を公文書保管庫に保管する、証拠品が紛失しないよう保管する責任を持つ、などを行う。
　ウ。公証人の任務も持つ。すなわち、人々が料金を支払って書類の作成を依頼してきた場合、その文書の作成をする。そして、その文書の真正性について責任を持つ。この文書は法律上真正である根拠を持つと見做される。ただし全ての契約書がこのように作成しなければならないということではない。
2. 執行官
　ア。官吏であり、その職務は、審理中［法廷の］秩序を保つよう監督する、判決書を本人の住所に持参する、刑事事案の証人の召喚状を届ける、民事事案の当事者の召喚状を届ける、令状を届ける、債務者が抵当に入れた動産・不動産を差し押さえる、などを行う。
　イ。フランス裁判所が審理するべき現地国人の審理の場合は、上述のことを必ず執行官にさせる必要はない。プノンペン裁判所では、地方裁判所が審理するべき事件の数が多いので、官吏1名をこの執行官の職務を行うために任命しているのであるが、州では、執行官をおかず、すでに別の職務を持つフランス人官吏にこの執行官の職務を行なわせている。通常は主任警備官、保安隊長、または司法権を持つ職員である憲兵にこの執行官の職務を持たせている。
　ウ。執行官は、文書を届けることを依頼する依頼者から手数料を得る。この手数料は文書の種類と送達する距離によって定められる。
3. 弁護士。これは官員ではなく民間人である。民事訴訟の場合には依頼人の代理人に、刑事裁判の場合は依頼人の弁護人になる。弁護士料の額には規定はなく任意である。重罪犯罪の審理以外は、弁護士はいなくても可。重罪犯罪の審理で被告が弁護士料を払えない場合は、裁判所が弁護人を1名を任命し、被告には無料で弁護させる。

第4章　軍

　総督の命令下にある。しかし総督が軍に出兵を命令した後は、戦闘における軍そのものの指揮は部隊長の職務である。

「1」陸軍

①総説
1. インドシナ国内では、陸軍は、階級が将軍である総司令官の命令下にある。この将軍はハノイ市の総督に直属していて、インドシナ国のフランス人軍と現地国人軍全てを指揮する。
2. コーチシナ国とカンボジア国の陸軍は一体化して1つの軍になっている。総司令官の下の階級の将軍である副司令官が、コーチシナ国とカンボジア国にいる陸軍を指揮する司令官であり、サイゴンにいて総司令官の命令下にある。
3. 陸軍の中にはフランス人兵士と現地国人兵士が多数連隊いて、それぞれが大佐の階級の部隊長、すなわち連隊長の命令下にある。連隊は順次いくつかの隊にわかれて各地に配置されている。

②カンボジア国内の陸軍
1. カンボジア国の軍の司令官の階級は少佐［訳注。nagaravattaの時代には大佐になっている。cf.17号など］でプノンペンにいて、高等弁務官に直属し、カンボジア国に配置されているフランス人軍と現地国人軍全てを指揮する。
2. フランス人軍1ヶ大隊がプノンペン市にいて、保護国政府守備隊であり、行政機関の命令によってのみ戦うことができる。これらのフランス人兵士たちはカンボジア国にいるフランス人から選ばれたのではなく、フランス国から派遣された兵士であり、カンボジア国での服務期間を満たすとフランス国へ送られる。

③フランス人兵士
1. フランス国には徴兵制度があり、20歳から48歳までの成人男子は兵士になる義務がある。20歳になると召集されて兵士になり、服務期間は3年で、除隊後は48歳までは予備役に入り、戦時には召集される。
2. インドシナ国にいるフランス人は官吏も民間人も召集されてフランス国で入隊する人もいるし、インドシナ国で入隊する人もいる。

④現地国人軍
1. 現地国人軍の兵士は全てクメール人であるが、フランス人の長（すなわち部隊長と将校）に指揮され、プノンペン市とバット・ドンボーンとシー・ソーポンに、それぞれ1ヶ大隊が配置されている。
2. 現地国人軍兵士の任期は3年で、任期満了後は除隊してもいいし、兵士を続けることもできる。
3. 知識と英知が多く、操行が良い現地国人兵士は下士官になることができる。
4. 軍務を15年続けると退役して恩給を貰うことができる。さらに人頭税の免除などの特典がある。
5. この現地国人軍を krum bijayasanggraama ［訳注。「vijaya-」ではない］と呼ぶ。
6. 現地国人軍兵士は、刑事事案ではフランス軍事法廷でフランス法律によって審理される。また文民と共謀した場合、その文民もフランス中級罪裁判所またはフランス重罪裁判所で審理される。しかし除隊後は入隊前に戻ってクメール裁判所で審理される。

⑤その他の部隊
　軍には戦闘部隊の他に次のような部隊がある。
1. 兵站部。その業務に詳しい将校の命令下にある。
2. 地図局

3. 新しくできたばかりの空軍

「2」海軍

1. フランス海軍の高い階級の提督がインドシナ国海軍の司令官であり、軍艦を持つ。軍艦にはフランス人水兵と現地国人水兵がいる。
2. 軍艦はカンボジア国には配置されていず、サイゴンにいる。

第5章　国内局

「1」総説

1. インドシナ総督府の総局は総督の命令下にある局で、インドシナ諸国全てに対して、同一の法律規定に従って職務を行う。そして税を徴収する総局はインドシナ国総予算の税を徴収する。一方、インドシナ国の各国には、それぞれ互いに異なる法律規定に従い、高等弁務官の命令下にある局がある。これを国内局と呼ぶ。たとえば、カンボジア国の国内局のための予算はカンボジア国予算の中にあり、税を徴収する国内局はカンボジア国予算の税を徴収する。
2. 国内局は、次の4種に分類される。
   ア。国民の安全に関する局
   イ。国の公金を扱う局、すなわち財務局
   ウ。国の財産を増すための局
   エ。国民を発展させるための局

【1】国民の安全に関する局

国家警察、憲兵隊、保安隊、刑務局、受刑者特徴記録局、外国人入国管理局がある。

「1」国家警察

国家警察は、インドシナ諸国のどの国でも公安警察と市警察の2つの局に分かれる。

①公安警察

1. 国内の全ての州での職権を持ち、防止任務として国内の治安を守り、外国人を監督し、国籍を問わず、国内で騒ぎを起こそうとする者を密かに監視する。行政機関の命令により、民衆が法律と規定を守るよう調査する。重罪犯人あるいは中級罪犯人を捜査、逮捕して裁判所に送り、裁判所がこれらの犯人を罰するための証拠を収集するのを容易にするための情報を提供する。
2. 公安警察の長は公安警察局長で、部下にはフランス人職員と現地国人職員がいる。局長の職務は国内で騒動を起こそうとする者に関して部下が収集した種々の情報を高等弁務官に提供することである。
3. インドシナ諸国の各国で調査して得られた情報は、総督と他のインドシナ諸国の公安警察に伝える必要があるので、各国の公安警察からその国の内外の治安に関する情報を集めるための公安警察総局がハノイ市にあり、総督に直属する。
4. 1917年6月28日付総督政令は次のことを規定している。
   ア。国籍を問わず、国内で騒動を起こそうとする者がいることを知ったら、直ちに公安警察はその者を常時密

かに監視する。そしてその者が国外に出てインドシナ諸国の他の国に入ったら、［出国した国の］公安警察はその者に関し調査して得られた全ての情報を、［入国した］国の公安警察に送って監視を続けさせる。
- イ。犯罪を犯したことを証明するのに十分な証拠が集まったら、裁判所に送検して処罰させるか、その者が外国人である場合は、インドシナ国から追放させる。
- ウ。公安警察は、重罪犯罪もしくは中級罪犯罪を犯した者を捜査して逮捕するための人員が十分でない郡の官員に助力する。この場合は、公安警察局長もしくは弁務官の命令に従って、全ての郡にわたって犯人を捜査し逮捕する。それゆえ、水上警察［訳注。記述はないが恐らく公安警察所属］が常に水上をパトロールして、民衆が法律に従っているか否かを監督している。

②警視
1. 公安警察局長は、その命令下に警視［訳注。警察署長になる］と呼ぶ cau krama を多数名持つ。
2. 警視は、その指示下にフランス人警察官と現地国人警察官を多数名持つ。
3. 警視は普通の日常の［cau krama としての］業務を行う以外に、それぞれが個別にこの公安警察の業務も手伝い、情報をプノンペンにいる公安警察局長に報告する。
4. 公安警察局長は警視を国内のどこにでも配置することができ、州に配置された時には警視は弁務官の命令下に入り、弁務官に報告する。しかし常に公安警察局長にも報告する。
5. 1919年には、プノンペン市の公安警察署の他に、カンポート州とバット・ドンボーン州のそれぞれに［警視を派遣して署長にして］公安警察署が1つ設置された。

③市警察
1. 市警察は市内だけを管轄し、公安警察と協力して市の秩序を守る。市警察はカンボジア国にはプノンペン市にしかない。
2. 市長は市の秩序に責任を持つから、この市警察は市長の直接命令下にある。
3. フランス人警察官と現地国人警察官がいて、警察署長である cau krama の命令下にある。この警察署長は市警察局長の指示下にある。

④警察署
1. ［市］警察が公務を管理する便宜のために、プノンペン市を3つの警察管区に分けて、それぞれを警察署に管轄させている。
   - ア。第1警察署。管轄区域はプノンペンの de la glacière 路、すなわち製氷工場の南の路からカトリック地域の北の境界までである。第1警察管区をさらに複数の下部管区に分け、各下部管区に警察分署を置く。
   - イ。第2警察署。管轄区域は de la glacière 路から paak angrae 村との境界までである。
   - ウ。第3警察署。jroy cangvaa 全域を管轄する。
2. 各警察署長には、その指示下にフランス人警察官あるいは現地国人警察官、あるいはその両者がいて、盗賊を逮捕する、道路・道が多数集まる地域や港の岸を巡視する、軽罪犯罪の捜査をする、売春婦を監督する、家と道路を清潔にするのを監督する、伝染病患者を探す、人間に病気を感染させる動物を駆除する、火事の消火に助力する、などの職務を行って署長を補佐する。また、行政機関が出した法律・規定を民衆が守るように監督する、などを行う。
3. 軽罪犯罪、中級罪犯罪、重罪犯罪の犯人を逮捕したら、その者を送検する調書を作成して、被疑者がフランス裁判所に審理されるべき者である場合は検事である共和国検事に送る。クメール裁判所が審理するべき者である場合は、プノンペン地方裁判所の cau krama に送る。起訴するか否かは、これらの cau krama が決める。
4. 市警察は、逮捕した被疑者を24時間しか拘留できない。この間に被疑者を cau krama に送らなければならない。
5. cau krama は、もっと長く拘留するべきであると判断したら、令状を出して刑務所に拘留させる。
6. 公安警察官が、cau krama が通常勤務している場所から遠い場所で被疑者を逮捕した場合は、公安警察が cau krama に送るまで被疑者を拘留できる時間は24時間延長される。

「2」憲兵隊

①総説
1. 憲兵隊は本来は軍隊中の警察であり、上司である部隊長の命令下にあり、インドシナ軍総司令官である将軍の指示下にある。しかし、この憲兵隊は国の治安を守るために設置されたので、インドシナ諸国の普通の政府部局、すなわち文民部局に渡されて指揮される。
2. 憲兵隊は行政機関（高等弁務官と州弁務官）に渡されて、民衆が犯罪を起こすのを防ぎ、裁判所（共和国検事とcau krama）に渡されて、法律違反を撲滅する。行政機関と裁判所とは憲兵に命令して警察と協力して事件の捜査をさせる権限を持つ。

②プノンペン市の憲兵
1. プノンペン市のように、既に警察を設置して［cf.次の「＊」のある訳注］指揮している所では、憲兵隊が警察業務を行うことは少なく、それは民衆が直接憲兵隊に「自分を守って欲しい」と訴えてきた時、あるいは行政機関か軍が命令した時であり、その他は主として市内で事件を起こす兵士を取り締まっている。
    * ［訳注。クメール国民の義務の1つに自己が居住する村内の警備・巡視がある。しかしこの警備・巡視は免除料を支払えば免除される。そして村民全員がこの警備・巡視免除料を支払うことに同意すれば、その免除料で専任の警備・巡視員、すなわち警官を雇用することができる。換言すればこのようにしない限り村に警官はいないのである。cf.「①警備・巡視」p.104］
2. 憲兵は軍の警察として兵士を取り締まるが、この兵士を取り締まる任務は、本来はプノンペン市のフランス軍の責務であり、［フランス軍］大隊長は憲兵に兵士被疑者の捜査をさせる権限を持つからである。
3. 政府の普通の行政部局も、憲兵に命じて被告、被疑者を刑務所から裁判所まで護送させる、受刑者を移送させる、など種々の警察業務をさせることができる権限をもつ。

③州の憲兵
1. 州では、憲兵にはさらに多様な必要性がある。各州に配属されている憲兵は直属の上司である隊長の指示下にあるが、州政府は憲兵を州警察署長に任命し、「州に」主任警備官がいない場合は［州］保安隊長に任命し、州刑務所長に任命する。
2. 弁務官は郡内の治安を確立するために、州内のどこにでも憲兵を行かせて警察業務を行わせること、交通局が雇用した職人や労務者に賃金を支給する業務を行わせることもできる。
3. 憲兵には、操行がよく勤務成績も優れた将兵を選んで任命する。

「3」保安隊

①総説
1. 政府が設立している警備業務を行う部局は、既に述べた国家警察と憲兵隊のほかに、もう1つ保安隊がある。これは王国内の警備業務を行う。
2. 保安隊員は全てクメール人で、国王が保護国政府に指揮を任せているものである。保安隊はいくつかの連隊にわかれ、［私服］警部と呼ぶ階級のフランス人官吏あるいは主任警備官が隊長になる。
3. 各州とプノンペン市には保安隊が1ヶ連隊いて、それぞれ弁務官と高等弁務官の指示下にある。州弁務官は、政府から指揮をまかされた保安隊を、必要に応じて公務に使用する。
4. 州保安隊はいくつかの大隊に分け、州都や人口が多い市街地区に駐屯させる。
5. また郡長が必要に応じて使うことができるように、郡庁にも駐屯させる。

②職務
1. 保安隊の最大の職務は国内の保安、すなわち秩序安寧を保つことである。政府の命令があれば盗賊を捜査し逮捕する。受刑者の保護と管理、移送を行い、公金移送や官庁庁舎の警備・巡視その他公務のためのことを行う。
2. 保安隊はこのような職務を持つので軍隊のような組織を持たせているが、隊長と隊員は現地国人軍と違って

兵士ではない。すなわち、兵学の知識を持ち、武器を扱うことができるように政府が訓練した文民官員である。

③階級
1. 階級は袖章で示す。最高の階級は警部と主任警備官で、いずれもフランス人で連隊長あるいは大隊長になる。
2. 現地国人保安隊員の最高階級は曹長で、その下は軍曹、伍長、1等保安士で最下が2等保安士である。2等保安士には袖章がない。
3. 政府は隊員全員に制服を支給して保安隊員であること、また警官や現地国人軍兵士と容易に区別できるようにしている。

④軍に動員
　大きな騒動があって軍を動員して鎮圧する必要がある時、あるいは戦争の時は、行政機関が保安隊を軍の命令下に入れ、軍は［保安隊員を］兵士と同じように使うことができる。

⑤保安隊員の選抜
　これについては、「『1』保安隊」p.155で述べる。

「4」刑務局

①刑罰
　自由刑は自由意志を奪う刑で法律によって定められており、投獄刑［訳注。拘留、禁固、軽労働懲役刑の3つを含む］、重労働懲役刑、独房投獄刑などがある。受刑者に服役させる刑務所は行政機関の施設で、フランス人官員と現地国人官員がいて受刑者を保護・監督し、昼夜監視する。これらの刑務局官員は受刑者に関する詳細な法律に従う。

②刑務所
　受刑者を収監する刑務所には次がある。
1. 流刑地
コーチシナ国のtraḷaac島にあり、コーチシナ国とカンボジア国を管轄するフランス重罪裁判所が終身、もしくは有期の重労働懲役刑を宣告した者を流刑にする［cf.下の「4のイ」］。
2. プノンペン市にある中央刑務所［訳注。クメール語の語義は「大刑務所」であるが、「大規模刑務所」と紛らわしいのでこれを使う］（すなわち保護国政府刑務所）
フランス裁判所の判決で中級罰もしくは軽罰に服する者、中級罪犯罪もしくは重罪犯罪の被告で裁判所で審理中の者、債権者が貸し金を強制的に回収するために投獄することを求めた者、禁固刑あるいは拘留刑を宣告された者を収監する。
3. 州刑務所
被告［訳注。恐らく被疑者も］、中級罰または軽罰を宣告された者、債権者が債務の返済を強制するために投獄を求めた者、郡裁判所が刑を宣告した者を収監する。
4. プノンペン市にあるクメール刑務所
　ア。クメール裁判所が刑を宣告した全ての刑の受刑者、被告［訳注。恐らく被疑者も］、地方裁判所の判決を高等裁判所に控訴して高等裁判所あるいは最高裁判所で審理中の者を収監する。
　イ。クメール裁判所で重罰を宣告された者は、普通はプノンペン市の［クメール］刑務所に収監されるが、重罰受刑者で刑務所内で暴動を起こさせるなどをした者はtraḷaac島に流刑にする。
5. 郡刑務所
各郡庁に付設されてあり、［郡裁判所で］軽罰を宣告された者、尋問中で郡裁判所の審理を待つ被疑者を収監する。

③役務
　収監されている者は全て労働しなければならない。しかし債権者の求めにより借金の返済を強制するために投獄

されている者、被疑者および被告は労働を拒否する権利がある［訳注。禁固刑と拘留刑の者は無記述］。

④受刑者の保護
1. 刑務所内の受刑者の管理・保護は、フランス人看守および現地国人看守が任されている。
2. さらに現地国人軍兵士と保安隊員が刑務所の塀の外を巡視して助力する。これらの兵士と隊員は、受刑者の暴動や脱走にも備えていて、鎮圧が必要な時には武器の使用が許されている。
3. 刑務所外で政府の事業のために受刑者に労働をさせる場合など、刑務所外の受刑者の保護は保安隊に任される。

⑤刑務所の統括
1. 刑務局長には、高等弁務官が行政機関の官吏を任命する。
2. 州刑務所は州の保安隊長（すなわち警部か主任警備官）か憲兵が州刑務所長の職務を司り、看守少数名と保安隊員が受刑者保護の助力をする。
3. 州内の全ての公務は、公益のための事業に限って弁務官が受刑者を使うことができる。官吏といえども、受刑者を私用に使うことは厳重に禁止されている。
4. 弁務官は州刑務所の秩序と清潔、受刑者の健康状態、食事が十分であるかなどを監督する。
5. 郡刑務所中の者の保護は看守が、郡庁に勤務するよう派遣された保安隊員と共に行う。
6. 郡長は受刑者の食事が十分であり、郡長を含めて他の官吏に受刑者を私用に使わせない、などを監督する。

「5」受刑者特徴記録局

①職務
1. 刑法は、処罰の決定に関して、初犯者と再犯者とをはっきり区別し、再犯者は初犯者より厳しく罰することを定めている。
2. それゆえ、刑法のこの規定を適用するために、cau krama は被告が初犯であるか再犯であるかを知る必要がある。この点に関する被告の供述は信頼できないから、この初犯であるか再犯であるかを知る便宜のために、受刑者の記録をとっておくのがこの局の職務である。

②特徴カード
1. 実験によると、肉体的に完全に成育した人は、20歳に達した以降は出来物の跡、耳、頭、手、足の大きさ、指紋などの人体特徴は変化しないことが判明した。それゆえ、各犯罪者のこれらの計測値を記録した紙を作り、それからカードを作り、このカードをそれぞれの項目ごとに分類しておけば、後日その同一人物を逮捕した時に、その者の特徴を計測すれば犯歴があることが判明する。
2. このカードには、逮捕され裁判所に起訴された被告の履歴、特徴の計測値を記入し、指紋が押捺してあり、可能な場合は写真が貼ってある。また刑を宣告された場合はそれを記入する。このカードは公文書保管庫に保管してある。［訳注。ここの記述では、被告の段階でカードを作成することになるが、他の部分の記述を検討すると「有罪の判決を受けた者の一部分のみ作成する」が正しいようである。cf.特に後の「④特徴カードを作成しない者」］
3. 逮捕者［ママ］が送られてきた時に、この局はその者に前科があるか否かを担当の cau krama に通知する。
4. この局は、写真を使って脱獄者もしくは前科のある重罪犯人を指名手配するのにも役立つ。

③組織
1. この局の局長は高等弁務官の直接命令下にある。
2. 局長の下に、このカード作成・分類・検索技術を学んで、あらゆることの知識があるフランス人官吏がいて、現地国人官員を監督する。
3. この局の本局はプノンペン市にある。この本局には、国内全ての裁判所で刑を宣告されて投獄された、全ての国籍の者の特徴カードを集める。
4. 各州庁には、この特徴カードを作る官員がいて、州［地方］裁判所と郡裁判所が刑を宣告した者の特徴カードを作り、本局に送る。

④特徴カードを作成しない者

この特徴カードを は作るのは、軽罰受刑者、税金滞納、あるいは債権者の請求により投獄されている者については作成してはならない。すなわち、中級罰受刑者と重罰受刑者のみ作成するのである。

「6」外国人入国管理局

カンボジア国に入国する外国人を保護国政府が管理するための局である。

①アジア人外国人
1. フランス国が中国などの極東の国と交わした最新の協定により、［インドシナ］国に入国しているアジア人外国人は、保護国政府の直接権限内にあり、国王の指示の外にいる。
2. アジア人外国人は入国した国の習慣と警備業務を定める法律には従わなければならないが、民事訴訟あるいは犯罪を犯した場合は、フランス裁判所が審理・判決する。

②組織
1. この局の局長は、受刑者特徴記録局の局長をも兼任する。しかし、この2つの局は完全に区別されていて、フランス人官員も現地国人官員も事務室も完全に別々である。
2. この局の官員は2グループあり、1つは外国人管理名簿を管理する職務を持つ内勤官員である。もう1つは巡視監督員で、往来する全てのアジア人外国人［ママ。正確には単に「外国人」であろう］について、規定に正しく従っているかを知る。船が到着して新入国外国人がいると、その外国人を外国人入国管理局に連れて来て、入国目的を調べ、そして規則に従わせる。
3. カンボジア国には、アジア人外国人が入国する主な地点が2つある。すなわち、1つはプノンペン市で、ここは海港であるサイゴン市と往来する船が来て、中国から来る中国人の多くはここで上陸する。もう1つはカエプで、大勢の外国人がここで下船して入国し、カンポート州のコショウ畑に雇われる。
4. カエプに外国人入国管理局支局をおいてあり、関税・消費税・使用料局官員がこの外国人入国管理局の職務を司っている。この支局はここで出入国する外国人を審査して規定に正しく従わせ、その情報をプノンペン市の本局に送る。
5. アジア人外国人は上の2ヶ所とは限らず、たとえば陸路シャム国から、というように、どこからでも入国できる。それゆえ、全ての州都に外国人管理事務所［ママ。恐らく外国人入国管理局事務所が正しい］を置いて、新入国で上の2つの事務所にまだ行かず、自分の情報を記録していない外国人の情報をプノンペン市の本局に送る。

③パスポートの発給

この外国人入国管理局は、インドシナ諸国全ての国民にパスポートを発給する職務にあたる。

【2】国の公金を扱う部局、すなわち財務局

①予算と財務局
1. インドシナ国には予算が次の3種類ある。
    1. インドシナ国総予算
    2. 各国予算
    3. 市予算
2. これらの予算の税を徴収して財務局に納めることと金を支出することを管掌する官吏の職務については種々の規定、および1912年12月30日付法令で定められている。
3. この予算を管理し、予算の収入金を受け取り、支出金を支払う局を財務局と呼ぶ。

②財務局長
1. インドシナ国財務総局長の官職は財務総監で公金出納官の職務を司り、インドシナ国総予算の公金に責任を持つ。

2. カンボジア国には他のインドシナ諸国と同様に財務局があり、財務局長の官職は財務監でプノンペンにいて、カンボジア国の保護国政府予算の公金出納官の職務を司る。すなわち、財務局長は予算のために財務局に納入された金と、財務局が支出した金全てに責任を持つ。
3. 財務局長ただ1人が保護国政府予算の管理に責任を持つ。そして本当にこの責任を持つために、政府は財務局長に保証金を入れることを求める。すなわち、財務局長個人の金から、予算の総額に応じて定められる金額を政府に納め、別の会計に保管する。
4. 財務局長が退職する時に［訳注。「年度末」が正しい？ cf.「②会計検査、行政会計報告書、会計検査院」p.215］、パリ市にある会計検査院が出納簿を検査して、予算執行が正しく行われていれば、保証金は財務局長に全額返却する。予算管理に誤りが発見されたら、公金簿中の不足金を保証金から差し引いて、残りを返却する。
5. ［カンボジア国］財務局長は、保護国政府予算を管理する以外に、インドシナ国財務総局長の名で、インドシナ国総予算の収支金でカンボジア国から受け取るべき金と、カンボジア国に支出するべき金を管理する。
6. 財務局長は市公金出納官の任務も行う。すなわちプノンペン市予算の公金を管理する。

③組織
1. 財務局長の命令下に、フランス人官員および現地国人官員がいる。一部はプノンペン市の本局に勤務してカンボジア国全体の全ての出納簿を集める。
2. 各州都にも財務局長の代理人、すなわち州財務局長が1人いる。州財務局長は、
   ア。財務局長の名で収入金を受け取り、金庫に入れて保管する。
   イ。受け取って金庫に入れた金がその州内で支出するべき金額を超える場合は、余剰金をプノンペン市［の財務局］に送る。
   ウ。支払い書を持参して支給を求める者に金を支出する。
   エ。このようにして行った全ての公金管理の業務について、その出納簿を添えて財務局長に報告する。

④会計検査
1. 毎年1回、予め定められた日に、プノンペン市の財務局長の財務局金庫と、各州都の州財務局長の州財務局金庫を検査する。すなわち財務局の金庫中の現金を数えて、その額を記録書に記載してフランス国に送る。フランス国では帳簿中の金額と照合して、現金額が正しいか否かを調査する。
2. 予算を管理する官吏には、税額を査定して徴収して財務局に納める職務を持つ官吏と、「支払い書」を出す職務を持つ官吏がいる。この予算の金の支払い書を出す官吏を「予算執行命令者」と呼び、カンボジア国では高等弁務官がそれである。
3. 予算執行命令者は、常に自分用の出納簿を持っていて、財務局長が持っている出納簿と照合して、金額が一致することを確認する。
4. 毎年、植民地相が植民地視察官を派遣して、財務局長の出納簿を検査させる。また、この出納簿はフランス国にある裁判所の1種である会計検査院に送り、会計検査院は財務局長の予算出納簿を検査して判決する。この判決には控訴できない。財務局長は、財務局長自身あるいはその部下が犯した過ちに対して、その公金額を弁償しなければならない。
5. 財務局長は、金の支出に対して自分自身が責任を持ち、誤りがあれば自分が弁償しなければならないので、支払い書が予算にはない費目の金を支出させる不当なものである、あるいは支出金を準備していない場合には、支出を拒否する権利を持つ。しかし、予算執行命令者は公務の必要上財務局長に支出を強制する権限を持つので、財務局長が支払い書に従って支出することを拒否することができない場合がある。この場合は予算執行命令者が弁償する責任を持ち、財務局長はフランス国植民地相にこの件を届ける。

【3】国の財産を増すための局

公共土木事業局、農業［・工業・商業］局、森林局、獣医局、地図局（土地登記局）がある。

「1」公共土木事業局

①職務
 ア。政府の庁舎と道を作り、補修と保守をする。
 イ。水路（川、運河、港、堤、港岸の道）の補修をする。
 ウ。鉄道を作る必要があるか否かを検討する。
 エ。鉱床、蒸気機関（ボイラーと機械）、自動車の帳簿を管理し調査する、など。

②組織
1. インドシナ公共土木事業総局の局長は、官職は総監で、総督に直属し、公共土木事業に関する総督の顧問である。
2. カンボジア国などのインドシナ諸国には、官職は主任技師である公共土木事業局長がいる。高等弁務官に直属して顧問として補佐する。
3. 公共土木事業局は、道路工事の便宜上、カンボジア国を2つの管区にわけている。各管区の長の官職は技師である。管区長は［部下に］技師を複数名持っていて、管区内の事業と官員すべてに責任を持つ。
4. 水路の保守、舟着き場の土地と岸、用水路を作るなどのための水路部がある。部長は技師で、公共土木事業局長に直属する。
5. 建物の建築に関しては政府庁舎部があり、官職は主任建築士である部長がいて、その命令下に建築に詳しい人々がいる。
6. これらの各部長の下に、フランス人官員と現地国人官員がいて、それには庁舎内で公務を管理する者と現場で監督をする者とがいる。
7. 各州都に技師1名がいて、その下にフランス人と現地国人の事業監督がいて、事業現場で工事請負人が行う事業の監督、あるいは政府が直接雇った労務者の仕事の指揮をする。
 ア。州内の建物と水路を作る仕事以外の仕事に関しては、技師は［公共土木事業局］管区長の指示下にある。
 イ。技師が公務について弁務官に報告する事柄は、管区長の同意が必要である。
 ウ。技師は事業が1つ終わると、公共土木事業局長が予算からその事業［の経費］を支出するように、金の領収証を付けた出納簿を事業報告書と共に管区長に提出する。
 エ。政府庁舎の新築と保守修理については、事業監督技師は政府庁舎部長の命令下にあり、水路と港に関しては水路部長の命令下にある。
8. これらの事業は民間に請け負わせることもあるし、局直営で行うこともある。
 ア。民間に請け負わせる場合は、入札仕様書を作成して一般入札させる。
 イ。局直営で行う場合は、労務者へ賃金の支払い官の職務を主任警備官あるいは憲兵にさせるのが常である。

③鉱床、蒸気機関
1. 鉱床と炭層の調査と監督もこの局の職務であるが、この職務には特殊な学問知識が必要であるのと、これの発見は大きな利益につながるので詳細な種々の法律があり、極めて詳細で厳密である。これを容易にするために、鉱床調査には長がいてハノイで勤務していて、全インドシナ国のこの件について発言権を持つ。
2. 蒸気機関と自動車の管理についても、この局の職務になっているが、この管理は専門の学問知識を持つ人がいてはじめて可能になるのと、ボイラーと機械をきちんと保守して事故を防ぎ、自動車の運転が未熟なために大きい事故が起こるのを防ぐために、学問知識を持つ人のグループが必要である。

「2」農業・工業・商業局

①総説
 この農業・工業・商業局の局長は、官職は視察官、その下の次長は副視察官である。この局は現地国人官員が多く、フランス人官員は少数である。

②農業
1. 先祖代々の古い栽培技術に新しい栽培技術と新しい栽培作物を導入するために、カンボジア国の多くの場所に農業試験場を作っている。これは新しい作物を植えて成長させて利益があることを示し、関心を持った農民にその栽培物の苗、種子、挿木苗の配布をする。
2. この成果として、コンポン・チャム州の住民はワタの栽培を、従来のメコン川岸以外に高地地帯、すなわち赤土地帯で行ったほうが、より良質のワタが得られることを信じ、揃って赤土地帯を開墾しワタを栽培して多くの収穫をあげている。また、フランスの大会社がワタを栽培するために広大な赤土地帯の開墾を始めている。
3. カンボジア国にコーヒー栽培を導入した時にも、政府はワタと同じことをした。

③工業
1. この局は、たとえば絹の生産などを管理している。従来の、多くのカイコを死なせ、マユの品質を落としていたカイコの病気を撲滅した。これには政府は養蚕場を1つ作って病気のないカイコを育て、病気がないことが確かなカイコの卵を無料で配布した。
2. また裕福な人々に出資させて絹糸工場を作らせ、住民からマユを買わせ、製糸機械で製糸して良い絹糸を多量に生産し、大きな利益をあげている。

④奨励
1. この局は農園の収穫物と工業製品と農産物の品評会を催し、賞を与えている。
2. 農業を発展させ、収穫を良くするために、委員が現地を巡回して、努力して良い成果をあげている農民を見つけて表彰し賞金と賞品を与える。
3. この賞金は田畑の所有者が土地と田畑を整備する費用になる。
4. 賞品は良い農機具、良い役畜、苗・苗木を与えている。

⑤その他の機関
1. この局の事務所を補って完全にするために、政府はパリ市に経済事務所、すなわち産物事務所を設置して、商業、工業を営むフランス人にインドシナ国の生産物の情報を与え、買いたい人には輸出し、インドシナ国の農業に投資する人を求めている。
2. サイゴン国に科学研究所があって、インドシナ生産物の研究をするために農業、工業の知識を集め、実験をし、確かなことがわかったら、農業に従事したい人が誤って損をしないように、その情報を提供している。

「3」森林局

①総説
1. 森林は、インドシナ国の中でカンボジア国が最も多い。
2. ベトナム山脈中にすむ先住民族には、焼畑農業を行うものがいる。

②森林利用税
　森林を破壊させないための種々の規定があり、森林で、自家消費ではなく売却するために樹を伐採する人から森林利用税を徴収する。

③森林管理官
　森林局の職務を果たすために、現地国人と、「森林管理官」と呼ばれるフランス人官員がいる。その職務は次の通りである。
1. 森林に入って樹木を伐採する人々がきちんと規定を守り、勝手に伐採しないように監督し、規定中に定められた税をきちんと納めさせる。
2. 犯罪を捜査して記録書を作成し、犯罪者を裁判所に告発して審理、処罰させる義務を持つ。
3. 森林地を多数の区画に分割して、伐採を許す区画と、後世の人々のためにとっておくために伐採を禁止する区画とを設定する。

4. 森林を保守して良い状態に保持し、作業を指揮し、良質で数が少なく植樹することを考えずに伐採するままに放置しておくと絶滅する恐れがある樹種を植樹して復活させる。これらの樹種は十分成長してから伐採、利用をさせる。

④組織、森林局管区
1. 森林局は高等弁務官の命令下にある。局長には森林に関する学問を学んで確かな知識を持ち、かつ国を良く知る官吏を任命する。局長はプノンペン市にいる。
2. カンボジア国の森林は下の3森林局管区に分けている。森林局管区長の官職は警備監である。
   ア。森林局中央管区。管区長はプノンペン市にいる。
   イ。森林局メコン川管区。管区長はコンポン・チャムにいる。
   ウ。森林局トンレー・サープ川管区。管区長はコンポン・チナンにいる。
3. 森林局管区長の下に官職は主任森林警備官であるフランス人森林管理官がいて、森林局管区内の必要な場所に配置されている。
4. 森林内には巡視・監視所が多数あり、フランス人森林管理官の命令下にある現地国人官員が管理する。職務は森林局管区内を巡視して監視し、盗伐などの森林規定違反者を逮捕する。

「4」獣医局と動物の病気

①総説
1. 飼育する動物のうち、ウマ、スイギュウ、ウシ、ゾウを役畜と呼ぶ。
2. この局は高等弁務官の命令下にあり、高位の獣医である局長、フランス人獣医、ハノイの獣医学校の修了証書を得た現地国人獣医、さらに獣医助手がいる。
3. 局長はプノンペン市にいて、国内で発生中の家畜伝染病の伝染を防ぐ措置をとらせる、家畜の交配をする、政府が外国から輸入したウシとウマの良い雄を州に配布して交尾させる、プノンペン市にある動物診療所に連れて来られた病気の動物に薬を与えさせ治療させる、コーチシナ国や外国に輸出される役畜の検疫をして伝染病にかかっていないことを証明する、などを行う。

②獣医局管区と獣医助手
1. 獣医局はカンボジア国を4つの獣医局管区にわけ、各獣医局管区にはフランス人獣医が1人いて長になる。
2. 獣医局管区は4つあるが、フランス人獣医が不足していて、全ての獣医局管区に配置することができず、フランス人獣医のかわりに[獣医]証書を持つ現地国人獣医を長として配置している。
3. 各州に獣医局管区長代理として獣医助手を勤務させ、弁務官の指示下におく。
   ア。獣医助手は自己が発見した、あるいは情報を得て知った、担当州で発生した家畜伝染病を弁務官と上司（＝獣医局管区長）に報告する。
   イ。また、郡官員から弁務官への報告により、弁務官から「伝染病の疑いがある」という情報を得た獣医助手は直ちに現場へ行き、伝染病の疑いがある家畜を診察し、投薬して治療し、飲ませるべき薬と伝染を防ぐ方法を、その家畜の所有者にアドバイスする。
   ウ。通常の巡回診療中には、家畜の飼育法、交配、良い世話をする方法を無料で住民に教える。
   エ。動物飼育者が獣医助手を呼んでアドバイスを求めたい時は、その件を弁務官に申請する。

③検疫
州都とプノンペン市には、屠殺場で屠殺して食用に当てる動物の検査をするフランス人あるいは現地国人獣医がいて、動物が人に伝染する病気を持っていないか検査して確認する。

④品種改良
1. 政府は動物の交配による品種改良に重点を置いている。
2. カンボジア国は家畜生産と輸出が盛んなので、家畜飼育業者になった人がその仕事を引き続き熱心に行うよう激励するために奨励金を制定している。

3. 規定により、局は交配して品種改良するための家畜を輸入していて、雄の種畜をプノンペン市やいくつかの州の獣医局に配置してある。自分の雌の家畜との交配を望む者は、その雌を連れてくれば無料で交配させる。政府の雌の種畜は、これらの雌の種畜を世話するのに適切な家畜小屋を持つ者に貸し出し、その者は自分の雄と交配させて子を得る。獣医は良質の子を得るための良い交配方法を教える。
4. なお、政府はこうして得られた子とその親に飼育費の補助金を与える決定をする。

「5」地図局（土地登記局）

①総説

　土地の所有権を明かにしておいて所有権を守るためには、土地権利書がある。そのためには、その土地の所有者名だけでは不十分で、土地の形状と面積と土地境界線を知る必要があり、このためには地図が必要である。このことが地図局を設立する理由である。

②組織

　地図局はプノンペン市にあり、高等弁務官に直属する。局長の下にフランス人と現地国人の地図製図者がいて、地図を描くために現場に出た時に測量をする補佐者を持つ。

③職務

1. 局長は自己の指示下にいる地図製図者を、高等弁務官からの命令があった場所に出張させて地図を描かせる。
2. それからその製図した地図をチェックしてから公文書保管庫に保管する。そしてその地図のコピーを申請により必要者に配布する。
3. この地図局の官員は、ある地区を政府が市街地区に指定する時に、都市計画のための地図を予め作成し、道路や住居地区などの区域を明らかにし、境界に境界碑を立てる。
4. また、この市街地区の地図を作成する時には土地台帳も作成する。これは土地税を徴収するために有用である。
5. 固有国有財産である土地の使用独占権を個人に有償もしくは無償で譲渡することを許す規定がある。地図局は、申請者の求めに応じて使用独占権取得の申請をする土地の地図を作成して、その土地の所在地、形状、面積を明らかにして、土地使用独占権、すなわち所有権の取得を政府に申請する申請書に添付させる。そしてこの地図は、政府が権利を譲渡する仮土地権利書に添付され、新しく権利が生じた土地がどこにあるかを、またその権利の種類を明らかにすることができる。
6. また、後述するように、政府は漁区を設定して、その漁区の使用独占権を売って代金を得るという大きな収入がある。一般庶民に自由に魚を取らせる漁区もあり、その境界に関して、漁区の使用独占権を買った漁区主がその領域を不法に広げようとするので一般庶民との間で争いが生じるのが常で［訳注。nagaravatta 92号などにその実例がある］、これを避けるために、また争いが生じた時に裁定するためにも、政府は使用独占権を売る漁区の地図をこの局に作成させてある。
7. 地図局は国の地図も作成し、新しくできた道、水路、鉄道、また村、郡、州の境界の変更を記入して常に更新する職務も持つ。
8. カンボジア国が籾の収穫量に対して課税するのと違って、コーチシナ国のように田の面積により水田税を徴収する国では地図の必要性と地図局の有用性はますます大きくなる。

【4】国民を発展させるための局

これには医務局と教育局がある。

「1」医務局

①総説
1. 国立病院は無料で入院患者を治療する。

2. この局の最重要職務は、公衆の健康を守ること、病気の治療と、ペスト、コレラ、赤痢、天然痘など、多数を死亡させる伝染病が発生した場合はそれを鎮め、伝染を防ぐことである。

②組織
1. インドシナ国医務総局長は、官職が衛生総監である高位の医師で、ハノイにいて総督に直属する。
2. インドシナ諸国各国の医務局長は、官職は衛生監である高位の医師で、通常は高い階級の軍医が任命される。
3. カンボジア国の医務局長は、局内の人事については高等弁務官の命令下にあり、医療については医務総局長の命令下にある。
4. インドシナ国の各国の医務局長はフランス軍の軍医とハノイの医学校の卒業証書を持つ現地国人医師と現地人看護師を自己の命令下で職務に就かせる権限を持つ。

③プノンペン市内
1. 医務局はプノンペン市に病院［訳注。俗に「大病院」と呼ばれたが、「大病院」は「大規模病院」と紛らわしいので本訳書では「医務局病院」を使用する］を1つ持ち、来院したフランス人患者もしくは現地国人患者を入院させて、フランス人医師に診療させ、現地国人看護師に補佐させる。
2. この病院の入院患者は、官員の場合はその地位階級、民間人の場合はその人が支払う治療費によって区別された病室に入る。
3. しかし、貧しい人にも入院・治療を許し、どのような病気でも、どのような手術が必要でも、無料で治療する。
4. この［医務局］病院に付置されている無料診療所があり、毎朝、診察を求めに来た、入院する必要がない軽い病人の診察、怪我の消毒と薬の塗布、必要な薬の施与を、いずれも無料で行う。
5. また産院もこの病院に付置されていて、24時間いつでも国籍を問わず受け入れて出産させ、産婦が仕事をするのに充分な程度にまで健康が回復するまでの間、無料で母子の世話をする。
6. 以上のフランス医師が勤務している施設のほかに、もう1つ、それらの医師が［患者に］確実に投薬、治療ができるための、各病気の病原菌と毒とを科学的方法で検査する検査所が［医務局病院内に］あり、その方面の専門知識を持つ医師1名が勤務している。

④船舶検疫所
医務局は船舶検疫所をプノンペン市とシャム湾海岸に設置して、外国から来た船舶の人と貨物の検疫を行い、必要があれば乗客・乗員を船上に隔離する。あるいは上陸させて規定の日数の間、少し離れた場所に隔離する。

⑤プノンペン市医務局
1. プノンペン市医務局はフランス人医師2名が担当している。
2. 1人はアン・ドゥオン王施薬所またはシソワット王施薬所という名称で呼ばれる市施薬所に来た患者を診察、投薬し、往診もする。また伝染病患者隔離所に入院中の患者の治療もする。さらにこの医師は死亡者の検死も行なって死亡者の死因である病気を知り、必要があればその死亡者の自宅の消毒をし、その付近の住民に伝染病の予防注射をする。
3. もう1人の医師の職務は病気予防で、伝染病の撲滅と伝染を防ぐための消毒の指示をする。この医師と、その命令下の官員は全員が政府に未届の伝染病患者を見つけ出して伝染病患者隔離所に隔離して1人でいさせ、患者の自宅を消毒させ、その近所の人に予防注射をする。この防疫医師はネズミの駆除や道路、下水溝、溝の汚泥の掃除などを指示し監督する。市場で販売されている食品の衛生検査もする。家屋の新築許可の申請が出た時は、その家の設計図をを見て、健康に悪くはないかを検討する。
4. この2名の医師は、その公務遂行について上司である市長と、さらにカンボジア国医務局長とに報告する。

⑥病気予防委員会
1. 公衆衛生は重要なことなので、行政機関が公衆衛生規定を出して一般民衆にこの規定を守らせ、保護国政府医務局が公衆衛生を守る責任を持つ。
2. それゆえ、政府は病気予防委員会を設立し、医師と行政機関官員が委員になって、公衆衛生全般のことを検討し、公衆衛生のために必要であると判断することについて規定を出すことを上級政府に進言する。

3. 病気予防委員会はカンボジア国全土のことを検討する権限を持つ。医務局長が委員長で、［現地］国政府の大きい局の官員であって、この委員会で検討することを理解するのに十分な学問知識を持ち、自分の意見をきちんと述べることができる人を、その局の代表として選んで委員にする。

⑦州医務局
1. 州では、この医務局は弁務官の指示下に入り、フランス人医師の数が足りればフランス人医師を長にする。不足ならばハノイにある国立医学校で修了証書を得た現地国人医師を長にする。長は弁務官の命令に従って十分な数の看護師の補佐のもとに州全体の医務を司る。
2. 州医師の職務は以下の通りである。
    ア。フランス人官吏と現地国人官吏の自宅で、官吏本人とその家族の病気を治療する。ただし患者の自宅が遠すぎる、あるいはその病気が常時看護を必要とするので往診は不可の場合は診療所に入院させる。
    イ。政府が予算中の費用で設立した診療所あるいは施薬所で、入院している患者の治療、看護をする。この治療は全て無料である。
    ウ。無料で病人を診療し、必要に応じて薬を施与し、怪我人の傷に薬を塗り、包帯をする指図をする。
    エ。州内を巡回して、診察を求めにきた者を診察する。キニーネを配布し、種痘をし、大きい市街地区に設置して看護師に管理させている薬配布所［cf.下の⑨］をチェックし、大勢の人が集まって仕事をしているところに行って病気の予防を行う指図をする。
    オ。伝染病が発生した村に行き、患者を診察して薬を与え、村官員にその伝染病の伝染を防ぐ措置を取らせる。
    カ。たとえば土葬墓地にする場所、飲料水の井戸を掘る場所など公衆衛生のためのことを弁務官に進言する。
    キ。獣医がいない場合は、屠殺場に行って、食用に屠殺される動物に伝染病はなく、人に伝染病を感染させる恐れがないことを確認する。
3. 州医師は自己の職務執行について、上司、すなわち弁務官と国の医務局長に毎月文書で報告する。伝染病の大きい流行があった場合は、直ちに国の医務局長に報告し、応援を受ける。

⑧州病気予防委員会
各州に州病気予防委員会があり、弁務官が長で、州医師とその他の局の官吏が委員になる。

⑨薬配布所
医師の数が少ないので、州内の全ての患者を治療し、看護し、薬を与えることはできない。それゆえ、政府は良く効く西洋薬を多くの人に配布するために、多くの郡に薬配布所を作り、元官員で病気の治療について患者に適切なアドバイスをすることができ、怪我をした人が医師のところに行く前の手当をして、傷に薬を塗り、包帯をする知識がある現地国人看護師に任務を担当させている。この薬配布所は、フランス人医師が巡回してきた時にチェックを受ける。

⑩隔離施設
ハンセン病患者と精神病患者のための隔離施設がある。
1. ハンセン病患者
    ア。ハンセン病患者は、コンポン・チャム州都の近くに地区を1つ、すなわち trœng 地区を設けてハンセン病患者の居住地に指定し、衣食住を支給している。
    イ。患者たちは集まって暮らし、自由意志で軽い仕事をして生活を楽にするための物を買うためのわずかな収入を得る。
    ウ。これらの患者は他者に危険が及ぶのを防ぐために、規定により公道に出て一般民衆と接触することを禁止されている。それ以外は全く自由で、何をしても構わない。
    エ。十分な資産を持つ家庭の子や孫の場合は、規定では自宅に住むことが許されているが、公道に出て他者と接触することは禁止されている。この病気はすぐに伝染するからである。
2. 精神病患者
    ア。他者を傷つける恐れがある精神病患者は、これを保護するための施設がコーチシナ国にあり、政府は患者の存在を知ったら同施設に送って治療を受けさせる。

イ．治療して治癒する、あるいは病状が軽くなり、普通に生計を立てることができるようになると、医師の同意のもとに帰宅させる。

⑪マラリア
1. マラリア汚染地区［cf.「⑫マラリア汚染支郡に派遣する官員」p.87］にキニーネ無料配布課を作って、予防と治療の薬であるキニーネを無料で配布している。
2. すなわち診療所、施薬所、薬配布所、郡庁、寺、村役場にキニーネを置く場所を作り、患者が治癒するまで服用することができるようにしてある。キニーネは無料で配布し、医務局医師が配布を監督し、薬［＝キニーネ］がなくなったら補充する。

⑫予防注射
1. 伝染病の予防注射は、狂犬病、天然痘、コレラ、ペストがある。
2. 注射薬はサイゴンのパスツール研究所という名の国立研究所で作っている。
3. この薬はフランス医師、または現地国人医師しか使用できない。それゆえ、伝染病が流行する地域の住民は、これらの医師のところに行って種痘や注射をしてもらうべきである。

「2」教育局

　インドシナ国教育総局長は総督に直属し、官職は総監である。
　インドシナ国にある学校は以下の通りで、これらが全てが揃ったのは［1920年から］5年前のことである。

①高等教育［訳注。修業年限は記述がないが、少なくとも医学校と師範学校は5年であったらしい。また高等教育という名称に関しては、次の「②フランス語－現地国語特別課程教育」の末尾の訳注を参照］
1. 高等教育校は全てハノイにあり、インドシナ全国の生徒を受け入れる。以下の学校がある。
　　［ア．］医学校。修了証書を得ると准医師［＝現地国人医師］になる。
　　［イ．］獣医校。修了証書を得ると現地国人獣医になる。
　　［ウ．］法律行政校。修了証書を得ると現地国政府の高い地位の職務ができるようになる。
　　［エ．］農学校
　　［オ．］公共土木事業校
　　［カ．］師範学校
2. これらの学校は高等教育課長の監督下にある。
3. これらの学校の教師は、有資格の［中高等教育］教授と、それ以外にカリキュラム中に定められてある科目を教えるのに十分な学問知識を持つ官吏の中から、高等教育課長が選任した者である。
4. 入学するためには、入学資格を持つ者が学力試験を受ける。
5. 学生は費用を全額政府から支給され、卒業するまで学寮で暮らす。
6. 試験に合格して修了証書を得て政府に勤務すると、直ちに政府内の高い地位に就くことができる。

②フランス語－現地国語特別課程教育
1. インドシナ諸国の各国にある。カンボジア国にはプノンペン市のコレージュ・シソワット［＝シソワット王中学校］1つしかない。
2. 初等教育修了証書を得て、さらに進学して政府に勤務をするために必要な特別教育課程修了証書を得たい者を受け入れる。
3. この学校は有料が通例である。その額は、寄宿舎に入るか、あるいは［自宅通学で］朝食だけを学校で食べるかによって異なる。親が貧しくて学費が出せない生徒には、政府が奨学金を出す。
4. この奨学金は、第1学年への入学を許可する前に、もう1つ別の学力試験を受けて合格した者に与えられる。成績と操行が不良の者は支給を取り消される。さらに退学させられることもある。
5. 校長は、その学校の中高等教育教授の中から総督が選任するが、フランス人教師が選任されるのが通例である。
6. 授業科目はフランス語、倫理、歴史、地図［＝自然地理］、［経済、政治、などの］地理、数学、博物学、化学、

物理、図画である。
7. 学校の整備の方法は高等弁務官、教授法は総監［＝教育総局長］の命令下にある。

［訳注。本来この「②特別課程教育」は「①高等教育」と「③初等教育」の間にあるから、「中等教育」であるべきだが、原訳書にはクメール語に翻訳する前のフランス語が示されていないので、クメール語だけの語義に従って「特別課程教育」とした。

時代は下がるが、1939年7月8日付 nagaravatta 126号に「1911年の学制では、初等教育修了者で、家庭の事情や年齢制限のために中等教育課程に進学できない者を救済するために、中等教育とは別個に修業年限1年の cours spécial を作り、このcours spécial の修了者に郵政局の採用試験の受験資格を与えた」という記述があり、このクメール語訳がない「cours spécial」が、本書の「特別課程教育」をさすものと思われる。

このnagaravatta 126号の記述に従うと、コレージュ・シソワットでは中等教育と特別課程教育の両者を並行して行っていたことになる。

実は「⑤官員の採用」の3、p.84には「初級中等教育修了証書、すなわちフランス語高等初等教育修了証書」という記述があり、この「初級中等教育」がコレージュ（・シソワット）における中等教育を指すことはほぼ間違いない。

従って、この「②（フランス語－現地語特別課程教育」［以下、「特別課程」と略す］の記述の前に、中等教育に関する記述があるべきで、それが脱落していると考えることも可能である。しかし、「特別課程」の記述中に「第1学年」という語があることや、nagaravatta から得られる情報から、本書の「特別課程」は nagaravatta 126号の「特別課程」とは別物で、実はコレージュの教育は「初級中等教育」ではあるが「特別課程」とも呼ばれていたのであると、本訳者は考える。

まず、本書には記述されていないコレージュ（・シソワット）の修業年限を考慮する。

nagaravatta 46号には「カンボジアで7年間学んでから外国に留学する」という記述があることから、コレージュの修業年限は2年であることがわかる。

次に、「⑤官員の採用」の3の中の「初級中等教育＝フランス語高等初等教育」という記述の「高等初等教育」について以下のように解釈する。

カンボジアの初等教育の修業年限は5年であり、これはフランス本国に比して（未確認であるが1年）短い。それゆえ、その不足の1年分を高等初等教育としてコレージュに送り込んだ。実際、nagaravatta の時代には、コレージュ・シソワットは拡充されてリセー・シソワットになっているのであるが、38号には「兄はリセーの2年生で、すでに高等初等教育修了証書を得ていた」という記述がある。また、78号のWasner氏に関する記事からも、リセーで1年学んだ後に高等初等教育修了の試験を受けて合格した者がリセーの第2学年、すなわち中等教育部に入学を許されたらしい。

つまり、コレージュの第1学年はフランス本国の初等教育の不足分であり、第2学年はそれまで6年間で学んだフランス語力をさらに伸ばすのに重点を置く「フランス語特別課程」であったと推測される。因みに、nagaravatta 46号では、初等教育をこのリセーの第1学年から下に数えて、初等教育校の最下級学年を6年と呼んでいる。

このように、コレージュの教育内容はフランス本国の「初等教育最高学年＋フランス語特別課程」に相当し、フランス本国の立場からは、第1学年に注目して「フランス語高等初等教育」あるいは第2学年に注目して「（フランス語）特別課程」と呼び（あるいは、nagaravattaの修業年限1年の「特別課程」に第2学年を上乗せした形になったため、名称だけが残ったとも考えられる）、カンボジア国の立場からは「初級中等教育」と呼んだのであると思われる。そして、これが正しければ、ここの「ハノイの高等教育校」は「⑤官員の採用」の4では「上級中等教育」とされているが、これはカンボジア国の立場からであって、フランス本国の立場からは「中等教育校」であることになり、修業年限が5年であることも納得できる。また、たとえばnagaravattaによるとハノイの医学校修了者は少なくともカンボジアでは開業が許されていないが、それはハノイの医学校で取得した資格は中等教育修了の准医師であり、高等教育修了の正医師とは違って単独で診療する資格がなかったためであろうと推測されるのである。

なお、遅くとも1966年までに、初等教育校はこのリセーの高等初等教育を取りこんで、修業年限は6年になり、リセーは純粋な中等教育校になった。2000年にはすでに義務教育は9年となり、リセーは中学校と高等学校に分離されている。訳注終わり。］

③フランス語－現地国語初等教育
1. 初等教育校は、［州都にある］州都校と大きい市街地区に整備されている学校で、必要に応じ、また予算に剰余金が出た時に作られている。いずれ規定通りに全ての郡に設立されることになっている。

2. 初等教育課長は教授の中から選任された官吏で、高等弁務官に直属し、初等教育校のそれぞれで教えている教科がカリキュラム通りであるよう監督し、各授業科目の授業時間数を定める。学校の視察もする。
3. 教師団は、フランス人男女教師と現地国人教師が初等教育課長の命令下にあって初等教育の学問知識を教える。
4. カンボジア国の［全学年がある］大きい初等教育校は、プノンペン市のフランシス・ガルニエ校とドゥダール・ド・ラグレ校、および州都校で、これらの学校の校長はフランス人である。
5. 生徒数が多い学校ではフランス人教師が教える。小さい学校では現地国人教師も教え、フランス人教師の監督の下に現地国人教師が校長になる。
6. 初等教育校は、生徒が学外で食事をすれば無料である。
7. 初等教育校には、下から幼児級、準備級、初級［訳注。それぞれ小学1年、小学2年、小学3年に相当］の3学年しかない学校と、その上の中級と上級［訳注。それぞれ小学4年と小学5年に相当］までの全5学年がある学校とがある。
8. この上級まで学び終えると、初等教育修了証書の試験を受けることができる。この初等教育修了証書は、さらに深く学びたい時には常に必要である。
9. 教師の数が不足なので、初等教育校を全ての市街地区に作ることはまだできないでいる。それゆえ、教育を広めるために、成績が良く、学業に熱心な生徒で学校から遠いところに住み、かつ親が貧しい生徒は、学校の近くに住む人に毎月補助金を支給して、その生徒をその家に住まわせ食事を与えさせている。さらに生徒を直接学校の寄宿舎に住まわせることもしている。
10. このフランス語－現地語初等教育校に入学を許すのは、入学当初から直ぐにフランス語とより深いクメール語を教え始めるので、［すでに］母語の読み書きと数を数え、計算ができる子である。

④寺での教育
1. 規定では、初等教育校に入るには、母語、すなわちクメール語の読み書きができ、数が数えられ、計算ができることが条件になっているので、保護国政府は国王政府の合意を得た上で、寺で［これらの知識を教える予備］教育を行う措置を講じている。
2. クメール人は昔から寺で読み書きを学ぶ習慣があったので、政府はこれを利用して、「各村に寺学校を設置し、子供に読み書き計算を教えるよう」僧に通告した。
3. しかし、政府のためにこのわずかな労働をするのを拒む僧がまだ多いので［訳注。その理由は記述されていないが、戒律が関係しているのかも知れない］望み通りの成果は得られず、「8歳以上の息子を持つ親は、必ずその子を寺に学びに行かせなければならない。これに違反した者は処罰される」と規定した1911年11月10日付国王布告も、さらに、「これに違反した者は罰金1リエルを科す」規定を定めた1912年4月11日付国王布告も、また、1911年の国王布告の「読み書き計算を教える」という寺教育カリキュラムも従われなかった。
4. この寺学校での教育の障害を解決するために、政府は優婆塞教師を任命して大きい寺学校で教えさせている。
5. 寺学校課は［保護国政府］教育局に属するが、［クメール政府］教育大臣の指示下におき、トアムマユット派から1名、モハーニカーイ派から1名を選任した2名の視学に補佐されている。
6. 視学は郡に行って僧に通告通りに熱心に子供たちを教えているかを調査する。

⑤女子校
1. 「教育は男性のためだけのものにするべきではない」と理解するクメール人が少ないので女子校はとても少なく、プノンペン市といくつかの州都にあるだけである［cf.nagaravatta 28号、80号、92号など］。
2. 女教師を十分な数選任することができ、学ぶことを望む少女が増えたら女子校を増やす。

⑥工業教育
1. 鉄工、木工、工具、美術工芸、園芸など、手を使う仕事で生計を立てることを望む少年に教える工業学校がある。卒業すると、大きい工場で職工長になれるし、自ら工房を作ることもできる。
2. 工業学校
   ア。工業学校はカンボジア国に1つあり、校長はフランス人で、フランス人教師と現地国人教師が補佐している。この学校は高等弁務官が監督する。
   イ。木工科、鉄工科、機械組み立て科、自動車運転とエンジン保守を教える科があり、授業を理解するためと

工業教科を学ぶための便宜になるフランス語と算数も学ばなければならない。
［訳注。修業年限は無記述であるが、恐らく次の美術工芸学校と同等の中等教育校であり、2年であろう］

⑦美術工芸教育
1. 国王は、「古くからのクメール美術工芸を良い状態に保存し、さらに発展させて、ベトナムや中国の美術工芸が入ってくることによって変化させないようにしたい」とお考えになり、保護国政府のアドバイスと助力のもとに私財を投じてプノンペン市にクメール美術工芸学校を設立なさった。
2. この学校は、クメール美術工芸を学んで深い知識を得た美術工芸の職匠であるフランス人校長の指示の下にある。
3. この学校は美術工芸に強い愛情を持つと認められるクメール人少年少女だけを入学させ、図画を1年間学んだ後に、特に深く学びたい美術工芸種目を1つ選んで、優れたクメール美術工芸職匠である教師の指導を受ける。家具職人科、木彫科、建築科、鋳造科、金銀細工職人科、絹織物科などがある。
4. 生徒は古来からの模範的代表作品を手本にして学び、さらに新しい技法を加えることを学び、真実の美術工芸職匠になる。
5. この学校には展示所が2つあり、1つはカンボジア国博物館［訳注。恐らく nagaravatta 9号の Albert Sarrau 館］と呼び、古代からの優れた美術工芸品の代表が展示されていて、一般人が見たり、美術工芸職人が見て手本にするように公開されている。もう1つは美術工芸職人たちが、この学校を卒業した後も学校からアドバイスを受けて販売するために制作した自分たちの作品を持ってきて展示販売することを許す場所である。
6. この美術工芸教育課には、フランス極東学院［の分院］が含まれる。カンボジア国には古代遺跡委員会があって、高等弁務官が委員長でクメール美術工芸に詳しい有名なフランス人委員とクメール人委員が古代遺跡の保存整備と修復を行っている。

［訳注。修業年限は無記述であるが、nagaravatta 95号では修了証書を diplôme と呼んでいることから、中等教育校相当であることになり、2年であろう］

⑧宗教教育
1. かつて我が国には、仏教経典の用語であるパーリ語が分からず、パーリ語で読経したり、種々の儀式をしても、その中の語の意味がわからない僧が多かった。そして原典の意味がわからないために律が変わってしまっていた。国内ではパーリ語を学ぶためのものが何もなかったので、前世紀末に1人の僧が生命を賭してインドとセイロンに学びに行った。
2. このように僧が苦労して外国に学びに行く必要がないように、そして多くの僧が国内で学ぶことができるように、国王は保護国政府と両派の僧侶長と協議して、1914年11月24日に国王布告を出して、パーリ語を教えるための学校を設立した。
3. この学校の校長は、パーリ語の aacaarya suutra ［教授師？］である僧で、［クメール政府］教育大臣の命令下にある。
4. 僧も沙彌も優婆塞も入学できる。学び終えたら試験を受けて修了証書を得る。
5. この学校は律を教えるところではないことに注意が必要である。すなわち仏教の律を運ぶ乗り物であるパーリ語を教えるのである。

第6章　商業農業諮問外国人会議

①総説
1. 農業、工業、商業は国を豊かにするものであるから、政府は道路を作り、橋を架けたりして輸送を便利にすることでこれらに助力し、また発する規定が事情と時勢に合わず、これらを阻害することがないようにする義務がある。それゆえ、農業界、工業界、商業界の人々の意見を聞くために、［インドシナ国］政府はインドシナ諸

国に、政府が何らかのことを行う前に、「農業、工業、商業に障害を起こすことがないか」を諮問して、これらの利益を守るための諮問会議をおく。
2. カンボジア国には、後に1904年7月26日付総督政令で1部修正された1903年8月6日付総督政令により、商業農業諮問外国人会議が設立された。この諮問会議は農業、工業、商業に関して高等弁務官から諮問されたこと、および発するべきであると［委員たちが］考える規定に関してその意見を高等弁務官に呈して検討に供する。

②委員の選任
1. 委員はフランス人委員8名、現地国人委員3名、すなわちアジア人委員2名とクメール人委員1名からなる。
2. これら11名の中のクメール人1名は、高等弁務官の選任による。残りの10名は、フランス人と、クメール人を含むアジア人との各々から投票で選出し、任期は4年である。

③委員の選挙
1. この投票選出には投票簿が2つあり、1つは21歳以上で、カンボジア国居住歴が6ヶ月以上で前科がなく、農業、工業、商業で生計を立てているフランス人の名簿、もう1つは25歳以上でプノンペン市居住歴2年以上、3級以上の営業税が課されているアジア人とクメール人の名簿である。
2. この投票簿は市長を長とする委員会が、投票選出の必要がある年ごとに作成する。
3. 投票選出日には、上述の投票簿に名前がある者だけが投票することができ、フランス人はフランス人委員を、現地国人はアジア人委員を選ぶ。
4. 委員に立候補できるのは、フランス人投票簿中の25歳以上の者と現地国人投票簿中の2級営業税以上の者である。
5. 投票はプノンペン市庁で行われる［訳注。以下投票と当選者決定の方法については保護国諮問会議委員の選挙と同じなので省略する］。
6. 投票は2年ごとに行われ、委員の半数を改選する。再任は可。
7. 委員長、副委員長、書記の選び方［訳注。保護国諮問会議委員の選挙と同じなので省略する］。
8. 公式行事がある時の、この商業農業諮問外国人会議委員の席次は、プノンペン地方裁判所の cau krama の次位である。

④委員会の費用
1. この諮問会議の費用は、委員選挙のための費用も含めて、全てカンボジア国予算から支出する。
2. 委員長は毎年、前年度の出費の証拠、すなわち出納簿を提出し、高等弁務官がチェックして同意する。

第2部
現地国政府

第1章　現地国政府官員

「1」総説

①官員の任命と処分規定

1. 1884年6月17日の協定で、「クメール官吏は引き続き郡で公務を行い郡を守り、フランスの職務であるところの命令に従う。カンボジア国王は従来通りにクメール国を統治する国王の位にあり、行政機関を指揮する」とある。
2. また、1897年7月11日付の重要な国王布告はカンボジア国政府の制度を改め、「国王は内閣の申請により高級官吏と官員の任命と解雇を行う」と定めている。
3. この協定と国王布告により、国王による国の官員の任用と処分が、また上司が部下に対して行う任用と処分が、従来は官員の能力・功績よりも私情によることが多かったことが改められ、その任用規定も合わせて、官員の任用と処分が公正に行われるようになり、またかつて官員の任免に国王の力が及ばない部分があったのも改められた。

②政府制度の改正

1. 政府制度の改正を行った重要な国王布告には、次がある。
    - ア。1902年1月27日付国王布告は、政府勤務を希望する者のための知識試験を制定した。この国王布告は1904年12月8日付国王布告および1905年6月15日付国王布告で補われて、その採用試験の知識科目を定め、知識検査課を設立した。
    - イ。1905年5月5日付国王布告で郡守を廃し、1905年7月3日付国王布告で卿の職務を定めた。
    - ウ。1902年［ママ］7月23日付国王布告は、郡所属の官吏を国王権限内の直属にし、郡長に5階級を定め、かつての郡守領であった郡を全て大から小へと等級を付し、副郡長、subhaa［＝中級職地方司法官］、yokpaat［＝初級職地方司法官］、村長の官職と、さらに市政府のcau kram職［＝中級職市司法官］と行政機関のmantrii職［＝中級職市行政官］を定めた。
2. これらの規定は1914年1月31日付国王布告で補われ、司法部もしくは行政部に勤務することを望む者を教育訓練するkramakaara学校がプノンペン市に設立された［訳注。1915年にも国王布告が出された。cf.「①沿革」の3, p.90］。
3. 以上の改正規定を出したのは、現地国政府の組織を改善するためであったが、官吏の昇給昇任規定がまだなかったので、官吏の昇給昇任は私情で行われることが続き、制度改正はまだ十分ではなかった。
4. 実はこの昇給昇任は、従来はあまり行われていなかった。すなわち、私情で官吏を報奨金の多い、あるいは少ない職に任命していたのである。そしてその報奨金は、その官吏が徴収して財務局に納付した税金額によって計算された。すなわち、郡により報奨金額に多寡があり、また毎年の収穫の良し悪しに応じて額も変動した。
5. 要するに、以前は官吏の身分にはしっかりとした頼りになるものも、根拠となる原則もなかったのである。
6. それゆえ、保護国政府は改正案を作成して、内閣の検討を経て国王に進言して、クメール官員の職に関して、官吏の選抜、任命、昇任昇給、処分、それに官吏の俸給と手当を定める基本原則になる国王布告が［1917年11月14日に］出た。
7. 以上の重要な改正は、ボードワン高等弁務官が国王の大臣たちと共に定めた大きな恩のおかげである。この改正は以下の通りである。
    - ア。官吏の、一般教養と公務に関する学問知識を高めるために、教育修了証書を持ち、さらに種々の知識試験

に合格した者だけから［＝新規採用］と、勤勉に努力して公務に励み、与えられた公務を果たすのに十分な知識を持つ者から［官吏を］選ぶ［＝昇任］。
- イ。官吏の生活を楽にして、収賄や横領をなくすために、官吏の俸給を増額した。
- ウ。公務における過ちを訴えられた官吏に弁明の機会を与えるための査問委員会を設置した。
- エ。退職した元官吏の生活を楽にするために、恩給金を増額した。
8. これら4つの原則はまとめて「クメール政府官員職に関する国王規定」と呼ぶ。これについて以下［＝「3」］に詳述する。

「2」行政権と司法権の分立

1. この「行政権と司法権の分立」［訳注。立法権は国王が専有］については、クメール政府官員職に関する国王規定はクメール政府職員を司法部と行政部とに分離しているので、改正に一歩踏み込んではいるものの、現在は法律の深い知識を持つ官吏が不足しているので、すべての郡で行政部職員と司法部職員に分離することはまだできないでいる。現在この分離が行われているのはプノンペン市と以前［＝シャム領であった時］から分立されていたバット・ドンボーン州だけである。
2. 現在は、郡長1人に行政職務と司法職務の2つの職務を持たせている。ただし、それぞれの職務を行う時には互いに異なる任務を持つ官吏の補佐を受ける。

「3」官員職に関する国王規定

①要点
1. この規定は1917年11月14日付国王布告で定められ、1919年5月2日付国王布告により、若干の修正がなされた。
2. 官員を行政部と司法部に分離した。
3. プノンペン市で公務を司る官吏は上司である各大臣の命令下にある。地方の郡で公務を司る官吏は［州］弁務官の指示の下にある。弁務官はクメール政府官員に命令し［ママ。恐らく「指示」が正しい。cf. この直前の文と次の「③司法部官吏」、および「①弁務官」の2のウ、p.53］、公務を円滑に行う上でのアドバイスと指導をし、任務遂行を監督する。

②行政部官吏
行政部官吏は次の3つの職に分かれる。
1. 初級職。最下の職で、smien が属する。
2. 中級職。郡の官吏である kramakaara が属する。
3. 上級職。各省の局長職にある副大臣と郡長が属する。

③司法部官吏
司法部官員は全て法務大臣の命令下にあり、郡では州弁務官の監督の下、プノンペン市では法務省付高等弁務官代行補佐官［＝法律顧問］の監督の下にある。司法部官員には次の3つの職がある。
1. 初級職。検察事務官が属する。
2. 中級職。cau krama が属する。
3. 上級職。最高裁判所、プノンペン市とバット・ドンボーン地域の各高等裁判所、［4つある］地方裁判所の各裁判所長と副裁判所長と cau krama priksaa が属する。

④官職と位階
各職に等級がある。
1. 行政部
    ア。上級職
    副大臣［＝局長］　1級：位階は9 huubaan、年俸3500リエル
    　　　　　　　　　2級：位階は9 huubaan、年俸3000リエル

2級副大臣は3年間勤務すれば1級副大臣への昇任資格［を得る。］

郡長　位階は9 huubaan から 7 huubaan［訳注。詳細は無記述］。

特級：年俸2400リエル、職務手当800リエル。3年で昇任資格

1級：　年俸2100リエル、職務手当600リエル。3年で昇任資格

2級：　年俸1800リエル、職務手当480リエル。2年で昇任資格

3級：　年俸1620リエル、職務手当240リエル。2年で昇任資格

4級：　年俸1440リエル、職務手当180リエル。2年で昇任資格

［訳注。上の3級と4級の2つは高等裁判所の cau krama priksaa と 1級地方裁判所長の年俸と昇給幅を考慮して、年俸はそれぞれ1600リエルと1400リエルが正しいと思われる］

5級：　年俸1200リエル、職務手当120リエル。2年で昇任資格

郡長見習い：年俸1080リエル。職務手当はない。1年で郡長に任官の資格

この郡長の俸給は以前より増えている。これは従来郡長が徴収して財務局に納付した税金額に応じて与えられていた報奨金を廃止したので、その廃止による収入減を補うためである。

イ。中級職

特級 kramakaara：年俸1080リエル、職務手当84リエル

1級主任 kramakaara：年俸960リエル、職務手当78リエル。3年で昇任資格

2級主任 kramakaara：年俸720リエル、職務手当72リエル。3年で昇任資格

3級主任 kramakaara：年俸660リエル、職務手当60リエル。2年で昇任資格

以上の位階は6 huubaan。

1級 kramakaara：年俸540リエル、職務手当48リエル。2年で昇任資格

2級 kramakaara：年俸480リエル、職務手当36リエル。2年で昇任資格

3級 kramakaara：年俸420リエル、職務手当24リエル。2年で昇任資格

4級 kramakaara：年俸360リエル、職務手当12リエル。2年で昇任資格

kramakaara 見習い：年俸360リエル。職務手当はない。1年で kramakaara に任官資格

以上は5 huubaan。

ウ。初級職

職務手当はない。

特級 smien：年俸480リエル

1級主任 smien：年俸440リエル。3年で昇任資格

2級主任 smien：年俸400リエル。3年で昇任資格

3級主任 smien：年俸372リエル。2年で昇任資格

4級主任 smien：年俸348リエル。2年で昇任資格

1級 smien：年俸300リエル。2年で昇任資格

2級 smien：年俸288リエル。2年で昇任資格

3級 smien：年俸264リエル。2年で昇任資格

4級 smien：年俸240リエル。2年で昇任資格

以上の位階は4 huubaan。

5級 smien：年俸180リエル。位階は3 huubaan。2年で昇任資格

smien 見習い：年俸180リエル。1年後に5級 smien に任官の資格

2．司法部

ア。上級職

最高裁判所

最高裁判所長：位階は10 huubaan、年俸6000リエル

最高裁判所副所長：位階は9 huubaan、年俸3500リエル

最高裁判所 cau krama priksaa：位階は9 huubaan、年俸3000リエル

高等裁判所

高等裁判所長：位階は9 huubaan、年俸2400リエル

1級高等裁判所副所長：位階は8 huubaan、年俸2100リエル

　　　　2級高等裁判所副所長：位階は8 huubaan、年俸1800リエル
　　　高等裁判所 cau krama priksaa：位階は8 huubaan、年俸1600リエル
　　地方裁判所（プノンペン、バット・ドンボーン、シエム・リアプ、シー・ソーポン）
　　　　1級地方裁判所長：位階は7 huubaan、年俸1400リエル
　　　　2級地方裁判所長：位階は7 huubaan、年俸1200リエル。2年で昇任資格
　　　　地方裁判所長見習い：位階は7 huubaan、年俸1080リエル。1年で2級地方裁判所長に任官資格
　イ。中級職
　　特級 cau krama：位階は6 huubaan、年俸1080リエル
　　1級主任 cau krama：位階は6 huubaan、年俸960リエル。3年で昇任資格
　　2級主任 cau krama：位階は6 huubaan、年俸720リエル。3年で昇任資格
　　3級主任 cau krama：位階は6 huubaan、年俸660リエル。2年で昇任資格
　　1級 cau krama：位階は5 huubaan、年俸540リエル。2年で昇任資格
　　2級 cau krama：位階は5 huubaan、年俸480リエル。2年で昇任資格
　　3級 cau krama：位階は5 huubaan、年俸420リエル。2年で昇任資格
　　4級 cau krama：位階は5 huubaan、年俸360リエル。2年で昇任資格
　　［cau krama 見習い：年俸360リエル。1年で4級 cau krama に任官の資格］
　ウ。初級職
　　特級検察事務官：年俸480リエル。3年で昇任資格
　　1級主任検察事務官：年俸440リエル。3年で昇任資格
　　2級主任検察事務官：年俸400リエル。3年で昇任資格
　　3級主任検察事務官：年俸378リエル。2年で昇任資格
　　　［訳注。恐らく行政部3級主任 smien と同額の372リエルが正しい］
　　4級主任検察事務官：年俸348リエル。2年で昇任資格
　　1級検察事務官：年俸300リエル。2年で昇任資格
　　2級検察事務官：年俸288リエル。2年で昇任資格
　　3級検察事務官：年俸264リエル。2年で昇任資格
　　4級検察事務官：年俸240リエル。2年で昇任資格
　　　［以上の位階は4 huubaan］
　　5級検察事務官：年俸180リエル。［位階は3 huubaan］。2年で昇任資格
　　検察事務官見習い：年俸180リエル。1年後に5級検察事務官に任官の資格

⑤官員の採用
　政府勤務を始める時には、必ず最下の職・等級から始めるという規定はない。学業修了証書所持者、知識試験合格者などには上述の等級表の途中から始める資格が与えられている。
1. smien 見習いと検察事務官見習いは、欠員を補充する数のみ採用し、採用数の3分の2を知識試験合格者から、3分の1をフランス語－クメール語初等教育修了証書所持者から［無試験で］採用する。
2. 3級 smien と3級検察事務官の採用も欠員数のみであり、採用人数の3分の2はクメール行政学校修了証書所持者から［無試験で］、残りの3分の1は4級 smien と4級検察事務官から昇任させる。
3. kramakaara 見習いと cau krama 見習いは欠員数の3分の2を、この職の採用のための知識試験合格者から採用する。残りの3分の1は初級中等教育修了証書すなわちフランス［語］高等初等教育修了証書所持者から［無試験で］採用する。この学業修了証書所持者が願書を出さない場合は、この採用定員は上の知識試験による採用定員に加えられる。
　　例。クメール行政学校修了証書所持者は、卒業と同時に、欠員があれば［無試験で］3級 smien か3級検察事務官になる資格がある。もう1つ、kramakaara 見習いあるいは cau krama 見習いの採用知識試験を受けることができる。この試験に不合格の場合は、それよりも下の地位の［3級］smien か［3級］検察事務官になり、時期が来てから他の人々と同条件で昇任試験を受けることになる。
4. 郡長見習いと地方裁判所長見習いは、空席の3分の2を知識試験の合格者、3分の1をバカロレア、すなわち上級中等教育修了証書［＝ハノイの高等教育校の修了証書。cf.「①高等教育」p.76］を所持するクメール人から［無

試験で]採用する。例外として、クメール行政学校の修了証書を持つ、または熱心に同校に通学中の26歳以上の王族は[無試験で]郡長見習い、あるいは地方裁判所長見習いになることができる。

5. フランス国の学校を卒業して学士の称号を持つクメール人は、3級郡長あるいは高等裁判所 cau krama priksaa になることができる。ただし、それぞれ見習いを1年経験してから正式に任命される。なお、見習い期間終了後に、能力がないと判断されれば正式任命はされない。

⑥知識試験

上述の[初級、中級、上級の]3つの職の採用知識試験を受験するための資格は以下の通りである。

1. 3つに共通の受験資格は、
   ア。クメール国籍人あるいはクメール系フランス植民地人、すなわちコーチシナ国で生まれたクメール族であること。
   イ。年齢は、
      a. 初級職は20歳以上
      b. 中級職は21歳以上
      c. 上級職は[訳注。不明]
      d. [いずれも]55歳になった時に恩給が受けられるような政府勤務年数[訳注。この年数については、兵士などを除く一般の規定の記述は見当たらない]がすでにある者を除いて、30歳未満であること。[訳注。原訳文では、このdはcの上級職受験者のみの条件として記述されているが、下の「2. 初級職」の記述により、原訳者の誤訳であると判断する]
   ウ。前科がないこと
   エ。健康で厳しい労働に耐える体力がある、すなわち勤務に支障を生じる病気がないこと
2. 初級職
   20歳以上30歳未満のクメール人は誰でも smien 見習い職[あるいは検察事務官見習い職]採用知識試験を受験する権利があるから、上の国籍と年齢の条件を満たす証明書だけを提出すればよい。
3. 中級職
   ア。cau krama 見習い職と kramakaara 見習い職採用知識試験の受験を許すのは、
      a. 特級 smien と同検察事務官
      b. 全ての等級の主任 smien と同検察事務官
      c. 1級、2級、3級の smien と同検察事務官
      d. カンボジア国内の政府部局に5年以上勤務するクメール人通訳 smien
   である。
   イ。この試験では、クメール行政学校修了証書所持者には15点を、フランス語－クメール語特別課程教育校の修了証書所持者には10点を、試験の得点に加算する。
4. 上級職
   ア。郡長見習い職と地方裁判所長見習い職採用知識試験の受験を許すのは、
      a. 特級、全ての等級の主任、1級 kramakaara と同 cau krama
      b. カンボジア国内のいずれかの部局に10年以上勤務するクメール人通訳 smien
      c. インドシナ国高等法律行政学校修了証書所持者（30点を加算）
   で高等弁務官が受験を許可した者である。

[訳注。上記の中級職と上級職の知識試験全体の配点数が無記述なので特典加点の重みは不明]

⑦任官

1. 各職の採用知識試験に合格した者は各職の見習いに任命され、1年間の見習い期間が終了すると、有能であると判断された者は各職の最下の等級に正式に任官するが、そうでない者は解雇される。
2. 解雇された者が元クメール政府職員であれば旧職に戻り、見習い期間1年はその旧職の在職年数に加算される。
3. 既に政府の官吏であって、新しく中級職あるいは上級職の見習いになった者は、旧職の俸給が保証される。また正式に任官した場合、必ずその新しい職の、旧職の俸給とほぼ同じ俸給の等級になる。

たとえば、保護国政府で通訳 smien として10年勤務して年俸1200リエルを得ていた者が郡長見習い採用試験に合格して郡長見習い（年俸1080リエル）になっている間は、旧職の年俸1200リエルを得る。そして1年後に正式任官すると5級郡長、年俸1200リエルを得る。

⑧採用人数と試験日

　各職の採用試験をして採用する人数は毎年一定ではなく、欠員数のみである。この人数は採用試験日の2ヶ月前に州庁に掲示を貼り出して、試験の日時と共に公告する。

　受験希望者は、試験日の15日前までに高等弁務官府に届書をだす。

⑨試験科目
1. smien と検察事務官の採用知識試験科目
   ア。1ページ清書する。
   イ。書き取り
   ウ。簡単な算数問題、2問
2. 中級職採用試験科目
   ア。カンボジア国の国史、風習、宗教、行政機関と裁判所の仕組みについての作文
   イ。メートル法による算数と、体積の求め方、土地の面積の求め方の問題、2問
   ウ。カンボジア国の自然地理についての質問
   エ。事案についての報告書の作成
3. 上級職採用試験科目
   ア。カンボジア国の行政機関、裁判所、税の仕組みについて述べる作文
   イ。刑法または民法から出題されたことについての作文
   ウ。出題されたことに対して、公式報告書または判決書を書く。
   エ。郡庁における諸税の徴税簿の管理。全ての税、地区における警備・巡視、公衆衛生、農業・工業局についての質問、6問
4. 1917年11月20日付国王布告第84号は、試験で作文させる問題のテーマ、受験者の監督、受験者の作文の採点、などについて詳しく規定している。

⑩昇給昇任の仕組み
1. 1917年11月14日付国王布告は以下のように定めている。
   ア。官員の昇給昇任には勤務年数による普通昇任と推薦による特別昇任とがある。初級職は、この比率をそれぞれ2分の1、中級職は、［普通昇任が］4分の1と［特別昇任が］4分の3、上級職は全て推薦制にする。
   イ。推薦制による昇給昇任の資格を持つ者は、各職の各等級に定めてある昇給昇任に必要な勤務年数を満たし、昇任リストに名前がある者である。このリストの上位から順次等級を上げる。
2. この昇任リストは、1917年11月20日付国王布告第85号が制定し、その作成方法を次のように定めている。
   ア。全ての大臣、裁判所長、郡長は、自己の命令下にある官員全員についての勤務評点を毎年1月中に記録する。この勤務評点は「ノート」と呼ばれ、全ての官員が3部ずつ自ら作成して［上司に］提出してある政府勤務評点記録書に、その官員の上司が記入して置き、［ある官員を］昇給昇任させるのが適切であると判断した時に、その職員［ママ］に対する昇給昇任申請書と共に［地方の場合は弁務官に］提出する。
   イ。［昇給昇任を申請される官員の］勤務評点記録書は弁務官が郡長および各職員［ママ］に対する弁務官自身の［与える］勤務評点を、その職員［ママ］に対してその上司が書いた勤務評点に書き加える。市内の行政部の官員のものは高等弁務官府の現地国課長［＝高等弁務官府事務局第2課］、司法部の官員のものはクメール法務省付保護国代表が、その官員の上司に対して自分が与える勤務評点を書き加える。これらの勤務評点記録書はすべて高等弁務官府に送られて集められ、そこから行政部官員の勤務評点記録書は内務大臣に、司法部官員のものは法務大臣に送られ、大臣がそれぞれに対する自分の意見を記入する。それから高等弁務官に送り返され、高等弁務官がそれぞれに対して与える自分の勤務評点を点数にして付け、［別紙に記入して］昇任を申請された官員の勤務評点記録書を昇任申請書を含む1件書類とともに、互いに異なる委員からなる3つの委員会［訳注。おそらく、初級職と中級職と上級職を審査する別々の委員会］に送る。委

第2部　現地国政府

　　　　員会は検討して昇任に相応しい官吏［ママ］を選んでそのリストを1部作成して政府に提出する。
　　ウ．このリストに名前を乗せることができる官員は次の3つの条件を満たす者である。
　　　　a．上司から昇任の申請がある。
　　　　b．昇任リストを作成する年の国王誕生日祭の時点で、現在の等級で昇任資格を得るべき勤務年数に達している。
　　　　c．委員会によって点数を与えられている。
3．点数の与え方と昇任リストの作成
　　ア．昇任リスト作成委員会委員各人が全ての書類を検討して、最低0点から最高20点までの点数を与える。
　　イ．封筒に入れて封蠟で封印してある高等弁務官がつけた0点から20点までの勤務評点を加える。
　　ウ．その職での勤務年数を1年を1点として計算する。
　　エ．上の3種の点数に、それぞれ国王布告で定まっている係数を乗じて合計する［訳注。実例があり、それを見ると、係数は委員会が3、高等弁務官が5、勤務年数は2である］。
　　オ．こうして得られた点数の高い順に名前をリストに書き出し、昇任させるべき人数に達したらそこで止める。
4．各職についてこの昇任リストが作成し終わり、高等弁務官がそのリストに同意したら、そのリスト中の者を昇任させる。ただし、最終発表には、このリストにさらに勤務年数で昇任させる［＝普通昇任］者の名前も加える［訳注。この普通昇任者の選抜方法は無記述］。
5．［新しい等級への］任命は、初級職は内務大臣または法務大臣の大臣布告、中級職と上級職は国王布告により任命される。この大臣布告と国王布告とは高等弁務官の執行同意が必要である。
6．官吏を特別昇任させる規定には例外がある。すなわち、最高裁判所長の選任は1級副大臣、全ての裁判所の副所長、最高裁判所の cau krama priksaa から勤務年数を考慮に入れずに選ぶことができる。この任命は大閣議により申請され、総督［ママ］の執行同意を得てから国王布告により任命される。

⑪住民がクメール人でない郡の官員
1．ストゥン・トラエン州内のいくつかの郡のように、ここ数年の間に［ママ。cf.「③1904年の国境変更」と「④1907年の条約」p.36］カンボジア国領になった郡には、住民がクメール人ではない郡があり、これらは異なる統治仕組みを取る。
2．すなわち、郡長は、他の官員と違って官吏職規定による必要がなく、内閣が必要であると認めれば、その地域の有力者の一族の者を官吏の学問知識や体力に関する全ての規条件を満たす必要なく、郡の長に任命することができる。
3．ただし、昇任、俸給、職務手当、行政処分に関しては他の官吏と同じ規定を適用する。任命と最初の俸給、また解任は国王布告による。

⑫マラリア汚染支郡に派遣する官員
1．マラリア汚染支郡地域［ママ］に派遣されて勤務する官員は、その労苦の代償として、1917年11月20日国王布告第89号で補足された1917年11月14日付国王布告は、その地域の出身ではない官員に特別手当を与えることを定め、支郡をいくつかマラリヤ汚染支郡に指定している。特別手当の額は1917年12月3日付高等弁務官政令で、1ヶ月あたり上級職官吏は15リエル、中級職官吏と初級職官吏は10リエルと定められた。
2．マラリア汚染支郡は以下の通りである。
　　ア．ストゥン・トラエン州：mluu brai、jaam khsaan、vieng sai、pakhaam、danle bau、lamphaat、siem paang
　　イ．クラチェ州：sampuuraṇa、srae khdam、snuol
　　ウ．コンポン・チャム州：brai lœ
　　エ．カンダール州：thbang
　　オ．カンポート州：srae ampil、paak klang
　　カ．コンポン・トム州：svaay lœ、sdau、ping svaa
　　キ．バット・ドンボーン州：pailin、pot pet、samrong

⑬行政処分
1．官員が公務執行において犯した政府規定に対する違反は行政処分を受ける。これは司法による軽罰、中級罰、

重罰とは別のものである。行政処分には等級が2つある。
- ア．第1級［処分］
    a．叱責し、職歴に記入する。
    b．厳重に叱責し、昇任者リストから名前を削除する。その年の昇任リストに名前を入れない。勤務年数による昇任を遅らせる。
- イ．第2級［処分］。これは重い処分である。
    a．3年以下の停職で、その間は無給。位階は降等しないこともあるし、1級ないし複数級降等することもある。
    b．官職の等級を1級ないし複数級降等する。あるいは上級職から中級職へ、あるいは中級職から初級職への降格もある。
    c．免職にし、以後政府に勤務をさせない。
2. 第1級処分は、内閣の同意の下に内務大臣または法務大臣が、高等弁務官の執行同意を得て、大臣布告を出す。
3. 第2級処分は重処分なので、処分を決定する前に、予め定められた規定に従う必要がある。すなわち、訴えられた官員に［査問委員会で］弁明をさせた上で、大閣議の同意の下に、高等弁務官の執行同意を得た国王布告で処分を定める。

⑭査問委員会
1. 査問のプロセスは、訴えられた官吏本人を査問委員の前に呼び出し、事案に関して本人を尋問して弁明させ、証人を尋問して、それぞれの供述の記録を取り、事案に対する委員会の意見を上級政府に出す。すなわち、ほぼ裁判所と同じことを行うが、［査問委員会は］判決する権限は持たず、事件の審理を行い、意見を上級政府に送り、上級政府がそれを検討して処分を定める。政府の処分に対して抗告することはできない。
2. 査問委員会の設立を定めた1917年11月14日付国王布告は委員について、以下のように定めている。
    - ア．上級職官員の査問を行う査問委員会委員は、上級行政官の官職にあるフランス人官吏が長になり、訴えられた官吏と同級もしくは上級官職の上級職クメール人官吏2名。
    - イ．中級職官員のの査問を行う査問委員会委員は、上級職クメール人官吏2名で、その中の現在職の先任者が長になる。さらに訴えられた官員と同級もしくは上級官職の中級職クメール人官吏1名。
    - ウ．初級職官員の査問を行う査問委員会委員は、訴えられた官員の上司ではない上級職クメール人官吏1名が長になり、中級職クメール人官吏1名、訴えられた官員と同級もしくは上級官職の初級職クメール人官員1名。
3. 査問委員会に官吏を査問させる前に、第1回尋問として内閣代行補佐官1名が弁務官または弁務官代行補佐官と共に本人を尋問する。この第1回尋問の結果を見て、訴えられた官吏を査問委員会に査問させるか否かを大閣議で決定する。査問委員会に査問させることが決定されれば、内閣が査問委員会委員を任命する。
4. 査問の進め方は次の通りで、これはフランス官吏に対するものと同じである。
    - ア．委員1名が情報伝達者になって案件書類を受け取り、訴えられた官員本人と証人を尋問し、その結果得られた供述をそのまま記録し、証拠を全て集める。尋問が終わったら全ての情報をそのまま、減らしも増やしもせずに、かつ自分の意見を入れずに、1つにまとめた情報書を委員長に渡す。
    - イ．委員長はこの情報書を訴えられた官員に読ませて訴えられた理由を知らしめる。
    - ウ．それから委員長は予め定められた日に査問委員会を開いて訴えられた官員に出席させ、口頭もしくは文書で弁明させ、この会議を傍聴させる。この会議の後、委員会は調書を作成し、委員会の意見を記して高等弁務官［ママ。査問委員会委員の任命は内閣によるから、恐らく「内閣」が正しい］に提出する。
    - エ．高等弁務官がその調書を検討して［ママ。この後に恐らく「閣議と大閣議を経て」が脱落］公式に処分を定める。
    - オ．ただし、上級政府［訳注。恐らく内閣と国王と高等弁務官］は査問委員会の意見の通りに処分を定める必要はない。すなわち、いかなる事案も上級政府の意見で処分を定めるのである。

⑮刑事罰を受けた官員
1. 刑法が処罰を定めている中級罪犯罪あるいは重罪犯罪を犯した官員は、初級職ならば地方裁判所で審理される。中級職官員と上級職官員はプノンペン市またはバット・ドンボーンの高等裁判所で審理される。法務大臣は閣議の同意を得て、それらの官吏を管掌裁判所に送って審理させる。

2. これらの裁判所の判決には控訴できる［ママ。この記述が正しいとすると、この規定2は、中級職官員と上級職官員に対する高等裁判所の判決にも適用されることになるが、それで正しいか？］。
3. これら起訴された官吏に対する判決書はつねに内閣に送られ、内閣はさらに行政処分を加えるか否かを検討する。
4. 起訴された官吏が留置されたら、俸給は4分の1に減額される。保証人がいて保釈されても同様である。判決があり無罪になると、俸給の減額分は支給される。有罪になって獄中にある間は俸給は支給されない。たとえ本人の名誉を損なう罰［＝前科が残る罰？ cf.nagaravatta 110号］ではなくても俸給は支給されない。
5. 降等の処分を受けた官吏は、降等されて就いた職の勤務年数を降等された日から計算し、降等前の職の勤務年数は加算しない。
6. 政府が行政処分を検討している間停職になった官吏は、その期間中の俸給は半額になり、諸手当は支給されない。この停職期間は6ヶ月を超えてはならず、政府はこの6ヶ月の間に処分を決定しなければならない。
7. 政府は処分を決定したら、さらに俸給を減額する処分を加えるか否かを決定し、減額する場合にはその額を決定する。この減額の額は俸給額の2分の1を超えてはならず、減額期間も6ヶ月を超えてはならない。

⑯官員の義務
1. 官員は収入をもたらす兼業を禁止する。商業会社、フランス－クメール絹糸会社のような工業会社などの取締役になってはならない。ただし大臣の許可があれば取締役になることはできる。
2. 官員が集まって会員の利益を守る協会、あるいは相互扶助のための協会を設立することはできる。ただし上級政府からの、その協会設立の許可が必要である。

⑰官員の配置、退職
1. 行政部と司法部との互いに同等の職は俸給額が等しいから、1つの部から他の部へ移動しても損得はない。
2. どちらの部の官員も、その数を減らしたい場合、政府は官員を退職させる権限を持つ。この場合、まず恩給を受けるのに必要な勤務年数に達している老齢の官員を選んで退職させる。それから恩給受給の年数に達していない官員を退職させる。この場合、この官員は空席ができるまでの間、休職にするよう求める権利がある。
3. 政府が無能であると判断する官吏、あるいは病気で勤務が不可能と判断した官吏で、勤務年数が少なく恩給を受ける資格がない者でも解雇する権限を政府は持つ。この場合、最大3ヶ月分の俸給と同額の手当を支給することができる。しかし、これらは内閣が設置する委員会がその官吏の状況を調査した後でなければ決定することができない。

⑱官員の特典
1. 病気になった場合は、費用として俸給の額に応じて俸給から天引きされる額で、病院に入院して治療を受ける権利がある。
2. 公務で旅行する場合は、家族も含めて船、バス、列車を無料で利用できる。公共交通機関が存在しない場合は自費で旅行しなければならないが、政府はその費用を返還する。公務で旅行し宿泊する場合は交通費と宿泊費を支給する。
3. 休息のための休暇と病気休暇を取る権利がある。また1年間休職する権利があり、この期間はさらに1年間延長することができる。ただしこの休職の間は無給で、かつ昇給昇任のための勤務年数に加算されない。
4. 後述する［訳注。実際には兵士などを除いて一般官員については記述されていない］、資格を得るためのいくつかの条件を満たすと、定年、永年勤務、あるいは公務の内容による恩給を、勤務年数に応じた額だけ受け取る権利がある。
5. 退職して恩給を受けている、もしくは依願退職した者は、国王布告が定める名誉職を得る資格がある。
　　ア。この名誉職は、本人が退職時にあった職に限られ、それより上位の名誉職を与えることは、臨時にその職にあった経験がある場合に限られる。
　　イ。名誉職は、在職中の者と同等の名誉が与えられ、儀式の時などは同等職の現職の者の次位に座る権利がある。

第2章　クメール行政司法学校

①沿革
1. クメール官吏採用試験規定を作っても、その規定の条件を満たす人々を養成することを考えなければ十分とは言えない。
2. それゆえ、1912年に政府は、政府に勤務することを望む者が学ぶことが出来るように、クメールの法律を教えることを始めた［訳注。このことの詳細は無記述］。
3. その後、1914年［1月31日］と1915年に kramakaara 学校という名の、生徒を教えてその中から官吏を採用するための学校を設立する国王布告が出された。
4. その後官員について出された国王布告により、この学校を拡張し教科の数を増やすことが必要になった。国王は保護国政府と協議、合意してから、1917年11月20日付国王布告第86号を出して、プノンペン市にクメール行政司法学校という名の国立の学校を設立し、行政部と司法部の官員になることが出来るように、民法、刑法、行政知識、算数と土地測量技術、保健衛生技術、獣医学、クメール美術工芸［訳注。これは下記の「③カリキュラム」中にはない。また名称が若干異なっているものもある］を教えることにした。
5. 入学させる生徒は、毎年1月に行う学力試験で選抜する。受験できるのは、19歳以上25歳未満のクメール人で前科がなく、住所がある州の弁務官発給の操行良好証明書と医師の健康証明書を持ち、［受験］願書を出した者である。

②入学生選抜試験
1. 入学生選抜試験の受験を許す者の名簿は高等弁務官がチェックして決定し、学力試験日と試験をして入学させる人数を定める。
2. 学力試験は、筆記試験科目が、書き取り、清書、作文、簡単な算数で、これで相応な点数を得た者にのみ口述試験を課する。
3. 口述試験の科目は、カンボジア国の歴史と自然地理、それに計算である。フランス語で質問されることを望む受験者にはフランス語で質問し、この受験者には点数が加算される。
4. この学校は、既にいくらか知識を持つ生徒を入学させるために、フランス語－クメール語特別教育課程修了証書、あるいはフランス語－クメール語初等教育修了証書を持つ者には加点する。
［訳注。以上の試験科目の各々の配点数と優遇加点数の記述はない］
5. この試験で273点以上を得た者の中から得点の多い順に入学定員数だけ入学させる。

③カリキュラム
1. 修業年限は2年、1年に10ヶ月で、毎年2月1日から授業を始める。
2. 各科目の授業時間数は高等弁務官が定め、［週に6日］、毎日2時間授業する［訳注。下記の「④奨学制度」の2と3」の記述から、午後遅くあるいは夕方の学校だったようである］。各教科の週あたりの時間数は次の通り。

行政知識	3時間
刑法	3時間
民法	2時間
算数	2時間
医学技術	1時間
獣医学	1時間

④奨学制度
1. 寄宿舎はない。怠惰で欠席が多い者は退学させる。
2. 政府にポストがなくて俸給がない生徒は、月額12リエルの奨学金を与える。しかし、この奨学金は相応な理由なく授業を欠席すると、欠席数に応じた額を減額する。

3. 奨学金を受けている生徒は各省と市内の裁判所で smien 補［訳注。参考。smien 見習いの月給は15リエルである。cf.p.83］として実習をする。

⑤進級試験、卒業試験
1. 最初の1年が終わると、その年に教えた知識科目から出題する進級学力試験があり、この成績により、熱心に学んでいることが明らかな生徒は第2学年で学ぶことを許し、点数不足の生徒は再度第1学年を学ぶことを許す。
2. 第2学年が終わると卒業学力試験をする。2年間に教えた知識科目から出題し、合格したら修了証書を与える。不合格者は第2学年を繰り返すことを許すが、退学させることもある。

⑥特典
1. 国王布告の規定によると、この修了証書を得た者は、その卒業試験に合格した席次順に欠員の数だけ市内または郡の3級 smien か同検察事務官、いずれも年俸264リエルに採用される。
2. この修了証書所持者は kramakaara あるいは cau krama の採用試験を受けると、試験の成績に15点が加算される。

⑦聴講生
1. 聴講生も受け入れることができる。すなわち、受験資格がなくても、将来の採用試験に備えて学ぶことができる。ただし、修了しても、正規の生徒で修了証書を得た生徒に与えられる特典は与えられない。
2. 聴講を許されるのは、本人が高等弁務官に申請書を出し、適切と認められた者である。

第3章　籾税査定徴収人団に関する国王規定

①総説
1. カンボジア国の籾税は、田の面積ではなくて、その年の籾の収穫量に応じて徴収される。この収穫量は毎年の天候の質により変動するから、適正に税額を課するためには、各人のその年の［籾の］収穫量の数値を確実に計算しなければならない。
2. この籾の収穫量を確実に計算し、それに応じた税額を課税して徴収して財務局に納付する任務は「郡籾税査定徴収人」［＝籾税査定徴収人］と呼ばれる国王の郡代理人と me kang と呼ばれる助手からなる団によって行われる。
3. この団に関する規定ができる前は、何らの一定の原則なしに、毎年籾税査定人を選んでいた。これは不都合が多かったので、1917年11月20日付国王布告第87号で従来の情実による方法を排除し、籾税査定徴収人と me kang の選任に関する規定をした。

②籾税査定徴収人と me kang の選任
　［訳注。この選任は州ごとに行われる］
1. この国王布告の規定によると、知識試験に合格した者を籾税査定徴収人に複数年間任命する。
2. その知識試験の試験科目は次の4つである。
　　ア。質問中の情報から税査定簿を作成する。
　　イ。土地の面積の求め方、体積の求め方に関する問題
　　ウ。算数の問題
　　エ。税額査定に関して生じた種々のことについての届書を作成する。

③郡への配置
　［訳注。以下の記述は、明言されてはいないが実はこの国王規定により第1回の選任が行われた時の方法であると思われる。原訳文の記述は原訳者が規定をよく理解していなかったらしく、極めて混乱錯綜し、かつ曖昧な点が多いので、本訳者が推測をまじえて書き改めた。微細な点で誤りがあるかも知れない］

1. この試験で合格点を得た者の得点順のリストを作る。
2. 次に州内の各郡の過去の籾税総額の多い順による郡名リストを作る。
3. この郡名リストの最上位から順に、先の合格者の得点順リストの最上位者からその名を書き込む。すなわち過去の税額が多い郡の順に、試験での得点が多い者の順で書き込んでいく。こうして全ての郡に合格者の名前が配分された郡名リストが、郡とそこに配置される籾税査定徴収人のリストである。
4. 次に、合格者の得点順リストで、最後の郡に配置された者の次位の者から順に、その者の名を新しく郡名リストの最上位から末位まで記入していき、これを各郡に配置される me kang のリストにする。

④欠員の補充と再募集
1. 籾税査定徴収人に欠員ができたら、欠員ができた郡の下の順位の郡の籾税査定徴収人を順次上の郡に繰り上げていく。
2. その結果、郡名リストの末尾の郡が空席になるから、そこには、すでに郡に配置されている me kang のリストの最上位から順に空席になった郡の籾税査定徴収人として配置する。
3. この結果できた me kang の上位の欠員は、下位の me kang を順次上に繰り上げる。その結果 me kang の下位にできた欠員を上位から、試験合格者の得点順リスト中の未任命者の最上位から順次任命する。
4. 合格者の得点順リスト中の者全員の任命が終わって、まだ欠員がある場合、その欠員の数のみを再募集する。

⑤採用試験の受験
　籾税査定徴収人職と me kang 職の採用知識試験の受験を許すのは、受験願書提出時に25歳以上41歳未満のクメール人で、写真1葉、出生証明書または管掌する者が発給した出生証明書に代わる証明書1通、健康証明書1通、操行良好証明書1通［訳注。以上の証明書の発給者は無記述］、管掌する官員による国籍と資産に関する質問に対する本人の供述書1通を添えて受験願書を提出する［訳注。提出先は無記述。恐らく郡長経由で弁務官］。

⑥smien
1. 籾税査定徴収人は smien に手伝わせることができる。この smien は籾税査定徴収人と me kang が自ら選び、その smien 各人の名前と写真を郡長と［郡長を経由して］弁務官に送って承認を求める。
2. これらの smien は籾税査定徴収人が任命し、弁務官が承認署名をした任命書を常に携帯する。
3. 籾税査定における smien の不正に対しては、その者を採用した籾税査定徴収人あるいは me kang が責任を取る。

⑦郡補佐官
1. 各籾税査定徴収人は郡長代行補佐官の補佐、監督の下に籾税額査定［徴収］を行う。この郡長代行補佐官は郡補佐官と呼ばれ、郡長が配属する。
2. 籾税額査定で郡補佐官が犯した不正は郡長が責任を取る。
3. 郡補佐官は弁務官の承認署名がある任命書を携帯せずに、地方に公務執行に行くことはできない。

⑧報奨金
1. 籾税査定徴収人と me kang と郡補佐官は徴収して［財務局に］納付した籾税金額に応じた慰労金と報奨金を得る［訳注。この記述は正確でない。cf.「⑥報奨金」p.188］。
2. 不正があれば、高等弁務官が内閣と協議、合意の上、この報奨金の一部または全額のカットを決定する。さらに裁判所に告発して処罰させることもある。

⑨籾税査定徴収人に与えられる特典
1. 上述の報奨金以外に、籾税査定徴収人の職務遂行を容易にするために、政府は籾税査定徴収人にいくつかの特典を与える。
2. これは1917年11月23日付高等弁務官政令で定められたもので、自宅から徴税を担当する郡までの往復を、自分の荷物を100キロまで携帯して無料で乗り物に乗ることが出来る。
3. ただし、税の査定と徴収した税金を財務局に納付するために要する費用は籾税査定徴収人の自己負担である。
4. 税査定に行く時、上の［高等弁務官］政令で定められた数量の文房具が支給される。

第4章　雇員と看守に関する国王規定

①総説
1. クメール政府には官吏のほかに、補助職員、すなわち、看守および市内や郡庁舎の清掃と警備をする雇員がいる。
2. 1917年11月22日付国王布告第88号がこれらの職の等級、俸給、官職、昇給昇任に必要な勤務年数を定めた。
3. 雇員と看守の俸給は、初任給は月額10リエル、順次昇任して最高等級である特級雇員と特級看守の月給は40リエルである［訳注。これは初級職の最高である特級smienと同検察事務官と同額］。

②任命、昇任
1. これらの職員の任命、昇給昇任は高等弁務官が執行を決定した内務大臣令による。
2. 雇員と看守は、18歳から30歳までのクメール人で、文字の読み書きができ、操行が良好で健康なクメール人から選ぶ。
3. 見習い職の期間は1年で、その後5級雇員または5級看守に任命するか、あるいは解雇する。
4. 特例
    ア。これらの官職と等級を下から上まで順次昇任していくのであるが、欠員の半数を［現地国人軍］兵士、保安隊員、近衛兵を経験したクメール人から採用する等級がある。
    イ。すなわち、以上の3種のいずれかの職の勤務を3年経験したクメール人は、雇員または看守に任命されて月給11リエルを得ることができる。また経験5年ならば月給12リエルの等級、経験8年なら13リエル、経験10年なら月給15リエルの各等級に任官する。
5. 昇任は、昇任数の4分の3が推薦による特別昇任で、4分の1が勤務年数による普通昇任である。ただし3級以上は全て推薦による特別昇任になる。

③処分
雇員と看守に対する［行政］処分は、
1. 叱責
2. 厳重叱責のうえ6ヶ月間の昇任停止
    以上の2つの処分は局長が決定する。
3. 停職3年
4. 降等
5. 免職

以上3つの処分は局長からの報告を見て、訴えられた職員が弁明をしてから高等弁務官が執行を決定した内務大臣令による［訳注。ここの記述は簡略化されている。詳細はcf.「⑬行政処分」p.87］。

第5章　郡政府の仕組み

「1」行政区画

①保護国政府——州と市
1. 保護国政府はカンボジア国全土を12の州と1つの市、すなわちプノンペン市に区分する。
2. 各州都にその州の長である弁務官がいる。その指示下にフランス官吏がいて補佐し、それぞれが財務、関税と消費税・使用料、森林、郵政、公共土木事業、などの局を管理する。弁務官はクメール政府官員を監督する任

務を持つ。

②クメール政府――郡
1. クメール政府はカンボジア国全土を、それぞれいずれかの州に属する51の郡に区分する。
2. 郡は6等級ある。
   ア。特級郡：バット・ドンボーン、tpuung ghum、paa bhnam、以上3郡
   イ。1級郡：kambang svaay、ポー・サット、kambang siem、カンポート、ramṭuol、samrong dang、以上6郡
   ウ。2級郡：シエム・リアプ、draang、paadii、baarang、プレイ・ヴェーン、sriisandhara、paaraay、以上7郡
   エ。3級郡：pandaay maas、svaay daap、プノンペン、シー・ソーポン、ralaa p?ie、bhnam sruoc、lœk ṭaek、以上10郡［訳注。原訳文には以上の7つしか記載されてない］
   オ。4級郡：gang bisii、brai krapaas、ramaas haek、sangvaek、sdong、siidhara kandaal、sanduk、muk kambuul、ストゥン・トラエン、lvaa aem、paripuuraṇa、sding trang, 以上12郡
   カ。5級郡：残りの13郡［訳注。郡名は記述されていない］
3. 各郡の郡都に郡庁があり、郡長が管理、監督する。
4. 郡長は、自己が長である郡の行政と司法全てを取り仕切る。
5. 郡長を補佐する官吏は、国民の安全を守ることと公金・税の面は kramakaara と smien、司法の面は cau krama と検察事務官である。
6. また郡庁には保安隊員と補助職員である下級官員、すなわち雇員と看守とがいる。

「2」郡長の職務と責務

①行政権と司法権
現在、郡長の職務には国民の安全を守ることと公金・税金と司法とがあるが、いずれ行政権と司法権の分立原則に従って、保護国政府［ママ］が従来の法律を改正し、各郡都に裁判所を設立して司法部の官吏が裁判所長になり、郡長の権限の外に出るであろう。

②住民の安全を守る職務
これは郡長の最も重要な職務で、住民の安全を守り、秩序を保つ。犯罪の発生を防止するためにあらゆることをしなければならない。
1. 郡長は、郡内の全ての事件を、口頭もしくは文書で弁務官に報告する。
2. 郡長は、犯人の捜査・逮捕上の必要があれば、弁務官に保安隊の増援を求め、自ら、もしくは代行補佐官に隊員を率いて郡内を巡視させ、郡内の警察を指揮させ、盗賊を撲滅させる。
3. 郡長は、州庁からの命令を村長に伝え、村長がそれを果たすよう監督する。
4. 地区民台帳中の者が人頭税簿などの税簿に落ちていないか、出生簿は正しく管理されているか、籾税査定徴収人は籾税を正しく徴収しているかを監督する。
5. 人あるいは動物の伝染病が発生したら、直ちにその村の村職員に弁務官に通知させ、村職員が正しく伝染予防の措置を取るよう監督する。
6. 郡長は郡内の小道、陸路の保守・補修を弁務官に届ける。

③ベトナム人長と華僑会長
1. 郡内にいるベトナム人と中国人は外国人とされ、クメール人とは異なる法律が適用される。ベトナム人はフランス国植民地人［ママ。実際にはフランス保護国人もいるがここでは略述している］、中国人はアジア人外国人であり、いずれも保護国政府の指示下にある。この両民族はクメール政府官員の命令に従わないことが多いが、それを放置してはいけない。ただし、威嚇手段を用いてはいけない。信頼させるべきである。
2. 保護国政府の規定により、各郡にベトナム人長が1人いて、ベトナム人を統括する。
3. 中国人は華僑会を作り、華僑会長が税に関してのみ華僑会員を統括し、それ以外の行政業務は全て郡長が管理、監督する［cf.『2』「僑会」p.146］。
4. 郡長は郡内の秩序を保つ責任があるから、これらの外国人を無視してはならない。すなわち、これらの民族の

長に対する保護国政府、すなわち州政府の代表として行動するべきである。
5. 税簿は華僑会長が郡長に協力して作成し、税を徴収して郡長に届け、郡長が財務局に納める。
6. 郡長はベトナムと中国の両民族に対しては、クメール人に対するのと同様に監督し、州政府の命令に従わせる。［彼らの］義務を通告し、従わない場合は逮捕して、これらの民族を審理、処罰する権限を持つ弁務官に送る［訳注。クメール人は郡長が審理する］。

④徴税
1. 税の徴収は、前もって作成されてある税簿による。この税簿は税ごとに作成され、有効期間は1年で毎年更新する。
2. 毎年末に郡庁で郡長の監督の下に、村長、ベトナム人長、華僑会長が提出してきた情報に基づいて調査して、［その年用の］税簿を更新して翌年用の税簿を作成する。この税簿の更新は、［その年用の］税簿の被課税者中の死亡者、［老齢］免税年齢に達した者、村からの転出者などの名を抹消し、被課税年齢に達した者、村への転入者の名を加える。
3. 翌年用の税簿ができたら、郡長は州政府に提出する。州政府が検討して正しいと認めたら、引き続き［徴税して］保護国政府の公務を全うする。
4. 税を徴収して財務局に納める時期になると、税査定徴収人が不正をして私腹を肥やすことがないように監督する。
5. 税査定徴収人は税を徴収すると、それを［まとめてではなく］随時少しずつ郡長に届ける。郡長は受け取って、領収証を税査定徴収人に渡す。郡長はこの税金を持って行って州財務局に納める。
6. 郡長は、税を徴収して財務局に納めることについて、保護国政府に対して責任を持つ。それゆえ、税査定徴収人が、意志の有無に関わらず過ちを犯して、その結果郡長の出納簿に誤りが生じないように監督し、受け取った税金が盗まれることなどがないように注意しなければならない。そのためには、受け取った税金が多額にならないうちにしばしば州財務局に納付すること。

⑤公金の受け取り
1. 郡長は自分を補佐する官吏と郡庁に属する全ての官員の俸給の「支給金代表受け取り人」である。すなわち、全員の俸給をまとめた金額を「支払い書」1枚により財務局から支給を受け、支給を得る権利を有する各人に配布する。

⑥司法
これは後に詳述する。
1. 司法面の職務は、郡庁には地方裁判所が設置されていて、郡長が裁判所長である。
2. 郡裁判所は、クメール人とクメール人との間の民事訴訟は、高等裁判所に控訴したものを除いて、全てを審理する権限を持つ。
3. 刑事訴訟については、軽罪事案、中級罪事案、重罪事案を審理する権限を持つ。ただし重罪犯罪人の審理は審理側に cau krama 補［cf.「①村長」の6のカ、p.101］を加えなければならない。控訴は高等裁判所に行う。また必ず高等裁判所で審理しなければならないものもある。
4. バット・ドンボーン、シエム・リアプ、シー・ソーポンの各郡には郡庁とは分離して裁判所があるから、郡長は司法面の職務は持たない。このことはシャム国からの遺産である。

「3」郡における郡長への助力者

①kramakaara
1. 郡長の行政職務の助力者として kramakaara 1名がいて副郡長の任務を司る。
2. 郡長が何らかの理由で郡庁に不在の間は、副郡長が郡長の職務を代行し、公務の責任を持つ。
3. 郡長が郡庁にいる間は、副郡長は固有の職務は持たず、郡長の判断で公務を容易にするために委嘱された職務を行う。
4. 副郡長は郡内の公務と警備業務を視察し、また犯人の捜査・逮捕を行う。

②smien
1. 郡庁にはさらに smien が副数名いて、公務を補助する。
2. ［smien は］郡長と副郡長の命令下にあり、文書の作成、文書の謄本作成、郡庁公文書庫の管理を行う。
3. ［smien は］命令があれば、郡長、副郡長の郡巡視に随行し案内する。

③cau krama、subhaa,検察事務官、yukapaat
1. 司法職務面は、郡長の命令下に cau krama［＝中級職国家司法官］、あるい subhaa［＝中級職地方司法官］がいて、郡長と共に郡地方裁判所を構成する。郡地方裁判所には、さらに検察事務官［＝初級職国家司法官］、あるいは yokpaat［＝初級職地方司法官］が1名いる。
2. cau krama の1人は中級罪事案および重罪事案の取調べを行う。この官員は郡庁の受刑者簿、郡裁判所民事訴訟簿、裁判料および罰金記録簿を管理する。

④雇員と看守
（前章を見よ。）

⑤保安隊
1. 1916年以来、保安隊が1隊、郡長または郡長の代理人の命令下にあって郡内の警察の警備・巡視、犯人の移送、郡庁から村長へあるいは州庁への公金と公文書の搬送のために、郡庁に配属されている。
2. 配属される保安隊員の人数は郡の大小と郡の人口とにより異なる。
3. この保安隊員は通常は郡内［出身］の者から選ばれて、州庁に勤務する保安隊員と同じ規定に従い、俸給も処罰規則も同じである。
4. ［郡］保安隊員は選抜されると州都に送られ、訓練を受けてから郡に送り返されて来て勤務する。しかし定期的に州都に行って訓練を受ける。

「4」官舎

1. 以上に述べた郡の官吏は全て官舎に住む権利を持つ。
2. しかし2、3年前から保護国政府は、民衆に対して官吏の名誉を高め、かつ官吏が喜んで住むように官舎を改善することを始めた。
3. しかし、予算の都合があって直ぐに全ての郡に建設することはできないでいる。

「5」乗り物

1. 公務や巡視で地方に行くのは、徒歩ではとてもできない。郡長ともなると荷物も多い。
2. 郡長は通常は個人でウマを持っているが、郡長に随行する官吏と道具のために民衆からウマと車を徴用するのが徐々に習慣になり、民衆の大きな負担であった。
3. それゆえ、公務遂行の便宜と、従来のようにクメール政府官員が民衆から徴用する必要をなくすために、政府は郡庁に車を2、3台配布している。
4. 道路が砂利で舗装されている郡では、荷物を多く運搬できる鉄の箍がはめてある車輪の車を配布している。民衆も、これは便利であるとして、このタイプの車を使い始めている。

「6」支郡

1. 広い郡では、民衆がわずかな用件で郡都まで行くのは大きな費用と時間がかかる。この不便をなくすために、また盗賊たちをしっかりと監視するために、いくつかの郡に支郡を設けてある。
2. これには郡長の命令下にある支郡副郡長と smien が駐在して、住民安全と税など全ての公務を司るが、司法の任務はない。ただしわずかなことの民事訴訟を調停して争いの双方に和解させる努力をして、郡裁判所に行く必要をなくさせることはする。

「7」sruk

1. バット・ドンボーン、シエム・リアプ、シー・ソーポンの各郡は新しい領土［訳注。1907年以来。cf.「④1907年の条約」p.36］であり、郡に支郡をおくことはすでに行われていた。しかしこの支郡は khaṇḍa ではなく sruk と呼ばれ、各 sruk に sruk 長がいる。
2. バット・ドンボーン地域を上の3つの郡にわけた1907年12月6日付国王布告は、同時に sruk も設置した。
3. sruk は、バット・ドンボーン郡には7つ、シエム・リアプ郡には5つ、シー・ソーポン郡には3つある。
4. 各 sruk の下に村がある。郡長は郡都である sruk の sruk 長を兼ねる。
5. これら3郡では、郡長は sruk 長に命令し、sruk 長が村長に命令する。すなわち sruk 長は郡長と村長との間に介在する連絡役になり、他の郡の［村長は郡長に直属する］行政組織と異なっている。

「8」現地国政府官吏の公文書

1. 郡長はクメール国政府の職員であるから、定期的に郡内のこと全てを文書で内閣に報告する。
2. この内閣へ報告する公文書は全て、必ず封筒に入れて開封のまま弁務官に送り、［高等弁務官を経由して］大臣に転送することを求める。この規定は1911年10月13日付大臣通達で注意が喚起されている。

「9」郡の引き渡し

①引渡し式
1. 郡庁で［前郡長が］後任の新郡長に郡を引き渡すには、習慣によるきちんとした一連の儀式がある。
2. この郡の引渡し式は、予め定められた日時に郡庁で行われる。内閣代行補佐官1名と、弁務官もしくは弁務官代行補佐官が新郡長を郡庁に連れて行き、新郡長を任命する国王令を読み上げて既に呼び集めてある郡の kramakaara と村職員に聞かせる。それから各人に、「新郡長の命令に従うように」と注意する。
3. 次に、次の手続きを経て［前郡長は］郡庁での公務を新郡長に引き渡す。

②引渡しの手続き
引渡しの手続きは1913年12月26日付大臣通達に規定がある。
1. 村長、それにまだ郡に残っていれば籾税査定徴収人、ベトナム人長、華僑会長に、その年の税金の仮［ママ］領収証を全て持参のうえ集合させる。内閣代行補佐官と弁務官は［郡庁の］全ての帳簿を持って来させて検討し、規定通りに正しく管理したことを知り、さらにその帳簿に、前郡長が「正しい」と署名をしていない削除、追加がないことを確認する。
2. 帳簿の照合検査は、たとえば郡庁内にある政府の動産物品簿の場合は、各動産を持って来させて照合し、よく保管されているか、破損していないかを調べる。
3. 郡庁舎は清潔であるか、破損していて至急修理する必要がある場所がないかを調べる。
4. 次に郡政府の司法業務を検査する。すなわち検事に取り調べさせた中級罪事案簿、審理するべき民事訴訟案件簿、判決書簿、受刑者簿、［裁定済み］民事訴訟簿を検査し、収監されている者が正しく受刑者簿に記載されているかを検査する。それからまだ未判決の事案と訴訟全てについて知り、cau krama は急いで判決することに努力しているか否かを知る。
5. 行政業務面は弁務官と内閣代行補佐官が、公文書庫と出生簿の管理の状況を検査し、文書謄本発給簿とその他の案件書類と公式出版物などの整理を検査する。
6. 公金簿の管理は、籾税査定徴収人と村長が徴収して郡庁に納めた金額を、前郡長が税査定徴収人に発給した領収証とを領収証帳の控えと照合する。徴税簿により徴収した税金は、すでに財務局に納めた金額を合計し、徴税簿の中の金額の総額から差し引いてまだ未徴収の税額を知る。裁判料と訴訟料の金額も同じように検査する。
7. 職務引き渡しに関するこれらの検査の結果と意見は報告書に記録する。この報告書は欄が3つあり、第1欄には内閣代行補佐官が事務引き渡しに関する自分の記録を記す。第2欄は前郡長が、自分の職務遂行に関する内閣代行補佐官の記録への回答を記し、もし非難があれば弁明を書く。第3欄には弁務官が自分の意見を書く。

8. この報告書は同一内容のものを3部作り、1部は弁務官に、1部は内閣に渡され、1部は郡庁の公文書保管庫に保管される。弁務官は報告書のフランス語訳を高等弁務官に送り、大閣議で検討されて前郡長の公務が良く正しく管理されていない場合は叱責し、良く管理したと判断されれば称賛する。

第6章　村政府

「1」村

①総説
1. 村は［1907年以前の］旧領土内では郡の下位区分であり、バット・ドンボーン地域ではsrukの下位区分である。
2. 村政府の仕組みは1908年6月5日付国王布告で定められていた。しかし、国民、現地国政府官員・職員がよく理解していず、またこの国王布告の中の規定は不十分で執行が困難であったので、保護国政府は国王に新しい制度を定めるよう要請して、1919年9月24日付国王布告が出た。
3. 村の長は村長で、諮問機関である村委員会が補佐する。
4. 村は住民がまとまって他と離れて住んでいる「地区」に細分される。
5. 村の新設と廃止、村境と村名の変更は、村委員会と州諮問会議と内閣の意見に基づいて国王布告で定める。

②村の新設
1. 村の新設を望む住民グループがいる場合、その中の1人が代理人になって申請書を作成して郡長に提出する。
2. この申請書には村の新設を望む者の名簿と新設を予定する村の境界を示した村域の地図を添付する。
3. これを受け取った郡長は現地へ聴聞に行く。この聴聞で名簿中の人々が本当に村の新設を望むのか否かを質問して確認する。
4. それから、［新村設立希望者たちに］命じて新村の村役場の建設費と維持費を負担するという内容の契約書を作成させる。
5. 次に地図に示された新村の境界と村域を［実地と］照合してチェックし、その新村域に含まれる国有財産の種類と現況を調査する。
6. 全ての調査が終わると郡長は報告書を作成して弁務官に送り、弁務官は案件書類と自己の意見とを高等弁務官に送る。高等弁務官はこれを閣議［ママ。恐らく「大閣議」が正しい］にかけてその処置を決定させる。
7. 以上の新設する権利を得るための条件を満たしてから、新設するのが適切であれば国王布告案を作成して国王に御署名をお願いする。

③村の境界
1. 村の境界線としては、碑、杭、樹木などの［境界を］明示する境界碑、もしくは小川、川、水路、湖沼、山などの自然物が存在していなければならない。これは地図局が村域の地図を作成するためである。
2. 地図局の地図がまだ作成されない間は、村官員が村域の地図を作成して村公文書保管庫に保管し、その地図の写しを1部、郡庁の公文書保管庫に保管する。
3. 村の境界に関する争いが生じた場合は、1919年9月24日付国王布告が、その争いを裁定する時に従わなければならない規定を定めている。
4. この争いは委員会に裁定させる。この委員会の構成は次の通りである。
   ア。争っている両村が同一郡に属する場合は、郡長もしくは副郡長が長で、争っている両村の村長と両村の村委員各1名が委員になる。
   イ。争っている両村が互いに異なる郡に属する場合は、弁務官または弁務官代行補佐官が長で、争っている両村が属する両郡の郡長、両村の村長と両村の村委員各1名の合計7名が委員になる。
   ウ。争っている両村が互いに異なる州に属する場合は、上のイの委員会にさらに双方の州の弁務官が加わり、

高等弁務官が指名した弁務官が長になる。
5. この委員会は争いの現場を調査し、境界を決定し、杭を立てて目印にする。それからこの境界決定に関する記録書を作成して［国政府に送り］、それと同じ内容のものを3部［ママ。「6部」が正しい］作り、関連する州庁、郡庁、村役場に保管する。
6. 村境碑を損壊する、あるいは村境を勝手に変更する行為は軽罪犯罪として処罰される。

「2」村民

1. 村民というのは、その村に属する住民で、その村に通常の住居を有する全ての民族（クメール人、ベトナム人、中国人など）の老若男女である。
2. 全ての公務を行い、また村の治安を守るために、村民全ての名前を記し、毎年更新する正しい名簿が必要である。それゆえ、村に住所がある者は全て名簿［＝地区民台帳］に名前を登録することを定めた国王布告がある。
3. 毎年人頭税を納めるべき時期に、人頭税簿に名前がある者は全て、本人が村長または村長の代理人のところに行き、自分の家族について、妻の名前［訳注。年齢については無言及］、子供の性別と名前と年齢、使用人［訳注。住み込みらしい］の名前とその使用人の妻子の名を届ける。［訳注。村長はこの届を基に地区ごとの地区民台帳を作成する。なお本書に記述はないが、各寺からその寺に属する出家の情報も提出され、これにより出家簿［cf.「②居住寺の変更」の2、p.159］が作成され、これらの村の地区民台帳と出家簿とを総称して村民簿と呼んだらしい。また村民の民族別の村民管理台帳［cf.「④税名簿」の5、p.181］というものもあった］
4. 過失でこの地区民台帳を管理していない村長、あるいは村民に命じて情報を届けに来させなかった村長、さらに偽の、もしくは不完全な家族情報を届けた者は裁判所で審理、処罰される。
5. 自己の名前が登録されている村以外のところに移転する時は、まず村長に届けて移転の許可を求める。これを怠ると軽罪犯罪である。

「3」村委員

①総説
　村という行政区画は自治が許されていて、国王布告は民衆に自分たちの自由意思で代表、すなわち村委員を選ばせ、民衆と郡庁および州庁との仲介者にならせ、村の住民である自分たちを統括する権限を与えさせることを定めた。

②選挙権と被選挙権
1. 21歳以上の村民で人頭税簿に名前がある者は全て（クメール人もベトナム人も中国人も）村委員の選挙人になる権利を持つ。
2. 選挙人全員が村委員の被選挙権を持つが、村長と助役の被選挙権はクメール人のみが持つ。
3. 村委員の選挙権と被選挙権は、
   ア。重罰に処せられた前科がある者は終身失う。
   イ。中級罪で実刑の投獄刑の前科がある者は10年間失う。
   ウ。中級罪で執行猶予なしの罰金刑、または執行猶予つきの投獄刑の前科がある者は5年間失う。
   エ。中級罪で執行猶予つきの罰金刑の前科がある者は被選挙権のみ3年間失う。

③選挙
1. 村委員の任期は4年であり、選挙は4年に1度、投票で行う。
2. 村委員に欠員が生じたら村長は郡長に届け、郡長は欠員が生じた日から2ヶ月以内の補欠選挙日を決定する。
3. 投票は次の手順で行われる。
   ア。村の選挙人簿から民族と地区ごとに名前を写してそれぞれ2部作り、1部は郡庁に、1部は村役場に、投票日の少なくとも20日前から貼り出して、投票人全てに自己の名前が選挙人簿にあることを確認させる。
   イ。それから郡長は投票日と投票事務局を設置する場所を定める。広い村では、郡長が村民の便宜のために、弁務官の同意を得た上で投票事務局を複数の場所に設置することができる。
   ウ。この投票事務局は郡長代行補佐官が長になり、その村または地区の最年長選挙人2名が委員になる。

4. この投票について訴訟が生じた場合は、郡長もしくは郡長代行補佐官とその郡が属する州の州諮問会議が調査して裁決する。
5. 開票が終わると各人の得票数を公示し、記録書を1つ作成して郡長に送り、郡長が「見た署名」をして弁務官に送り、弁務官が「同意署名」をする。［訳注。当選者の決定方法は無記述］

④定員
1. 村委員会の定員は村の地区数によって、以下のように定められている。

地区数	村委員定員数
1 〜 8	8
9 〜 12	9
13 〜 15	10
16 〜 18	11
19 〜 22	12
23 〜 25	13
26 〜 30	14
31 〜 35	15
36 以上	16

⑤村長、助役、地区長
1. 村委員が決定したら、8日以内に村委員の投票による互選で村長を選ぶ。この議決は郡長に送り、郡長は「見た署名」をして弁務官に送り、弁務官が「同意署名」をして村長に任命書を出す。
2. 新村長は、その職に就く前に、習慣に従って寺に行って［国王に］忠誠を誓う。
3. 村長は村委員から助役を4名選んで任命する。地区数が20を超える村では、村長は助役を1名ないし2名増すことができる。
4. 助役の選出が終わったらその名前を郡長に送り、郡長は検討してから弁務官に送り、弁務官が同意する［それが終わってから助役に任命される］。
5. 助役には jamdap raajaa、jamdap senaa などの序列がある［訳注。cf.「④栄典」p.104］。村長が不在の時は助役が代理を務める。
6. 村委員の任期は4年であり、任期が切れたら選挙を行うが、新村長が決まるまでは任期が切れた前村長が村長の職務を行う。
7. 村委員と村長は再任可。
8. 地区長は、その地区に6ヶ月以上居住している地区民の中から村委員が選出する。村委員から地区長を選ぶことはできない。地区長は村長の直接命令下にある。

⑥村委員会
1. 村委員は村都で、少なくとも3ヶ月に1回、すなわち、3月、6月、9月、12月に、村長が議長になって村委員会を開く。村の公務の必要に応じて、また弁務官、郡長、村長の命令、あるいは村委員の求めがあれば、これ以外に特別会議を開くこともできる。
2. 3ヶ月ごとの定例会議では、委員は村の全てのことについて会議することができる。特別会議では、課された議題しか会議できない。
3. 会議が合意に達さない場合は投票による多数決で決める。賛否同数の場合は、村長が票を投じた側を有効とする。
4. 会議の各回で議論された内容は全て議事録にする。この議事録は同一内容のものを3部作り、村と郡と州の公文書保管庫に1部ずつ保管する。

「4」村職員の職務と義務

①村長
1. 村長は村民の長ではあるが官吏ではない。それゆえ、村長はその職務を司ることに対する俸給はない。

2. 村長は助役と村委員会と地区長に補佐される。
3. 公式行事の際には、村長と助役は内務大臣令の定めによる勲章をつける。
4. 村長は、クメール文字とフランス文字とで州、郡、村名を彫った村印を管理する。この印は村長が作成する公文書と村政府に関する文書全てに押捺する。
5. 村長の行政職務は次の通りである。
    ア。出生の届けがあれば出生簿に記入し、その記載の謄本を届け者に発給する。
    イ。契約の当事者が、その契約が行われたことは事実であることを押印証明することを求める合法的文書に署名して村印を押捺する。
    ウ。村内の警察業務を指示する。すなわち、村内を昼夜巡視させる。
    エ。村有建築物（村役場、宿所、市場など）と村内で必要な大小の道の新設と補修を監督する。すなわち、これらの仕事を村の成人に平等に割り振って従事させる。
    オ。役畜証明書、あるいは役畜売却証明書を発給する。
    カ。まだ農村郵便局ができていない村では、村の住民宛の手紙を受取人まで配達させる。
    キ。国有地取得申請書に関する調査をする。
    ク。所有者不明の役畜を捕まえて、安全に保護する。
    ケ。銃所持者が、法律上正しい銃所持許可書を所持しているか、またこの許可書検査料を毎年正しく納付しているかを検査する。
    コ。比丘証を検査する。村内の比丘簿を管理し、出家を望む者に証明書を発給する。［訳注。沙彌証については無記述］
    サ。村に来て滞在中の遠来者が正しい身分証明書あるいは人頭税カードを所持しているかを検査する。その遠来者が人頭税カードしか所持していない場合は、下の形式の証明書［＝慣用許可書］をその者に無料で発給する。
        名前　　住所：〜村〜郡、は自己の人頭税カードを所持していて、本日村長である私に提示した。この者は、この証明書を所持して旅行する。（年月日、村長の署名、村印）
    シ。川の水流を妨げる dhnoḥ［＝やな{簗}の１種］が規定の境界線に沿って正しく作られていて、航行する船や舟の障害にならないよう監督する。
    ス。外国と接している村では、村内にある国境碑を保守する。
    セ。規定、命令、通達、国王令、国王布告など全ての文書を直ちに公示して村民各人に知らせる。
    ソ。村長は、行政権者からのこれらの文書を受け取ったら、多くの人が好んで集まる場所に貼り出したり、村役場あるいは祭りで人が集まっている場所などで読み上げて聞かせる、などをする。
6. 司法面の職務は次の通りである。
    ア。村長は国家警察職員でもある。すなわち、盗賊を捜査・逮捕する。
    イ。裁判所で訴訟が生じた場合は、村政府代理人として村長の名を使う。
    ウ。郡長と弁務官の許可があれば、村長は村政府代理人として裁判所に訴えを起こすことができる。
    エ。村長は裁判所の補助者である。重罪犯罪または中級罪犯罪を犯した者がいると、［裁判所は］村長に証拠品を探させたり、最初の尋問をさせたり、逮捕させたりする権限を持つ。
    オ。村長は裁判所からの召喚状を証人に渡し、クメール裁判所が出した民事訴訟判決書、あるいはフランス裁判所が現地国人の民事訴訟に対して出した判決書を執行する。
    カ。郡裁判所で重罪事案の審理がある時に、cau krama 補になる資格を持つ。
7. 兵士・保安隊員に関して、
    ア。郡政府からの命令により、現地国人軍兵士と保安隊員を選抜する。選抜し終わったら、予め交わした契約に従って、その兵士への手当金を村民から募金して本人に渡し、領収書を受け取る。
    イ。現地国人軍、あるいは保安隊からの通知がなくても、脱走兵・脱走保安隊員を逮捕する。
8. 教育行政の面は、子供を学校に通わせるよう規定している1912年4月11日付国王布告に従うよう親を監督する。そして子供を寺学校に通わせようとしない親を罰する。
9. 郵政局に関しては、
    ア。電線を保守するための措置を取り、電線を損傷させないようにする。
    イ。電線を損傷した者を裁判所に告発する。悪意で電線を損傷したことについては、村が責任を持たなければ

ならないからである。
10. 衛生面は、規定に従って伝染病がそれ以上に広がらないように鎮圧する措置をとる。村内で発生した伝染病について上級政府に届ける。
11. 役畜の健康については、
    ア。村内で発生した伝染病について上級政府に届け、規定に従って伝染病を広がらせない措置を取る。
    イ。村民が所有する役畜数調査簿を毎年作成する。
12. 農業行政面は、村内に栽培作物があれば、その栽培を監督し、村内の栽培作物を検査して、どのような収穫があるかを知り、行政官員に正しい情報を伝える。
13. 森林面は、村長は森林局の補助者であり、
    ア。伐採許可申請書を検査して押印する。
    イ。伐採許可書を検査して押印する。
    ウ。流木や政府が没収した材木を保管する。
14. 関税・消費税・使用料の方は、同局官員からの要請があれば助力する。
15. 地図局の方は、必要に応じて同局官員に情報を提供する。
16. 税額査定・徴収面の村長の責務は、これを正しく行うのは難しく、かつ大変忙しい職務なので、これを遂行するには努力が必要である。それに、この州政府の権限と郡政府の権限とによる責務についての規定に通じていない村長が多いから、[郡長や副郡長は]機会をみつけて村長の教育をすることにも心しなければならない。
    ア。村長は村民全ての国籍ごとの帳簿［＝村民管理台帳。cf.「④税名簿」の5、p.181］と、役畜簿（ウシ、スイギュウ、ウマ、ゾウ）、畑簿、高地畑簿、水田地簿の諸帳簿を管理する。
    イ。規定により村予算を作成することが許されている村では、村予算の収入金を受け取り、支出金を支出する。
    ウ。クメール人と準クメール人の税簿を常に正しく管理する。
    エ。クメール人と準クメール人の人頭税、追加税、徴用税を徴収する。
    オ。ベトナム人長と華僑会長が、[それぞれ]ベトナム人と中国人から外国人登録料税、追加税、徴用税を徴収する助力をする。
    カ。国王布告で定められた規定と税額により、畑税、高地畑税、サトウヤシ税、漁具税を徴収する。
    キ。舟税をクメール人から、またベトナム人長と華僑会長の助力によりベトナム人と中国人から徴収する。
    ク。籾税査定徴収人と me kang が籾税を査定・徴収するのを助力する。
    ケ。籾の収穫量が少ない村では、村長が籾税査定徴収人の代わりに籾税を査定・徴収する。
    コ。村長はコショウ税の査定徴収人、また度量衡器検査料徴収人であり、市街地区指定を受けている地域では都市税を徴収する。
    サ。人頭税、追加税、徴用税、その他村長が被課税者本人から徴収する税の被課税者に、期日内に納税するよう通告する。すなわち、各被課税者に財務局に納付するべき金額を知らせるために、毎年被課税者名とその者が財務局に納付するべき各税の各々の金額のリストを適切な場所に貼り出す。
    シ。これらの税金を受け取ったら領収証を発給する。この領収証には、納付した税の金額と日付、納付理由を記して、村長もしくは村長代行補佐官が署名し村印を押す。
    ス。村長は受け取った税金は、多額を手元に保管してはならない。すなわち、受け取った税金の総額が500リエルに達したら、直ちに郡長に渡しに行く。

②助役
1. 助役は副村長で、村長の命令下にある。
2. 何らかの理由で村長が不在の場合は、1級助役が村長の代理になる。1級助役も不在の場合は、その他の助役の1人が村長の代理になる。
3. 村長不在の間に助役が行った全てのことについては、それを行った助役が責任を持つ。
4. 村長は村長の職務の一部を助役に与え、管掌させる権限を持つ。全てのことについて村長が責任を持つ、

③地区長
1. 地区長は村長の直接命令下にあり、村長の命令を[地区民に]実行させる。
2. 地区内で生じたことについて直ちに村長に届ける。

3. 身分証明書または人頭税カードを持たずに地区内に入って来た者を直ちに村長のところに送る。
4. 村長は、地区長にその遠方から来た者に証明書を発給させることができる。

④村委員
1. 村委員会に常に出席して、村長が説明することをよく聞き、村の公務を良くすることと改正を要することについての自分の意見を村長に述べる。
2. 知り得た民衆の不法行為全てを村長に届ける義務がある。

⑤smien、教師、警察官
1. 大きくて公務が多い村では、郡長の同意の下に弁務官の許可を得て、村委員会は村長の補助者として1名ないし数名のsmien職を設置することを決めることができる。
2. このsmienの職務は、種々の帳簿の管理、徴税簿の作成、記録書の作成、種々の文書の作成と発送などである。
3. さらに上述と同じ手続きを経て、村委員会は教師職、警察官職を設置する権限を持つ。
4. これらの官員の俸給は村予算から支出しなければならない。
5. これらの官員は村長の命令下にあり、必要に応じて仕事を与えられる。
6. これらの官員の任命、依願退職の許可、休・停職、解雇は、村長からの申請により、村委員会が決定し、郡長の意見に従った弁務官の同意により施行される。

「5」村職員が得る特典

村長をはじめ、助役、村委員、地区長は官吏ではないので政府からの俸給はない。しかし、多種の任務を司り責任を持つ疲労の補償と公務遂行上の出費の代わりと、民衆に対してこれらの職員の名誉を高めるためのものがあってしかるべきである。それゆえ、国王布告はつぎの特典を定めている。

①義務の免除
村長と助役は人頭税と徴用税を免除し、村長と助役と村委員と地区長には、徴用、警備・巡視、現地国人軍兵士、保安隊員に選ばれることを免除する。

②徴税報奨金、徴収料
税査定徴収人である村長に報奨金を与える。この報奨金は徴収する税の種類と徴収した税額とによって増減し、かつ国による納付期限内に全額徴収して財務局に納付した時にのみ支給される。
1. クメール人人頭税の3％。それに被課税者1人から0.10リエル［の徴収料］
2. クメール人徴用税の3％
3. クメール人と非クメール人国民の畑税と高地畑税の3％
4. バット・ドンボーン地域以外のクメール人と非クメール人の籾税納付者1人から定額0.10リエルの徴収料
5. 村内で村長に徴収させて財務局に納めさせた籾税金額の5％
6. コショウ税の3％
7. 漁具税の3％
8. クメール人から徴収した舟税の3％
9. 非クメール人国民から徴収した舟税の1.5％
10. 人頭税が課税されるベトナム人1人から定額0.10リエルの徴収料
11. ベトナム人とアジア人外国人から徴収した徴用税の1.5％
12. 出生簿謄本の発給料、1件につき定額0.10リエル
13. 無許可で伐採したために森林局官員に没収されて村長に保管を委託された材木の保管料、1日につき0.40リエル
14. 流木の拾い上げ費用と保管料、1本につき1リエル

③司法関係の村長への報奨金
1. 村長が調停することを求められた訴訟の双方から30センずつ徴収することが許可されている。

2. 村長にはフランス人の民事案件でフランス裁判所の業務の一部を行わせることがある。この場合は下の通りの手当を受ける。

   ア。召喚状あるいは判決書を渡す、あるいは判決書を訴訟の双方の前で読み上げて聞かせ、そのことが正しく行われたことを判決書の原本に記載して、本人たちに謄本を渡す。これは0.60リエルを得る。

   イ。謄本は0.30リエルを得る。

3. フランス裁判所が現地国人の民事訴訟を審理して、現地国人政府職員にその判決を執行させることがある。この場合は、執行者は上記の［フランス人民事訴訟の場合の］額の半額を得る。

4. 上述の司法業務を果たすために、村職員が自己の居住地から外に出る時には、歩く日数の満1日もしくは半日につき0.40リエルを加算する。

5. 以上の手当は、職員が文書の原本を訴訟の当事者のところに持って行って渡す、あるいは読み聞かせて、それが正しく行われたことを原本に記載して［その原本を］裁判所に戻してきた時に、フランス裁判所の検察事務官が本人に渡す。

6. 逮捕

   ア。強盗犯、あるいは脱獄囚を逮捕した場合は1〜20リエル

   イ。脱走兵・隊員を逮捕した場合は1〜10リエル

④栄典

1. 国王布告は官職と位階を授けることを定めている。

   村長：官職は banhaa raksaabhipaala、位階は3 huubaan
   第1助役は1級助役と呼び、官職は jamdap raajaa、位階は2 huubaan
   第2助役は2級助役と呼び、官職は jamdap senaa、位階は2 huubaan
   第3助役は3級助役と呼び、官職は jamdap bhakḍii、位階は1 huubaan
   第4助役は4級助役と呼び、官職は jamdap snehaa、位階は1 huubaan
   第5助役は5級助役と呼び、位階は1 huubaan
   第6助役は6級助役と呼び、位階は1 huubaan
   地区長の位階は1 huubaan

2. 村職員の永年勤務者は、郡長の申請により弁務官の同意を得て、内務大臣の任命書により、内閣から官等に叙され、欽賜名を与えられる。

年数	官等
10年	mwwn
20年	ghun
25年	luong

「6」処分

1. 村政府職員・官員が公務面の違反を犯す、あるいは一般の犯罪を犯して裁判所に処罰されると、次の行政処分がある。

   ア。報奨金の一部、または全額カット

   イ。停職

   ウ。免職

2. これらの処分は、郡長の報告書による申請により、弁務官が決定する。村長を処分することが決定した時には、郡長は直ちに内務大臣に報告して届け、弁務官は自己が決定した処分状の写しを高等弁務官に送る。

「7」村民の義務

①警備・巡視

1. 村内の治安を守るために、村民は全員が交代で昼夜村内を警備・巡視しなければならない。しかし、相互間の合意の下に、別人に賃金を支払ってその者に代わりに警備・巡視してもらうことができる。

2. 国王規定は、村委員会が定めた料金で［村民に］この警備・巡視を免除し、その免除料を徴収して村予算内の収入にすることを許可している。
3. そして村民全てがこの警備・巡視の免除を望めば、その村では［村民による］警備・巡視を廃止することができる。
4. しかし、この警備・巡視は村の治安を維持するのに最も重要なことであるから、村委員会は郡長と州政府に申請して、この警備・巡視免除料金を俸給として使って、常時村内を警備・巡視する職務を持つ官員を1年間雇用して、村警察官に任命する許可を求める。

②護送、文書送達、逮捕、消防

国王布告は、「被疑者、被告、受刑者、脱走兵を護送する、急ぎの公文書を送達する、建物の火事の消火を助力する、窃盗・強盗があった時に盗賊を追って逮捕する、などの職務を行う職員の俸給を支払うのに十分な収入がない村は、村民がこれを行わなければならない」と通告している。

③共同作業

1. 国王布告は、村役場や宿所を建てる、乾期の飲料水のための池を掘る、道を作る、市場を建てるなどの村民の公益のためのことは、村民の志願があれば、［互いに］協力してそれぞれが何日間か働いて村のために助力することを村民にさせることを許している。
2. これらのことは村委員会が定め、郡長の意見を見た弁務官の同意を得なければならない。

④遠来者

1919年9月24日付国王布告は、国の治安を守り財産を増すために行うべき多くのことを国民に告げ、注意している。その中の1つとして遠来者について規定している。

1. 遠来者は、定住するにせよ、2～3日滞在するにせよ、村に入った日に村長あるいは村長の代理人のところに出頭して自分の身分証明書または人頭税カードを提示して検査させ、入村の意図と出発地を届けなければならない。
2. その者が人頭税カードしか持っていない場合には、村長は無料で慣用許可書［cf.「①村長」の5のサ、p.101］を発給する。
3. それゆえ、遠来者を迎えに行く村民は、その者が身分証明書を持つことを確認するか、村長のところに連れて行って前述の慣用証明書を提示させなければならない。
4. 村民がこれを怠ると、その遠来者に対する責任を取らされ、法律で処罰される。

⑤村民への注意

上記国王布告の国民に対するその他の注意は次の通りである。

1. 村委員選挙は、文字の読み書きができる者に投票すること。
2. 職員、官員に苦しめられるのを防ぐために［ママ］、税を納付期限内に納めること。期限に遅れると処罰されるからである。特に人頭税と徴用税は年初の2～3週間のうちに納めること。税の納付期限は、舟税は1月31日、漁具税は5月31日、高地畑税と人頭税と徴用税は6月30日、サトウヤシ税は8月1日、畑税は9月30日である。
3. 移転する時は必ず村長に届けること。この義務を果たすのを怠ると軽罪犯罪である。
4. カンボジア国から［インドシナ国内の］外国に出る時には身分証明書を申請して携帯すること。
5. 移転するときは、その前に未納の税を全て完納すること。
6. 公衆衛生規定と役畜衛生管理規定を守ること。
7. 拾得役畜は村長のところに連れて行き、同時にその役畜が荒らした作物を届けること。拾得物も村長に届けること。
8. 村長、税査定徴収人、郡長、弁務官からの呼び出し命令があったら、必ず出頭すること。出頭しない場合は処罰される。
9. 出生、婚姻、死亡は直ちに届けること。
10. 脱走兵・脱走保安隊員、民衆に被害を与える乱暴者と精神病・認知症患者が地区に来たら、直ちに地区長か村長に届けること。

11. 子供を常に学校に学びに行かせること。

「8」国民の特典

1. 国民は村職員、郡官員、州官員に届けて自分を助け守らせる権利がある。
2. 公務を行うのを手伝う者は規定されている報奨金が貰える。
    ア。脱走兵・脱走保安隊員を捕まえると、1人につき1〜10リエル
    イ。盗賊や脱獄囚を捕まえると、1人につき1〜20リエル
    ウ。トラを1頭殺すと12.00リエル。ヒョウは1頭8リエル。ワニは、その長さにより1匹0.50リエルか1.00リエルか1.50リエル
    エ。ペストが生じた時に、家、物置、倉庫、籾蔵などの中のネズミを殺すと1匹につき0.02リエル

「9」村有財産とその管理

①不動産
国王布告が村の財産として村政府が所有することを許している不動産は次の通りである。
1. 森林、田、野原、池、湖沼、川、漁場など
   これらは賃貸することも、財産として誰かに与えることもできる。この財産として与えることは内閣の同意のもとに、国王布告による国王の許可が必要である。
2. 上級政府の財産とされている道路を除く大小の道
3. 上級政府の所有物である庁舎、サーラー［＝壁のない高床式の建物で、集会、催し、宿泊などに使用する］、市場、屠殺場以外の、村が費用を支出した庁舎、サーラー、市場、屠殺場
4. 上級政府所有地中の、上級政府が購入して村政府に与えた土地で、村民が開墾して作物を栽培して収穫を得ている土地

②動産
1. 村政府が購入した、もしくは無償で寄贈を受けた物品全て。たとえば、役場内の机、椅子、ランプなど
2. 公務のために車を曳かせるために村の金で購入したウシ、ウマ、スイギュウなどの役畜
3. 村政府が購入して利息を得て、村全体の利益のための支出費項目に充てている国債

③管理
1. これらの村有財産は、不動産も動産も全て郡長と弁務官の監督の下に村委員会が管理する。
2. 不動産簿は村長が作成して正しく管理する。この帳簿の写しを郡庁と州庁に1部ずつおく。
3. 村委員会は不動産を村民全体に無料で、もしくは有料で生業のために使用させる権限、および使用独占権を売却する権限を持つ。
4. 村有財産は動産も不動産も全て、村委員会の決議を郡長が弁務官に送り、弁務官が州諮問会議に検討させてから弁務官が実行に同意すれば、交換または売却することができる。なお国王布告による国王の許可を得なければならないものもある。
5. 村有財産について訴訟が生じた場合は、全て裁判所が審理して判決する。

「10」村予算

①総説
1. 村は村に収入をもたらす財産を持つ権利がある。この財産は村民全ての財産であるから、これにより得られた収入は全て村民の利益のために支出しなければならない。
2. それゆえ、国王布告は村予算を作る規定を定めている。この村予算は1月1日から12月31日までの1年間有効で、毎年作成する。
3. 村予算は村委員会が会議で決定する。それから郡長に送り、郡長が［賛成か反対かの］「判断署名」をして弁務

官に送って弁務官の同意を受ける。
4. 郡長と弁務官の検査・監督の下に村長が村予算の管理者になる。ただしその職務の一部を助役の1人に与えて管理の助力をさせることができる。
5. 弁務官は予算に同意すると、その予算の写しを複写紙で3部作り、1部は村長の手元に置き、1部は郡庁へ送り、1部は州庁の公文書保管庫に保管する［訳注。原本については無記述］。
6. 予算は、その年の間は変更できないが、不時の事態が生じて変更が必要になれば、村長の求めに応じて村委員会が投票で変更を決し、郡長の判断に従って弁務官がそれに同意することが必要である。

②収入項目

村予算で村政府が採用することを許されている収入項目は次の通りである。
1. 村有不動産の賃貸料収入。すなわち村有宿所の料金、村有地の地代、村域内にあり、相続法の規定による相続人がいないための無主の土地および村役場の周囲1キロメートル内の政府が村に与えた土地の地代
2. 村が所有する国債の利息、村の公金を個人に貸し付けて得た利息
3. 保護国政府がまだ使用独占権を売却していない市場、屠殺場、渡し場、漁区の使用独占権売却代金
4. 雑収入。すなわち、軽罰の罰金、村の拾得動物保護所の拾得役畜の保護料、文書の押印証明料、出生簿謄本の発給料、補助金、寄贈品、遺産、村有財産の売却代金、など
5. 村の警備・巡視、村の徴用の免除料（保護国政府のための1年に10日間の徴用を除く）
6. 村のための種々の税、および村のための追加税（ただし、これは村の他の収入項目の収入が支出に足りず、村委員会が、徴収が必要であると判断した時のみ）
7. 前年度予算の剰余金

③収入実務

1. 不動産の賃貸料については、できるだけ多くの賃貸料を得る必要があるので、国王布告はこれを掲示告示した後に競売で定めるよう規定している。賃貸期間は3年を超えることはできない。また、郡長の意見に基づいて弁務官が同意した場合にのみ賃貸できる。
2. 市場、渡し場、漁区などの使用独占権売却も掲示公告した後、入札による。
入札に参加する者がいない場合は、村政府は郡長の申請により弁務官が認可した場合にのみ随意契約ができる。
3. 村政府への寄贈品と遺贈品は、弁務官の承認があった場合にのみ村委員会は受け取ることが出来る。
4. 村の徴用免除料は、クメール人もベトナム人も中国人も、保護国政府予算で徴収する額と同額でなければならない。クメール人だけは、本人の希望があれば、実際に村に徴用されて働くこともでき、その仕事は村委員会が定める。働くべき日数は村委員会が定め、これは住民に平等に配分する。この決定は、郡長が先に自分の意見を記した後に、弁務官が同意しなければならない。
5. 村民の文書に村印を押印して証明する料金は、村委員会が定め、弁務官に送って同意を得る。
6. 村委員会は警備・巡視を取り仕切り、監督する。住民各人がこれを正しく自ら負担するか、正しく別人に代わりをさせていることを調査し確認する。村委員は、警備・巡視をすることを頑固に拒んだ者に対して、村長の求めに応じて、1日から3日の追加警備・巡視を課する権限がある。この警備・巡視は、金を払うことで免除を得ることができ、その免除料は村予算に入れる。
7. 追加税金は特別収入とし、村の他の項目の収入が、必要不可欠な支出額に不足する場合に限って、村委員会は徴収を決定することができる。追加税は、相応な理由を基に村委員会が決定し、この決定を郡長の意見に基づいて弁務官が検討して、さらに高等弁務官が内閣と協議をした後の同意が必要である。この追加税は、保護国政府の追加税と同様に、直接税、すなわち人頭税、舟税、営業税の税額にのみ追加することができる。
8. 村の収入金は全て、保護国予算のために徴収した収入金と同様に、それを納めた者に、保護国政府用の領収証帳とは色が異なる控えつき領収証帳から切り取って渡す。この領収証は、村長もしくはその収入金の徴収任務を司ることを命令された助役の署名が必要である。
9. 村の収入金は、毎日その合計額を、前後の順序を乱さずに順々に1冊の帳簿に記入する。この帳簿は抹消と追加記入ができない。この帳簿は全てのページに通し番号をつけ、最初のページと最後のページに証拠として弁務官が署名する。この帳簿は村長の命令により、出納簿管理者と公金保管者の任務を与えられた助役［＝収入役に相当］が管理・保管し、村長が検査し、村長が責任を持つ。

10. 財務局に納付すべき税金を被課税者からどうしても徴収できない場合は、村長はその被課税者［名］を郡長に届ける。郡長が自己の職務に属する合法的な全ての方法を用いても徴収できないときは弁務官に訴える。弁務官はこの納めようとしない者を法律の規定に従って反抗罪で処罰する。
11. 村の金庫にある金は、各年の村予算の中の総収入金額の6分の1を超えてはならない。徴収して得た金額が、村が必要とする金額を超えた場合は、超えた金額を全額州財務局長に渡し、州財務局長は村のために銀行に預金する。この預金は必要に応じて引き出しに行くことができる。
12. 銀行に預金するのも引き出すのも、常に弁務官が仲介者になり、村長が直接銀行に話しに行くことはできない。弁務官は、各村がどれくらいの金を持っているかを知るために、各村が銀行に預金してある金額のリストを管理する。

④支出費目
1. 各村が必要とする支出項目は互いに同じとは限らない。それゆえ国王布告は村予算内に2種の支出費目［のみ］を定めている。
   ア。第1は公務に必要な支出で、これを一般支出費目と呼ぶ。すなわち、村長と助役が出納簿の管理と、村の公金の保管、警備・巡視、家屋・交通路業務、教育行政、生活困窮者支援などの職務を行うことに対する村長と助役への報奨金と官員（＝smienや教師）の俸給、などである。
   イ。第2は特別支出費目と呼び、一般支出費目とは性格が異なる。すなわち新しい事業、備品の購入、他村との共同事業、予め予算に入れてなかった出費、それに予備費などである。
2. 一般支出は、何らかの許可を待つことなく、村委員会が支出することを決定する権限を持つ。一方、特別支出の支出は、郡長の意見に基づいた弁務官の許可が必要である。
3. 予算の金額の移項は、村長の相応な要請により村委員会が決定し、郡長の意見に基づいた弁務官の同意が必要である。

⑤村予算の会計検査
1. 村予算は郡長と弁務官の会計検査を受ける。郡長は1年に少なくとも1回は予算の会計検査をし、その都度報告書を弁務官に送る。
2. 郡長は村予算の会計検査をしたら、その会計検査の日付を領収証帳、収入金簿、支出金簿のそれぞれに記入し署名する。

⑥収支金額調査簿
1. 郡政府と州政府は村予算の執行状況を知る必要があるので、国王布告の規定により、村長は毎月5日までに前月の収支金額調査簿を作成して郡長に送り、郡長はそれを検査照合してから「見た署名」をして村に送り返し、村の公文書保管庫に保管する。
2. 3月、6月、9月、12月の収支金額調査簿は、村長は3部作って郡庁に送り、郡長は翌月の12日までに弁務官に送る。弁務官はそれを検査し終わると、1部は村政府に、1部は郡庁に。もう1部は弁務官の手元に保管する。
3. この収支金額調査簿は、予め定めてある見本に従って作成する。これには金額を記入するための欄が5つある。
   ア。収入金
      第1欄には参考として予算の金額
      第2欄には当月の収入金額
      第3欄には前月までの収入金の総額
      第4欄には上の2と3の合計額
      第5欄には未だ受け取っていない収入金の額
      を書く。
   イ。支出金
      第1欄には参考として予算の金額
      第2欄には当月の支出金額
      第3欄には前月までの支出金の総額
      第4欄には上の2と3の合計額

第5欄には未支出の支出金の額
　　　を書く。
 4. 年末の収支金額調査簿は単に総収入額から総支出額を差し引き、翌年の収入に入れるべき剰余金額を明らかにする。

⑦村予算作成の現況

　村予算を作成するのは難しいので、1度に全ての村に作成させることはできない。郡内の大きい村から順次進めていって、村予算を作成することの利が理解されるようになれば、他の村もそれを見習って、4〜5年後には全ての村で作成するようになるであろう。

「11」住民がクメール人でない村

 1. 1919年9月24日付国王布告は、住民の大部分がクメール人でない村について定めている。すなわち、ター・カエウ州、プレイ・ヴェーン州、スヴァーイ・リエン州のベトナム人多数居住地区は、これまで述べてきた原則に従って村にするが、ただ1つ例外として、ベトナム人を選んで村長にすることを許可している。
 2. クメール人とベトナム人以外の民族がいる州［ママ。恐らく「村」が正しい］では、各村に村長と村職員をおくが、この村長と村職員は、村民が投票で選ぶのではなく、弁務官が自己の意見に従って住民の中の有力者の中から任命する。

「12」村長と村職員への忠告

　村の治安を守るためには村民名簿が役に立つし、住民は家をバラバラに離して建てるのではなく、なるべく集まるのが良い。そして互いに助け合うよう指導する。

第3部
行政の方法

第1章　国有財産

「1」序説

1. 国は財産を持ち、これを国有財産と呼ぶ。国有財産は2種類ある。
    ア。1つは、川、水路、道、港、海岸のように人々が共通に使用するもので、公共国有財産と呼ぶ。
    イ。もう1つは特定の者が使用するもの、すなわち、学校、政府庁舎、政府の土地などで、固有国有財産と呼ぶ。
2. この2種の国有財産は性格が異なり、政府がそれぞれに対して持つ権利も互いに異なる。

「2」公共国有財産

①総説
1. 公共国有財産は万人が使用するものであるから、政府はこれを個人に売却する権利を持たない。
2. また、時効期間がない。すなわち、かりに個人が公共国有財産である土地を侵して家を建てて長年住み、その間家を壊し立ち退くことを要求されたことがなくても、その土地を、「長年住んだから自分のものである」と抵抗して自分のものにすることはできない。
3. 公共国有財産は果実を得ることができるケースがある。たとえば、政府は公共国有財産である川の中の漁業独占権を売ることができる。また道路に植えてある樹木の実の収穫独占権を売ることもできる。
4. さらに、他に支障が生じない場合は、国有地の一部に個人が臨時に家を建てて住むことを許し、地代を得ることもできる。ただしこのような許可は、各個人にその土地の所有権を与える許可をするものではない。そして政府は障害が生じると判断した場合はいつでも許可を取り消すことができる。
5. このように、個人が暫定的に公共国有財産を占拠することを許可する権限を政府に与えるという原則を根拠にして、［プノンペン市の］ohier 路の道端で屋台を出して食べ物を売っている中国人や、船の乗り降りを容易にするために川岸に浮き桟橋を作っている船主、あるいは許可を得て川岸に臨時にヒマを植えたりする者たちが存在するのである。

②規定
現行の規定は1903年1月15日付［総督？］政令によるものである。
1. この［総督？］政令によると、インドシナ国の公共国有財産には次がある。
    ア。大小の道、市内の道
    イ。鉄道
    ウ。舟・船が航行できる川で、これは水位が上がって水が溢れる直前の水位と等しくなった岸の斜面を境界にする。支流を介して川につながっている湖沼、人口の水路、川の舟着き場、船着き場の岸、土堤、道路
    エ。海港
    オ。最大満潮時の海水の境界までの海岸。支流を介して海につながる湖
    カ。大小の砦、等
    キ。電線

2. 岸
    ア。さらに舟・船が航行でき、筏を流すことができる川の岸と湖沼の岸に沿った幅10メートルの土地は舟や筏を曳くための土地として、また海岸に沿った幅81メートルの土地を公共国有財産にする。
    イ。なおこれに関しては、「1899年以前からのこれらの土地の合法的所有者は、その土地の所有者である権利は保有するが、政府は補償金を出して、その土地から立ち退かせることができる」という規定がある。
3. 以上の公共国有財産の保守・整備を行う管理者は、道、川、川港、海港は高等弁務官と弁務官、砦と艦の武器製造工場は軍、電線は郵政局である。

③固有財産への移転

全体の利益のためという性格を失った公共国有財産（たとえば、曲がっていた道を改良して直線にしために、使用しなくなった部分）は、政府が、「公共国有財産から固有国有財産に移す」という規定を出す。

④私用に使用する許可
1. 公共国有財産は、公衆に支障を生じない限度内で、川の港に荷揚げ倉庫を作るなどのために臨時に個人に私用に使わせることができる。
2. この場合は、その場所を管理する管掌部局に使用許可を申請し、その使用期間の間、使用料を支払う契約をする。
3. この使用許可は臨時のもので、使用料金を支払っていても、政府はいつでも使用許可を取消し、補償金なしで建築物を取り壊す権利をもつ。

「3」固有国有財産

①総説
1. 固有国有財産は、普通の財産所有者と同じように、政府が自由に管理し、処分する権利を持つ。ただし、政府は、「その財産の保守管理に関して国民に被害をもたらしてはならない」と定めてある規定に従わなければならない。
2. 固有国有財産は、インドシナ国政府固有財産、保護国政府固有財産、国王位固有財産、クメール政府固有財産の4種がある。

②インドシナ国政府固有国有財産
1. 次の物がある。
    ア。総督に直属する部局の庁舎とその土地
    イ。無主の財産、すなわち相続人がいない財産と相続人が不明の財産
    ウ。所有者が紛失して、川あるいは海上に浮遊していた物、および地上に発見された物品
    エ。所有者が裁判所の検察事務官、関税局、郵政局に金品を預けて、時効成立以前に受け取りに来ない金品、即ち所有者が不明の財物。
    オ。裁判所が没収することを決定した物品
2. これらの財物は、現金はインドシナ国総予算の収入にする。不動産は政府が良好に保管する。政府はこれらを売却、交換、購入する権利を有するが、定められてある規定に従わなければならない。

③保護国政府固有国有財産
1. これには次の物がある。
    ア。プノンペン市と各州にある保護国政府に属する部局の庁舎とその土地
    イ。保護国政府が購入または交換した、あるいは政府が有償もしくは無償で寄贈を受けた不動産
2. この財産は保護国政府国有財産代理人である高等弁務官が管理し、この財産に関する、売る、買う、賃貸するなどの管理に関する契約は、高等弁務官が代理して行う。

④国王位固有国有財産
1. これはカンボジア国王位の財産であり、国王個人の財産ではない。すなわち、国王の子や孫が遺産として受け

取る財産ではなく、王宮などのように、次に即位した国王に渡される財産のことである。
2. この国王位国有財産は国王個人の財産ではないから、国王が勝手に処分することはできない。
3. これに含まれるのは、王位のための金銀細工品、王宮内の殿舎とその土地、船と舟、その他王室予算で購入した物品と無料で［国王に］献上された物品である。
4. 国王は、この財産を売ることを禁止されているのではないが、交換もしくは売却によって得られた物品と現金は国王個人のものになるのではなく、王室予算の収入になり、国王位財産の収入になる。たとえば、王室予算の剰余金で国王がホテルを購入した場合、そのホテルとそのホテルの宿泊料収入は王室予算に入れ、国王の私有財産には入れない。

⑤クメール政府固有国有財産
1. 古来からの習慣で、カンボジア国の土地は全て国王が所有者であるとされてきた。それゆえ、保護国政府が公務を司り始めた当初はカンボジア国には、「土地を売り渡してはならない」という法律規定があった。すなわち、フランス国政府とノロドム王とが結んだ1884年6月17日付協定には、「以前から現在までの王国の土地は全て王位のものであり、売却することを禁止する」という第9条がある。国民に土地の所有権を設定することはできず、国民は自己が管理する土地の上に生じた法律上の果実を消費する権利を持つだけであった。
2. それゆえ、その者が自分の土地を捨てて法律の規定の外に出ると、他の者が、前の占有者に何も支払うことなくその土地に定住して生活する権利があった。それゆえ、後に保護国政府は国王に求めて、この協定の第9条を、「政府所有の土地の売却禁止を廃止する」とし、「フランス政府とクメール政府とは、クメール国内に土地所有者を存在させるようにする」と加筆した。
3. それゆえ、協定のこの条項は、クメール政府の固有国有財産である土地に対する所有権は国王にある［ママ。「ない」が正しい？］ことを認めていることになる。
4. ここで、クメール政府の固有国有財産に入れられる土地というのは、「所有者がいない未利用の土地全て」である。これ以外の土地、すなわち国民が、「自分が所有者である」ということを証明する文書を持つ土地全ては、クメール政府の固有国有財産には入らないのである。

「4」固有国有財産である土地の譲渡規定

①政府の権利
　クメール政府固有国有財産である土地は、これを管理する職務を持つ行政機関は、それを民衆に有償あるいは無償で譲渡する権利を持ち、これを行うための詳細な規定がある。

②規定
　現行の規定は、1916年12月1日付国王布告による規定が、1919年1月24日付国王布告で改正されたもので、それぞれ1918年12月5日付と1919年2月5日付高等弁務官政令が施行を決定したものである。この国王布告と高等弁務官政令とは、1913年12月27日付と1918年11月26日付の、「インドシナ諸国全ての政府の固有国有財産である土地に関して定める」総督政令に従っていて、その大原則は以下の通りである。
1. フランス人、フランス植民地人、フランス保護国人、クメール人［ママ。重複］、アジア人外国人、フランス国の同盟国の国民のみがクメール政府の固有国有財産である土地の購入許可申請をすることができる。すなわち、フランスの敵国、あるいは中立国の国民は申請できない。
2. 譲渡は有償で、公開競売で行うのが原則である。しかし、市外地であり、購入希望者が少ない土地は、無償で譲渡することを許す。
3. この規定は土地を、「市内地」と「市外地」の2つに分類し、それぞれ異なる規定がある。

「5」市内地に関する規定

①市内地
1. 市内地とは、市街地区内の「市」、すなわちプノンペン市、州都、大きい村などの一部を地図局が地図で境界線を示すことにより分離した、「市」域内の土地である。市内地を定めるのは管掌する行政機関の、「今後、この境

界線内の土地は『市』と定める」という決定による。
2. 保護国政府が新しく「市」を設置したい場合は、地図を添付した国王布告案に国王の御署名を願って、許可の御署名が得られると「市」が設置され、保護国政府はその域内の土地を自由に譲渡できる。ただし、次の条項に従わなければならない。

②売却
1. 市内地は有償でしか譲渡できないから、競売仕様書に記された規定を条件として、すなわち、その土地を取得したい人が従わなければならない原則として政府が定めた規定に従うことを条件に、一般公開競売にかける。
2. 土地の売却は政府の考えで一斉に売り出すのではなく、土地取得希望者からの申請書が出された時に、その土地について行う。
3. この申請書が政府に提出されたら、まず競売仕様書を作成してその土地を売却するための条件と土地取得希望者が土地所有者になる前に従わなければならない条件を定め、公示書をあちこちに掲示して人々に売却時日を知らせる。
4. 競売は売却を告示した日の後15日から1ヶ月の間に行う。
5. 土地の競売を行う日に、購入申請書を出した者以外に競売参加者がいない場合は、申請者に競売最低価格で売却する。

③購入者の義務
1. 土地の売価の金額を3等分して、3回にわけて財務局に納付する。第1回は政府から売却に同意したという通知を受け取ったとき、第2回は土地を売却した月の8ヶ月後、第3回は同16ヶ月後である。この期日以前に全額を納付することもできる。
2. 売却価格が100リエル未満の場合は、全額を1回で納付する。
3. 第1回の支払いを済ませると、購入者は土地売却記録書の写しを受け取り、その日以降その土地の管理権を持つ。この管理権については競売仕様書に定められていて、購入者は家を建てる、[境界]垣を作る、土を入れて土地を上げる、土地を平らに均すなど、その競売仕様書が購入者に課している事柄を全て実行しなければならない。

④管理権の取り消し、あるいは完全譲渡
1. 競売仕様書には、土地購入者が果たすべき事柄とその[期限の]日付が記されていて、この期限が過ぎると、購入者の申請もしくは政府の命令により委員会が設置され、購入者が課された義務を果たしたか否かを検査に行く。
2. 検査が終わると委員会は記録書を提出する。
3. 義務が全て正しく果たされていることが判明すれば、委員会は政府に土地権利書を購入者に発給するよう求める。
4. 購入者が競売仕様書に従っていなければ、委員会は管理権の取り消しを申請し、政府は取り消す。
5. しかし政府は管理権を取り消す前に、購入者に競売仕様書に従うことを命じ、その[実行]期限を6ヶ月延長することを許す。
6. この延長期間中にも実行できなかった場合は政府は管理権を取り消して、土地購入者がすでに納付した土地購入代金の90％を返却し、残りの10％は政府のものにする。
7. 落札者が期限内に土地代金を納付しない場合は、まず1ヶ月の猶予期間を与え、その期限内に納付するよう命じる。
8. さらにその期限までにも納付しない場合は売却を取り消して、その土地を再び国有財産に入れる。
9. この場合、すでに納めた土地代金は全て財務局に入る。ただし不可抗力の原因で全額納付ができない証拠があれば、政府は慈悲で既納額の全額または一部を返却する権限を持つ。

⑤例外規定
1. 市内地の売却は競売が原則規定であるが例外があり、1916年12月1日付国王布告で、プノンペン市第3区内の政府の国有国有財産である土地は競売で売ることができない。

2. これは、国王に、「王宮近くの国有固有財産である土地は国王の意思で配分したい」という希望があるからである。
3. 国王はこの土地を譲渡する権利は放棄したが、未利用地、すなわち合法的土地権利書を持つ所有者がいない土地を国王が希望する者に30年間家を建てて住む権利を与え、さらに30年間延長できる権利も与える権限を持つ。
4. この権利を与えることは、高等弁務官の同意を得て、国王布告により行われる。
5. この権利を与えられた者は、国王から許可を与えられた者以外に対してその権利を譲ることはできない。
6. この制度は、国王の、「意中の者に土地を与え、王族に王宮の近くに住まわせたい」という希望によるものである。

「6」市外地

1. 「市外地」とはクメール政府の固有国有財産である土地で、[市に]指定された領域の外にあり、[合法的]所有者がいない土地である。
2. 国王布告により、政府はこの土地を、民衆が管理して商業地にする、作物の栽培地にする、動物を飼う、工場を建てるなどのために譲渡することができる。ただし、保護林と他の規定の権限内にある土地は除く。
3. 一般的に言って、規定によればこれらの市外地も有償でのみ取得することを許し、この有償譲渡は高等弁務官が内閣と協議し合意の上で定めた競売仕様書によって行われる。
4. しかし、働いて生計を立てたいと思うが、貧しくて自分が政府から購入した土地を開墾して作物を栽培するための費用としての充分な資金がない者のために、無償で与えることを許す規定がある。
5. すなわち、市外地で、広さが300ヘクタール以下の土地は、どの民衆にも無償で与えるが、与えられた者は次の規定の条件に従わなければならない。

「7」土地譲渡の全般的原則

①譲渡する権利と譲渡しない権利
　有償、無償を問わず、政府が民衆に譲渡する土地は、その土地の上に生じる法律上の果実を収穫する権利のみを与え、土地内の全てのものの所有権を与えるのではない。すなわち、譲渡する土地内に存在するもので、政府が今後も必要であると判断するものは、政府が引き続き保持する。

②権利を保持するもの
　国王布告により、以下のものは政府が保持する。もし民衆に与える土地にこれらのものを含めると公衆の利益を損なうからである。
1. 以前から存在した道でその土地を横切る道、およびその土地内にある道で墓地、寺、催し物をするサーラー、昔からの洞窟寺、遺跡などに行く道。ただしこれは競売仕様書に記されてあるものに限って保持する。
2. その土地内にある尊崇対象物、あるいは古代からのもので、地上に見えているもの、および地中に埋まっているもの
3. 石材、石灰石を採掘して公衆の利用に供する採掘場
4. 住民が収穫を増すために、土地の肥料として使用している肥料が存在する場所
5. 住民が利用している池、沼、井戸、小川、渓流、水溜りになる低地、泉とそれらに行く道

③島と岸
1. 1916年12月1日付国王布告は、もう1つ、シャム湾中の島に関して国防上の観点から、「島々の土地を政府から譲渡を受けるには、陸軍省の許可が必要である」と定めた。
2. さらに、「1人が島の面積の半分以上の譲渡を受けることはできない」とも定めた。これは特定の者に島を独占させないためである。
3. また、個人が便利な土地を独占しないように、「面積が10ヘクタール以上で、舟・船が航行できる川や木材を浮かべることができる川、もしくは横断する道がある、または道に近い土地は、その面積の4分の1以上が[それらの]川や道に面している土地は譲渡できない」と定めている。

4. 岸に沿って幅10メートルの川岸と湖沼岸、および幅81メートルの海岸は譲渡することが出来ない。

④第3者の権利
1. 政府の固有国有財産である土地をある者に譲渡する場合、その譲渡には、その土地に対して第3者が持っている権利は除外する。そして第3者が何らかの権利を持つことを政府が知らなかった場合は、政府は政府から土地を購入した者に対して、その第3者の権利に関して責任を持たない。
2. すなわち、ある者が政府から土地の購入を完了した後で、その土地に対して権利を有するとして異議を申し立てる者が現れ、その土地がその異議申し立て者のものであることが判明した場合、政府から土地を購入した者は、その異議申し立て者にその土地を与えなければならない。
3. そして政府から土地を購入した者は、その損害に関してカンボジア国政府、あるいは保護国政府に補償を求めることはできない。
4. 要するに、土地を売ることに関して、「政府は何も保証しないし、何も責任を取らない」ことを記憶しておかなければならない。

⑤返還
1. 政府から土地を譲渡された者は、「保護国政府がその土地を、庁舎を建てる、あるいはその他の公益のために使用する必要が生じた時には、その土地を保護国政府に提供する」という約束を政府にしなければならない。
2. この場合、土地購入者がその土地を購入時の状態のままにしている場合は、その土地全体の代金の、保護国政府に提供する土地分の代金を補償金として支払う。無償で得ていた場合は、補償は何もしない。
3. 土地購入者がその土地に家を建てたり、開墾して作物を栽培して収穫を得ている場合は、土地代のほかに補償金を加える。その保証金額については［土地購入者］本人が政府代理人と協議する。
4. 補償金額について合意に達さない場合は、［土地購入者］本人はサイゴンにある行政訴訟裁判所という名の特別な裁判所に訴えることができる。

⑥被譲渡者の死亡
1. 土地の譲渡を受けた者がその土地を管理して、まだ完全にその土地の所有権を得ないうちに死亡した場合は、遺産相続人がその土地を死亡者の代わりに取得する申請をすることが許されている。
2. このような名義変史は、政府がかつて死亡者に与えた権利と義務を遺産相続者が全て引き継ぐ。

「8」土地の無償譲渡

①申請
1. 面積300ヘクタール以下の政府固有国有財産である土地の無償譲渡許可申請書は、申請者がクメール国人であれば、申請者の氏名、住所、妻の名を記す。
2. 申請者がフランス人、フランス植民地人、フランス保護国人［ママ。ここではクメール国人は除外］、アジア人外国人であれば、さらに申請者の国籍の証明になる身分証明書を添付する。
3. この申請書には、請求する土地の情報全てが記されてある地図を添付する。
4. 申請書は直接、または申請する土地が存在する郡の郡長を通じて弁務官に提出する。
5. 当初、すなわち1913年9月27日付総督政令では、無償で与える土地の面積は50ヘクタールまでであった。その後の1916年12月1日付国王布告も同じであった。その後1918年11月26日付［総督］政令で、300ヘクタールまでになり、1919年1月24日付国王布告も同様にした。
6. しかし、次々に300ヘクタールの土地をいくつも無償で取得するのを防ぐために、「同一家族内の妻と未成年の子は、家長が取得を申請した土地以外の土地を申請することはできない」と定めた。
7. さらに、面積のいかんにかかわらず、すでに土地を申請して取得した者は、既に取得した土地の少なくとも80％を開墾し終わっている場合に限って、面積300ヘクタールまでの第2の土地の取得申請ができることにした。そしてこの第2回目が最後で、それ以上申請することはできない。

②調査、決定
1. 弁務官は申請書を受け取ったら申請者に［申請書］受領証を出し、その申請書の内容を州庁、郡庁、村役場、さらに必要があれば申請された土地の近くにも掲示させて民衆に周知させる。
2. そしてその申請された土地が国有地であるのは事実であるか否かを［郡長に］調査させる。郡長は現地に行き、申請された土地は未利用地であるか、民衆のために保持するべきものは何か、申請書は一般規定通りに作成されているか、また、申請されている土地に隣接する土地の所有者と面接して供述を取るなど、綿密に調査した報告書を添付して申請書を返送する。
3. 申請の内容を2ヶ月間掲示して、その間にその申請により自己の利益に損害を受けると理解する者は、州政府あるいは郡長に異議を申し立てる権利がある［州政府が受け取った異議申し立て書は郡長に送られる］。
4. 郡長は［直接または州政府を経由して］受け取った異議申し立て書にどのように裁決するべきかについて自己の判断を付して州政府に転送・返送する。
［訳注。上の2、3、4の原訳書の記述には混乱が見られるので、推測をまじえて整理した。誤りがあるかも知れない］
5. 案件書類を郡長から受け取った弁務官はそれを検討し、自己の判断を付して高等弁務官府に送る。高等弁務官は内閣に送って大閣議で検討して裁定する。
6. 内閣が土地の譲渡に反対なら、直ちに申請者本人に通知する。この場合、反対する理由を告げる必要はない。
    ア。この内閣決定に不服を申し立てることはできない。行政機関も裁判所も、この内閣決定に対する不服申し立て受け付ける権限を持たない。
    イ。申請を却下するのは、通例は王国あるいは保護国政府の利益に反するか、他者の利益を損なう場合である。
7. 内閣が譲渡に賛成であれば譲渡を仮に許可し、申請者に仮土地権利書を発給する。

③仮土地権利書
1. 仮土地権利書は、州庁と郡庁とが管理するファイルに発給順に綴じる。
2. この仮土地権利書を持つことを証明するために、本人がある区画の土地に対して権利を有することの証明として文書を本人に渡す。
3. この文書は、クメール人に対しては、控え付き文書帳から1枚切り取った文書で、土地を得た本人、土地の広さと境界などがはっきり分かる情報と土地内に保存するべきものがあれば、それが全て記載されていて、高等弁務官の署名が必要である。
4. クメール人以外の者の場合は、保護国政府が上述の証明書と同様の情報全てを記した［高等弁務官］政令を出す。この［高等弁務官］政令には常に閣議決定の内容が記されていなければならない。

④土地の開墾開始
1. 仮土地取得者は、仮土権利書を得た日から、その土地の開墾を始める権利がある。
2. 国王布告の規定では、開墾を終えるのに5年間の期限を設けていて、この期限を過ぎた時には、仮土地取得者は土地の開墾を終えて作物を栽培していなければならない。

⑤作物状況確認検査
1. この確認検査は本人が申請すれば5年間の期限前でも行うことができる。本人の申請がない場合は、政府は5年の期限が過ぎた時から2ヶ月以内に検査する。
2. この確認検査は、弁務官あるいは弁務官代行補佐官が長で、農業［・工業・商業］局官員1名、その土地の所在地の郡長からなる委員会が行う。
3. 委員会は現場に行き、政府が仮に譲渡許可を与えた土地に栽培されている作物を検査し、その土地の仮取得者がどれだけ努力したかを知る。それから委員会は調査して知ったこと全ての記録と委員会の判断を記した記録書を作成する。
4. 委員会は、この検査で、仮に与えた土地全体の中の、すでに開墾して作物を栽培している部分の土地全ての所有権を、その土地の仮取得者に譲渡することを決定する。すなわち、まだ作物が栽培されていない、あるいはまだ開墾が終わっていない土地は譲渡する土地から除外するのである。
5. しかし、仮取得者はその土地の草地部分を、役畜用の草のための草地として譲渡する土地に含めるよう異議申

し立てをすることが許されている。ただしこの草地の面積は所有権を譲渡する土地の全面積の10％を超えてはならない。
  6. 仮取得地がもともと牧草地であった場合は、上と異なる規定があり、このことは仮土地権利書に記載されていなければならない。

⑥権利剥奪
  1. 仮土地取得者が、契約した内容通りに実行していない場合は、委員会は仮に与えた土地の権利を剥奪することを記録書の中で政府に求める。
  2. 権利剥奪は、クメール人もしくは準クメール人については、保護国政府の申請を見て、内閣の同意を得て、高等弁務官の執行同意を得た農業大臣令で行う。その他の民族の場合の権利剥奪は、内閣の判断の下に高等弁務官政令で行う。

⑦完全譲渡
  1. 委員会が検査して妥当であると判断した場合は、その土地の所有権を完全に譲渡する。
  2. しかしその前に、本人に譲渡される土地の四隅に、縦、横、高さ0.60mの煉瓦または陶器の境界標を立てさせる。またこの境界標全ての上に高さ2.50mの杭を立てさせて、自己の土地であることを周知させる。
  3. この境界標は本人が保守管理する。
  4. この土地の面積が10ヘクタールを越える場合は、その土地の縮尺5,000分の1の地図を作成し、隣接する土地との境界標を立てる費用を［本人が］負担する。
  5. この地図は地図局に提出して正しいか否かの検査を受ける。この地図は委員会が現地調査に来た時に、土地の境界を定める日の前日までに委員会に提出する［ママ。この記述によると、地図は譲渡が決定する前、即ち境界が確定する前に作成することになり矛盾する。譲渡申請時に提出する地図と混同したらしい］。
  6. 土地をクメール人に無償で与える手続きは、閣議で同意し、国王布告に御署名をいただいて無償譲渡が決定する。それ以外の民族［ママ。「国民」が適切］の場合は、閣議の議事録を見て国王が許可した高等弁務官政令で決定する。後者の譲渡は保護国諮問会議に諮問しなければならない。
  7. 土地権利書を得た後は、完全な土地所有者であり、所有者は他者に売却するなど、全て自由に行うことができる。

「9」土地の有償売却

①面積による区別
  規定は、
    1. 面積が300を越え、1,000haまでの土地
    2. 面識が1,000haを越える土地
  の2つの場合では、最終的な許可の手続きのみが異なる。それゆえこの2つの規定はまとめて述べる。

②購入申請手続き
  1. 購入申請書は直接フランス政府［＝保護国政府］官員か、その申請する土地が所在する郡の郡長に提出する。
  2. 申請書には、申請者の氏名、職業、役職、国籍、出生地、生年月日、現住所を記し、さらに政府からの種々の公文書を受け取る住所を定めて記す。この住所が記していない場合は、公文書は州庁に送られる。
  3. 土地取得申請書には、土地の形状、所在地、境界線、境界碑、面積を記した地図と、その土地の使用［目的］業種を書いたものを添付する。
  4. 弁務官は、州庁で本人あるいは代理人から直接申請書を受け取った日、あるいは郵送した申請書を州庁で受け取った日から3日以内に申請書の受領証を発給する。次に、受領証を発給した日から15日以内に、申請書の内容をフランス語とクメール語とで、その申請された土地の所在地の州庁と郡庁と村、さらにその土地に隣接する全ての村の予め準備されてある掲示所に掲示して公示する。
  5. この掲示は、管掌する官員、すなわち弁務官、郡長、村長は掲示したことを明らかにする記録書を作る。この記録書は州庁に送って1つにまとめて、申請案件書類の中に入れる。

6. さらに余すところなく全ての人に知らせるために、この公示書をフランス語とクメール語とで官報に掲載する。
7. これらの公示により、この土地の取得申請に関する自己の利益を守る必要がある人々は、以後、「知らなかった」という異議申し立てを行うことはできない。
8. この掲示は、掲示をした日から起算して3ヶ月間行う。

③調査、聴聞
1. 申請された土地の所に掲示してから15日後に、弁務官は申請者を申請した土地の所に呼び、弁務官自身または弁務官代行補佐官が現地に行って調査、聴聞をする。すなわち、土地を歩いて見て、境界標を調べて、その土地の境界をチェックする。
2. それから地図局官員に地図を作成させ、現地で同席するよう予め指示してある隣接する土地の所有者たちの同意のもとに境界標を抜き取る［訳注。隣接する土地との境界碑を抜き取る目的は理解できないから、ここは申請された区画中にある境界碑であろう。従って、「申請された土地に含まれる土地の所有者」にも同席を指示しなければならないはずで、このことは次の「3」にそのニュアンスが含まれている］。
3. 集められた人々の中に、その申請された土地に含まれる土地に対して自己の権利を主張して異議を申し立てる者がいれば、弁務官が現地に行った時に異議を申し立てる。
4. この異議申し立てがあった場合は、弁務官は地図製図者に命じて、地図の中にその異議のある土地を書き込ませる。
5. それから検査して判明したことと、調査、聴聞中に生じたこと全てと、公益のために保存するべき物を記した記録書を作成する。
6. 隣接する土地の所有者で、本人あるいはその代理人がこの調査、聴聞に同席しなかった者がいれば、その名を記す。
7. この記録書は弁務官あるいは弁務官代行補佐官、土地申請者、［同席した］隣接する土地所有者全ての署名が必要で、これに署名することを拒否する者がいたら、その者の名を記録書に書いて後日の証拠にする。

④異議申し立て
1. 上記の調査、聴聞が終わり、記録書に署名が終わった後で、調査、聴聞の時に口頭で異議申し立てを行ったが、政府が余すところなく十分に調査しないことを恐れる者、調査、聴聞に同席しなかった者は、掲示した日から3ヶ月以内に本人が異議申し立て書を書いて州政府、あるいは直接高等弁務官府に提出することもできる。これらの異議申し立て書を受け取ったら受領証を出して、証拠として所持させる。
2. 土地取得申請者は、出頭してこれらの異議申し立て書を見て、必要であると理解する回答・弁明をすることができる。
3. 異議申し立てができるのは、自己の利益を守る必要がある者に限られる。
4. この異議申し立ては弁務官が調査してその真偽を知り、弁務官が判断を決める。
5. 掲示期間3ヶ月の間に異議申し立てがない場合でも、期限が過ぎたあと1ヶ月間は、異議申し立てを受け付けることができる。この期間が過ぎると、弁務官はこの土地の案件書類に、申請された土地が国有地であることは事実であるか否かを調査した結果を添付し、さらにその土地の競売仕様書案とともに高等弁務官に送る。

⑤競売仕様書
1. 競売仕様書には、競売を行う場所、見積もり価格、競売最低価格、購入者に負担させる義務、管理させる土地の所在地、保証、代金の支払い方法、政府が公益のために保存しなければならない物、開墾に関して購入者に課される種々の義務、購入者が政府と契約したことに違反した場合の罰などが詳細に書いてある。競売仕様書からは政府が売ろうとする土地の利点と欠点を知ることもできる。
2. 高等弁務官政令が、この競売仕様書に記すべきことについて予め詳細に規定している。
   ア。競売の最低価格は、1haあたり1リエル未満であってはならない。さらに［競売で］付け値を上げていく値幅は、1haあたり0.10リエル未満であってはならない。
   　　たとえば、800haの土地は、最低価格は800リエル以上、［付け値の］上げ幅は80リエル以上でなければならない。
   イ。なお、この原則には例外があり、大資本を持つ大会社が広大な土地を購入して開墾することを望む場合は、

政府は競売の最低価格を1haあたり1リエル未満に下げる権限がある。
- a. この場合は、競売に参加を望む者全員に、予め競売仕様書に記載してある額の保証金を財務局に預けることを求める。これは競売参加者が相応な資産を持つという証拠と、かつ悪意で競売に参加するのではないという証拠にするためである。
- b. この保証金を受け取った財務局の領収証は、［競売参加者は］競売日に競売が始まる前に競売委員会に提出する。
- c. この保証金は競売終了後に競売参加者に返却されるが、落札者には、土地の代金を完納したという証拠を得た時に、あるいは落札者が土地を購入できない証拠が発見された時に返却される。

3. 競売仕様書は、土地が1,000 ha以下の場合は、保護国諮問会議に諮問して同意を得、内閣の同意を得て高等弁務官が承認する。1,000 haを越える場合は、さらに総督が国政諮問会議に諮問して同意を得てから、国王の承認を得た閣議の議事録を見て総督が決定する。

⑥競売の方法

1. 競売仕様書が承認されたら、その中に定められた競売日の15日前に高等弁務官府、その土地が所在する州の州庁と郡庁に掲示を出して、競売を行う場所と日時を公示する。
2. 競売は弁務官、州財務局長、郡長を委員とする委員会が競売への出品者として集まり、競売仕様書中の最低価格をスタート価格にして、公開で行われる。
3. 申請者以外に競売に参加する者がいない場合は、申請者に仕様書内の最低価格で売る。
4. 競売が終わったら委員会は記録書を作成する。

⑦第3者の権利

1. ある者が購入した土地について、その土地全体あるいは一部を、それに対して何らの権利も持たない善意の者がすでに管理し、自費で開墾していて、その結果その土地の購入者に利益をもたらす場合は、1919年2月5日付［高等弁務官］政令は、その土地の購入者がこれらの善意の占有者に、開墾に要した費用を補償することを絶対的に規定している。
2. この補償金は調停人が金額を定める。土地購入者が補償に応じない、あるいはその補償金額に不満で異議を申し立てる場合は［行政裁判所ではなく］普通の裁判所に訴えて金額を決定させる。
3. この規定は、土地購入申請者の競争者で悪意を持つ者が、申請されている土地内の既に開墾された土地を奪う目的で競売に参加し、その土地を申請者よりも高価で政府から購入して、そのすでに開墾された土地を開墾するために申請者が投じた費用を儲けるのを防ぐためである［訳注。「未利用の土地を開墾してkung kaap［所有権を宣言］すれば、その土地は開墾者のもの」が古来からの習慣であったので、未利用の土地はまず開墾してから、購入申請をする例が多かったらしい］。

⑧土地購入者が負担するべき費用

1. 土地購入申請書を提出する時に、調査・聴聞委員会の旅費と申請書中の土地の境界線を検査するために派遣する地図局官員の旅費にあてる金を［準備金として］財務局に納付する。
2. この準備金の額は1haあたり50センであるが、総額は10リエル以上、100リエル以下でなければならない。
3. この金は単なる準備金であり、境界碑の調査費、告示の掲示費、競売実施費の決算にあてる。すなわち、競売が終わった時に以上の費用の決算をして、その金額を土地購入者が負担するのであるが、申請者本人が購入者になる場合は、これらの費用の総額を準備金から差し引いた残金を、土地代金の初回納付金から差し引くことにより返却する。もし超過していれば、その額を［初回納付金に？］加えて請求する。

⑨記録書の承認

1. 売却が終わったら記録書を提出するが、これは上級政府の承認を得てはじめて有効になる。
2. 1,000 ha以下の土地の記録書は高等弁務官が内閣の同意のもとに保護国諮問会議の同意を得て承認する。
3. 1,000 haを超える土地の記録書の場合は、総督が国王の承認を見て国政諮問会議の同意を受けて承認する。

⑩購入者の義務

[訳注。以下は無償譲渡の場合と重複する記述が多いが、参照の便宜上あえて省略しない]

1. 上述の承認が得られれば、土地購入者はその土地を仮に取得することになり、土地の面積により、それぞれ総督政令もしくは高等弁務官政令の原本と競売仕様書の原本を受け取り、これが仮土地権利書になる。これらの原本はそれぞれ2部作成する[そして、1部は本人、1部は政府が保管する]。
2. 仮土地権利書を受け取った日から、土地購入者はその土地を管理する権利を持ち、競売仕様書に記載されている義務を履行しなければならない。。
3. 購入者が競売仕様書に記載されている期間中に土地の代金を納付しない場合は、行政機関は法的手段で[その代金を]請求する権利を持つ。
4. 購入者が代金支払い催告書を受け取ってから15日以内に納付しない場合は、政府は購入者の権利を剥奪する申請をすることができる。
5. この権利剥奪は、内閣が決定し国王の承認を得てから、1,000 haを越える場合は総督が国政諮問会議の同意を、1,000 ha以下の場合は高等弁務官が保護国諮問会議の同意を得て決定する。
6. 権利を剥奪された土地購入者がすでにその土地について第3者に貸す、あるいはその他の契約をしていても、その第3者である契約者は自分の契約に関して異議の申し立ては出来ない。土地購入者はまだその土地の完全な所有権を有していないから、その土地を売る、貸す、などの契約を行う権利がないからである。
7. ただし善意でその土地を購入した者は、全身全霊を込めてその土地を開墾した証拠があれば、政府にその土地を、権利を剥奪された者にかわって、自己に与えることを求めることは出来る。しかしその者は、権利を剥奪された者が政府に約束したこと全てを履行しなければならない。
8. 土地購入者は遅くとも競売仕様書に記されてある日までに、購入した土地の開墾を終わり作物を栽培するか、その土地購入の別の目的通りの使用を始めなければならない。しかし、何らかの不可抗力の事情があり、かつ不可抗力である証拠があれば、購入者は期限の延長を申請することができる。
9. 期限までに土地の使用が始まらない場合と、土地代金を完納しない場合は、その土地は政府への抵当に入り、政府はあらゆる法的手段を用いて購入者に契約条項を履行するよう強制することができる。

⑪義務遂行検査、完全譲渡

以下の要点を除いて無償譲渡の場合と同じである。

1. 検査をする委員会委員は弁務官もしくは弁務官代行補佐官が長になり、農業[・商業・工業]局長もしくは同局長代行補佐官、商業会議所会頭が指名したフランス人農業従事者1名、地図局地図製図者1名、土地所在地の郡長からなる。
2. 開墾期限が過ぎて3ヶ月以内に土地購入者は開墾して作物を栽培中の土地の地図を作成して政府に送る。地図を送ってこない場合は政府が人を派遣して地図を作成させ、その費用は土地購入者が負担する。
3. 現地調査日時の通知は、土地購入者が検査に立ち会うことができるように、調査日の1ヶ月以上前に行うが、購入者は必ずしも立ち会う必要はない。
4. 土地所有権の完全譲渡は土地権利書の発給により行われる。これは閣議で決定し、国王の承認が必要であり、
   ア。土地の面積が1,000haを越える場合は国政諮問会議の同意を得た総督政令による。
   イ。1,000ha以下の場合は保護国諮問会議の同意を得た高等弁務官政令による。
5. 一部にせよ全てにせよ、土地の権利を剥奪する場合は、その剥奪する土地のすでに納付した代金の10パーセントを慰謝料として差し引き、残りを購入者に返還する。

「10」土地購入に関する訴訟

1916年12月1日付国王布告は、「民族[ママ。「国籍が適切」]」を問わず、土地購入者と政府との間の訴訟はサイゴンの行政訴訟裁判所が審理する」と規定している。しかし、土地購入者と隣接する土地の所有者との間の争いは、この争いにクメール人以外の民族が関わっている場合は州フランス[地方]裁判所に、クメール人のみが関わる場合は郡裁判所に訴える。

第2章　カンボジア国の森林規定

　森林規定の最新の規定書は、カンボジア国の森林について定めている1913年11月13日付総督政令である。

「1」保護林と保護樹種

①保護林と非保護林
1. カンボジア国の全ての森林は、保護林と非保護林に分類される。
2. 保護林は、各地域の水質を保護するためと、基準理論による方法に従ってその森林の樹木を成長させるために、人々が自由に入林して伐採することを禁止して、政府が理論に従った方法で伐採している森林である。
3. 保護林以外は非保護林で、政府に森林利用税を払えば自由に伐採することができる。
4. 非保護林で自由伐採、すなわち理論無しに伐採することについても一般規定があり、その原則に従わなければならない。この原則を無視した伐採が横行して、自由に伐採させると森林全体を破壊する恐れがあると政府が判断した場合には、政府は自由伐採を臨時に禁止する権限を持つ。

②保護樹種
1. 自由伐採を許す場合でも、政府が臨時に期限付き、あるいは永久に伐採を禁止する樹種がある。
2. 丈夫で長持ちする有用な樹種の多くは成長が遅いので、政府はこれらの樹種を保護する。この保護樹リスト中にある樹種を「保護樹種」と呼ぶ。
3. 自由伐採森林中の保護樹種は、政府が定めた基準による一定の太さに達していないものは伐採できない。その他の樹種は太さに構わず伐採することができる。

③伐採した樹木の分類
　森林中の樹を伐採したものは、「建築用材」、「薪材」、「タケ材」の3種に分類される。
1. 「建築用材」は家屋の建築に使用されるもの、[即ち]柱や板に製材されるものである。
2. 「薪材」は薪にしたり木炭を作るためのものである。
3. 「タケ材」は手工業の材料、櫓や櫂を作る材料、タケ、樹皮、さらに果実などの森林の副産物である。

「2」伐採規定

①伐採許可書
1. 規定により、材木業者、すなわち非保護林で伐採する者は、1つの森林中でのみ有効で、有効期間1年の伐採許可書を所持する必要がある。
2. この伐採許可書に記されている伐採税額は、伐採を許可する樹木5本につき1.50リエルで、伐採する樹種と本数は予めこの伐採許可書中に記載されていなければならない。
　たとえば、自己の家を建てるために、その柱として材木が20本必要な人［ママ。「自己の家を建てる者」は上の「材木業者」に該当しない。また、cf.「『10』無料伐伐採許可書」p.128］は、予め、
　　ア。必要とする柱の本数
　　イ。伐採したい樹種
　　ウ。その樹を伐採したい非保護林の名前
　を届け出て、伐採許可書の申請をする。それから、5本あるいは5本未満につき1.50リエルの森林利用税、この例では20本であるから6.00リエルを納めると、政府は有効期間1年の、その非保護林でその樹種の20本までの伐採許可書を発給する。
3. 自分自身が伐採したくない、あるいは伐採することができないので、他の者に伐採させたい場合は、この伐採許可書と共に伐採人証の発給を申請し、政府は伐採するべき樹5本につき1枚の割合で伐採人証を無料で発給

する。
4. 伐採許可書所持者は、実際に伐採させる自分の被用者に、この伐採人証を1枚ずつ渡し、伐採の間は常に携帯させる。
5. 薪と木炭にするための樹については、薪や木炭を職業にする者は上述の伐採許可書とは別の薪伐採許可書、あるいは木炭材伐採許可書が必要で、その税額はいずれも6.00リエル、有効期間は1年である。この薪伐採許可書、あるいは木炭材伐採許可書所持者には、伐採人証が20枚発給できる。
6. 櫓や權を作る者には、森林利用税額5.00リエル、有効期間1年の伐採許可書［訳注。この許可書の名称は無記述］がある。この許可書は1つの郡内でのみ有効で、伐採人証は20枚発給できる。
7. 以上の伐採許可書を発給してもらうためには、森林局に申請に行く。この申請は口頭でも構わない。森林局は申請通りの伐採許可書と伐採人証を発給する。どの許可書もフランス語とクメール語とで書かれている。
8. 伐採人は、伐採許可書所持者が自分で自由に選んで雇用し、予め村長が検査して正しいと判断して署名押印した伐採人証を1人に1枚ずつ渡す。

②伐採人証
1. 伐採人証は伐採人1人に1枚で、伐採中は常に携帯し、その中に記してある樹種しか伐採できない。
2. 同一伐採人が同時に複数の伐採許可書所持者に雇用されて伐採人証を受け取ることはできない。伐採許可書所持者は、政府に対して、自分が雇った伐採人が犯した法律違反の責任を取るからである。
3. 巡視して監視する森林管理官は、森林中で林業に従事中の者全てに伐採許可書あるいは伐採人証の提示を求める権限を持つ。

③伐採の不許可
　規定では、過去1年のうちに森林法に違反して森林管理官から告発された記録書がある者、あるいは森林利用税を納めずに材木業を行った者、あるいは中級罰の刑を受けた者に対しては、政府は伐採許可書を発給しない。

④保護樹種
1. 保護樹種に指定されている樹種は、丸太の場合は樹皮を含めて根元の直径の太さ、四角材の場合は1辺の長さが一定の大きさに達した樹のみ、自由に伐採することが出来る。樹種とその伐採を許す太さの規定は次の通りである。
2. 保護樹リスト［訳注。以下の樹木名は確認できないものもある。全てママ］

名前	伐採を許す太さ（m）	
	四角材	丸太

ア。第1級樹種

名前	四角材	丸太
angkaanh	0.33	0.45
peng	〃	〃
puḥnaag	0.20	0.30
candh sar	0.33	0.45
jhœ khmau	〃	〃
jhœ thma	〃	〃
jœng caap	〃	〃
hai saan	〃	〃
krakoḥ	〃	〃
gagiir	〃	〃
gagiir thma	〃	〃
kraḷanh	〃	〃
kranhuung	〃	〃
grœl	〃	〃
mai saak	〃	〃
mraḥ brau bhnam	〃	〃

naang nuon	〃	〃
phkaay brwk	〃	〃
phcwk	〃	〃
babel	〃	〃
raang bhnam	〃	〃
stii	0.20	0.30
sukram	0.33	0.45
smai	〃	〃
taa traav	〃	〃
dhnang	〃	〃
traywng	〃	〃
trasek すなわち traam kang	0.25	0.35
draas	〃	〃

イ。第2級樹種

aaditya	0.33	0.45
piiy ḷœy	〃	〃
pii sanlwk	〃	〃
jhliik	〃	〃
dhnaa すなわち chmaa	0.35	0.50
jhœ daal	〃	〃
jar cung すなわち cung	〃	〃
cramaas	0.20	0.30
inda nel	0.25	0.35
khlung	0.35	0.50
khcau	0.33	0.45
naanh ph?aek	〃	〃
sragam	0.20	0.30
sraḷau	0.25	0.35
sbang	0.33	0.45
tpaeng	〃	〃
dadwm brai	0.20	0.30
traac	0.35	0.50
traḷak	0.20	0.30
yaang	0.35	0.50

ウ。第3級樹種

radaang	0.20	0.30
panggau	〃	〃
canda krasnaa	0.11	0.16
ces dum	0.20	0.30
com caa	〃	〃
kaṇdol	0.33	0.45
kḍul	0.20	0.30
khnau brai	0.33	0.45
khcing	0.20	0.30
khvaav	0.33	0.45
krapau	〃	〃
krai sar	0.20	0.30
traas	〃	〃

lngieng	〃	〃
ph?ung	〃	〃
phḍiek	0.33	0.45
briing	0.20	0.30
bruus	〃	〃
smaa krapii	0.33	0.45
smaac	0.20	0.30
sral	0.33	0.45
svaay brai	〃	〃
th?uor	〃	〃
thkuuv	0.20	0.30
dhlak	0.30	0.45
thmong	0.20	0.30
tramaeng	0.33	0.45
trap dum	0.20	0.30

⑤細い木の特別伐採許可書
1. 細い木を使わなければできない仕事のために、規定の太さ以下の細い木だけの特別伐採許可書の発給申請があれば、それを許可することができる。
2. この規定の太さ以下の樹木の特別伐採許可書は、普通の伐採許可書と同額の森林利用税を納める。

⑥森林中での製材
1. 伐採した樹木は伐採した場所では製材させない。伐採した樹木の太さをごまかすことができるからである。それゆえ、鉈や斧で削って製材して舟の肋材、舵、櫓、櫂を作る以外の製材は禁止されている。
2. 柱は、森林中で細く削ることは許すが、その細くなったものは角材とみなして森林税を課税する。
3. しかし、森林局は、相応な理由で森林内の製材許可を申請した者にそれを許可する権限を持つ。
4. 上の例外に該当する場合でもなく、あるいは特別の許可もなく森林内で製材した者は、規定の太さに達していない樹木を伐採したものとして記録書を作成し［森林規定］違反の罪に問われる。

⑦その他
1. 保護樹リスト中にない樹種は全て自由に伐採できる。
2. 伐採して倒れた保護樹の枝と削り屑は、住民が自家消費用、もしくは商売にする薪と見做すことができる。
3. 根元の直径0.35m以下の樹木は、地面すれすれの高さで伐らなければならない。
4. 森林火災を防ぐために、森林で火をつけて樹木を倒すこと、火で草を焼くことは厳禁されている。

「3」計測検査

①伐採した材木の計測検査と検印の刻印
1. 伐採して得た丸太の太さを計測検査し、刻印するための証明文字が面に彫ってある金槌で材木を叩いて［検査済の］刻印を刻むのは、森林局官員の職務であるが、森林管理官がいない所では、関税・消費税・使用料局官員、あるいは高等弁務官政令によってこの役目を行うべく任命された現地国政府官吏が行う。
2. これらの官員は、自己が知り得た軽罪犯罪あるいは中級罪犯罪である森林法違反を調査して告発する権限を持つ。
3. 原則規定は、薪材、タケ、トウ、ツタ、樹皮、樹根、果実以外は全て「建築用材」とされ、伐採した場所で丸太の本数を数え、それぞれの太さを計測して刻印する。
4. しかし、種々の理由で伐採地点での検査が不可能な場合は、予め伐採許可書に記載されている場所で検査刻印を受けることができる。
5. この場合、木材業者は自己の丸太を筏に組んで検査場まで運ぶことが許される。

6. 一度筏に組んで運んできた場所が検査を受けるのに不便な所では、後日筏に組みなおして運んだ時まで検査刻印を延期することが許される。
7. 検査を受ける建築用丸太は、刻印するために、予め根元から0.50mの所を1辺0.10mの平らな四角に削っておく。
8. 倉庫の中、製材所、工場などに置いてある丸太は全て、製材する前に再計測検査刻印［訳注。この「再計測検査刻印」については、下記の「④再計測検査」の異議申し立てがあった場合を除いてここでしか言及されていない］をする時に、この刻印がなければならない。

②材木の移動
1. 伐採した建築用材は、［その場でなく、他所で検査を受けるものも］伐採許可書に記載されている検査場に運搬するまでは、切り倒したところに置いておかなければならない。
2. 検査場への運搬は最短コースを選ぶ。
3. 管掌する官員が、この最短コース以外のコースを運搬している丸太を発見したら、その丸太を没収する。
4. この運搬時には、［運搬が］合法的である証明として伐採人証あるいは伐採許可書所持者の届書が常に筏と共に存在しなければならない。

③計測検査
1. 丸太は計測検査を受け、刻印されて森林利用税を納めて［運搬許可書を得て］からしか他所に移動させることができない。樹木を伐採した木材業者は、伐採許可書に記されてある管掌の森林局管区に計測検査に来るよう申請をする。
2. 申請を出した日から5日以内に官員が計測検査に来ない場合は、木材業者は丸太を筏に組んで移動する権利を持つ。
3. ただし、材木を移動する日に［移動する旨の］届書を1通作って、前に計測検査申請書を提出した森林管理官に届け、その材木を移動させて行って出会った最初の検査場で検査を受ける。

④再計測検査
1. 「最初の計測検査が誤りで、自己の利益を害した」と考える材木業者は、森林局管区長もしくはプノンペン市の森林局長に再計測検査を申請する権利がある。
2. この再計測検査は最初の計測検査を行った場所で、［再計測検査］申請を出した日から7日以内に本人立会いで行う。
3. この再計測検査の費用は材木業者本人の負担になる。
4. 再計測検査の結果、最初の計測検査が木材業者に損害を与えたことが明らかになった場合は、木材業者は過大に納めた分の森林利用税の返還を求める権利がある。

⑤材木運搬許可書
　計測検査をして森林利用税を納めた林産物は、計測検査官が発給し、運搬する最長期限が記載されてある材木運搬許可書を、その許可書に記されてある場所に運ぶまでずっとその材木に添えておき、運搬先に到着したら、筏を解く、あるいは舟から下ろす前に、そこの森林局事務所に提出して、この材木運搬許可書による運搬を検査させる。

⑥新造の舟の登録
1. 舟を新造して登録するために州庁に運ぶ者は、森林局の刻印や領収証などの、自己が森林利用税を既に納めたことの証拠を所持していなければならない。
2. この証拠がない場合は舟の所有者は森林利用税を納めなければならない。

⑦計測検査を受けていない丸太の売却
　計測検査を受けず、森林利用税を納めていない丸太を売る、製材する、あるいは倉庫や工場や家に置く、などをした者は、森林で樹木を盗伐したとして処罰される。

⑧計測検査を受ける期限

　伐採許可書の有効期間は1年であり、この間に伐採して計測検査を受けなかった丸太は政府の物になる。ただし、不可抗力で検査が受けられない場合は、森林局は期限延長を許可することができる。

「4」樹脂の採取

1. paal、klung、traac、chnaa、yaang など、樹脂が多く、人々が樹脂を採取して利用している樹種は、樹脂業者の利益を損なわないように、樹脂を取るための切り込みがある樹を、伐採許可書所持者が伐採することを禁止している。
2. 樹脂は、地面から1mの高さのところの幹の太さが直径0.47m［以上］の樹からしか採取できない。
3. 樹脂が少なくなった樹、あるいは樹脂の採取をやめた樹は、森林局が村政府の同意のもとに伐採を許可する。
4. これら樹脂を採取する樹種は、地面から1mのところの幹の太さが直径1.20m以上の樹は許可が出るのを待たずに伐採することができる。

「5」森林中に製作場を作ること

1. 不正と火事を防ぐために、森林内もしくは森林から1km以下の場所に木炭、石灰、煉瓦、瓦、などの焼き窯、造舟所などの製作場を、臨時でも常設でも作ることは禁止されている。
2. 製材所と丸太削り所は、森林内もしくは森林から2km以下の場所に作ることが禁止されている。
3. ただし、どうしても作らなければならない相応の理由があれば、森林局は特別に許可することがある。

「6」薪

1. 薪伐採許可書所持者と薪販売者は、自己の薪を積んだ山に、自己の所有物であるという標札を立てる。
2. この標札は1辺0.50mの正方形の板に自己の名を書き、高さ2.50m以上の杭に打ちつけて立てる。
3. この標札板は森林局が無料で支給する。
4. 薪を積んだ山でこの標札板がないものは、その薪の所有者は薪を盗伐してきたとみなされ、積んである薪は全て没収される。

「7」窯

1. ［木炭を作る］炭焼き窯所有者と［石灰を作る］石灰石焼き窯所有者は、森林局に行って、自己の窯の数と所在地を届ける。
2. 届けを怠る、または不正に届けた場合は、無許可で伐採した樹として窯を破壊し、そこにある薪と木炭を全て没収する。

「8」森林利用税

①建築用材の税額
1. 森林利用税額は、伐採した材木の体積で計算する。
2. 材木の体積の計算のためには、
　　ア。樹皮付き丸太は根元の直径を測る。
　　イ。角材は、中間の最も太い部分の辺を測る。
　　なお、この数値が規定より小さい場合は［森林］規定違反である。
3. 森林利用税額は、材木1立法メートルに付き、
　　ア。1級建築材種は、樹皮付き丸太は3.00リエル、角材は4.30リエル
　　イ。2級建築材種は、樹皮付き丸太は1.80リエル、角材は2.50リエル
　　ウ。3級建築材種は、樹皮付き丸太は0.85リエル、角材は1.15リエル

エ。4級建築材種は、樹皮付き丸太は0.50リエル、角材は0.70リエルで計算する。

［訳注。上記の級別に関する情報は無記述。恐らく「④保護樹種」p.122の級別が適用されるのであろう］

4. 舟に関連しては、

ア。未使用の舟は角材として計算する（最も太い部分を測る）。

イ。使用している舟は、未使用舟の税額の3分の1

ウ。櫓と櫂は1平米につき0.05リエル

エ。舟の舵は1平米につき0.40リエル

である。

②その他の税額

薪	丸いまま	1立米	0.20（以下単位はリエル）
	割ったもの	1ステール［＝立米に相当］	0.06
木炭		100キロ	0.10
タケ（根元の直径が0.05m以上）		100本	0.60
		1立米	0.40
（その他）		100本	0.60
cung樹脂とphcik樹脂		1 haap	0.35
その他の樹脂		1 haap	0.50
jar dwk樹脂		1石油缶	0.10
樹皮		1 haap	0.20
トウ		1 haap	0.20

③納税

1. 税額を計算し終えた計測検査官員は、納付書を渡す。
2. 森林利用税は計測検査所の近くの財務局事務所へ納付する。
3. 財務局事務所が近くにない場合は、関税・消費税・使用料局事務所に納付する。
4. これも近くにない場合は、森林管理官か郡長か税金徴収の任にある現地国政府官員の手に納付することもできる。
5. また森林局が森林利用税被課税者と知己であれば、上記以外の所に納付に行くことを許可する。ただし、この便宜を与えるのは被課税者の権利ではなく、恩恵である。
6. 森林利用税の納付期限は、税額が20リエル以下の場合は納付書を受け取った時、税額が20リエルを越える場合は納付書を受け取ってから24時間以内である。
7. しかし、森林局がその被課税者と知己である場合は、税額が500リエル未満なら10日以内、500リエル以上なら20日以内に分割納付することを認める。また森林局長は、2〜4ヶ月の納付延期を認めることもある。しかしこれは恩恵であり、納税義務者の権利ではない。
8. 納税義務者が、森林局の知己ではない、もしくは森林局に信頼させるに足りる保証がない者の場合は、森林局は税金の担保である材木を搬出することを許してはならない。すなわち、納税義務者が税金を完納しないうちは材木あるいは林産物を留め置いて、近くの村官員に保管させる、あるいは計測検査官員は別の者に保管させることもできる。
9. 材木保管者は、材木業者が材木を引き取りに来た時に、1日につき0.40リエルの保管料を材木業者から受け取る。
10. 政府も材木保管者も、保管中の材木の紛失・損傷に関しては、森林管理官あるいは自己の故意による不正以外は材木所有者にたいして責任を取る必要はない。
11. 納税義務者が税を完納しない間は、留め置いてある材木は公金の担保になっている。そして納税義務者が定められた期限、もしくは森林局長が定めた延長期限までに税金を納付しない場合は、規定により、政府は材木を没収して政府の収入にし、材木所有者は材木を伐採、あるいは運搬した費用の補償を政府に求めることはできない。

12. 材木業者が税を完納した証拠を管掌する官員に示したならば、その材木を自由に移動することを許し、管掌する官員は運搬許可書を発給する。
13. この運搬許可書はつねに材木と一緒に存在しなければならず、運搬の途中に材木の計測検査官員もしくは監視官員の求めがあればいつでも提示しなければならない。

「9」流木

①総説
1. 材木業者は、川が狭くて曲がり角が多い、あるいは早瀬が多い、などの理由で筏に組んで流すことができない場合には、材木を1本ずつ川に落としてバラバラに流すことがある。このバラバラに川に流した材木を「流木」という。
2. この流木を流すことはラオス国では自由であるが、カンボジア国内では航行する舟・船に危険があるため、いくつかの川では禁止されている。それでも筏から外れたりして流木が生じることがあるので、流木に適用する規定がある。

②拾得
1. 流木は、水を流れている、底泥に引っかかっている、川岸に引っかかっているを問わず、流木を拾得した者は臨時に保管する措置［訳注。たとえば縛って流れて行かないようにする］を取ってから、ただちに拾得した場所の近くの村長に届ける。
2. 村長は現場に行き、拾得者から流木の引渡しを受け、保管措置を取らせてから、近くの森林局事務所に流木拾得者の名前、住所、流木の樹種、長さと太さ、幹に刻まれている刻印、保管場所、拾得日時を届けさせる。

③引き渡し
1. 刻印が、森林局の知己である材木業者の物であれば、その者に通知して流木を引き取り来させ、拾得者と保管者に規定の額の謝礼を払わせる。
2. 森林局は、確かに流木の所有者であるという証拠を提示した材木業者に、その流木の［引き取り］許可書を渡すから、流木保管者は、森林局からの［引き取り］許可書を持つ者にだけ、そして謝礼を受け取った時にのみ、その者に材木を引き渡してよい。
3. この材木の所有権について争いが起こった場合、その流木を拾得した場所のフランス裁判所に訴えて裁定を受ける。
4. 流木は刻印の有無にかかわらず、拾得されてから40日以内に所有者が現れない場合は、森林局は証拠として記録書を作成して、この流木を所有者が遺棄した物とする。
5. この記録書を作成した日から2ヶ月の間に流木の引取り者が現れない場合は、裁判所から、「この流木に関しての森林局の処理は合法である」という判決書を得てから、国有財産にし、それから売却して代金は政府の収入にする。この場合、流木の所有者は何らの補償も請求できない。

④謝礼
1. 流木を拾得し縛って流れて行かないようにした者は、その流木が1〜3級保護樹種の場合は1本につき1リエルを臨時保管の費用として受け取る。
2. その［1〜3級保護樹種の］流木を保管した村長は、保管日数に関係なく、1本につき1リエルを得る。

「10」無料伐採許可書

①総説
1. 既述の伐採許可書は有料伐採許可書で、ベトナム人、アジア人外国人、それに材木業を営むクメール人のためのもので、材木業者ではないクメール人には無料伐採許可書がある。
2. クメール人が王宮や寺院建築のため、あるいはクメール人民衆が家を建てる、舟を作る、櫓・櫂・犂・添え木を作る、薪にするなどの自家消費用の場合は、非保護林内で、保護樹以外は太さに関係なく自由に無料で伐採

することができるのである。
　ここで「家を建てる」というのは、伐採許可書申請者自身またはその家族が住むためのものである。貸家を建てるための伐採には、無料伐採許可書を申請することはできない。

②申請
1. 保護樹は、クメール人が個人の用に必要とする場合は、別の手続きが定めてある。すなわち、無料伐採許可書を口頭で直接森林管理官に申請して即時発給を求める。文書で郡庁、弁務官を経由して森林管理官に申請することもできる。
2. この申請書は1919年12月30日高等弁務官通達と、その詳細を補う大臣通達とで、次の樹種の伐採申請が許可されている。
   ア。第1級保護樹種：krakoḥ、phcwk、raang bhnam、sukrum、trasek
   イ。第2級保護樹種：cramaas、sragam、sraḷau、tpaeng、jhlit［ママ。恐らく jhliik が正しい］、traḷak
   ウ。第3級保護樹種：全て
3. 森林局事務所がない州では、弁務官が無料伐採許可書を発給する権限を持つ。
4. 無料伐採許可書はフランス語とクメール語とで書かれている。
5. 寺院用無料伐採許可は、その寺の aacaarya しか申請できない。そして虚偽の［申請という］伐採規定違反については、その aacaarya が責任を取る。

③運搬
1. これらの材木の伐採と運搬は、伐採許可書所持者が被用者にさせることができるが、その場合は無料伐採許可書申請時に申請者が被用者の名前と身分証明書番号と住所を届けて、その情報を無料伐採許可書に記載する。
2. 伐採地点から伐採許可書所持者の住所まで運搬する材木には、運搬者が無料伐採許可書を材木とともに存在させなければならない。
3. 運搬者は森林局事務所、または計測検査の職務を持つ関税・消費税・使用料局事務所に材木を運んで計測検査を受けて、盗伐したものではないという証拠を得る。
4. 無料伐採許可書所持者は材木が自宅に到着したら、村長に無料伐採許可書に押印して貰い、村長は15日以内にその無料伐採許可書を発給した部局に返納する。

④その他
1. 無料伐採を許可する本数は、家を建てるためには建築用材として、第1級保護樹種20本、および第2級と第3級を合わせて8本の合計28本までで、太さに制限はない。なお樹脂を取る樹種は伐採禁止である。
2. このクメール人民衆に対する特別許可は、「昔からの習慣に対する経過措置で、徐々に全ての者に森林規定に従わせるためのものである」ということを認識しておくべきである。
3. 舟を作るための無料伐採許可書は、競漕用と現役官吏のための舟を除いて、最大8mの長さの舟を作るためのものである。
4. 無料伐採許可書の有効期間は6ヶ月である。ただしこの許可書を得た者が不可抗力でその期間内に終わることができないという証拠と共に申請すれば、期間を延長することができる。
5. 無料伐採許可書で伐採した材木は、贈与あるいは売却、申請した目的以外の物を作るのに使用することはできない。また、この材木から売るための動産、不動産を作ることもできない。

⑤罰
1. 無料伐採許可書所持者が、規定のいずれかに違反した場合は、既に伐採した材木に対する森林利用税を15日以内に納付させ、その材木を政府が没収し、かつ無料伐採許可書を無効にする。
2. 無料伐採許可書で伐採した材木を、森林局からの許可を得ずに、贈与もしくは売却した者には100フランの罰金を科し、材木は没収する。贈与を受けた者もしくは購入した者も同じ罰を受ける。
3. 他者の無料伐採許可書を借りて伐採、もしくは運搬した者は、許可なしで伐採したとみなされて処罰され、かつ伐採した材木は没収される。

「11」森林防火規定

①森林内で火を燃やす

1. 森林内、または森林から200m未満の場所で火を燃やすことは厳禁されていて、違反者は罰金と投獄で処罰される。
2. しかし、車が壊れた、ウシが疲れて歩けなくなった、宿泊所までの道が遠すぎるなど、その者の意志を上回る理由で森林の外に出ることができず、森林内に仮宿し、火を使って炊事したり、野獣を防いだりするためには、自分が起こした火を他所に広がらせない注意をしてなら、火を燃やしてもよい。
3. そしてその場を去る時には、自分が起こした火を完全に消火し、灰に土をかぶせること。
4. 以上のことは野原に泊まる場合も同じである。

②野原を焼く

1. 乾期、すなわち、11月1日から5月31日までは、森林から400m以内の野原を、その所有者が土地の周囲に幅10mの道を作り、その道から草や燃えやすい物を除去した場合を除いて、焼くことを厳禁する。
2. また、焼く時には、その日時を村官員に届けなければならない。［訳注。以上はインドシナ国の規定らしい］
3. カンボジア国では、乾期に野原を焼く習慣がある。この場合、森林から500m以下の野原は焼くことが禁止されている。しかし、村長が許可すれば焼くことができる。
4. この場合、村長は村民に、無料で助力して火が燃え広がるのを防ぐように伝えなければならない。

③森林火災の消火

1. 森林火災を見つけた者は、消火することができる場合は消火に努める。すでに大きく燃え広がっていて1人では消火できない場合は、その森の近くの人がいる所に行って、フランス政府官員や現地国政府官員に届ける。これを怠ると、3〜5リエルの罰金である。
2. 現地国政府官員が森林火災を知ったら、
   ア。できるだけ多くの人を集めて森林火災の現場に行かせ、森林局が消火するのを助けさせる。
   イ。現場から8km以下の所に森林局事務所、保安隊、行政機関の事務所、州庁があれば、現地国政府官員は直ちに部下の1人にウマで急いでそれらの庁舎のフランス政府官員に知らせに行かせる。
   ウ。それから周囲5km以内の村もしくは地区の全ての職員に知らせて同じ措置をとらせる。
   エ。その知らせを受けた弁務官もしくは弁務官の代理者は主任警備官に保安隊員を連れて現地に行かせ、消火を助力させる。
3. 高官も警察官も、民衆を徴用して森林火災の消火を手伝わせる権限を持つ。

④罰

1. 不注意、過失で森林火災を起こした者はフランス刑法第458条により、50〜500フランの罰金が科される。
2. 故意の放火による森林火災は、その犯人は同第434条で重罪罰を受ける。
3. 村のkramakaaraが森林火災の通知を受けて、消火のための規定の措置を取らなかった場合は軽罪である。
4. 相応の理由なく、消火の手伝いに努力しなかった民衆も軽罪である。
5. 森林火災の消火の手伝いに行こうとしなかった村あるいは地区は、その村あるいは地区の住民から期限付き、または無期限で無料伐採許可書の申請権を剥奪する。
6. 放火犯を知っていて管掌する官員に届けなかった者は共謀者とみなされ、主犯と同じ罰を受ける。

「12」焼畑農業の禁止

1. 焼畑農業は森林を多く破壊するから厳禁されている。
2. 焼畑農業を行う先住民族はコンポン・トム州に多い。
3. 政府は定住して田畑を作るよう指導し、役畜や農機具を支給し、多くの地区で焼畑農業をやめた。しかし山地ではまだ行われている。

4. 山地では、焼畑農業地区の指定をするよう森林局に届け出た場合は、森林局は杭を打って地域を限定して特別に許可している。

「13」薪についての規定

①薪運搬書

1916年12月18日総督政令による規定があり、カンボジア国内で消費する薪材については、運んできて売るためには、薪伐採許可書所持者が出した薪運搬書が薪と共にあれば、計測検査を待つことなく、［森林利用税を納付すれば］運搬することも売ることもできる。しかし売る人、運搬する人、買う人は、次の規定に従う。

1. 薪伐採許可書所持者は、森林局事務所あるいは関税・消費税・使用料局官員から、自己の薪のすでに徴収された森林利用税の税額から計算した分の薪運搬書帳を購入する。
2. この薪運搬書は、他の薪業者に与えたり売ったりしてはならない。
3. 薪伐採許可書所持者が自己の薪を売る、あるいは他者に他所に運搬させる時は、この薪運搬書帳から、売った、あるいは運搬させる薪の立方メートルで計算した量に応じた枚数を切り取って、その日の日付を記入して購入者あるいは運搬者に渡す。
4. 購入者あるいは運搬者は、計測検査官員の求めがあればこの薪運搬書を提示する。薪の運搬先に到着したら、その地の森林局事務所または関税・消費税・使用料局事務所に薪運搬書に提出する。この提出が終われば、薪を舟から下ろすことが出来る。
5. このようして規定通りに正しく陸揚げした薪の所有者は、その後何らの手続きをすることなく自由に使うことができる。

②船による運搬

1. 船は、プノンペン市もしくは森林局が知っている薪の集積地以外の場所で、薪を買って積み込んだ場合は、船長は買った薪の量に見合う分の枚数の薪運搬書を薪売り人に請求する。それから森林局が船に無料で発給してある帳簿に、薪を買って船に積んだ日付と場所と薪の量を記録しておき、運搬目的地に到着した時に薪運搬書と一緒に森林局事務所に提出する。森林局はこの帳簿と薪運搬書とを検査して押印する。
2. 薪をカンボジア国外に運び出す場合は、薪運搬書はカンボジア国内でしか有効でないから、舟に薪を積み込む前にその場で計測検査を受け、建築用材運搬許可書と同様の薪運搬書を受け取る。この許可書は常に薪とともに存在しなければならない。

③木炭とタケ材

1. 木炭についても上と全く同じ規定が適用される。木炭生産者は予め木炭運搬書帳を購入しておき、［それから切り取った木炭運搬書］を木炭を購入した者に渡す。
2. 非保護林にあるタケ、トウ、ツタ、樹皮、樹根、果実は、自由に採取して同一州内で使用することができる。しかし州外に持ち出す場合は、森林利用税を納めて運搬書を得る必要がある。

「14」保護林

①指定

1. 政府は保護するべきであると判断する森林に、政府の考えを示し、「この森林内の自己の利益を守りたい者は、異議の申し立てを行うことができる」という掲示をして公示する。
2. 公示後1ヶ月に、弁務官を長とし、森林局官員、その森林が存在する場所の郡長と村長を委員とする委員会を設置する。
3. 委員会は現地調査に行き、異議を検討し、それからその森林を保護林にする申請をする。
4. 委員会から申請が提出されたら、森林局はその森林を測量して地図を作成し、境界標を立てて人々に保護林であることを示す標札を立てる。それから案件書類を総督に送って、総督が保護林にすることを決定する。

②伐採

保護林の樹木は自由伐採を禁止するが、許される特例がある。
1. 保護林中に、近くの住民が普通の自家消費用に木を採ることを許す区域を設ける。
2. また、森林局が予め定めてある理論により伐採を許す樹もある。これは、その樹に線を描いて伐採を許す目印にし、それらの樹を競売するが、競売参加者がいない場合は自由契約で可。

「15」森林規定の中級罪違反と軽罪違反

①裁判権

森林規定の中級罪と軽罪の違反者は、通常の規定の違反者と異なり、その国籍を問わず全てフランス裁判所、すなわち1907年7月11日付法令により職務を与えられた州地方裁判所、あるいはプノンペン地方裁判所が審理する。

②捜査と告発
1. 1907年7月11日付法令は、森林局職員、関税・消費税・使用料局職員、国家警察警察官、主任警備官、憲兵、水上警察警察官、に森林法違反を捜査する権限を与えていて、自己が公務を司る地域内で生じた中級罪違反と軽罪違反を発見したら、それを明らかにする調書を作成する。
2. また、この不正行為によって得られた林産物、およびその不正行為に使用された役畜、その運搬に使用された車、舟、船を没収する権限を持つ。
3. 上記の管掌する官員が違反を発見した時に没収した物品を、村の kramakaara に保管させることができる。もしこの kramakaara が保管させられた物品を破損・紛失した場合は、[この kramakaara が]政府に対して弁償しなければならない。保管することを拒否すると、罰金100フランで処罰される。
4. これらの官員は、材木置き場、製材所を立ち入り検査する権限と、筏、舟を随時検査して森林利用税を納めた証拠である文書の提示を命令する権限を持つ。
5. ただし、これらの官員は夜間に住民の家屋の垣根内にはいることは禁止されている。昼間に検査に入る場合は、村職員2名の同行案内が必要である。
6. これらの官員は、ある者が違反中の現場を発見したら、その者を逮捕し、直ちに地方裁判所長もしくは弁務官の所に連行する。
7. これらの官員が単独で逮捕に行くことができない場合は、司法権を有する郡職員か村職員に逮捕の助力を依頼することが許されている。

③捜査権を持つ現地国政府官員
1. 通常の違反・犯罪を発見、捜査する権限を持つ現地国政府官員、すなわち郡長、郡職員、村職員は森林規定の中級罪違反、軽罪違反を捜査する権限も持つ。
2. 近くに森林管理官、国家警察のフランス人警察官がいる所のこれら現地国政府官員は、違反を発見したら、まずその違反者を拘束しておいて、それらのフランス政府官員を案内して来て、違反を捜査させる。
3. もしこれらのフランス政府官員が近くにいない場合は、違反物を仮に押収して保管しておき、その違反者を逮捕して、調書作成のための基礎資料として、その違反行為を記述した報告書と共に、身柄を森林管理官に引き渡す。
4. この調書には違反について述べる以外に、押収した証拠品とその形状を記す。この調書は森林局長に提出し、裁判所に告発するか否かを局長が検討する。

④森林法違反の起訴
1. 森林法違反は検事の起訴により、フランス中級罪裁判所で審理する。検事は賠償するべき罪がある者に、出頭して起訴事実に対して否認する機会を与えるために召喚する。この召喚状には政府が要求する賠償金あるいは慰謝料の額が示されている。
2. この召喚状は森林管理官または司法権を持つ職員によって本人に渡される。
3. 森林管理官、司法権を持つ職員、州関税・消費税・使用料局長が自ら現地に行って違反を捜査して認識して告発した調書、すなわち「前もって宣誓したフランス政府官員が自ら捜査して作成した調書の内容は真実である」

第3部　行政の方法

と裁判所はするが、事案に対する偽造の罪が明らかに存在する場合には無効になる。
4. 現地国政府官員の報告書により、そしてフランス政府官員が自ら捜査して確認したことにより作成した調書も、偽造の罪がある場合には無効になる。
5. それゆえ、森林規定違反の被告は調書中の記述に、調書作成者による偽造を発見したら、「その調書は偽造である」と反訴する権利がある。すなわち反訴する文書を作成して、召喚状に記されてある裁判所による審理、判決が行われる日以前に裁判所の検察事務官に提出する権利がある。
6. 検察事務官はこの訴状を受け付けなければならない。そして審理して判決する日に、裁判所はこの反訴状を受け付けることを決定し、被告が3日後から遅くとも8日後の間に、偽造であることを明らかにするための証拠にする争点、たとえば法廷で証言させたい証人の氏名を裁判所に提出させる。
7. この期限後に裁判所は再び審理し、被告の反訴の取捨が審理され、採用された場合は、この事案は別の普通の偽造事案として捜査される。

⑤示談
1. 森林規定の中級罪違反と軽罪違反は、関税・消費税・使用料規定違反と同様に、被告が裁判所で審理されるのを避けるために、「示談」に協力する申請を行うことを許している。
2. この示談協力申請は、刑法による中級罪や重罪で起訴された者には許されていないことであるが、森林規定あるいは関税・消費税・使用料規定違反は、「税の支払いに対して欺瞞を行なっただけであり、盗賊と同じ取り扱いをするほどのことではない」という判断があり、それゆえ「示談協力申請」が認められているのである。
3. 政府は、裁判所へ起訴することが決定する以前に［訳注。原訳文は、「判決が確定する前に」となっているが、これは原訳者の誤解であるとする］、「示談協力申請」を受け付けることを許している。［刑法違反があって］刑事事案として起訴することが決定されたものは示談はできない。ただし、審理、判決することが決定した後は民事訴訟としての慰謝料の額についてのみ示談協力申請を受け付けることができる。
4. 違反者が［納付に同意する金額を記した］示談協力申請書を森林局官員に提出すると、その官員はそれを受諾できるか否かを検討する、すなわち、違反者が申し出た政府に賠償する金額が十分であるか否かを検討するために、直ちに申請書を上司に送る。
5. 申し入れを受け入れることができる場合は、調書を作成した官員に通知し、仮納付書を2通作らせ、1通は本人に渡して政府は示談に応じることを知らせ、本人が支払いを申し出た金額を財務局に納付させる。
6. もう1通は州財務局長あるいは関税・消費税・使用料局事務所に［送って］、「違反者から金を受け取って財務局に納付する」よう通知する。
7. 仮納付書には金を財務局に納付するべき期限が記してあり、これには［仮納付書作成日］から1ヶ月以上後の日付は許されない。
8. 違反者から示談金を受け取るべき立場にある者は、財務局への納付期限が過ぎた5日後に実際に金を受け取って財務局に納めたか否かを森林局に通知する。
9. こうして財務局に納付すれば、調書は無効となり［＝不起訴になり］、納付しなければ、事案は蒸し返されて［＝起訴され］裁判所は通常通りに審理、判決する。

「16」森林規定の罰則

［訳注。罰則はすでに記述されているものもあるが、参照の便宜のために全てを訳す］
1. 伐採許可書を持たない者で、自分自身が森林に入って伐採した者、または他者に森林に入って伐採させた者は100フランの罰金。伐採した材木は没収。さらに規定の太さ以下の樹を伐採した場合は、それに応じた罰が加算される。自己の伐採許可書に記載されている森林以外の森林で伐採した者、および、偽造［伐採許可書］の手段で伐採された材木であることを知りながら購入して使用した者も同罰である。
2. 伐採許可書所持者で、森林局が正しく押印した伐採人証を自己の伐採人に渡さなかった者は、渡さなかった伐採人証1枚につき5～50フランの罰金。かつそのようにして伐採された材木は没収
3. 政府が自由に伐採することを許していない樹を伐採し、かつ自己を雇用して伐採させる者が渡すべき伐採人証を所持しない者は、罰金5～15フランと投獄5～15日

4. 伐採許可書所持者複数名に雇用されて、[それぞれから]伐採人証を得た者は、その違法に雇用を受けた伐採許可書所持者1人につき罰金5～15フラン。既に他に雇用されて伐採人証を得ている者を雇用して伐採人証を渡した者は、本人がその事実を知らなかったという証拠がある場合を除いて、罰金50～100フラン
5. 雇用することができる数以上の伐採人を雇用した伐採許可書所持者は、違法に雇用した伐採人1名に就き、罰金100フラン。その違法伐採者が伐採した材木は没収する。
6. 規定の太さ以下の樹を伐採した者は、投獄8～15日と、1本に付き罰金2～5フラン。伐採許可書所持者も同額の罰金。材木は没収
7. 政府が伐採を禁止している樹種を伐採した者は罰金100フランと投獄15日～1ヶ月。その材木を受け取った者も同罰。材木は没収
8. 地面から人の高さ1つ分の高さの所の幹の周囲が、樹種によって1.50mもしくは2.00mに達していない樹から樹脂を採取した者は、罰金5～25フランと投獄2～15日
9. 森林局の許可を得ずに、林産物を有用物にする加工場、木炭や石灰や煉瓦の焼き窯、材木を丸く削る建物などを、森林から1km未満の所に臨時にまたは常設として作った者、森林から2km未満の所に製材所を作った者は罰金100フラン。それらの建物は撤去される。同所にある物品は全て没収
10. 製材所、材木置き場に隠匿して脱税した材木は没収。その所有者は材木1本につき罰金2～5フラン
11. 樹を地面と同じ高さで伐らなかった者は1本につき罰金1～5フラン
12. 管掌する官員が預けて保管させようとする材木を受け取ることを拒否した村職員は罰金100フラン。その材木を紛失した場合は、村全体がその材木の価格を賠償する。故意に紛失した場合は裁判所に告発し、刑法により処罰させる。
13. 森林管理官が違反者を逮捕する助力を依頼した時に助力しなかった村職員は罰金50～100フラン
14. 伐採地点から計測検査を受ける地点まで伐採人証、もしくはそれに代わる証明書を所持せずに運搬してきた材木、あるいは森林利用税納付後の運搬許可書を所持せずに運搬してきた材木は盗伐したと見做し没収する。
15. 期限内に森林利用税を財務局に納付せず、かつ森林局が納付期限の延長を許したにもかかわらず納付しない場合は、その被課税材木を没収する。
16. 計測検査所に到着した筏で、その筏の所有者がそこの官員に通知しない場合は、その材木を押収して倍額の森林利用税を納付させる。
17. 焼畑農業を許していない地域で焼畑農業を行っているのを発見された者は、投獄1～3ヶ月、罰金20～250フラン。その違反が行われた村は、政府が民事事案として請求する慰謝料を払う。慰謝料の額は罰金の額より少なくなければならない。ただし、村がその被告の行為を阻止しようとした証拠がある場合を除く。
18. 保護林内で樹木を伐り倒す、あるいは太さに関わりなく樹を切って短くした者は罰金100～250フランと投獄15日～2ヶ月
19. 保護林中にいる木材業者の被用人ではない者がその保護林に入って、一般道路以外の所で斧、鉈、鋸、その他伐採するための道具を携帯していて、管掌する官員に逮捕された者は罰金10フラン、道具は没収
20. 保護林に動物を放してはならない。保護林内で、一般の道以外の場所で管掌する官員が動物を捕まえると、その動物の所有者は、(以下いずれも1頭につき) ブタは1フラン、ウマとウシは3フラン、ヤギは4フラン、スイギュウは5フランの罰金
21. 保護林内の一般道路以外の場所で、管掌する官員に発見された車で、その森林内の合法的木材業者のための車ではない車は1台につき罰金7フラン
22. 許可なしに森林中の土地を開墾した者は投獄15日～2ヶ月と開墾した土地1ヘクタールまたはそれ以下につき罰金50フラン。この行為を阻止しようとしたが阻止できなかった証拠がない村政府は慰謝料を払う。
23. 以上に記述がない違反は、原則として罰金5～100フランと投獄1～15日。材木や林産物を騙し取った場合は、慰謝料を払う。
24. 以上の罰は、次の条件に該当する場合は2倍にする。
    ア。森林の件で審理されて有罪と判決された者が、その後12ヶ月以内に再び違反を犯した場合
    イ。夜間に違反行為を行って告発された者
25. 自己の妻、子、保護下にある者、被用者が違反した民事事案の場合は、自己が責任を持つ。
26. 森林規定違反による罰金、賠償金、慰謝料は、代替懲役で支払いをすることができる。判決状にある金額を支払う資産を持たないという証拠を持つ者は、金額が15フラン未満の場合は15日間、15～50フランなら1ヶ月

の代替懲役に服する。この懲役期間は、再犯の場合を除き、最長で2ヶ月とする。再犯の場合は懲役期間を2倍にする。

第3章　衛生

「1」衛生規定

①総説
　一般的衛生規定は1905年9月19日付総督政令で定められ、1907年12月31日付高等弁務官政令で、カンボジア国についての規定が補足された。

②伝染病
1. 患者を診察して、天然痘、コレラ、ペスト、赤痢、麻疹、ハンセン病などの伝染病を発見したフランス医師もしくは現地国人医師、あるいは伝染病の存在を知った家長、自宅に他者を宿泊させた者、病人の看病人、村職員、プノンペン市の区長は直ちに弁務官または弁務官に代わる官吏に、伝染病の存在を通知する。
2. これらの伝染病のどれに該当するのかが不明、あるいは伝染病の疑いがあるだけの場合でも、必要な措置を取らせるために直ちに行政機関に届ける。
3. 伝染病患者は、官員が必要であると認めた場合は、自宅、医院、何らかの病気の隔離所などに隔離して1人でいさせる。
4. さらに伝染病を発見し、その伝染病の伝染力が強いか否か、またその発生原因を知ったフランス人あるいは現地国人医師は現地国政府官員に、必要な措置を取るように告げ、それが実行されるのを監督する。
5. この必要な措置には次のことが含まれる。
    ア。患者の看護をして薬を与えるほかに、さらに消毒もする。
    イ。患者の排泄物、すなわち、し尿と唾液は、公道あるいは家の近くに捨てることを禁止し、予め石灰を入れた痰壺に取り、人里から離れた所に深い穴を掘って埋める。
    ウ。患者が触れた物品は焼却する。ござ、毛布、衣服は再び使用する前に煮沸消毒する。患者の住居は高価ではない場合、あるいは官員の命令がある場合は焼く。焼かない場合は、医師の命令に従って消毒する。
    エ。伝染病による死者は棺に入れて密封し、クメールの習慣に従って火葬にするか、人家、川、小川、池、湖沼、泉から離れた所に、深さ2mの穴を掘り、底に石灰を敷いてから棺を入れて埋める。

③検死
1. 普通の病気による死亡者も伝染病による死亡者も、その死因を知るために医者が検死をする。
2. 遠くて医者がいない地区では、現地国政府官員が検死を行い、病気の症状を詳しく質問する。
3. 伝染病などの理由で急がなければならない場合を除いて、死亡後24時間を経過しないと埋葬も火葬もできない。
4. 川、池など水の近くに埋葬することは厳禁されている。また穴は少なくとも深さ2m以上にしなければならない。

④市場の監督
1. 食べ物を売る市場は常に検査し、しばしば掃いて掃除させ、できればしばしば洗わせる。
2. 販売されている肉、魚、果実、野菜などは、獣医、あるいはフランス人医師または現地国人医師が検査して良否を知る。
3. 「悪い」と判断された品物は全て没収し破棄する。

⑤市および大きい市街地区に関する特別規定
1. 住民が多い市街地区は病原菌が広がりやすいので、しっかりと清潔にしなければならない。

ア。住居は風通しと日当たりを良くし、家の周囲の敷地ともども良く清掃する。
　　イ。生ごみ、その他のごみが溜まっている場所には伝染病の病原菌の媒介者になる小動物が出入りするから、ごみ溜まりをなくさなければならない。それゆえ、住民が自宅の前の道、道の端、溝、さらに敷地内の庭、下水溝の中などの清掃をするよう規定してある。
　　ウ。雨水と廃水が溝を通って流れるようにして、病原菌と蚊の発生源になる水溜りができないようにする。
 2. 大きい市街地区のし尿は病原菌の源であるから、種々の処理をする責務を課する。すなわち、汲み取って決して漏れない穴に埋めるか、漏れない桶に入れて居住地区から遠い所に運んでからあけて捨てる。
 3. 悪臭を発する生ごみ、その他の不潔な物は、し尿と同じ処理をする。毎日集めて遠い所に捨てて焼却する。
 4. 辺鄙な所に住む者も市街地区に住む者も、し尿と動物の死骸を川、湖沼に捨てること、人の遺体を川や湖沼など水の近くに埋葬することは厳禁されている。雨水と共に病原菌が地中に浸み込み、川、池、湖沼に流れ込み、そこで繁殖して、その水を飲む人と動物の健康に危険を及ぼすからである。
 5. 規定は使用する水に病原菌が入るのを防ぐよう忠告している。すなわち、
　　ア。水を肉質の密な水瓶に入れて何も浸みこまないようにする。またしっかり蓋をして何も入らないようにする。
　　イ。井戸は、ごみや動物の死骸を捨てる場所や土葬墓地から遠くに掘る。廃用になった井戸、あるいは水質の悪い井戸は、弁務官は防疫委員会と協議して、その井戸を埋めて地表を平らにすることを命令する。
 6. 市域内では、警察官または住民から、「住人の健康に害のある家である」という届けがあったら、弁務官は防疫委員会に公衆衛生のために何をするべきかを調査させる。すなわち、
　　ア。清掃してその費用を家の所有者に負担させるか、あるいは居住を禁止する。
　　イ。あるいは他に方法がない場合は、公衆衛生のためにその家の破壊を命じる。
　　ウ。この破壊を命じた場合には、政府が定めた額の補償金を家主に支払う。
 7. 政府は、市域内に家を建てる者が果たすべき義務の規定を作る権限を持つ。
　　ア。煉瓦や石などを接着させる建物は、まず行政機関に設計図を提出して認可を得なければならない。
　　イ。行政機関は設計図に病気予防の手段が全て措置されているかをチェックする。
　　ウ。家を建てた後、政府はその家が設計図の通りであるか否かを検査をする。設計図の通りでない場合は、政府はその家の破壊を命じる権限を持つ。

⑥衛生課
 1. 衛生課は、カンボジア国医務局長の指示下にあり、衛生のこと全てに関して常に州弁務官と協議する。
 2. 各州に防疫委員会があり、弁務官が長で、現地国政府官員とアジア人外国人長[cf.「①僑会長と副僑会長」p.146]が委員になり、衛生に関する規定を実行させ、公衆の健康を守るのに即効性のあるものに改善するための意見を具申する。

⑦衛生規定違反
 1. 衛生規定に対する違反は投獄1～5日、罰金1～15フランである。
 2. 1912年2月15日の規定により、さらに重い処罰もあり得る。

「2」伝染病

　死亡者が多い伝染病は、天然痘、コレラ、ペスト、赤痢、麻疹、ハンセン病である。

①天然痘
 1. 天然痘は、子供が1歳のうちに必ず種痘を受けさせ、さらに11歳と21歳の時に再種痘を受けさせる規定がある。これの実行には両親が責任を持つ。
 2. その実行を容易にするために、いつでも医院で無料で種痘が受けられる以外に、毎年決まった時に官員が各村を巡回して種痘をする。
 3. 村職員は、村民が種痘から逃げないように監督する。
 4. 種痘をする任務はフランス人医師と、医師免許証を所持する現地国人医師にある。

5. 「天然痘の植え付け」、すなわち「天然痘の伝染を防ぐ」と称して天然痘患者の膿を未感染者の体内に入れる［訳注。種痘が誤って伝えられて民間で行われていたらしい］ことは厳禁されていて、これに違反すると法律で罰される。この違反者の存在を知った現地国政府官員は直ちに上級政府に報告し、かつその者を逮捕しなければならない。

②隔離
1. コレラ、ペスト、赤痢は注射で治すことができるが、発病してから注射して菌を殺す。それゆえ、規定では伝染病患者を隔離して1人でいさせ、それから近くにいる者の健康を検査して感染するのを防ぐ。
2. 伝染病患者は、必要な場合に政府が出す特別許可がない限り、1つの所から他所へ移動させることはできない。
3. 伝染病患者は商船に乗せてはならない。
   ア。ただし、医務局あるいは行政機関からの許可があれば、船での移送ができる。この場合も、医者は患者を隔離して1人でいさせる。
   イ。船長は目的地に到着すると、その船の消毒ができるように、直ちにその地の医務局に届ける。
   ウ。舟またはバスで移送する場合も上記と同様である。

③ペスト
1. ペストは広まるのが早く、危険が最も大きいので特別規定がある。
2. ペスト患者がいる家は、その家の住人は全て家を離れ、医務局の命令の下に家を消毒する。
3. さらに家の中にあって病原菌が付着している衣服は全て洗って消毒する。
4. 木の葉の家は消毒できないので焼き捨て、政府は家の所有者に補償金を払う。
5. 消毒した家は1ヶ月間放置し、［その間は］住むことを許さない。
6. 患者と同じ家にいた者は水浴して石鹸で洗い、清潔な衣服を着る。他の家に滞在し、病人がペスト患者と認定された日から4日目と8日目に医師の健康診断を受ける。
7. もう1つ、政府はその家の近くのネズミを全て退治することを指示し、近所の住民全てに注射をする。

「3」海上防疫課

1. 外国から伝染病が侵入するのを防ぐために、外国から来た船は海上防疫課がある港にしか入港できない。
2. この課の医師、もしくは官員が船を検査して、病気の人および動物がいないことを確認してからでないと乗員乗客は陸上への往来はできない。
3. 伝染病発生国から来た船、あるいは航行中に伝染病が発生した船は、
   ア。その病気の種類によって異なる一定期間隔離して停泊させて我慢して単独でいさせ、患者がさらに発生しないことを確認する。
   イ。船の貨物は消毒する。
   ウ。この処理が終わり、乗員乗客が民衆の健康にとって危険ではないことを医師が確認したら、上陸と荷揚げを許可する。
4. 伝染力が強い伝染病の場合は、乗員乗客全員を陸上の病気隔離所に収容して隔離して滞在させることもできる。

「4」ハンセン病

①規定
1919年12月4日付総督政令は次のように定めている。
1. ハンセン病患者が公道を歩くこと、インドシナ国に入国すること、政府の任務を司ること、商業、あるいは使用人というような公衆と接触する職業に就くことなどを禁止する。
2. 医師がハンセン病であると診断した患者は、その患者の家族にその患者を養うのに十分な資産があれば家庭内で隔離し、そうでない場合は国立のハンセン病療養園に隔離する。
3. ハンセン病患者を公式にいずれかの場所に隔離するには、医師が病気の症状を診察し、この診断をさらに他の

複数の医師がチェックした後に、高等弁務官政令により収容が決定する。

②ハンセン病療養園
1. カンボジア国には、1915年に設立されたハンセン病療養園があり、これはkambang siem郡 mamien村のtrœng地区と命名された地区である。
2. ここは申請による者と、路上で物乞いをしていた被遺棄者、1919年12月4日付［総督］政令に違反した者、すなわち公道を歩いているのを官員に発見された者を収容している。
3. このハンセン病療養園は［正式には「地区」であるが］普通の村として組織されていて、全てのことを統括する村長がいて、村委員会がある。しかしこの村は他の村とは少々事情が異なるので、これらが持つ役目も少し異なる。
4. この村の住民は、職員・官員を含めて、全てがこの地区の外に出ることを禁止されている。また行政機関の許可がない者はこの地区に入れない。ただし、患者は特別許可を得た親族、友人の訪問を昼間に受けることはできる。
5. ハンセン病患者である住民は、人頭税と徴用税は免除である。政府が建てて保守管理する家に住む。家族が一緒に住むこともでき、最多で10人が一緒に住んでいる家もある。家はまだ丈夫で［自力で］生活できる患者のためで、重症患者は別にして療養所に入院させて治療を受けさせる。
6. 丈夫な患者は何によらず働いて収入を得ようとすることができる。ただし、患者が作った品物、栽培して得た果物は、このハンセン病村の外に売ることはできない。政府のための仕事をすると政府は賃金を支払う。
7. 政府は患者を扶養していて毎日食べ物を支給する。また各人に毎年ござ1枚、毛布1枚、衣服2着分の布を支給し、ランプの油、石鹸も［必要に応じて］支給する。また炊事道具も配布する。何らかの仕事をするために必要な道具、農具も申請すれば支給を受けられる。
8. フランス医師が定期的に療養所を訪れて患者の治療と投薬をする。
9. ここの秩序を保つために罰則があり、罰として患者に食料を25％減らすこと、1〜4日拘禁することもある。脱走すると8日間拘禁する。
10. 以上は、患者に路上で物乞いをする惨めさを免れさせ、さらに公衆への伝染の危険を可能ならばなくすための保護国政府の規定である。

「5」国のキニーネ

1. インドシナ国の森林地帯と、洪水で水没する地域では蚊の発生が多いため、マラリアで死亡する人が多い。それゆえ、政府はマラリアの予防と治療の特効薬であるキニーネを必要とする各人に与えたいと考えた。
2. 保護国政府は、キニーネの無料配布を実施している。すなわち、州庁とその出先事務所にキニーネ配置所を置く。
3. 弁務官は、確実にキニーネ配布の仲介をしてくれると信頼でき、物事を理解する知識のある人々に、医師の同意の下にキニーネを預け、この薬の配布と有効性の説明ができるようにする。これはキニーネを必要とする人のなるべく近くに薬があるようにするためで、交通が不便なところでは、たとえば、郡の薬無料配布所、郡庁、寺院、学校、村役場などに置くこともできる。
4. このキニーネは無料で配布するが、いい加減に配布する、すなわち受け取って行って他者に売って儲けたり、別の薬を作ったりする者に渡してはならない。
5. キニーネの配布は「国のキニーネ課」によって行われる。
6. このキニーネに関する規定に違反する行為は軽罪で、裁判所で審理し、クメール刑法第281条により処罰される。

第4章　動物に関する規定

「1」動物の伝染病

①規定

1911年11月30日付国王布告に、動物の伝染病が発生した時に行うべきことの詳しい規定があり、現在も有効である。
1. 伝染病で、あるいは伝染病の疑いがある病気で死んだ動物の所有者は直ちに［村長に］届ける。
2. その死骸は死亡後24時間以内に、深さ3mで底に石灰を敷いた穴に埋める。石灰がない場合には、殺菌するために、その穴の中の死骸の上で薪、藁、干草を焼いてから土をかけて埋める。
3. 村長、あるいは村長が指示した者2名がその動物の死骸の埋葬を規定通りに行うよう監督する。
4. 伝染病で死んだ動物の小屋の柱、外界との壁、内部の仕切りの壁、それに死んだ動物の近くにあった物全てに石灰水を散布し、薪、藁、干し草を焼いて十分に燻してから［その小屋を］廃棄し、別の場所に動物小屋を作る。
5. また、同一村内の動物は、その伝染病で死ぬ動物がいなくなってから15日後までは、その村境界の外に出してはならない。
6. これらの規定に不注意で違反した者は、初回は罰金5リエル、再犯は罰金5リエルに加えて投獄3日である。
7. 動物所有者からの通知を受け取るのを拒否した、あるいは［動物の］死骸処理の監督に行かなかった、あるいは村長代行補佐官を派遣しなかった村長は罰金10リエルである。
8. 不注意で動物の死骸を埋めるのを監督せず、規定通りに処理させなかった村長あるいは村長代行補佐官も罰金10リエルである。

②動物防疫班を監督する

現在も有効である1911年11月30日付国王布告は、伝染病の伝染を即効的に防ぐための措置が十分でない。それゆえ、1914年12月17日付総督政令で、「動物防疫班を監督する」と呼ぶ、動物の健康を守るための規定を定めた。その規定は以下の通りである。
1. 自己の動物が伝染病に罹った［あるいは罹った疑いがある］ことを知った者は、病名とその伝染の規模を村長に届け、村長は直ちに郡長に届け、郡長は弁務官に届ける。
2. 獣医が現場に来る、もしくは他の何らかの指示がある前に、伝染病、もしくは伝染病の疑いがある動物を隔離する。この官員に届けることと病気の動物を隔離することは必ず行なわなければならない。また決して病気の動物を［他所に］移動してはならない。
3. 病気の動物が死んだら、村長の監督の下に上述の手続きで死骸を埋める。
4. 弁務官は、動物伝染病の発生を知ったら、フランス人または現地国人獣医を現地に派遣する。獣医は、
   ア。診察して病名を確定し、その動物の治療の方法と薬の与え方を説明する。
   イ。隔離の状況、もしくは［死骸を］埋めるのを正しく行ったかをチェックし、それから伝染病発生地区の境界を定める。
   ウ。これらの措置を講じると共に、弁務官は高等弁務官に報告する。
5. 獣医からこの伝染病について全ての情報を得てから、獣医局長は高等弁務官に伝染の予防をする［高等弁務官］政令を出すことを求める。［高等弁務官］政令は動物の伝染病が発生した場所を知らせて、禁止事項を明らかにする。
6. ［高等弁務官］政令は、その［高等弁務官］政令を施行する区域の境界を定め、動物の隔離をし、動物数の調査簿を作り、その地域内の動物を地域外へ移動することを禁止し、地域外から内部への移動も禁止し、消毒し、動物の近くにあった物を焼却させる。また違反者の処罰を求める。

③伝染病が発生した時の措置
1. ウシ・ペスト
   ア。スイギュウのペストもある。

2. 口蹄疫
    ア。カンボジア国には多い。
3. 鼻疽
4. 炭疽病
［訳注。以上の4つの病気の措置は上の②と同じなので省略］
5. 狂犬病
    ア。狂犬病の薬はサイゴンにしかないから、狂犬病もしくはその疑いがある場合は、直ちに州庁に届けて必要な措置を取ってもらう。
    イ。狂犬、狂猫、あるいはその疑いがあるイヌまたはネコを見つけた場合は指示を待たずに直ちに殺す。
    ウ。プノンペン市では1年に4,000匹の［野良］イヌを処分している。
6. saataong hœm svaas（suraa）［？］
    ア。伝染病に罹っている疑いのある動物を売ってはならない。政府が伝染病が終息したと公告した後なら売ってもよい。
    イ。伝染病に罹っている動物は殺処分する。この場合、政府はその動物の価格の75％を補償することがある。これは命令により破棄した動産についても同様である。

「2」動物の登録

①役畜証明書

1. 役畜（＝ウシ、スイギュウ、ウマ、ゾウ）は現地国住民の主財産の1つである。それゆえ、盗まれるのを防ぐ措置が必要であり、また、かりに盗まれても取り返すことができるためには、その役畜が自己の所有物であるという証拠が必要である。それゆえ、保護国政府は、役畜の特徴を登録しておく部局をフランス裁判所内に附置している。
2. これに加えて、1919年8月6日付国王布告は、クメール人の所有物である役畜には政府が定めた様式の証明書を持たせることを定めた。
3. この証明書は、郡長代行補佐官［＝郡のkramakaara］1名と獣医局官員1名からなる委員会が村を1つずつ巡回して、そこに役畜の所有者に［自己の］人頭税カードを携帯の上、自己の役畜を連れて来させ、委員会がその役畜を検査してその特徴を記入して作成し、無料で発給する。
4. 役畜の所有者が変わった場合は、その役畜証明書に新しい所有者の名前と変更の日付を記入する。
5. 役畜の所有者はどこかにその役畜を連れて行く時には、必ずその動物の役畜証明書を携帯して、必要に応じて管掌する官員に提示する。
6. この規定に違反した者、すなわち、
    ア。自己の役畜の役畜証明書を所持しない者
    イ。役畜証明書を紛失して再発給を申請していない者
    ウ。所有者変更の事実を記入していない者
    エ。政府に虚偽の届けをした者
    などは、クメール刑法で軽罪になる。
7. これらの違反に共謀した官吏あるいは一般人も同罪である。

②役畜証明書の作成と発給

1. 役畜証明書には、ウマ、ウシ、スイギュウ用の証明書とゾウ用の証明書の2種がある。これらは控えつき証明書帳に、証明書帳番号、証明書番号、証明書作成の場所と日付、動物の特徴を記入し、動物の絵を描いて直ぐに見分けが付く特徴がある場所を示して、［控えにも同じ内容を記してから］証明書帳から切り取って無料で渡す。この証明書の裏には、その動物の所有者の名前と住所を次々に書くための罫線がある。
2. 動物の特徴を調べて記入する時期になると、郡長は郡のkramakaara［＝郡長代行補佐官］1名を獣医局職員と共に［役畜調査委員会として］郡内の全ての村を、予め定めて通知してある道順で巡回させる。その日になると、役畜所有者は人頭税カードを持参の上、自分の役畜を連れて委員会の所へ行く。委員会は役畜の特徴を調べて役畜証明書を作成、発給する。

3. この証明書を切り離して控えが残っている控え付証明書帳は州に送る。
4. その後、その役畜を売る、交換する、与える、遺産として相続する、などで所有者の変更があれば、その変更があった場所の村長あるいは弁務官がその役畜証明書に新しい所有者の名を無料で記入する。
5. 動物が死ぬと、役畜証明書は村長と郡庁を経由して州庁に送られ廃棄される。毎月末、村長はその月に生じた役畜所有者変更のリストと、役畜の誕生、死亡のリストを郡長に提出する。郡長はそれらの情報の記録を取ってから、弁務官に送る。
6. 役畜を売り、その役畜がインドシナ国内の他の国に行く場合は、村長か郡長か弁務官がその役畜の役畜証明書を回収して、代わりに売却証明書を作成して渡す。
7. 役畜を他国に運ぶために、単にカンボジア国を通過するだけの場合は、[そのための]証明書は必要ない。役畜の所有者が携帯している全ての書類はカンボジア国に入国した時点で「有効である」とするが、管掌するフランス政府官員が「見た署名押印」をし、カンボジア国から出国する時も同じことをする。
8. 外国から役畜を連れてカンボジア国に入国し、出国しない場合は、その役畜の所有者は管掌する官員に届けて役畜証明書を申請する。
9. 上記の委員会は、所有者の申請を受けて、新しく生まれた役畜の特徴調査をして役畜証明書を作り、[また]役畜所有者の変更を正しく届けているかを検査するために、各村に1年に少なくとも2回行く。
10. 役畜証明書に所有者変更を記入する余白がなくなった場合は、村長が新しい紙を貼り付ける。ただし[その貼り付けによって]古い所有者の変更の記入[記録]が隠されてはならない。

③役畜の盗難
1. 役畜を盗まれた、あるいは役畜が行方不明になった場合は、所有者は直ちに村長に届け、その役畜の役畜証明書を渡す。
2. 村長は最初の捜査を行った後に、得られた情報と役畜証明書を郡長に送る。
3. 郡長はこの役畜証明書を弁務官に送る。
4. すなわち、役畜がいなくなったことを村、郡、州の3つの政府が知って捜査して所有者に助力することになる。

④役畜証明書の紛失
1. 直ちに村長に届け、村長は郡長を経由して弁務官に届ける。
2. 州政府は庁内にある情報に基づいて役畜証明書を無料で再発給する。

⑤役畜記録簿と役畜管理台帳
1. 各郡長は郡庁に役畜の種類ごとの役畜記録簿を持ち、既に発給した役畜証明書の内容、さらに毎月村長から届けられる種々の変更を記録する。
2. 州庁にも州内の役畜全ての役畜記録簿がある。
3. また獣医局は、カンボジア国内の全ての役畜を記録してある役畜管理台帳をプノンペンに持っている。

「3」役畜売却規定

役畜の盗難が多いから、盗んだ役畜であるか否かを知ることは重要である。

①役畜売却証明書

1902年1月18日付大臣通達があり、役畜の売却については売却を証明する文書を作成し、その証明書には、その役畜の全ての特徴を書き、売買当事者双方が署名し指紋を押捺し、郡または村の官員がチェックして正しいと認めたならば、その文書の裏に署名押印することを定めていた。

その後、この規定の不十分な点が1911年1月12日国王布告で補われ、役畜を売却した時に発給するべき役畜売却証明書をつぎのように制定した。

1. 役畜、すなわちウシ、スイギュウ、ウマ、ゾウの売却は、その売却書を州庁に持って行って登記することによりその売却の事実を証明するが、それ以外に、[村長が]売却の当事者に役畜売却証明書を発給する。
2. この役畜売却証明書は、政府支給の、全ての枚に通し番号がついた100枚からなる控え付きの役畜売却証明書

帳から切り取った複写式の用紙で作成する［ママ。実際は作成してから切り取るはずである］。この切り取った用紙とその控えとには同じ内容を記す。
3. 各村は、その村専用の役畜売却証明書帳を持ち、100枚使いきったら新しく支給を求めるが、その時には使い終わった役畜売却証明書帳の控えの部分を州政府に送り返す。
4. 売買の当事者が売却書を村長の所に持ってきたら、村長は、「売られた役畜がその売却者の所有物である」ことをチェックしてから、売却書の表に署名押印する。
5. それから通し番号の付いた役畜売却証明書を作り、売却書の中にその役畜売却証明書の番号と役畜売却証明書帳の通し番号を記入する。売却書に役畜が複数ある場合は、村長はその数と同じ枚数の役畜売却証明書を発給し、それらの番号全てを売却書に記入する。
6. 以前、1911年1月12日国王布告が施行されていた時は、役畜売却証明書1枚ごとに5センを徴収した。その後、1916年2月4日付国王布告で無料になった。
7. ［役畜］売却書は常に役畜売却証明書を伴なわなければならない。
8. その後1919年8月6日付国王布告で上述の［＝「①役畜証明書」p.140］役畜証明書が制定され、この役畜売却証明書は役畜証明書と重複するので必要でなくなった。しかし、役畜証明書の発給はまだ完了していないから、現在のところは役畜売却証明書はまだ必要である。

②役畜売却証明書の破棄
1. 1911年1月12日の国王布告を補って、同一役畜を何回も売却することにより、役畜売却証明書を多数取得してごまかすのを防ぐために、1911年9月4日付国王布告が出された。これによると、村長は役畜の売却書の裏に署名押印する前に、売り手からその役畜の古い役畜売却証明書を回収し、郡長を経由して弁務官に戻し、弁務官がその古い役畜売却証明書を破棄する。村長は新しい役畜売却証明書に［古い役畜証明書記載の］その動物の売却歴史を記す。
2. 1911年9月8日付大臣通達は、破棄する役畜売却証明書には、その後間違いが生じないように、村長が記入するべきことを定めた。すなわち、新しい役畜売却証明書を発給したために無効になった証明書には、『〜年〜月〜日に番号〜の役畜売却証明書を新しく発給したために、この役畜売却証明書を破棄し無効にする』と記す。それから郡長に送り、郡長は弁務官に送る。
3. 新しい役畜売却証明書に、村長は、『〜郡〜村の〜村長が発給した役畜売却証明書は破棄し無効にする』と記す。
4. 以上により、その役畜はどこから来て、代々の所有者は誰であるかわかるのである。

③罰
1. すでに破棄されて無効になった役畜売却証明書を使用した場合は、1通につき罰金5リエルの行政処分がある。そして裁判所に送られて刑法で審理され、有罪であればさらに賠償金を支払わされる。
2. この破棄して無効にされた役畜売却証明書を使用した村長は免職され、1通につき罰金10リエル、さらに裁判所で審理、処罰され、賠償金を支払うこともある。

「4」ウシ、ウマ、スイギュウのカンボジア国外への移送

①総説
　カンボジア国にはウシとスイギュウが多いので、しばしばそれを購入してコーチシナ国やシンガポール、マニラなどの外国に連れて行くことが多い。このような商取引は自由に行うことができる。しかし、正しく売却される、すなわち、盗品を買わせないためと、外国に輸出される動物に伝染病があって商取引に障害を与えないように、規定が作られている。

②インドシナ諸国内の国への移送
1. コーチシナ国人がカンボジア国にウシ、スイギュウを買いに来ることが多く、買うと自国へ連れて行く。この場合、書類は全てクメール語なので、購入者が自国で登録するのが大変難しい。
2. この障害を避けるために、コーチシナ国人である買い手が役畜を購入した時には印紙型文書用紙［cf.「③文書用紙のサイズによる印紙」p.206］で売却書を作成し、売買の双方が署名し、村長に裏に署名押印してその売却

の事実を証明してもらう。
3. それから村長に役畜売却証明書を発給してもらい、その役畜売却証明書番号を売却書に記入してもらう。
4. 以上の2つの書類が整ったら州庁に行って登記してから、クメール語で書いてある役畜売却証明書の内容をフランス語に翻訳してもらう。この翻訳は無料である。
5. 次に弁務官が「この翻訳は正しい」という署名と押印をしてから、国外に連れて行く許可を裏に書く。
6. 以上は、1913年7月24日付高等弁務官政令で定められたものであるが、これには1915年7月30日付［高等弁務官］政令で補足された次の規定がある。すなわち、

 ア。カンボジア国外に運ぶ役畜は、ウマもウシもスイギュウも、
  a. 弁務官、弁務官代行補佐官、獣医、保安隊長であるフランス政府官員、国境の関税・消費税・使用料局官員のいずれかが発給した国外移送許可と、
  b. 上記と同一官員が裏に国外移送を許可する署名と押印をした役畜売却証明書
 が必要である。
 イ。この規定に違反して国外に移送しようとした者は軽罪、その動物は没収する。
7. 以上のことが全て終わったら、買い手は自由に運び出し、自国でその役畜を登録する。

③クメール人が売るためにコーチシナ国へ連れて行く役畜

この場合には上とは別の規定がある。
1. 売る人［＝売りに行く人］の名と住所、役畜の数とそれぞれの特徴を詳しく記したリストを持って州庁に行く。
2. これらの役畜の特徴をチェックして正しいことがわかったら、弁務官がそのリストに署名押印して本人に返す。
3. 役畜を連れてコーチシナ国に入国すると、最初に出会った役所に行き、そのリストを官員に渡し、連れて行った役畜とリスト中の特徴が一致することを検査し、「見た署名」をして押印することを求める。
4. それが終われば、役畜を連れて行くことができる。役畜を連れて歩いている時に買う人が現れたら、法律上正しい売却書を作り、登記する。
5. この売却書を登記した時に、その省の長である上級行政官が売った役畜をリスト中から抹消して、連れている役畜の数とリスト中の役畜の数が一致するようにする。

④単にカンボジア国を通過して他のインドシナ国内の国へ行く役畜
1. これは、役畜を連れてシャム国からコーチシナ国へ行く、あるいはラオス国からコーチシナ国へ行く、というようにしばしば起こる。この場合は、つねに役畜の数を調べて、役畜の群れを連れている者がカンボジア国内で売ったり、死んだりして数が減ったのを、カンボジア国内で役畜を盗んで数を補うことがないように監視する。
2. 役畜の群れの所有者はカンボジア国に入国する前に、役畜の数とそれぞれの特徴を書いたリストを所持していなければならない。
3. また役畜の群れを連れている人は、シャム国から来た場合は、全てパスポートが必要である。ラオス国から来た場合は通行許可書が必要である。［訳注。ここの「通行許可書」はラオス国のものであるから本書には無記述。カンボジア国のものはcf.「①通行許可書」の3、p.150］
4. カンボジア国に入ると、近くのフランス政府官員の所に行き、役畜の数がリスト中の数と一致することの検査を求める。なお、それ以前に売却、死亡、行方不明などで群れからいなくなった役畜はリストから抹消し、その抹消の理由を記す。

［訳注。カンボジア国から出国する時の手続きは入国する時のそれと同じである。cf.「②役畜証明書の作成と発給」の7、p.140］

⑤クメールの役畜の外国への輸出
1. 地方に行って役畜を買い付ける外国人は、買いに行く前に高等弁務官の許可を得る。この許可書は1人につき1枚で、本人が郡官員に提示して「見た署名」と押印を求める。
2. 購入した役畜は全てプノンペンに連れて行くが、正しい売却証明書がついていなければならない。プノンペンに到着すると、獣医が役畜の健康診断をして伝染病がないことを確認する。それから2、3日隔離しておいて、再度健康診断をしてから高等弁務官が船に積み込む許可を出す。

3. 役畜を外国に輸出する場合、役畜を連れて行く者が負担する輸出税を徴収する。
4. 役畜の外国輸出に関しては禁止規定がいくつかある。最も重要な禁止規定は、クメール人に対しては1911年12月4日付国王布告にあり、その他の民族に対しては1912年4月23日付総督政令にある「9歳未満の雌ウシと雌スイギュウは輸出するために売ることを禁止する」である。このように禁止するのは、これらの雌が外国で子を産むと、カンボジア国全体の役畜の輸出が減少することになるからである。
5. 同国王布告によると、輸出するために商人に9歳未満の雌ウシ、あるいは雌スイギュウを売った、あるいは売ろうとしたクメール人、あるいは商人が輸出するのに助力したクメール人は、裁判所が審理し、売った役畜の価格と同額の罰金を科す。このような輸出のための役畜売却証明書を出した管掌官員も同罪である。
6. その役畜は没収され、拾得動物保護所に預けておく。
7. その役畜の売却者は購入者に売却代金を返却する。代金の返却が終わり、罰金と役畜の保管料を払ってから、その役畜は売却者本人に返却される。
8. 総督政令の内容は国王布告と同じであるが、フランス人、フランス植民地人、アジア人外国人はフランス裁判所で審理される［訳注。この記述はやや正確さを欠き、「自国人以外のフランス保護国人」も含ませるべきである］。
9. もう1つ、1915年6月13日総督法令があり、総督は、役畜による利益を守る必要がある場合は、インドシナ国からウシとスイギュウの輸出を許可するのを臨時に中止する権限を持つ。この禁止は伝染病の大きい流行があって、生き残った役畜の数が少ない時に、さらにその役畜の輸出を許すと、国内にその役畜を繁殖させる役畜がいなくなってしまう恐れがあるからである。
10. 上の規定は［9歳未満の］雌を外国およびコーチシナ国に輸出することを禁止するが、総督は1917年11月29日に［総督］政令を出して例外規定を定めた。すなわち、
    ア。子を産ませるために買う場合は、毎年雌を年齢に拘わり合いなく総督が国内の雌の数を見て定める一定数だけコーチシナ国に輸出することを許す。
    イ。雌を購入してコーチシナ国に輸出したい者は、コーチシナ小総督［ママ。恐らく「カンボジア国高等弁務官」が正しい］に申請書を出して許可するべきか否かの審査を受ける。既に輸出を許した雌の数が、その年に輸出を許す数に達していれば、その年は輸出は許されず、翌年の1月1日以降に輸出できる。
    ウ。ただし、この特例は、役畜の数の状況に起因する必要があれば廃止されることがあり得る。

「5」雌ウシと雌スイギュウの屠殺

1. ウシとスイギュウの雌は国の財産を生み出す重要な源なので、1911年12月4日付国王布告で、9歳未満の雌を屠殺して肉を食べることが厳禁されている。
2. 違反して殺した、もしくは殺そうとしたクメール人被告は裁判所で審理され、その役畜の価格と同額の罰金が科される。
3. 不注意によるか否かの原因を問わず、9歳未満の雌を殺すのを助けた容疑を受けた［ママ。「容疑を受けた」は不要］クメール官吏は共謀罪で同じ罰を受ける。
4. その役畜がまだ殺されていない場合は、拾得動物保護所に保護し、その［売却以前の］所有者が購入者に売った代金を購入者に返却させる。
5. 代金の返却が終わり、罰金と役畜保護料を払ったら、その役畜を所有者に返却する。
6. この国王布告と同じ内容である1912年4月12日付総督政令があり、これはクメール人以外の民族に適用され、州フランス裁判所で審理される。

「6」コウノトリ、白ツル、ペリカンは禁猟

1. これらの鳥の羽毛をとるために、銃や網で捕らえると絶滅する恐れがあるので、クメール人以外には1914年12月22日付総督政令で、クメール人には、1915年11月4日に［高等弁務官により］同意された1914年11月24日付国王布告により、コウノトリ、白ツル、ペリカンの狩猟が臨時に禁止された。
2. これらの羽毛を販売のために陳列する、売る、買う、運搬する、天秤棒でかついで売り歩くのは軽罪である。
3. 狩猟に使用された銃、罠、その他の道具は没収して破壊する。さらに無許可で銃を所持していた者は、裁判所

で審理、処罰される。
4. 現地国政府が、森林管理官、関税・消費税・使用料局官員、憲兵と共にこの規定の違反を取り締まり、捜査し告発する。

「7」ゾウ猟規定

1. 以上に述べた役畜と鳥とさらにゾウ以外の野生の動物と鳥はカンボジア国内では自由に狩猟できる。
2. ゾウは種を保存するために、銃で射殺することが、1901年10月26日付国王布告で禁止され、違反者は罰金刑と投獄刑で処罰される。
3. その後1903年7月11日に国王布告が出て、田畑、農園、家屋に損害を与えた野ゾウは射殺禁止が廃止された。この例外の場合は、ゾウを射殺する者は弁務官または郡長に、緊急事の場合は村長に、その凶悪なゾウの射殺許可を求める。
4. 野ゾウを罠で捕らえるのは、カンボジア国では政府に税を納めれば許される。
5. 上述の規定は不十分であったので、1917年9月3日国王布告と、同内容の1917年12月31日付総督政令により規定は以下のように補足され詳しくされた。
   すなわち、野ゾウの射殺禁止は従来通りである。ただし例外として、人の利益を損ねる野ゾウは弁務官の許可の下に射殺が許される。もし人命に危険があり緊急を要する場合は、[額から]油を流している凶暴なゾウはその場で射殺できるが、その後直ちに上級政府に届けなければならない。
6. 例外がもう1つあり、高等弁務官に申請して100リエルを支払い、「射殺した雄ゾウ1頭あたり200リエルを支払う」という契約をすれば、高等弁務官は、雄ゾウを3頭まで銃猟できる有効期間3ヶ月の雄ゾウ銃猟許可書を出す権限を持つ。この許可は年が変われば再許可できる。
7. 野ゾウを狩り出して罠で捕らえて馴らして使うためには、ゾウを捕らえようとする郡が属する州の弁務官に許可を申請する。申請者は自己の名前と国籍、ゾウ猟師の名前と国籍、使用する囮のゾウの特徴を書く。またゾウを捕らえるのは、捕らえる本人のためか、それとも他者のためか、そして他者に依頼されて捕らえる者は依頼者の名前と国籍を書く。また、外国人が狩に参加する場合は、その外国人の身分証明書（パスポートまたは人頭税カード［ママ。外国人登録料税は外国人人頭税とも呼ばれた］）を添付する。
8. ゾウを捕らえたら、申請者はその頭数と特徴とを弁務官に届ける。また捕らえる最中に殺したゾウの数を届り、その象牙と足を政府に引き渡す。この象牙と足は売って政府の収入になる。
   この届けは、後でゾウ税額を決定するので、正しくかつ必ず届けなければならない。
9. ゾウ税額は、捕らえたゾウが王国住民のためのものであれば、そのゾウの価格の10％、外国人が来て捕らえた、またはゾウ猟師が外国人のために捕らえたものであればそのゾウの価格の50％である。
10. このゾウ税額の算出基準になるゾウの価格の推定は、弁務官が長になり、郡長1名、クメール官吏2名からなる委員会が定める。この委員会は、ゾウの価格に詳しい現地国人に出席させて意見を求めることができる。

「8」動物による被害

カンボジア国では、ウシ、スイギュウ、ウマを放し飼いにする習慣があり、これらの動物が田、畑、農園を荒らして被害を与えることがある。これに関しては、1897年12月29日付国王布告で定められ、1899年2月13日付国王布告で補足された官員、政府職員、民衆が従うべき次のような規定があり、違反者は罰される。

1. 田、畑、農園に役畜が入って損害を与えた場合、その田畑等の所有者は近くの村職員に届けて作物の被害を調査、確認してもらう。村官員に届けに行くことができない場合は、証人2名にその被害について供述、確認してもらう。動物は捕らえて村長か助役に引き渡す。
2. 村長は荒らされた作物の様子を調査して確認して記録書を作成し、動物の所有者を呼んで作物の被害を賠償するよう申し渡す。
3. 賠償に応じない場合は、事案を郡長に送り、郡長が審理し判決書を出す。動物の所有者に対する罰金は、5.00〜30.00リエルである。それから1899年2月13日付国王布告に定められている規定の額の賠償金を土地の所有者に支払わせるよう判決する。
4. 動物は所有者に引き渡す。所有者が引取りを拒んだ場合は、村職員が5日間保護し、その間に所有者に引き取

りに来させ、かつ1897年12月29日付国王布告に定められている規定の保護料を支払わせてから引き渡す。
5. 動物の所有者が引き取りに来ずにこの期限が過ぎたならば、郡庁の拾得動物保護所にさらに2ヶ月間保護する。この間に所有者が判明しない場合は、その動物は売却して代金は政府の収入になる。
6. 国王布告は、土地の所有者に、動物が侵入して［作物を］食べる被害を防ぐために土地の周囲に柵などを設けるよう忠告している。この忠告を効果あるものにするために、動物がこの柵などを破壊して土地に入った場合はその柵の被害金額も加えて賠償させ、もし柵がない場合は作物の被害金額の半額だけを賠償させる。
7. 畑等に侵入して荒らしている時にその動物を捕まえることができなかった場合は、裁判所はその動物の所有者であることが確かな証拠がある時にのみ、処罰できる。

第5章　カンボジア国に入国するアジア人外国人

「1」序説

1. フランス国と極東の国々たとえば中国と、イギリスのようにアジア人外国人を保護する国々との協定により、カンボジア国内に居住するこれらのアジア人外国人はカンボジア国王の政府ではなくて、保護国政府の直接統治の下におかれることになっている。また、その裁判権はフランス裁判所にある。
2. クメール行政機関官員は郡内の安寧に関して国王と保護国政府に責任を持つ。
3. カンボジア国内に居住するこれらのアジア人外国人に対する最新規定は、1919年11月15日付総督政令に定められている。

「2」僑会

1. カンボジア国内のアジア人外国人は、生国、言語、宗教などによって多くのグループにまとまっている。これを「僑会」と呼び、各州に作られている。
2. 中国人は、広東、福建、潮州、海南、客家の各僑会がある。
3. インド人は、マホメット教徒［ママ］、仏教徒、マレー・チャム人、ジャワ人、アラブ人［ママ］の各僑会がある。
4. 生国がフランス国植民地であり、フランス人には入らないインド人は、税の面ではベトナム人［＝フランス植民地人＝コーチシナ・ベトナム人］に分類される。

①僑会長と副僑会長
1. これらの僑会は、僑会長1名と副僑会長1名とが長になり統括する。
2. 僑会長と副僑会長は、投票で当選した僑会長候補3名と副僑会長候補3名を選び、その名簿から高等弁務官が内閣と協議、合意の上任命する。
3. 僑会長と副僑会長の選挙権を持つ者は、プノンペン市では各僑会員中の営業税簿または土地税簿に名前がある者、州では各僑会員全員である。
4. 被選挙権は、営業税が上から5階級までの者、あるいはその営業税額と同額の土地税を納付する者で、カンボジア国居住歴2年以上、前科がない者である。
5. 会員が100名未満の僑会は、他の僑会と合同して長1名だけを選ぶ。
6. 僑会長、副僑会長に欠員ができたら、欠員が生じた日から2ヶ月以内に新しく選挙する。
7. 僑会長が所用で3ヶ月以上留守にする場合は、副僑会長が僑会長に代わる。
8. 僑会長、副僑会長を選出しようとしない僑会に対しては、弁務官が郡長と協議、合意の上、1名を選んで任命し高等弁務官の承認を得る。

②僑会長と副僑会長の権限と義務
 1. 僑会長は政府が僑会員に命令する必要があると判断すること全てを僑会員に伝える仲介者である。
 2. 現地国政府官吏・職員を助けて共に僑会員に対する警察業務を行う。
 3. 僑会員の名を記した管理台帳を管理する。この管理台帳には僑会員それぞれが納税したか否か、住所の変更、行方不明、死亡、その他各人の状況の変化をはっきり知るための、あらゆる情報が記されている。
 4. 僑会は、受け入れるのが「適切である」と判断される者だけを僑会員として受け入れる権利と、「これ以上保護するのには耐えられない」と判断する者を退会させる権利がある。しかし、失踪者を退会させることを決定する前にその者の［未納の］税金を代納しなければならない。
 5. 僑会に入会することを拒む者、もしくは僑会に入会することを拒否された者は、政府により国から退去させられる。

「3」カンボジア国到着時に果たすべき手続き

①通行許可書
 1. 初めてカンボジア国に来るアジア人外国人は、サイゴン市かカンポートで上陸する。その時に、僑会長の保証の下にサイゴン市にある外国人入国管理局かプノンペン市の同局、あるいはカンポート州弁務官が発給する通行許可書を受け取らせて携帯させる。
 2. この通行許可書は、新規の入国者が居住する場所を選ぶためのもので、30日間有効である。

②国内居住許可書
 1. この［通行許可書の有効］期間が過ぎると、本人は住居を構えたいと思う場所の州弁務官の所に、保証人になることを承知した僑会長と共に出頭して［税金を納付して］国内居住許可書を受け取る。
 2. この国内居住許可書は、クメール人の毎年の人頭税カードに相当するもので、そのアジア人外国人の出生地、属する僑会の管理台帳中の通し番号による個人番号が記されている。

③個人情報記録書
 1. 営業税が課されていないアジア人外国人は、国内居住許可書とは別の本人の情報を記した個人情報記録書があり、本人は常に［国内］居住許可書と共に携帯しなければならない。
 2. この個人情報記録書には、国内居住許可書より詳しい情報が記入されている。すなわち、本人の出生地、僑会の管理台帳中の番号、右指の指紋があり、最初に税を納めた時に作成する。
 3. この個人情報記録書は、アジア外国人の最下層の者、すなわち商業にも従事せず、土地も所有せず、何らの資産もなくて、最低額の税しか納めない者のためのものである。

④身分証明書
 1. 営業税の上から5階級まで、もしくはそれと同額の土地税を納めるアジア人外国人は、国内居住許可書と個人情報記録書を所持する必要はなく、代わりに身分証明書を持つ。
 2. この身分証明書は本人の名前、国籍、個人番号、本人が属している僑会、本人の署名と写真、その年の税金を納めたという印紙印がある。
 3. 個人情報記録書と身分証明書との大きな違いは、前者は指紋があり、かつ国内居住許可書が共にあってのみ有効であること、後者は写真があり、その年の税を納付したという証拠である印紙印がありさえすれば有効であるということである。
 4. 営業税が非課税の中国人が多いにもかかわらず、この［上から5階級までの］営業税金を払って身分証明書を求める中国人が多い。その理由は、身分証明書の発給を受けることができる者は、僑会長が連れてきて政府に申請した、いずれかの商店の出資者、銀行や商店の事務員あるいは名士であり、この身分証明書を持っていると、本人とその家族は乗って来た船から何らの検査を受けることなく上陸できるための通行許可書を持たずにインドシナ国内を自由に旅行できる、管掌する部局に届けるだけで自由に移転できる、中国に帰りたい時にはカンボジア国内に限らずコーチシナ国でもトンキン国でもパスポートを申請して発給を受けられる、税名簿に名前を載せる申請をすることにより税金を僑会長に渡すのではなく直接財務局に納付する、などの権利を有するか

らである。要するに、身分証明書は、その所持者の名誉を高め、中国人肉体労働者と区別させるものだからである。
5. 女性は、老若を問わず、新入国の時に無料で国内居住許可書を得て携帯する。この国内居住許可書はその後更新する必要はない。
6. 18歳未満の男子も国内居住許可書を受け取るが［訳注。恐らく無料で］、課税される年齢に達するまで毎年更新しなければならない。

⑤特別居住許可書
1. アジア人外国人がカンボジア国に到着して、「短期滞在である」と届けた場合は、外国人入国管理局あるいは州弁務官は3ヶ月間有効で、有効期間延長不可の特別居住許可書を発給する。
2. この期間を過ぎても出国しない場合は、名簿に名前を記され、税を払わなければならない。
3. この特別居住許可書の発給は料金2.50リエルを徴収する。

「4」国内居住

1. アジア人外国人は毎年課される外国人登録料税を納めれば居住が許される。ただしこの税は18歳未満者は非課税である。
2. 正しく帳簿に登録されているアジア人外国人は、カンボジア国内を自由に旅行できるが、本人のケースに応じて、写真が貼ってある身分証明書か、まだ有効である国内居住許可書か、新入国者に発給される有効期間30日の通行許可書を携帯しなければならない。
3. 身分証明書あるいは国内居住許可書を紛失した場合は直ちに届けて料金を全額支払えば再発給される。

「5」住所の変更

［訳注。以下は他の州に移転する場合であって、同一村、郡、州内での移転はもっと簡単なはずである］
1. 住所を変更したい場合は僑会長に届け、住居を変更すること、移転先、税金は全て完納していること、身分証明書または国内居住許可書の番号についての証明書を出してもらう。
2. それから、州庁に行きその僑会長の証明書に「見た署名」と押印をもらう。この日から30日以内に新しい住所に行き、その地における自己の保証人である僑会長と共に州庁に行き、国内居住許可書の検査を受ける［訳注。「④身分証明書」の4、p.147には身分証明書所持者は管掌する部局に届けるだけ」とあるが詳細は無記述］。
3. 州政府はこの移転の情報を元の州政府に通知して本人が税を完納していることを確認してから本人を帳簿に登録する。

「6」アジア人外国人の死亡

アジア人外国人が死亡した場合は、その者の名を帳簿から抹消するために、その者の身分証明書あるいは国内居住許可書と個人情報記録書を死亡診断書の写しと共に州政府に送る。

「7」旅行証明書と通行許可書

①旅行証明書
1. アジア人外国人がカンボジア国から出国する、すなわち［コーチシナ国以外のインドシナ国の］どこかに旅行する場合は、自己の居住許可書と税金を完納しているという僑会長の証明書を政府に持って行って、旅行証明書の発給を受ける。
2. 旅行証明書の発給は有料である。

②通行許可書
1. カンボジア国に居住するアジア人外国人がコーチシナ国に旅行したい時は、州庁で3ヶ月有効で延長は旅行中

に1回だけ可能な通行許可書の発給を受ける。
 2. 特に長期間滞在が必要である場合は、有効期間を1年にすることもできる。
 3. この通行許可書は無料で発給する。
 4. 延長申請をせずに有効期間が過ぎると、1ヶ月を超えるごとに1リエルの行政処分の罰金が科される。

「8」罰

①国外追放

 1. アジア人外国人で規定に違反した者、あるいは刑法上の重い自由刑に処される者に対する政府の最も重い罰は国外追放刑である。これは総督が決定するが、高等弁務官が決定するケースもある。
 2. 国外追放刑を受けた者は、再びカンボジア国に入国することは許されない。敢えて入国した場合は政令［ママ］違反で刑法上の自由刑に処される。
 3. 国外追放は、カンボジア国外への追放と、さらに重いインドシナ国外への追放がある。
 4. 国外に追放された者が名前を変えて再入国するのを防ぐために、外国人入国管理総局は追放された者の写真と指紋と特徴全てを記したカードを複数作り、プノンペンに1枚、インドシナ諸国の各国に1枚ずつ配布しておき、入国させないようにしている。
 5. 僑会長が、その者はかつて国外に追放された者であることを知りながら、再びその者を僑会に加入させた場合は、僑会長の職を剥奪し、罰金1〜15フランと投獄1〜5日、あるいはこの2つのいずれか1つで処罰される。再犯すると必ず投獄刑に処される。

②僑会長

 1. 僑会長が僑会員の名前を、政府から隠す、すなわち［名簿を］偽造する意図で名簿から削除した場合は、僑会長職を剥奪し、その名簿から削除した僑会員1名に付き罰金1〜15フランである。また、僑会長はこの削除した僑会員たちの税金を全額財務局に納付する。
 2. 新入国者が僑会長の保証のもとに上陸を許され、有効期間1ヶ月の通行許可書を得て携帯し、この有効期間が過ぎてもその僑会長の所に出頭せず、帳簿に名前を登録せず、国内居住許可書を得ない場合は、
    ア．保証人である僑会長はその者の代わりに2倍または3倍の税金を払う。
    イ．その僑会長がその者を発見した場合は、その者の代わりに［僑会長が］納付した税金の賠償金を本人に請求することができる。
 3. 新入国者が到着し税金を払ったが、30日以内に通行許可書を持参して国内居住許可書に換えない場合は、僑会長は罰金1〜5リエル、投獄1〜5日である。

③書類の不携帯

 1. アジア人外国人は常に携帯するべき書類を、必要に応じて官員、職員に提示しなければならない。提示できない場合は逮捕され、弁務官またはプノンペン市の外国人入国管理局に連行される。
    ア．本人の現況を調査の結果、税を納めたことが明らかな証拠があれば釈放される。
    イ．税を納付していなければ新しい外国人登録料税カードの発給料と未納の税金を納付させられ、さらに罰金1〜15リエル、これに投獄1〜5日が加えられることもある。
 2. 本人が税を支払うべき資産がなく、さらに僑会長が引き続き保護することを拒否した場合は、国外追放にし、その費用はこの者を保証した僑会が負担する。
 3. 常に携帯するべき証明書を相応な理由なく紛失した場合は、下の料金を徴収して再発給することができる。その料金は以下の通りである。

    国内居住許可書　　　　7.00リエル
    通行許可書　　　　　　3.00リエル
    個人情報記録書　　　　3.00リエル
    未成年用通行許可書　　2.00リエル
    パスポート　　　　　　5.00リエル

 4. 自己のものでない国内居住許可書もしくはその他の書類を携帯していたアジア人外国人は、その者が携帯する

べき外国人登録料税カードの料金の3倍の罰金と、さらに投獄1～5日に処される。この者に書類を貸した、あるいは売った者も同じ罰である。

④税金
1. 未納の税金の額をごまかすために虚偽の申告をした者は逮捕し、税金の3倍の額の罰金を科する。
2. 規定に違反し、そして税金と罰金を払う資産がない者は懲役刑に処する。この刑に服している間に未納の税金を納めることができなければ、保証人である僑会長が代わりに納めた場合を除いて国外追放にする。
3. 税金の不払いで懲役刑に服している者が5年間のうちにその税金を支払うことができなければ、再入国ができないように、その者の特徴を全て記録してから、僑会の費用負担で国外に追放する。
4. 規定内に罰が記されていない違反を犯した僑会長は、その違反が税に関するものであれば、その未納の税額の、高等弁務官が1倍から4倍に定める倍率の罰金を納める。この違反が税に関するものでない場合は軽罪である。

第6章　身分証明書

①通行許可書
1. 1901年以前には、カンボジア国内を旅行するクメール人は、通行許可書を携帯しなければならなかった。
2. 1901年10月26日付国王布告は、「カンボジア国内を旅行するクメール人は通行許可書の携帯を必要とせず、アジア人外国人のみが携帯する必要がある」と定めた。
3. この国王布告は、「個人の自由意志を制限するものである」として、1906年5月2日付国王布告により廃止され、「コーチシナ国に行く時は通行許可書、［その他の］外国に行く時はパスポートが必要」と規定された。
4. その後、1908年2月12日付国王布告で、この制限が廃止され、クメール人と［コーチシナ・］ベトナム人はコーチシナ国とカンボジア国内の旅行は自由化され、人頭税カード以外の身分証明文書は何も必要がなくなった。

②身分証明書
1. インドシナ国政府は、「人頭税カードは偽名で［発給を］求めるのが容易であるから、これらの規定は現地国人旅行者を監督するには不十分である。また、以前の通行許可書を必要とする規定は、その手続きをするために時間がかかり、善良な人の旅行の障害になり、それと同時に悪人も通行許可書を申請することが容易にできる」と判断した。それゆえ善良な人が容易に旅行できるように、また警察が善良な旅行者を苦しめることができないように、また自分の国籍を隠すことが必要な者の監督、監視を容易にするために、1918年11月9日付総督政令を出して、身分証明書と呼ぶ、人頭税カードとは別の文書を制定した。
2. カンボジア国政府はこの総督政令の原則に即して、1919年12月1日付国王布告を出して、国籍を問わず、全てのインドシナ国現地国人が必要に応じて自己の国籍に関する情報を司法権を持つ職員と官員に容易に示すことができる簡単な義務規定を定めた。
3. それゆえ、1920年1月1日以降、政府は一般国民に国籍証明書を発給し、インドシナ国内を自由に旅行し、また郵便為替や財務局の支払う書を現金化する時など、いつでも国籍の証拠を提示できるようにした。
4. 1918年11月9日付総督政令と1919年12月1日付国王布告によると、フランス植民地人もフランス保護国民も含めて、全ての現地国人はつねに国籍の証拠を持ち、管掌する官員の請求があれば、いつでも正しい国籍の情報を提供しなければならない。
5. 自分の身元を証明するための証拠を示すためには種々のものがある。
　　ア。いつでも、どこでもこの規定が制定する身分証明書
　　イ。自己の通常の住居がある地にいる場合で身分証明書がない場合は、その年の人頭税カード、もしくは写真があるか指紋が押捺してあり管掌する当局の証明がある軍人手帳あるいは職人手帳
　　ウ。以上の文書を所持しない場合は、その地に居住している名声を持つ商人、もしくは不動産所有者3名の供述
6. 身分証明書を常に携帯するべき者は、18歳を越える男女で、自己の出生国または納税している国以外のインド

シナ国の国を旅行する、あるいは居住する者である。ただし例外として、他国との国境近くに住む者は、接している他国の郡へ行くのには身分証明書を必要としない。

7. この規定の違反は、クメール人はクメール刑法第276条、第277条、第278条により、投獄1〜5日、罰金0.20〜5.00リエル、フランス植民地人は軽罪として処罰される。
8. 身分証明書の有効期限は無期限である。紛失、破損した場合は再発給できる。
9. この身分証明書が有効であるためには、
   ア。所持者の姓名、生年月日、年齢、職業あるいは［学生、主婦などの］身分
   イ。所持者の写真あるいは右手の指紋
   ウ。所持者の特徴
   エ。保証する村印
   オ。その身分証明書の発給年月日と発給者の署名
   が必要である。
10. カンボジア国内の身分証明書発給権者は、プノンペン市長、州弁務官、州支庁長である弁務官代行補佐官である。
11. 身分証明書の発給は村長あるいは区長の保証による。
    ア。男性に対しては、出生地あるいは納税地の村職員が保証人になる。それ以外の地に居住する者は、その者が営業税の被課税者、あるいは財産があり不動産所有者であれば居住地の村職員でも可。
    イ。女性は単に居住地の村職員で可。
12. 現地国語で記されてある情報はフランス語に翻訳する。また必要な場合には近隣諸国の言語にも翻訳する。
13. 身分証明書発給料は50センである。ただし、1916年3月18日付国王布告による比丘証を持つ比丘、また、1917年9月20日付国王布告により規定されているイスラム僧とイスラム寺信徒長7名［訳注。イスラム寺院7つの各1名］は、この料金は免除である。
14. 死亡者の身分証明書はそれを発給した州庁または州支庁［ママ。恐らく「市庁」が脱落］に返還し破棄させる。
15. 居住地以外の地を旅行中の者は身分証明書の検査を受けるが、身分証明書を検査する者は、弁務官、州支庁の長である弁務官代行補佐官、国家警察官、郡長、支郡副郡長、保安隊司令官と保安隊主任警備官、公安警察官、市警察官、憲兵隊員、村長あるいは村長代行補佐官である。
16. 身分証明書についての詳細を知らせるために、身分証明書を発給する時に、現地語で書いた詳しい説明書を渡す。

第7章　人と乗り物の徴用とフランス人による雇用

「1」原則

1. フランス政府および現地国政府が公務に使用するために国民あるいは乗り物を求める必要がある時に従うべき原則は、クメール人に対しては、1917年1月8日付総督政令で施行が同意された1916年12月30日付国王布告で、クメール人以外のフランス裁判所が管轄する現地国人に対しては、1916年12月26日［ママ。「20日」が正しい？ cf.次の「2」］付総督政令で定められた。
2. 一般的規定は、各人は自己を雇用しに来た者に対して自己の自由意志で、かつ互いに合意した賃金で労力を賃貸して働く権利を有する。誰かに雇用される許可を官員から得る必要はないし、官員は雇用者と被用者間の契約に介入する権限はない。官員は、雇われるように勧めることはできるが、それを強制したり、雇われるのを拒否した時に、それを罰する権限はない。
3. 乗り物についても同様の規定がある。すなわち、ある者の車やウマを賃貸するように強制する権限は誰も持たない。賃貸するのに同意するか否かは、その車やウマの所有者の自由意志に任される。
4. しかし、やむを得ない事情により、政府が志願者を集めて使用することができないことがある。この場合は、

公用に限って政府は働く人、あるいは動物を徴用することができる。

「2」徴用

徴用に関しては、1916年12月30日付国王布告と1916年12月20日［ママ。「26日」が正しい？ cf.前の「1」の1］付［総督］政令で定められている。

①徴用できる事業
1. 公務として徴用することができるのは次の場合である。
    ア。たとえば洪水による被害を補修するなどのように、急いで危険を除き、公衆の利益と安全を守るため
    イ。政府の官吏とその者の荷物、道具、食料を遠方に運ぶなどの、公務遂行を容易にならせるため
    ウ。国全体の利益になる事業を行うため、またその事業に使用する器材の運搬のため
2. しかし、その地域の住民で自由意志でその仕事のために雇用されることを志願する者がいない場合に限られる。
3. 上記に定められたケースを除いて、人あるいは乗り物を徴用することは厳禁されている。
4. 上の第1の、「緊急に補修するため」、第2の「公務を行うのを容易にするため」に徴用する権限は弁務官あるいは弁務官代行補佐官にある。
5. 上記2の「公益のために賃金を得て働く人がいない」場合は、その事業を行う場所の弁務官と事業を行う部局の長からの届けにより、高等弁務官が内閣と協議し同意を得て、徴用を命令する。
6. 上のいずれの場合にも、農作業期、すなわち毎年5月から12月までは、公共事業のために徴用することはできない［訳注。nagaravatta によると、徴用でなく自由意志による応募を求めるのは農繁期にも行われていた］。

②人
1. 徴用できる対象は、総督政令の規定によると、次の通りである。
    ア。肉体的に成熟した18歳から50歳までのフランス植民地人とフランスの保護の下にある国民で、徴税簿に名前がある者全て。ただし、官吏、政府職員、僧、営業税を課税されている商人を除く。
    イ。アジア人外国人（すなわち中国人）、インド人、ジャワ人、マレー人、アラブ人、シャム人、ビルマ人全て。ただし上のアの除外条項に該当する者と、1914年3月20日付［総督？］政令［訳注。この政令の内容は本書中には記述がない］中に定められた者を除く。
2. 1916年12月30日付国王布告によると、以下の通りである。
    ア。21歳から50歳までのクメール人で税簿に名がある者。ただし、人頭税が免除されている者を除く。
    イ。18歳から20歳までのクメール人で、21歳になると人頭税が免除になる者を除いた全員。

③徴用地域
1. 徴用できるのは、事業を行う場所の周囲50km以下、すなわち往復4日以内の所に住む者である。
2. 自宅から作業現場まで歩いていく所要日数は、1日に25km歩くものとして計算する。帰途の日数分も労働日と同額の賃金で計算する。

④補償

作業現場では、連れて来られた者は必要に応じて医師の診察と治療を受け、薬は無料で与えられる。働いている間に事故で負傷したり、病気になったりした場合は治癒するまで無料で入院治療させる。そしてその入院治療期間は賃金を半額支払う。負傷あるいは病気の者が帰郷を願う場合は、弁務官が調査した後定める額の補償金を与える。負傷者あるいは病人が死亡した場合は、その家族は援助金を受け取る。

⑤賃金

賃金は、作業現場で5日ごとに仲介者なしで直接本人に渡す。

⑥乗り物の徴用
1. 政府が徴用できる乗り物は、民衆が所持する物で、車を曳かせるあるいは乗る役畜、役畜に曳かせる車、舟、

およびこれらの車の御者と舟の漕ぎ手である。ただし、例外として王族、大臣、郡職員、村職員、寺、イスラム寺院、ベトナム人長と副ベトナム人長、僑会長、出家の役畜、車、舟は徴用できない。
2. 徴用された役畜と乗り物の所有者は、往復とも賃貸料を得る。この賃貸料は利用が終了した時に直接所有者に支払う。
3. 徴用中の乗り物が全壊、一部破損、あるいは役畜が行方不明になった場合は、所有者は補償金を得る権利があり、その額は弁務官を長とする委員会が定め、遅くとも1ヶ月以内に所有者に支払う。

「3」被徴用人の賃金と徴用された乗り物の賃貸料の額

1. 賃金・賃貸料の額は国王布告、および保護国諮問会議の同意を得た高等弁務官政令が定める。
2. この額は国内で一般に行なわれている賃金・賃貸料額の過去3年間の平均値で、決定された金額のリストを州庁、郡庁、村役場に掲示させる。
3. 現在の賃金・賃貸料の規定額は1917年1月21日付国王布告と1917年1月24日付高等弁務官政令で定められたもので、日額は以下の通りである［訳注。以下は1つにつき。金額の単位はリエル］。

御者付きゾウ	2.50
ウマ	1.00
車のみ	
牛車 (ṭik)	0.40
牛車 (sraḷii)	0.30
水牛車	0.50
ウシと御者付車	1.50
スイギュウと御者付車	2.00
スイギュウ1対	1.10
ウシ1対	0.70
舟のみ（積載量1〜70 haap）	0.30
同　（積載量70〜100 haap）	1.00

    ［訳注。積載量70haapの舟はどちらを適用するのかは不明］

トンレー・サープと海を航行する舵手	0.60
漕手または人夫、食事なし	0.50
同　　　食事支給	0.40

4. 徴用した車、動物の普通の1日行程は25km。空で帰る場合の賃貸料は半額。ただし、半日行程、すなわちその日のうちに帰る場合は半額ではなく全日分の賃貸料を支払う。
5. 現行の規定は、「徴用の負担は国民全員に平等に公平に分け、同一人に何回も負担させてはならない」と注意している。このために、村職員は管理台帳を1冊持ち、徴用したらその証拠として徴用がすんだ証明書を出す。郡政府はこれを監督して職権乱用がないようにする。
6. 徴用の命令に従わない者、あるいは徴用中に脱走した者は軽罪で、ケースに応じてフランス裁判所あるいはクメール裁判所で審理される。

「4」フランス人農場経営者の被用者とフランス人家畜飼育業者の被用者

①被フランス人雇用者の特典
1. 1898年8月20日付総督政令により、フランス人に雇用されて賃金を得る現地国人あるいはアジア人外国人は、雇用されている間は人頭税［訳注。外国人登録料税は外国人人頭税とも呼ばれた］と徴用税が免除され、警備・巡視と徴用も免除される［訳注。これは「第2章人頭税」p.178、「第3章アジア人外国人登録料税」p.182、「第4章徴用税」p.184」には記されていない］。
2. 何らかの理由で雇用者と被用者間の雇用契約期間を終了させると、雇用者はその被用者の名前を州政府に届け、その者は全ての現地国人と同様、税簿に登録される。

②被用者証明書
1. フランス人に雇用されている者である証拠として、州政府はその者に被用者証明書を発給して［外国人には］国内居住許可書として所持させる。この証明書には本人の特徴と、もしあれば写真があり、本人の住所と雇用者であるフランス人事業者の名前がある。
2. この被用者証明書は雇用者であるフランス人事業者が被用者本人を連れてきて雇用契約書の登記を求めた時に発給され、仕事の内容、賃金など契約の詳細が記されていて、弁務官と雇用者であるフランス人事業者の署名が必要である。
3. さらに雇用者は3ヶ月ごとに、この証明書に「見た署名」をする。
4. この被用者証明書の有効期間は1年で、年末に更新する。
5. 被用者証明書は、雇用者が1枚につき2リエルの料金を財務局に納める。
6. 被用者が通常の住所から遠く離れる時は、雇用者からの許可書を所持する必要があり、所持していないことが明らかになった場合は、［被用者であるとは認めず］人頭税カードを所持していないものとみなされて、人頭税カードを所持していない現地国人に対する規定で処罰される。

③罰
　フランス人に雇用されている者は、契約期間が終了する以前に勝手に仕事を放棄して逃亡すると、郡と村の職員に通知され、捜査され逮捕されて州政府に連行され、裁判所で審理される。

「5」フランス人に雇用されている職人と召使

①職人手帳
1. 1899年8月26日総督政令と、この［総督］政令をカンボジア国にも施行することを定めた1902年2月5日付［高等弁務官］政令があり、フランス植民地人ではない現地国人成人男女でフランス人の職人あるいは召使として雇用され賃金を得ている者は、「職人手帳」と呼ぶ手帳を所持することを定めている。
2. この手帳は免税にならせるものではない。
3. この手帳には、職人あるいは召使の国籍情報、出生地、現在の住所、契約の種類、契約期間、賃金、特徴が記され、写真を貼り、右手の指紋が押捺してある。
4. この手帳は雇用者と被用者の両者がプノンペン市警察局長、州の場合は州弁務官の面前で署名する。

②契約
1. この種の契約期間は1ヶ月を超えることができないが、延長はできる。
2. 契約期間を定めていない場合は、契約の当事者双方は、15日前に相手に通告することで使用人雇用契約を破棄することができる。
3. 同一職人あるいは召使が順次複数の主人に使用人として雇用される場合は、同一手帳に順次その雇用者の名前を記入する。

③罰
1. 職人あるいは召使が提示すべき自己の職人手帳を所持していない場合、非合法的に契約を破棄した場合、15日前に通告することなく働くのを止めた場合は投獄1〜15日と、罰金1〜15フランに処される。
2. 使用人契約期間中に職人あるいは召使が主人を恐れずに働こうとせず、契約に同意した職務を行わない場合は軽罪である。
3. 使用人契約期間中にその職人あるいは召使を脅迫して強制する、あるいは［監禁など］身体的に強制して、あるいは甘言で騙して仕事を止めさせた現地国人も同罪である。
4. この種類の契約に関して生じた民事あるいは刑事告訴状は、プノンペン市では市警察局長に、州では弁務官に提出し、その職務により裁定される。

「6」フランス人に雇用されてカンボジア国内の農場あるいは鉱山で働く外国人

1. 1910年3月8日付総督政令で、外国人である被用者に対して雇用者が果たすべきことを定めている。たとえば、政府が全ての税の免除を許可するために［必要な］、被用者にさせる仕事に付いての詳細な契約書を作成する、住居を提供する、食事を与える、被用者の家族を乗せる乗り物を与えるなどである。
2. ［使用人雇用］契約に違反した者と、この規定に違反した者は処罰される。

第8章　軍、警備業務を行う部局（保安隊、州警備隊、自警団）

保安隊と軍は既述したが［cf.「『3』保安隊」p.65、「第4章軍」p.62］、未解説の部分を述べる。

「1」保安隊

①選抜方法

保安隊員選抜方法の原則は、1903年7月11日付国王布告で定めてある。

1. 保安隊は保護国政府のために存在するものであり、保護国政府が定めた人数を満たすために、クメール人民衆を臨時に隊員にするものである。また、隊員の選抜にあたっては、極力18歳～35歳の［男性］独身者で、頑丈で健康であり激しい労働に耐えることができる体力を持つ者から選ぶ。
2. 選抜する人数の割り当ては、村ごとに平等になるようにする。すなわち、帳簿［ママ。帳簿名は無記述］に登録されている者が80人未満なら隊員1名、80～130人なら2名、131～180人なら3名、181～230人なら4名を出す。このようにして村に人数を割り当てて行き、割り当てた人数が選抜を指示されている数に達したら、そこで終わりにする。
3. 次の回の割り当ての際には、今回割り当てなかった村に割り当て、このようにして全ての村に割り当てるようにする。
4. 保安隊の隊員選抜は各地域ごとに行う。すなわち州保安隊の隊員は全てその州に属する郡の村政府がその村の住民から選ぶ。郡政府はこの選抜人数の村への割り当てを平等になるように心を砕かなければならない。
5. クメール人は、通常は生地を離れることを恐れるので、隊員になることを嫌って志願しようとしないから、国王布告は選抜は寺で儀式を行った後、抽選で行うことを規定している。
    - ア．村長は隊員として選抜できる年齢に達した住民各人の名前と年齢と背の高さを記した名簿を作って、その者たちに集合させる。
    - イ．それから集まった者に志願の有無を訊ねる。
    - ウ．志願者の数が募集数に足りない場合、足りない人数分を、残りの者がくじを引き、当たった者を、健康、体力、操行をチェックするために州庁へ連れて行く。
6. 選抜が終わったら、村政府は村長が代表になって入隊する各人と、その者が受け取るべき手当金の額とその支給方法についての契約書を作成する。この契約書は手当金を保証するために州庁で登記する。
7. 抽選で隊員として選抜された者は、州保安隊に入隊する前に、自分の代わりに志願者を入隊させる権利があるが、この志願者は健康で体力があり、操行が良くなければならない。この代理者は、かつて保安隊員であり、勤務した州の弁務官から操行良好証明書を得て除隊した者から選ぶこともできる。

②服務期間

1. 保安隊の服務期間は以前は2年であったが、1912年2月16日付国王布告により、3年に引き上げられた。
2. 満期になった者は除隊になるが、操行が良好な者は、あらかじめ1年か2年か3年間の勤務契約を政府と結んで、さらに勤務を続けることができる。

3. この勤務延長は、それを奨励するために、本人の俸給が増額されるという特典がある。

③罰
1. 村政府が選抜した隊員が服務期間中に脱走した場合は、村政府がその隊員の脱走に責任を持つ。たとえば、脱走者は自分の地区に隠れるのが普通なので、村にその脱走者を探すよう命令する。命令が出てから15日以内に脱走隊員を保安隊に連行できなければ、あるいは脱走者が自己の意志で隊に出頭しなかった場合は、村政府は代わりの者を選んで入隊させなければならない。
2. もう1つ、村政府が選抜して送った隊員が操行不良、命令に不服従などで追い出されたり、公務が原因ではない病気で勤務が続けられなくなったりした場合は、村政府は代わりの者を選抜する。公務遂行中の死亡または負傷除隊の場合は村政府は代わりの者を出す必要はない。
3. 1900年7月2日付国王布告は、郡裁判所が脱走隊員に科するべき特別な処罰を定めている。
   ア。隊員が政府の物である服と共に脱走した場合は投獄1年
   イ。何も持たずに脱走した場合は投獄6ヶ月に減刑
   ウ。脱走後、自らの意志で帰隊した者は、その脱走期間の長短に関係なく投獄3ヶ月
   エ。服役が終わったら原隊に復帰させる。
   オ。戦時に脱走した、あるいは外国に脱走した者は上記の2倍の刑に処する。
4. またクメール刑法は、自己の保護下にある保安隊員を脱走させた保安隊員は、その保安隊員の不注意によるものと、共謀のものとの2つに分けて、保安隊員に下す罰を詳細に定めている。

④俸給
1. 保安隊勤務中の月給は、階級と服務期間延長の回数による。
2. 勤務地によって額が定められる食費増加補償手当が支給される。これは勤務地がマラリア汚染地域である、あるいは生活するのに食べ物を求めるのが困難である場合は大幅に増額される。［訳注。この記述から隊員の食事は自ら調達したらしい］。

⑤特典
1. 志願して長く勤務して、勤務年数が15年に達すると恩給を得る権利がある。その額は勤務年数と階級によって異なる。
2. 1914年1月5日付国王布告で定められ、後に1917年9月20日付国王布告で補足された規定は次を定めている。
   ア。3年間保安隊員を勤めて、操行良好証明書を得た者、あるいは公務執行時に負傷して除隊した者は、人頭税と徴用税が除隊の翌年の1月1日から3年間免除される。
   イ。袖章を得て［＝1等保安士以上］から除隊した者は人頭税と徴用税を5年間免除され、除隊して恩給を受ける者は人頭税が終身免除される。
3. 免税権を得た証拠として、行政機関は、有効期間が記されてある証明書を発給する。この特別証明書を所持する者は毎年第1四半期中に弁務官に提出して署名押印を受ける。この証明書を紛失した場合は、操行良好証明書を持参して検査を受けて、5リエル払って再発給してもらうことができる。

「2」クメール国現地国人軍

①選抜方法
現地国人軍兵士の選抜方法も1903年7月11日付国王布告第12条に従うが、保安隊とは若干異なる。
1. 現地国人軍に入隊する者は、フランス国陸軍省に身柄を預けることになる。それゆえ、フランス国陸軍省は毎年保護国政府に現地国人軍の欠員を補充するために入隊させる人数を通知する。
2. 保護国政府はこの人数を［クメール国］陸軍大臣に知らせ、選抜させる郡を大臣が定める。この郡の選択は偏らないようにする。
3. 選抜する日は、必要な選抜数より多い人数を、法律が各人に提出するよう定めている文書、すなわち操行証明書、出生証明書あるいは出生証明書に代わる一般の証明書を持参の上で州庁に集まらせる。
4. 弁務官、部隊長1名、医師1名からなる委員会があり、検査し選抜する。志願者と、志願者でない者から頑丈

で健康で強い者を選抜し終わったらフランス陸軍省に提供して現地国人軍兵士にならせる。

②任期

　任期は3年であるが、この任期が過ぎた後、勤務継続を志願することができる。

③裁判権

1. 保安隊員はクメール裁判所が裁判権を持つのに対し、現地国人軍兵士は、常にフランス軍軍法会議が裁判権を持ち、軍法ではない一般法律の中級罪犯罪、重罪犯罪を犯し、共犯者がいない場合も同様である。
2. 軍法ではない一般法律の中級罪犯罪、重罪犯罪を共謀で犯した場合、その共犯者は国籍が何であれ、また軍人ではない場合でも、身柄をクメール国現地国軍に送られ、普通のフランス裁判所が裁判権を持つ。
3. この特例法律規定は、現地国人軍を除隊したらその効力を失い、一般クメール人と同じ規定に従う。

④予備役

　現地国人軍を除隊した者は、除隊した日から12年間は予備役簿中に留まり、その間必要があればいつでも陸軍省は呼び出して軍務に服させることができる権限を保持する。

⑤特典

1. 現地国人軍を除隊した者は、政府の雇員あるいは看守になる権利を持つ。
2. 1917年9月20日付国王布告により、除隊後予備役にある間は全ての人頭税と徴用税を免除する。そのための証明書があり、本人は毎年弁務官の所に持参して署名押印をもらう。

「3」州警備隊

1. バット・ドンボーン州では、政府は志願者を集めて州警備隊に入れ、保安隊には入れない。
2. 州警備隊は、保安隊と共に警備業務を行い、地域の治安を守る。
3. 任期は2年で、保安隊とは制服は異なるが俸給は同額である。
4. 階級は曹長にまで上がることができるが、恩給を受ける権利はない。
5. この特別の警備業務隊は保安隊と全く同じ規定に従い、保安隊長であるフランス人主任警備官が指揮する。
6. 州警備隊は必要に応じてバット・ドンボーン州内の全ての郡庁とsruk庁に配置する。
7. 携帯する武器は保安隊より弱いが、郡政府官員を補佐するという任務を遂行するためには十分である。

「4」自警団員

1. 凶悪な盗賊が多い地域、および反乱が生じた時は、フランス政府と現地国政府は治安を維持する助けとして志願者から自警団員を選ぶことができる。すなわち、郡内に居住する勇敢で善良な人で政府に騒動を鎮圧するよう依頼された時に、政府に助力する心の準備がある人たちである。
2. 自警団は正式な行政機関の組織ではなく、危険が生じた時に有用な習慣である。
3. 郡政府官員は、喜んで自警団員になる人の名簿を予め作っておき、緊急の場合に、郡長が弁務官に自警団員を選抜して助力させる許可を求める。
4. 自警団員は、公務を助力している間は毎日賃金を得るが、選抜されることは稀なので、それ以外の利益はない。

第9章　クメール王権界と仏教界

「1」国王と仏教

①国王

　クメール人にとって国王は仏教保護者の最高の長である。それゆえ、国王は僧と仏教徒全てを統治して、律を守り、古くからの仏陀の教えを悪い方に曲げないように、［また］新しいものに変えることにより仏教徒の内部で論争を生じさせて国の秩序を乱すことがないように、いずれかの派が他の派に不法を行わないようにする。

②国王からの仏教徒への注意

　1918年10月2日付国王布告は、昔からの習慣に基づいて両派の僧侶長と協議して、全ての僧と仏教徒に次のように注意をした。
1. 仏陀の言葉を守り、現在はモハーニカーイとトアムマユットの両派に分かれているが、いずれも昔からの教義に従うこと。
2. 両派の比丘も沙彌も他の派の三衣をまとうことを禁止する。
3. 全ての僧、aacaarya、優婆塞に、昔からの律に変更を加えることを禁止する。

③教義の変更
1. 比丘、aacaarya、優婆塞が、これまで代々伝えてきた教えとは異なる教えを広めようとする場合は、その変更をまとめて記した文書を予め内務・宗務大臣に届け、閣議で協議、検討してから国王に申し上げ、国王が決定する。
2. 国王の承認があってはじめて、その新しく変更したものを教えることができる。
3. この規定に従わない比丘、あるいは他の違反を犯した比丘、あるいは仏教徒は、僧侶委員会で審理し、一般法律でも処罰するべきであると認めた場合には［その比丘は］還俗させ、王国裁判所に身柄を送って審理し処罰させる。

「2」比丘と沙彌

①比丘証と沙彌証
1. 出家は人頭税が免税である。これは、クメールの昔からの習慣である尊敬の念に基づく。
2. 悪人が僧衣をまとって僧になりすまして悪事を働き、犯罪を撲滅する職員たちの目を逃れることを防ぐために、1916年12月27日付国王布告で補足された1916年3月18日付国王布告は、正式な比丘あるいは沙彌であるという証拠になる出家証明書を制定した。
3. これの発給は次のように行う。
　　ア。在家に出家させて比丘あるいは沙彌にならせる戒師になる完全な資格を持つ比丘は、出家を望む者に、まず村長が発給する、人頭税簿中の本人の名前と番号を記した操行証明書を持参させる。
　　イ。それを見てから、［出家させ、］比丘には比丘証を、沙彌には沙彌証を与えて所持させる。
　　ウ。この文書の作成は、同国王布告で定めている見本に従う。
4. 還俗する時は、住職が比丘証あるいは沙彌証を回収して還俗した日付を記入し、署名押印してから［本人に］持たせて村長の所に行かせる。
5. 村長は還俗した者の眼前で村人頭税簿にその者の名前と還俗した日付を記入する。
6. 村長は回収された比丘証あるいは沙彌証を郡長に送り、郡長は弁務官に送って、弁務官がこの不用になった証明書を破棄する。
7. 比丘証あるいは沙彌証を紛失または破損した場合は、本人の居住寺の住職からの紛失あるいは破損証明書を添付した本人の届書を見て、戒師が再発給できる。

②居住寺の変更
1. 出家が居住している寺を変更するときは、前の居住寺の住職が比丘証、または沙彌証の裏に居住寺移転のことを記して、寺のaacaaryaにその僧が寺を去った日付と新しい居住寺を村長に通知させる。
2. aacaaryaから通知を受けた村長は、居住寺の変更が居住村の変更を伴う場合は、自村の［村民簿中の］出家簿からその出家の名を抹消し、そのことを郡長に知らせる。
3. 郡長は移転先の寺がある村の村長に通知する。
4. 出家が新しい居住寺に到着すると、直ちにその寺のaacaaryaが村長に知らせ、村長はその出家の名を村民簿［中の出家簿］に記入し、郡長に報告する。
5. 村に来るべき出家が来ない場合は、村長は郡長に報告し、郡長は必要に応じてその出家を探す。

③旅行
［訳注。以下の記述中の「通行証」についてはcf.「第6章身分証明書」p.150］
1. 出家がカンボジア国内を旅行する時は、比丘証あるいは沙彌証を携帯しなければならない。
2. 臨時、永久を問わず、カンボジア国からインドシナ国内の他の国に出る時には、さらに通行許可書も携帯しなければならない。
3. ［インドシナ国以外の］外国に出る時にはパスポートの携帯が必要である。通行許可書とパスポートの取得は、出家が住職に申請書を出し、住職はその申請書に自己の判断を添えて村長に出す。申請書は村長から郡長へ、郡長から弁務官へ送られて、弁務官が通行許可書あるいはパスポートを無料で発給する。
4. インドシナ国内の国あるいは外国を問わず、目的地に到着したら、携帯している書類をそこの役所に提示して検査と「見た署名と押印」を求める。これを怠ると国外に退去させられる。
5. 臨時にせよ、永久にせよ、一定期間にせよ、カンボジア国外から出家が寺に来た場合は、直ぐに寺のaacaaryaに村長に通知させ、村長はその外国からの出家が通行許可書あるいはパスポートを所持しているか否かを調べる。
6. 所持していれば、その文書に弁務官の「見た署名と押印」があることを確認する。もし弁務官の「見た署名と押印」がなければその文書を回収して郡長に送り、郡長は州庁に送って「見た署名と押印」を求める。
7. 外国から来た出家がこれらの文書を所持していない場合は、その出家の処遇を決定するために、身柄を弁務官に送る。

④違反の審理
1. この国王布告に違反した被告がまだ僧籍にあれば、両派の僧侶長がその出家を審理する。
2. 被告が既に在家になっていれば、行政機関あるいは裁判所が審理する。

「3」寺院

　昔からの習慣では、寺院を新しく建立したり、建立する場所を求めることは何らかの規定による手続きを満たす必要はなかった。このように基礎になる規定が何もなかったので、その寺の檀家が賛否の両派に分かれて争いを起こすことが多かった。
　それゆえ、1904年11月21日付国王布告は、新しく寺院を建立する場合は国王の許可が必要であると規定した。
1. 新しく寺を建立したい者は郡長に（建立）許可申請書を出し、郡長はその申請書をよく調査・聴聞してから弁務官に送り、弁務官は内閣に送る。
2. 内閣は僧侶長の意見を訊ねてから、その結果を添えて国王に申請書への許可を願い出て、国王が許可、不許可を判断する。
3. この規定はベトナム人の寺、中国人の寺にも適用されるが、これはその地区のベトナム人長あるいは華僑会長の判断を申請書類の中に入れる。

「4」僧の統治組織

①総説
1. 1905年以前は、カンボジア国は、それぞれ5卿のいずれかに属する多くの地域、すなわち郡守領に分割されて

いた。郡守領を統治する在家郡守は1905年5月5日付国王布告により廃止された。
2. しかし、やはり以前からあった出家郡守はその後も存在し続けた。
3. この出家郡守は王室年代記によると、ketumaalaa 王の時代には dradruung raṭṭhasanggha が7名いたが、その領地として郡を持つことはなかった。その後、hariraksa raamaa issaraadhipatii 王の時代には、郡守である raajaagaṇa は29名に増えた。そしてノロドム王の治世には33名に増え、現国王の時代になってから、新しく raajaagaṇa visesa が加わり、総人数は64名になった。
4. 国王は昔からの優れた習慣は変更して保存するべきであるとお考えになったが、今や昔の郡守領は全て廃止されて新しい郡が設置されたので、その結果、現在の raajaagaṇa 職の人々は、郡のための職務を何も持たないから、郡内で宗教上の事件が生じた時にそれを裁定するのが困難であった。

②出家郡守の廃止と郡僧侶長

上記の障害を克服するために、1919年7月25日付国王布告は次のことを定めた。
1. 出家郡守を廃止して、郡僧侶長をおく。
2. この郡僧侶長はそれぞれの宗派の僧侶長に直属し命令下にある。僧侶長は僧侶委員会を持ち、僧侶委員会の補佐を受けて国内の寺院の長を統括する。
3. 現在生存中の出家郡守は僧侶委員会委員になる。

③僧侶委員会
1. 僧侶委員会は僧侶長の職務執行を補佐する諮問機関である。
2. 僧侶委員会は両派ともそれぞれ定員6名で、僧侶長が郡僧侶長から選び、宗務大臣の判断により内閣の同意を得て、国王が許可して決定する。
3. しかし現在は過渡期の措置として、昔の raajaagaṇa の人々が僧侶委員会委員として残っているので、僧侶委員会委員の人数は6名よりも多い。この職の人たちがいなくなれば、規定による定員6名になる。現在は暫定的に、モハーニカーイ派の委員は14名、トアムマユット派の委員は11名いる。

④住職
1. 各寺には住職がいて、住職は寺の長である。住職は郡内の、その宗派の全ての寺を統括する郡僧侶長に直属する。
2. 郡僧侶長は、宗務大臣による仲介を通じて、各々の宗派の僧侶長に直属する。

⑤郡僧侶裁判所
1. 郡内で教義に関する論争が生じた場合は、郡僧侶長、郡副僧侶長、vinayadhamma［郡僧侶法務官？］、samuhagaṇa［郡僧侶人事官？］、paiṭiikaara gaṇa［郡僧侶書記官？］が構成する郡僧侶裁判所が審理する。郡僧侶裁判所の判断が出たら案件書類を、郡長、宗務大臣を経由して僧侶長に届け、僧侶委員会が裁定する。
2. この僧侶委員会の裁定書は宗務大臣が国王の許可を得て初めて決定し、再審は許されない。
3. 宗教上の争いが王権界に関連する場合は、郡僧侶長が郡長と検討してから案件書類を州弁務官に送り、州弁務官は高等弁務官へ届ける。高等弁務官は宗務大臣と僧侶長と協議してから内閣に送って検討し、それから国王が決定する。

⑥役職僧の選任
1. 住職の選任は従来通りの方法である［訳注。この方法は本書には無記述］。samuhagaṇa［郡僧侶人事官？］と paiṭikaa［郡僧侶書記官？］は郡僧侶長が郡長の同意の下に選任する。
2. 郡僧侶長、郡副僧侶長、vinaya dhamma［郡僧侶法務官？］の選任は郡長の申請を受けて僧侶長が、宗務大臣の同意を得て任命する。郡僧侶長の官職は braḥ gruu である。
3. トアムマユット派の寺は数が少ないので、この派には郡僧侶長はいなくて、郡長が寺を監護する。争いは全て郡長が調査して［裁決書を］宗務大臣に提出する。その裁決書を僧侶長が宗務大臣と協議し、国王の同意を得てから決定する。

⑦両派の争い

両派の僧の間の争いは、まず郡長が調査してから州弁務官に送り、それから案件書類を宗務大臣に送り、宗務大臣が両派の僧侶長と共に検討して閣議で決定し、国王の承認を得る。

⑧僧の法律違反

1. 出家が行政規定、あるいは刑法に違反した場合は、政府の要請により宗務大臣が僧侶長にその出家を還俗させることを要請し、還俗させてから管掌する裁判所が審理する。
2. 出家が他者に迷惑をかける、名誉を毀損する、などの行為を行った場合は、郡僧侶長が郡長に届ける。

⑨出家郡守の権限

この国王布告は、出家郡守が従来持っていた権限を全て廃止した。それゆえ、以前の制度の出家郡守が郡僧侶長に圧力をかける、あるいは支配すると重罪である。これに加担した僧も同罪である。

第10章　銃

「1」総説

1. 銃の商いと所持・使用に関して、従来はインドシナ諸国それぞれが互いに異なる規定を持っていたが、フランス国政府はこれらを全て統一し、インドシナ諸国全てに共通で、フランス人にも現地国人にも適用されるものを1918年4月21日付総督法令で基本規定を定め、後に高等弁務官政令でカンボジア国内での施行が決定された。
2. この［総督］法令によると、銃の製造と商いはフランス人のみが行うことができ、行政機関に許可を申請する。銃業者は、銃を所持・使用する職務あるいは権利を持つ者にのみ売っていることを政府が検査して知ることができるための帳簿を持ち、次々に追加記入して更新し、政府は常にその帳簿を厳重に検査する。

「2」銃所持許可書

銃と弾薬は、総督が作成したリストでは、射程距離が長い戦闘用銃とその弾薬、射程距離が短い狩猟用銃とその弾薬の2種に分類されている。

①戦闘用銃所持許可書

1. 戦闘用銃は高等弁務官が銃所持許可書を発給して所持させたヨーロッパ人のみが所持・使用できる。
2. 銃商人は、銃所持許可書に名前が記されている者が、その銃所持許可書の写しを証拠として預け置いた時にのみ、銃の販売、引渡しをすることができる。
3. 購買者本人が直接フランス国あるいは外国に発注して取り寄せた銃は、郵政局職員が開梱して内容物を検査して、本人から銃所持許可書の写しを請求して［、受け取って］からのみ引き渡すことができる。

②戦闘用銃所持特別許可書

1. 一般的に言って、現地国人、準現地国人アジア人、アジア人外国人は戦闘用銃を所持・使用する権利がない。しかし、インドシナ諸国の各国には所持・使用を許す例外条項がある。
2. カンボジア国では、王族、大臣、副大臣、裁判所高官の一部、郡長は所持・使用を許されている。
3. この戦闘用銃所持特別許可書は高等弁務官が内閣と協議して発給し、無料である。
4. 戦闘用銃所持特別許可書をもつ現地国人は、銃の取り扱いに関しては全てフランス人と同じ規定に従う。
5. これらの戦闘用銃所持特別許可書が与えられる職にある者が、理由の如何にかかわらずその職を去ると、戦闘

用銃所持特別許可書は政府に返納し、銃は州庁に置いておく。
6. しかし銃の所有権は本人およびその遺産を相続した者にあり、同タイプの銃の所持特別許可書を所持する他の者に売却することができる。
7. 官吏が、その身体に危険が及ぶ恐れがある場所に公務で派遣される場合には、弁務官はその官吏に例外的に護身用に戦闘用銃を渡して携帯することを許可する権限を持つ。その公務が終了した時に、その許可は効力を失う。

③猟銃所持許可書
1. 猟銃の所持・使用はヨーロッパ人［ママ］は自由で、現地国人とアジア人外国人のみ許可が必要であり、弁務官に申請書を提出する。
2. 弁務官はこの申請書に自分の判断を添えて高等弁務官に送る。高等弁務官の許可が得られれば、申請者の写真を貼り、申請者の指紋を押捺した許可書が高等弁務官府から発給される。
3. 国内の銃商人は、本人からこの許可書の写しを受けとって見た後に［のみ］、銃を売り渡すことができる。
4. 外国から郵便局に送られてきた場合は、郵便局職員が、弁務官が弁務官代理として派遣した官員の面前で開梱し、内容物をあらためてから［のみ］引き渡すことができる。
5. 銃は州庁に持って行って登録し、その帳簿でその銃に与えられた登録番号をその銃の銃床にしっかりと刻む。
6. 猟銃所持許可書の発給料金は30リエルで5年間有効であるが、その間は6ヶ月ごとに許可書を持って行き、弁務官が「見た署名押印」をする。この署名押印料金は各回2.00リエルである。
7. 5年の有効期間が過ぎると、政府はそれを回収するが、政府の判断で再発給することができ、その場合は料金30.00リエルを徴収する。
8. 猟銃所持許可書所持者が6ヶ月ごとの検査と「見た署名押印」を受けなかった場合は、25～100フランの罰金で、許可書を取り上げ、銃を没収することもある。

④弾薬の購入
　弾薬の購入にも銃所持許可書と同じ許可書が必要で、同じ規定に従う。この許可書は管掌する官員が銃所持許可書の裏に記入する。

⑤許可書の再発給
1. この銃所持許可書と弾薬購入許可書を紛失した場合は24時間以内に弁務官の所に出頭して届ける。
2. 紛失した、あるいは盗まれた許可書の再発給料金は30.00リエルである。

⑥現地国政府官員への発給
1. 既述したように、基本規定の例外として、高等弁務官は職務、たとえば郡のkramakaara、その他の部局の官員などの現地国政府官員、あるいは派遣先地で護身用に銃が必要である官員には、銃所持無料許可書を発給できる。
2. この無料許可書と弾薬購入許可書は本人からの申請書に弁務官が判断を付して高等弁務官に送り、高等弁務官が発給する。郡のkramakaaraに許可を与える場合は内閣と協議する必要がある。

「3」銃所持許可書所持者に適用される規定

1. 各許可書には［銃登録］簿中の番号、所持者の名前、発給日、銃の形状、それに現地国人またはアジア人外国人の場合は、その銃に、銃の所持・使用が許可された者の住所がある州を示す文字の後に銃の［登録］番号をつけた番号が銃床に刻まれている。
2. 1枚の銃所持許可書で複数の銃を購入することはできない。
3. 6ヶ月に1度の弁務官検査を受けなかった理由による許可書剥奪以外に、高等弁務官は国の治安維持のために必要な時は、許可書を剥奪できる。銃所持許可書を剥奪された銃は、本人への引き渡し許可が出るまで州庁に保管する。
4. 銃所持許可書所持者は、許可された形状と異なる銃を所持することはできない。また、銃所持許可書を所持す

るヨーロッパ人［ママ］または現地国人は、他の現地国人に自己の銃を貸したり、預けたりすることはできない。

「4」罰

1. 戦闘用銃所持・使用に関しては、その規定はフランス政府によるものであるから、それに違反した現地国人は、その国籍の如何にかかわらずフランス裁判所が審理する。
2. 上記の規定に違反した者は投獄6日〜2年、罰金16〜1,000フラン、さらに銃と弾薬は没収されることがある。また裁判所は違反者を国外に追放して2年〜10年間は入国させない権限がある。
3. 裁判所は情状酌量をすることができる。
4. 懲りずに再犯した者は初犯の場合の2倍の額の罰金を科す。
5. これらの違反の捜査をして調書を作成して裁判所に提出して審理させる職務は、国家警察官、関税・消費税・使用料局官員、森林管理官、全ての警察官［？］が持つ。

第3編
カンボジア国内の裁判所の仕組み

第1章　カンボジア国内の諸民族それぞれの基本規則

「1」基本原則

1863年の［保護国］条約により、フランス政府はクメール人に対する裁判権は有さず、同様にクメール政府はフランス人に対する裁判権を有さない。これが大原則規定であり、クメール国には裁判所が2種類あることになる。

「2」裁判権

①法律の適用範囲
1. フランス共和国人と、高度に文明化したヨーロッパ諸国と、それに見做される国（たとえばアメリカ、日本）の国民はフランス国法律の下にある。
2. インドシナ諸国内にあるフランス植民地人（＝コーチシナ・ベトナム人）と、フランス保護国の国民（＝アンナン・ベトナム人、トンキン・ベトナム人、ラオス国人）、それにカンボジア国に居住するアジア人外国人（＝中国人、インド国人、シャム国人、ビルマ国人、ジャワ国人）などは、インドシナ諸国の現地国人に適用するためにいくつか変更を加えたフランス国法律の下にある。
3. クメール人と準クメール人（＝guoy、bnang、caam、sdieng などのクメール国の先住民とストゥン・トラエン州のラオス人、バット・ドンボーン地域のシャム人のように最近クメール国に編入された地域の住民）はクメール国法律の下にある。

②各裁判所の裁判権
1. フランス裁判所はフランスの法律でしか審理できない。
2. クメール裁判所はクメール国の法律と国王布告とでしか審理できない。
3. フランス国法律の下にある者が関わる件は、民事事案も刑事事案も、主犯であろうと従犯であろうと、悪事の被害者であろうと、［クメール人が関わっていればそのクメール人も］全てフランス裁判所が審理する。
4. クメール人と準クメール人のみが関わる件はクメール裁判所が審理する。
5. 例外

    ア。現地国人軍兵士の刑事事案は、フランス軍法会議が審理する。重罪事案、中級罪事案は、文民であるクメール人［共犯者］がいる場合は、その者も含めて一般のフランス裁判所が審理する。ただし、現地国人軍兵士相互間の民事事案は、郡長に訴える。

    イ。カンボジア国内で犯した関税・消費税・使用料規定違反（酒、アヘン、タバコ、塩）と森林規定の中級罪違反と軽罪違反はフランス裁判所が審理する。（1884年3月13日付協定による。）

    ウ。コーチシナ国内でもカンボジア国内でも、個人が政府と争う場合は行政訴訟裁判所が審理する。
6. 以上の3つの例外は1881年12月18日付協定による。なお、上のイはその後改められたものである。

第2章　カンボジア国内のフランス裁判所

［訳注。「『4』フランス裁判所」p.60 も参照せよ］

「1」総説

1. フランス国にとって、カンボジア国はインドシナ国の一部であるから、カンボジア国内のフランス裁判所は他

のインドシナ諸国のフランス裁判所と全て同一で例外はない。
2. ［フランス］裁判所は、官職は検事総長である長官がサイゴンで執務していて、コーチシナ国とカンボジア国の全てのフランス裁判所を統括している。

「2」カンボジア国にあるフランス裁判所

①地方裁判所
1. プノンペン地方裁判所。プノンペン市、カンダール州、それにコンポン・チャム州とプレイ・ヴェーン州のいくつかの郡を管轄する。cau krama が長で、cau krama 補1名と検察事務官が補佐する。これらの cau krama はもちろんインドシナ国司法部の官員である。
2. カンダール州以外の全ての州の州地方裁判所。それぞれの州内の全ての郡を管轄する。弁務官が長で、弁務官不在の場合は副弁務官が代わる。検察事務官1名が補佐する。これらの官員は全て行政部に属する。

②地方裁判所の職務
1. 地方裁判所は軽罪犯罪と中級罪犯罪と民事訴訟を審理する。
2. フランス人相互間の民事訴訟は、まず調停 cau krama に調査させることが法律で規定されているが、司法職務を司る場合の弁務官あるいは cau krama は、このフランス人相互間の訴訟の調停 cau krama の任務を司るものとみなされる。
3. また［弁務官と cau krama とは］中級罪事案の検事の任務を司らなければならないが、重罪犯罪については自己が所長である地方裁判所に裁判させる権限は持たない。

③重罪裁判所
［下の「③刑事裁判」を見よ］。

「3」裁判

①フランス裁判の種類
フランス裁判は民事商事裁判と刑事裁判の2種に分かれる。またこれとは別に行政裁判がある。

②民事商事裁判
1. 民事商事訴訟はプノンペン市と［カンダール州を除く］各州都にある地方裁判所で第1審を行う。この第1審の判決はサイゴンにある高等裁判所に控訴することができ、これが第2審で最終審裁判所である。
2. しかし、判決に法律違反あるいは法律解釈の誤りがあると判断する場合には、パリ市にある最高裁判所に上告することができる。

③刑事裁判
1. 軽罪犯罪の罰と中級罪犯罪の罰はカンボジア国内の地方裁判所で審理する。すなわち同一地方裁判所が、軽罰を審理する場合は簡易裁判所として、中級罰を審理する場合は中級罪裁判所として審理する。
2. 簡易裁判所による判決は［最終審であるが］サイゴンの高等裁判所に上告できる。すなわち、サイゴンの高等裁判所が最高裁判所になり、その簡易裁判所の判決に法律違反［あるいは法律解釈の誤り］の有無を審理する。
3. 中級罪犯罪の罰は、カンボジア国内の地方裁判所は第1審として審理する。そしてサイゴンの高等裁判所に控訴することができ、これが第2審であり最終審である。ただし、その判決はパリ市の最高裁判所に上告できるが、その条件は既述［ママ。cf.「『6』最高裁判所」p.171］の通りである。
4. 重罪犯罪の罰［の審理は］は2種に分かれる。
    ア。フランス人と他の欧米人による重罪犯罪はサイゴンにある重罰院と呼ばれる重罪裁判所が審理する。ここでは cau krama が審理し、フランス人名士から選ばれた陪審員団［訳注。人数は無記述］が補佐する。
    イ。フランス法律の下にある現地国人とアジア人外国人がカンボジア国内で犯した重罪犯罪は、上とは別の、3ヶ月に1回プノンペンで行われる刑事裁判所と呼ばれる重罪裁判所が審理する。これは高等裁判所の cau

krama prikasa 1名が長になり、cau krama 2名が加わって審理し、予め現地国人名士から選ばれた陪審員4名が補佐する。

重罪裁判所の判決は第1審であり、かつ最終審である。最高裁判所への上告については他の判決と同じである。

④軍法会議
1. 軍法会議は刑事裁判所に含まれ、軍法違反兵士と、文民である共犯者がいない場合の兵士の一般の法律の軽罪、中級罪、重罪の犯罪を審理する。コーチシナ国とカンボジア国を管轄する軍法会議はサイゴン市にある。
2. 軍法会議の判決はもう1つ別の軍法会議に控訴するか、パリ市の最高裁判所に上告することができる。

⑤行政訴訟裁判所
1. コーチシナ国・カンボジア国行政訴訟裁判所がサイゴン市にあり、フランス国大臣が任命するcau karamaと官職は上級行政官である行政部官吏がいる。
2. 行政訴訟裁判所の判決に不服の場合と、その判決に法律違反の疑いがある場合にはパリ市にある国務院と呼ばれる高等行政訴訟裁判所に控訴することができる。

第3章　クメール裁判所の仕組み

「1」総説

1. カンボジア国内の裁判所の仕組みは、
   ア。刑事訴訟法
   イ。民事裁判に関して定める国工布告
   ウ。刑事訴訟法が施行される以前、すなわち1911年11月20日以前に出た国王布告
   で定められている［訳注。民事訴訟法は1938年に整備が終わり、恐らく1939年中に印刷配布された。cf. nagaravatta、第102号］。
2. 裁判所の仕組みの一部は西洋諸国の司法権と行政権とを分離する原則に基づいており、民事訴訟と刑事訴訟の裁判も訴訟審理手続き規定も別々に分けてある。また2審制を取り入れている。
3. 司法部の長は法務大臣で、補佐として副大臣1名がいる。
4. 保護国政府は、国王の承認を得て、高等弁務官代行補佐官の職にあるフランス官吏を法律顧問に任命して法務大臣を補佐させている。
5. 刑事訴訟法と1905年7月3日付国王布告と1912年2月20日付国王布告で、法務大臣は王国内の全ての裁判所の統括者であり、また検察局の代表として法律と判決の執行を指揮する任務を持つ。同大臣は、自分自身で判決したり、どのように判決するべきであるかをcau kramaに命令する権限は持たない。
6. cau kramaは、事案の全事実に関して審理が終わったら自己の考えと判断で判決する。ただし、法務大臣は、「cau kramaが法律の解釈を誤った、あるいは自己の職務を逸脱して判決した」と判断する場合は、その「判決に誤りがある」として訴える、すなわちその判決の破棄を求めて最高裁判所に上告する権限と義務を持つ。
7. 法務大臣は、以上の司法職務以外に、罪があることが明らかになったcau kramaを処罰する権限を持つ。

「2」簡易裁判所と調停裁判

①職務
1. 軽罪犯罪、すなわち刑法で投獄1～5日と罰金20セン～6リエルの罰と定められている犯罪を審理する。
2. 民事訴訟の場合は全て、地方裁判所で審理する前に、調停裁判を行って調停をする。

②簡易裁判所 cau krama と調停 cau krama
1. 刑事訴訟法第81条と第82条、および1902年2月7日付国王布告第1条により、簡易裁判所 cau krama と調停 cau krama の任務は村長が持ち、村長不在の場合は第1助役が代わる。
2. しかし実際は、現在は軽罰訴訟は郡裁判所が審理・判決するので、この規定は施行されていない。

③バット・ドンボーン地域の特例
1912年7月20日付国王布告は次のことを定めている。
1. バット・ドンボーン地域では、軽罰事案の審理任務は sruk 長が持ち、sruk 長が不在の場合は副 sruk 長が代わる。
2. バット・ドンボーン、シエム・リアプ、シー・ソーポンの各 sruk では郡長が sruk 長の職務を兼任するから、簡易裁判所 cau krama の職務は副 sruk 長が果たし、副 sruk 長が不在の場合は sruk の yukrapatra［初級職地方司法官］が代わる。

④審理の手続き
1. 軽罰裁判での審理手続き規定は刑事訴訟法第83条とそれに続く条で規定されている。
2. 調停裁判の審理手続き規定は1902年2月7日付国王布告第2条と1903年11月21日付国王布告で定められている。

「3」地方裁判所

①職務
　刑事訴訟は、［中級罪裁判所として］刑法により投獄6日〜5年と最高額の罰金で処罰される犯罪の中級罰（刑事訴訟法第107条）、民事訴訟は、［民事裁判所として］調停 cau krama の調停で和解に応じなかった訴訟を審理する（1902年2月7日付国王布告第2条）。［訳注。上の「②簡易裁判所 cau krama と調停 cau krama」の2、p.170にあるように、実際は軽罪犯罪も審理した］

②組織
1. 郡の地方裁判所は、郡裁判所と呼ばれ、郡長が長で、cau krama 2名と、検察事務官1名がいる。郡長、あるいは cau krama 1名が不在の場合は副郡長の任務を司る kramakaara が代わる。
2. プノンペン市の地方裁判所、すなわち、saalaa luuk ghun は cau krama が長で、cau krama 4名と検察事務官1名からなる（刑事訴訟法第107条）。
3. バット・ドンボーン地域では、バット・ドンボーン、シエム・リアプ、シー・ソーポンの各郡都に地方裁判所があり、これは郡庁とは分離されていて、司法部の官吏1名が専任の長である（1912年7月20日付国王布告）。

「4」中級罪裁判所と民事裁判所の審理手続き

　中級罪裁判所の審理手続きは刑事訴訟法第109条以下に、民事裁判所の訴訟手続きは1902年2月7日付国王布告の第3条と第4条に定めてある。

「5」重罪裁判所

1. 全ての州都とプノンペン市にある。
2. 地方では中級罪裁判所（＝郡裁判所）の［裁判所長＝郡長と］cau krama［2名］と cau krama 補2名で構成し、この cau krama 補2名の中の1名は郡裁判所所在地である村の村長、もう1名は同じ村の村委員から裁判所長が弁務官の同意を得て選出した者である。cau krama 補が不在の場合は、裁判所長が、同裁判所の管轄地域内の村の村長と村委員の中から1名を選んで弁務官の同意を得て、cau karama 補代理に任命する。これは刑事訴訟法第144条を改正した1912年12月14日付国王布告による。［訳注。ここの記述中の郡裁判所は州内のどの郡であるかは無記述であるが、恐らく州都存在郡であろう。なお、この「無記述」を正当化するための「全ての州都（にある）」が「全ての郡」の誤りである可能性は、「『7』審理する cau krama の交代」の1のイ、p.172で、バット・ドンボーン地域にはバット・ドンボーン郡にしか重罪裁判所がないことから否定される］

3. プノンペン市の重罪裁判所は、プノンペン地方裁判所の［所長を含めた］cau krama 5 名からなる。
4. 重罪裁判所は刑法で重罰に処するべきであると規定している刑法上の犯罪全てを審理する。その審理手続きについては、刑事訴訟法第145条以下と、1913年4月28日付国王布告に定めてある。

「6」高等裁判所

①控訴

1. 民事訴訟に対する地方裁判所の判決、あるいは中級罪裁判所［＝郡裁判所］と重罪裁判所の判決に不服である場合は、高等裁判所に控訴することができる。
2. また、1912年12月31日付国王布告により、クメール重罪裁判所の判決も高等裁判所に控訴できる［訳注。この点はフランス裁判所と異なる］。
3. 高等裁判所は2つあり、以前からカンボジア領であった郡の地方裁判所の判決に対して控訴するためのものがプノンペン市に、新しく［1907年に］カンボジア領になった郡の地方裁判所の判決に対して控訴するためのものがバット・ドンボーンにある。
4. 高等裁判所は第2審裁判所である。

②組織

1. プノンペン市の高等裁判所は刑事訴訟法の、後に1912年2月28日付国王布告で補足された第130条により、第1部民事と第2部刑事の2部に分けられていて、各部に部長、cau krama priksaa 2 名、cau krama priksaa 補2名、検察事務官1名がいる。
2. バット・ドンボーン高等裁判所は［部に］分けられていない［訳注。スタッフについての記述はないが、恐らく、上の部に相当する、「所長、cau krama priksaa 2 名、cau krama priksaa 補2名、検察事務官1名」であろう］。

③判決

高等裁判所の判決は第2審で、最終審である。

「7」最高裁判所

最高裁判所はプノンペン市にある。

①組織

大臣と同等である位階10 huubaan の官吏である長、cau krama priksaa 2 名、1914年11月16日付国王布告で制定された cau krama priksaa 補2名、検察事務官1名からなる。

②職務

1. 職務は刑事訴訟法第193条に規定してある。最高裁判所は第3審裁判所ではなく、上告できるのは、下級裁判所の判決が違法である、あるいは法律の解釈に誤りがあると判断されるもののためである。
2. 最高裁判所に上告できるのは、有罪を宣告された者、法務大臣、訴訟本体で賠償金の支払いを命じられた者、訴訟本体で賠償金の支払いを求める者で、
   ア。判決の無効（刑法第171条以下）
   イ。判決の破棄（刑法第186条以下）
   の2種のいずれかを求めるものである。

③判決の無効

1. 「判決の無効」は、
   ア。職権違い
   イ。職権乱用
   ウ。法律違反

   　に該当する疑いがある場合に上告できる。
2. 上告期限は、判決後8日であるが、法務大臣は4ヶ月の間に上告する権限を持つ。
3. 判決無効の上告を受けた最高裁判所は、上告を棄却することもできるし、判決を無効にすることもできる。
   　ア。判決を無効にした場合は、事案は最高裁判所に留めて、最高裁判所が判決する。
   　イ。ただし、判決が職権違いであると判断した場合は、事案を管掌する cau krama［ママ］に送って審理させる。
4. 訴訟本体そのものが、「軽罰犯罪あるいは中級罰犯罪ではない」として判決が無効にされた場合、その訴訟で賠償金を求める者がいれば、その者には民事裁判所に訴えさせる。賠償金を求める者がいなければ、事案はそれで終結する。

④判決の破棄

1. 判決の破棄を求める場合は刑事訴訟法第187条の規定に従って行う。
2. 判決が破棄されて差し戻されたら、1912年12月31日付国王布告により、差し戻された裁判所は最高裁判所の説明に従って審理をやりなおす。
3. このやり直し審理の判決は、1915年7月22日付国王布告に述べられている場合、すなわちやり直し審理を行った裁判所が最高裁判所の法律解説に従って審理をしなかった場合を除いて裁判は終結する。
4. この最高裁判所の法律解説通りに審理が行われなかった場合は、法務大臣のみが最高裁判所に再び破棄を求める権限を持ち、最高裁判所が改めてその訴訟本体を審理する。
5. 最高裁判所が重罪裁判所の判決を破棄した場合は、その訴訟本体は別の重罪裁判所で審理する。

「8」審理する cau krama の交代

1. 1913年7月16日付国王布告の規定では、病気、不在、［訴訟当事者の］親族である、などの理由で cau krama が審理できない場合は、次の方法で交代させる。
   　ア。プノンペン市と郡の裁判所は、近くの郡裁判所から代わりの cau krama を選ぶ。
   　イ。バット・ドンボーン高等裁判所、バット・ドンボーン重罪裁判所、シエム・リアプとシー・ソーポンの各地方裁判所は sruk 長と副 sruk 長から選ぶ。
2. これらの代わりの cau krama を選ぶのは、裁判所長が選び、プノンペン市にある裁判所の場合は法務大臣の同意、バット・ドンボーン地域と地方にある裁判所の場合は弁務官の同意を得る。

「9」法律に違反した官吏

1. 郡長と司法部の官吏は、刑法上の罪を犯して中級罰あるいは重罰として審理される場合は、プノンペン市の高等裁判所の2つの部の合同で審理される。中級罪事案の場合は控訴は許されない。
2. 重罰訴訟の場合は、刑事訴訟法第208条と第209条により、法務大臣が高等裁判所の cau krama priksaa 1名を検事に任命し、全2部の合同で審理する。

「10」郡刑務所規定

①刑務所

1. プノンペン市の中央刑務所［＝保護国政府の施設］は投獄5年以上の中級罰と重罰の服役者を収監する［訳注。ここの記述は「②刑務所」の「2. プノンペン市にある中央刑務所」p.66、および「4. プノンペン市にあるクメール刑務所」p.66と若干異なる］。
2. そのほかに、各郡庁に刑務所があり、被告あるいは被疑者と軽い刑の受刑者を収監する。
3. 郡庁が州都に近い場合は、郡刑務所はなくて、州刑務所に収監する。
4. 被告は必要がある時に郡長の所に連れてきて尋問あるいは審理をする。
5. 被告は「有罪である」と判決された場合、州庁にある州刑務所に収監する［訳注。これは軽い刑の場合を除く。cf. 上の2］。その時、その者の判決書の謄本を持って行かせる。
6. 郡刑務所は郡長が管理し、収監者の衛生と、食事が十分あるよう保護する。

②収監
1. 刑務所に収監する受刑者は、名前、出生地、収監理由を、看守の手にある収監者簿に記入する。この記録を行わない限り収監できない。
2. この帳簿は検事が各ページに番号を振って署名する。
3. 看守は、法律上正式に発行された収監命令書、あるいは処罰判決書がない者を刑務所に受け入れたり、保護したりする権限はない。これに落ち度があると、権力で脅迫し、強制して監禁した罪に問われる。
4. 収監者簿には、各人の刑期が満期になって釈放されるべき日付が記入されていなければならない。

③検事
　検事は郡刑務所を検査して不正に人を収監していないことを知り、受刑者の訴えを聞いて、管掌部局に通知する職務を持つ。

④収監者への罰
　枷をかけることと独房に入れることは、収監者が害意を持つ、執拗に罵る、他者を脅迫して強制する、脱走しようとする、などの場合は許される。

第4編
カンボジア国財務局の仕組み

第1部
税

第1章　総説

「1」直接税、間接税

1. 直接税は、人頭税、徴用税、畑税、高地畑税、コショウ税、籾税、舟税などがある。
2. 間接税は、関税、酒税、マッチ税、登記料税などがある。
3. 特定の物の営業権を独占する権利があり、インドシナ国では、政府がアヘンと塩の営業独占権を持ち、これらの販売から収入を得ている。これも間接税の一種と見做すことができる。
4. また政府は郵便・電報事業の営業独占権も持つ。

「2」国の税と料金等収入の査定と徴収に関する基本規定

①領収証
1. 第1基本規定は、「納税者から受け取って財務局事務所に納付する金は、必ず受け取った時に直ぐ、その金銭支払い者に領収証、すなわち金銭受領書を渡す」ことである。
2. この領収証は控え付き領収証帳の中の1枚に、その控えの部分と本体の部分とに同じ内容を書いて、その本体の部分を切り取って［支払い者に］渡す。

②税簿
1. 第2基本規定は、「直接税は、州、郡、村ごとに被課税者各人の名前、その者を確定するための情報、財務局に納付するべき税額を記載した税簿によってのみ徴収できる」ことである。
2. 税簿は税ごとに作成する。徴収するべき年の前年末までに、村長または村長が指示した職員が作成する。それから郡庁に送り、郡庁はチェックしてから州庁に送る。州庁では村と郡ごとの簡略税簿を作成して高等弁務官に送って承認を受ける。
3. 弁務官、郡長、徴税人は、「高等弁務官の承認が出た」という通知を受けると、徴税を始めることができる。
4. 何らかの理由で年度中に徴収できなかった税額は、徴税職員がその徴収できなかった理由と、あらゆる努力をしたにもかかわらず徴収できなかった証拠とを郡長に届ける。政府は財務局と協議して、その徴収できなかった税額を税簿から抹消させる。
5. 間接税と種々の料金は予め税簿を作成する必要はない。間接税と料金も、支払う者からその金を受け取って財務局に納付する者は支払う者に領収証を発給する。受け取った現金は納付書を［作成して］付して財務局に納付する。

③納付書
1. 財務局は受け取り許可書がない金を受け取って保管する権限はないので、直接税の場合は税簿を財務局納付書にして受け取り、間接税の場合は金額を明記した納付書があれば、納付を受付けなければならない。
2. 市場、公営質屋、漁区の使用独占権の売却代金は、財務局は税簿あるいは納付書で受け取ることができない。この権利売却に関する［購入者と］上級政府との間の契約書で政府に納付するべき売却代金が明示してあるものがあれば受け取ることができる。

④罰

　第3の原則は、「法律の定めに従って正式に制定された以外の税あるいは料金を徴収してはならない」ことである。これに違反した職員は処罰される（原訳注。刑法第122条を見よ）。

「3」新税、新料金の制定

1. 保護国政府が新税、新料金を制定するには、
   ア。クメール人に対しては、総督が国政諮問会議に諮った後に、[それの]制定に同意した国王布告による。
   イ。クメール人以外に対しては、総督が国政諮問会議に諮って定めた総督政令による。
2. これには例外が1つあり、フランス国政府がインドシナ国民全てに適用する税、あるいは料金を定めて法律、あるいは法令として出した場合には従わなければならない。
3. この新しく合法的に制定された税に対する違反者は、クメール人であってもフランス裁判所で審理される。この種の税としては、関税、酒税、マッチ税、タバコ関税があり、さらに関税・消費税・使用料局が徴収して財務局に納める種々の料金がある。
4. 森林利用税も[フランス国政府の]法令によって徴収されるから、この税種に入るが、これは元来国王が持っていた権利をフランス国政府に譲渡したものである。

第2章　人頭税

[訳注。本章には記述がないが、フランス人に雇用される現地国人とアジア人外国人は免除された。cf.「①被フランス人雇用者の特典」p.153]

「1」クメール人と準クメール人

①被課税者と免除者

1. 1917年9月20日付国王布告によって定められ、1918年1月1日からの施行された。21歳から60歳までの成人クメール人が課税されるが、以下の者は免除される。
   ア。王族、すなわち現在および過去の国王の子と孫
   イ。バラモン僧、占星術師、brah. vangsa [？]、現職の stec maagha [？]
   ウ。仏教僧侶
   エ。イスラム寺信徒長[1寺院当り1名の合計]7名および[イスラム寺院の]寺委員であるチャム人が1寺院につき20名で計140名
   オ。1寺院あたりイスラム僧侶8名
   カ。俸給あるいは手当を受けている官吏、職員、官員、恩給を受けている[元]官員
   キ。州弁務官が作成し、高等弁務官が承認したリスト中の、郡の snang、kraḷaa baas、jamdap [訳注。いずれも旧制の官職名]。
   ク。村長と助役
   ケ。1寺院あたり aacaarya 1名、1郡当たり ruup ?nak taa [＝いわゆるシャーマン]1名
   コ。診察の結果働いて生計を立てることができないと判断された身体障害者、および生活困窮者
   サ。現役および予備役兵士
   シ。元保安隊員で操行良好証明書を持つ者、あるいは公傷による身体障害もしくは負傷による除隊者で、元2級保安士は3年間、元1級保安士以上の階級の者は5年間免除
   ス。恩給を受けている元保安隊員
2. また、別の国王布告が、「ストゥン・トラエン州の khaa 族とクラチェ州の bnang 族は人頭税を免除するが、代わりに一定日数自分たちの居住地域中の道路の保守をする」という1種の税を定めている。

3. 国王は慈悲の心で、現在の国王と過去の国王の子には1人に5枚ずつ、孫には1人1枚ずつ、有効期間1年の近習人頭税免除証を与える。これは国王の子と孫それぞれが近習人頭税免除証を与えたい近習の名簿を毎年提出して国王のご署名をいただく。この免除証は国王の慈悲によるものであるから、国王が与えるべきではないと判断した王族には与えない。

②税額と納期
1. 人頭税の年額は2.50リエルで、毎年上半期、すなわち1月1日から6月30日までの間に全額を納める。
2. 上半期中にカンボジア国内に帰国した者、あるいは免税の期限が切れた者は、年額の全額を納付する。
3. 下半期に帰国した、あるいは免税期限が切れた者は、年額の半額、すなわち1.25リエルに減額する［訳注。納期は無記述］。

③税簿
1. 人頭税の徴収は、各村の地区民台帳をもとに、村長あるいは［プノンペン市］区長が作成して提出した情報に基づいて、州庁［と市庁］が毎年1月1日以前に作成する税簿による。
2. ［村長が作成して提出する］税簿は、その村の男性村民各人について、その氏名、年齢、妻の名が記してある。
3. さらにこの［税］簿には上記の「①のウ項」までの免税者を除く免税者全員と、18歳から20歳までと60歳以上のクメール人も含める。これらの若年者と老年者には別の無料人頭税カードが与えられる。
4. この税簿の末尾には4種のリスト、すなわち、上記の「①」の免税者の「ウ項」まで以外の項による免税者、若者、老年者、年齢ごとに並べた被課税者の名、およびそれぞれの人数を記す。
5. この［税］簿は同じものを3部作成し、1部は村政府に、1部は郡庁に、1部は州庁におく。
6. 郡長はこの［税］簿に「見た署名押印」をして弁務官に送り、弁務官がチェックしてから署名する。次に高等弁務官がこの税簿を承認したら、村長はこの税簿に従って徴税する。
7. 時には［税］簿の中に住民の名を書き落とすことがある。これは1917年9月20日付国王布告により、四半期ごとに、村長は何らかの原因で年頭の本税簿に記載されなかった者全員の補正簿を作成して提出し、この補正簿により政府は補正税簿を作成して徴収させる。

④徴税
1. 村における徴税は、助役1名の補佐を受けて村長が行う。
2. いくらか徴収できたら、村長は郡長のところに持参して渡して領収証を受け取る。
3. これらの金の紛失の責任は全て村長にある。
4. 郡長はその金を財務局に持参して納付する。
5. この郡長の財務局への各回の納付は別の帳簿に記載し、郡長は村長から渡された金を全額財務局に納付したか、まだかを弁務官がチェックするのを容易にする。

⑤移転届
1. 同一人が複数の村の帳簿に登録されて、複数の村長に徴税されるのを防ぐために、クメール人は自己の確定した住居がある住所以外の村の村民簿に登録することを禁止している。
2. 住所を移転する時は、出発前に自己が村民簿に登録されている村の村長に届け、新しく住む村に到着したら、その村の村長に転入の件を届ける。［そして人頭税カードを渡す］。これを怠ると刑法第283条で処罰される。
3. ［転入］届を受けた村長は転入の件を郡長に届け、［同時に転入者の人頭税カードも郡長に渡す］。郡長は移転者の名を転出元の村民簿から削除して、新しく転入した村の村民簿に加える［訳注。これは同一郡内を移転する場合である］。
4. 転入者の人頭税カードは郡長から弁務官に行き、［必要な手続きを終えてから］弁務官が転入先の村の村長に渡し、［村長が本人に渡す］。
［訳注。上の「2、3、4」は原訳書の記述が極めて曖昧なので、下の「⑥人頭税カード」の8を参照して［　］内を補った。誤りがあるかも知れない］
5. 人頭税は、転出元の村での納税が終わってから、その者の名前をその村の税簿から削除することができる。

⑥人頭税カード
1. クメール人人頭税被課税者は、人頭税金を納めるのと引き換えに村長が発給する人頭税カードを受け取る。
2. これには納税者本人の氏名、年齢、州・郡・村名などが記載されてある。
3. 有効期間は1年で、前年の人頭税カードを返納してはじめて与えられる。
4. この人頭税カードは官員が必要に応じて検査する人頭税領収証の役割をする。
5. 回収された古い人頭税カードは郡庁に送り、チェックしてから焼却廃棄する。
6. 人頭税カードを紛失したら、8日以内に紛失の理由とともに、自分の村の村長に届ける。紛失理由が、家の火事、舟の沈没などの不可抗力の場合は、料金2.00リエルで再発給する。不注意などが理由の場合は全額、すなわち2.50リエルを払う。
7. 有効期間中の人頭税カードは常に携帯して、クメール政府官員あるいはフランス政府官員が必要に応じて提示を求めるのに応じられるようにする［訳注。実は前述されているように身分証明書があり、人頭税カードはこの身分証明書の代わりになるのである。cf.「②身分証明書」の5、p.150］。
8. いかなる理由にせよ、人頭税カードを携帯していず、官員に提示して検査させることができない者は逮捕され、本人の国籍の調査をして、身柄を法的に正当に処置するために［最長？］5日間拘留されることがある。

⑦罰
1. 上半期内に人頭税を納付しない者は軽罰で罰せられ、過去の年の未納金も含めて、未納額の2倍を徴収される。支払うべき資産がない場合は懲役刑に処される。
2. この人頭税カードについては、刑法第106条と第107条に定められている中級罰のほかに、虚偽の申告をして騙す行為、人頭税カードを他者に貸す行為は軽罰［に処され］、その貸した人頭税カードは没収されて無効になり、本人は人頭税を再納付しなければならない。

⑧報奨金
1. 村長が人頭税徴収を早期に終わらせることに身を入れるように、村長が上半期中に徴収して財務局に納付した税額の3％を政府は報奨金として村長に与える［訳注。「②徴税報奨金、徴収料」p.103では、全額徴収納付済が条件になっている］。
2. 村長はこの報奨金を、村長に助力した者に配分する。
3. 村長が、被課税者簿の作成、徴税などで故意に不正を行った場合は、高等弁務官は内閣の同意を得て、この報奨金の一部または全額をカットすることができる。
4. また、国王政府は村長が納税者各人から、1人につき慰労金［＝徴収料］0.10リエルを徴収することを許している。
5. この料金10センは、徴収する合法的権利を有することを証明するために、人頭税カード中に記載する。

「2」シャム国人とラオス国人

①ラオス国人
1. 前記の国王布告は1917年12月31日付総督政令で施行が同意された。
2. 同［総督］政令はシャム国人とラオス国人にもクメール国人と同条件で同額の人頭税を課す処置をすることを定めた。
3. ラオス国人はクメール国人と同様にフランス税法の下にあるから、これで支障はない。

②シャム国人
シャム国の徴税年度はクメール国のそれと異なり一致しないので、この総督政令は次のように定めている。
1. シャム政府が発給した人頭税カードを所持する者は、シャム国境に接するカンボジア国領内では、その人頭税カードの有効期間中（すなわち、4月1日から翌年3月31日まで）と、その後6ヶ月間（すなわち、10月1日まで）は、カンボジア国人頭税を納付する必要はない。
2. また、通行許可書あるいはパスポートを所持するシャム国人は、その通行許可書の有効期間が終わった後1年間はカンボジア国人頭税を免除する。

3. この免税期間が7月1日から12月31日までの間に切れた場合は、その年の下半期分のカンボジア国人頭税額を納付する。

「3」ベトナム人
[訳注。クメール人と異なる点のみを記す]

上記の総督政令はカンボジア国に居住するベトナム人についても定めている。

①免除
1. カンボジア国内に居住するベトナム人は、18歳から60歳の者は人頭税を課する。ただし次の者は人頭税を免除する。
   ア。管掌する部局が検査して、「働けないのは事実である」と判断された身体障害者、それに生活困窮者
   イ。ベトナム寺院の長で、弁務官所持の管理台帳に名前がある者
   ウ。保護国政府から俸給を受けているベトナム人官員
   エ。恩給を受けているベトナム人元官吏
   オ。現職のベトナム人長と副ベトナム人長
2. 人頭税が免除される職から外れると一般人と同じく課税される。

②ベトナム人長
1. カンボジア国内に多数居住するベトナム人に公務を行い統治する便宜のために、保護国政府は全ての州にベトナム人長職を制定した。
2. 各州のベトナム人は全て、弁務官と郡長の指示下にあり、同民族であるベトナム人長に直接統治される。
3. ベトナム人長の任務は、郡長と協力して警察業務と警備・巡視業務を管理することである。
4. ベトナム人長は高等弁務官が、プノンペン市では市長、州では弁務官の同意を得た郡長の申請により、内閣と協議して任命する。
5. 管理台帳中のベトナム人が非常に多数である場合は、ベトナム人長は副ベトナム人長をおいて補佐させることができる。
6. 副ベトナム人長はベトナム人長自身が選び、郡長の承認を得る。
7. 副ベトナム人長は複数名おくこともでき、その人数は高等弁務官政令で定めてあり、弁務官が任命する。1つの郡に少なくとも1人のベトナム人長がいる。

③税額
1. ベトナム人の人頭税は、年額3.10リエルである。上半期に新しく入国したベトナム人、あるいは人頭税の免税権を失ったベトナム人は年額の全額、下半期の者は年額の半額、すなわち1.55リエルである。
2. 人頭税カードを紛失した場合、不可抗力の場合は3.00リエル、その他の場合は3.10リエルを払って再発給してもらう。

④税名簿
1. 毎年年末に、弁務官は郡庁と州庁にある正しく作成されたベトナム人郡民税名簿から、郡と村のベトナム人税額調査簿を作成する。
2. この税名簿はベトナム人長が作成し、15歳以上のベトナム人男性全ての氏名と年齢がある。被課税者も免除者も全て含める。
3. ベトナム人免税者には別の人頭税カードがある。
4. この税名簿は、転出入や死亡などの変更があるたびに更新して、常に正しいものにする。
5. 郡長は、村長が村住民の民族別に作成した村民管理台帳と、ベトナム人長が提出した税名簿とを照合して、正否をチェックする。
6. 各州政府は州内の全てのベトナム人の国籍情報を記したベトナム人州民管理台帳を持っている。
7. 村長はベトナム人長の補佐を受けて、郡長と弁務官の監督の下に、この村内のベトナム人税名簿に従ってベト

ナム人から徴税する。

⑤移転
1. ベトナム人はその年の税を納めた後ならば、村長とベトナム人長に届けを出してから移転することができる。
2. この移転届書は郡長に送り、それから州弁務官に送られて、その者の名を古い住所の税簿から削除し、新しい住所の税簿に記入する。

⑥罰
上半期中に納税しない場合は州［地方］裁判所で審理し、罰金1〜15フランと投獄1〜5日。再犯すると同じ罰に処してから国外に追放することができる。

⑦徴収料
村長はベトナム人から人頭税を徴収する時に、1人につき［徴収料として］0.20を加えて徴収することができる。ただし、この加えて徴収した額の半額はベトナム人長に与える。

⑧ベトナム人長への処罰
1. ベトナム人長が［徴税で］不正を行った場合は、裁判所で審理し、処罰することがある。
2. そして［村長から受け取る］報奨金の一部または全額をカットする。
3. 人頭税カードに関してベトナム人が中級罪または軽罪の犯罪を犯し、それをベトナム人長が知っていて政府に届けなかった場合は、ベトナム人長は軽罪である。

第3章　アジア人外国人登録料税

［訳注。本章には記述されていないが、フランス人に雇用されているアジア人外国人は外国人登録料税は免税であった。cf.「①被フランス人雇用者の特典」p.153。

［なお、本章は中国人のみについて記述されている部分が多くあり、実用的にはそれで十分であったのであろう］

①税額
1. 1919年11月15日付［総督］政令は、カンボジア国に居住するアジア人外国人あるいはそれに準じる者で、18歳以上の者は外国人登録料税を次のように課することを定めた。
    ア。定額税額　　7.00リエル
    イ。割額税額　　本人のカンボジア国における営業税額とプノンペン市で納める土地税額の合計額と同額。ただし、400リエルを上限とする。
    ［訳注。たとえば肉体労働者のように定額税額しか課税されない者も多数いたはずで、そのことからここの定額税額を「外国人人頭税」と呼んでいたと考えられるのであるが、原訳書では外国人登録料税と外国人人頭税を区別せずに使用しているので、本訳書では外国人登録料税に統一する］
2. 初めてカンボジア国に来て、他のインドシナ国に居住したことがない者は、2.00リエルの定額税額のみを納付する。そして入国した翌年の1月1日から、他の同民族の人々と同様に課税される。
3. 上の営業税の計算において、複数の場所で営業税を納付する者は、その各々の額を合計した額を使用し、主たる住所がある地で納付する。
4. 商店長は、自己が勤務する商店の所有者であるとしての［外国人］登録料税額、すなわち、定額税額にその商店の営業税額を加えた額を納付する。
5. 一定期間カンボジア国外に出る商店主は、そのままカンボジア国内にいるものとして［外国人］登録料税を納付する。
6. 出資者がいる場合には、その出資額に比例してこの［外国人］登録料税を分担して納付させるために、その出

資者名［と出資比率］を届ける。

②税簿
1. この税を徴収するための州の税簿は税額調査簿、すなわち僑会長の名と被課税者の人数と、財務局に納付するべき税の総額だけを書く。
2. この税簿は、僑会長が作成した中国人全員の名と同年中に各人が納付するべき営業税の額が記してあり、州政府でチェックして正しいと判断した名簿から作成する。
3. プノンペン市では、定額税額調査簿と割額税額調査簿を作成する。

③免除
この外国人登録料税が免税になるのは、次の者である。
 ア。老若の女性
 イ。身体障害者と60歳以上の老年者で、調査して生活困窮者であり、生計を立てることができないと判断された者
 ウ。僑会長
 エ。営業税が課税されない者で60歳以上でカンボジア国に少なくとも15年住んでいる者

④出国許可書
1. 永久にカンボジア国を去るアジア人外国人は、本人が本人の国内居住許可書と僑会長による、あるいは被用者は雇用者による、本人が税を完納しているということを証明する証明書を持参して、政府に出国許可書を申請して携帯する。
2. この出国許可書の発給料金は、
 ア。営業税被課税者は10.00リエル
 イ。営業税非被課税者は5.00リエル
である。

⑤パスポート
［カンボジア国を出国して］インドシナ国内の国、あるいは生国などに一定期間滞在してその後カンボジア国に帰国するアジア人外国人は、有効期間1年のパスポートを申請して携帯する。パスポートの発給料金は、次の通りである。
 ア。特級営業税被課税者、あるいは200リエルを越える土地税被課税者は20.00リエル
 イ。1、2、3級営業税被課税者、あるいは100〜200リエルの土地税被課税者は15.00リエル
 ウ。上記以外の営業税被課税者、あるいは100リエル未満の土地税被課税者は10.00リエル
 エ。営業税および土地税の非課税者は5.00リエル

⑥納付
1. 外国人登録料税は本人が毎年4月30日までに管掌する官吏［ママ。次の「2」および⑧の記述から「僑会長」が正しい］に直接手渡す。
2. 僑会長はすでに提出してある税簿中の全額を6月30日までに納付する［訳注。僑会の未納者の分は僑会長が代納するらしい］。

⑦罰
期限内に納付しなかった者は、遅延1ヶ月につき、最高額1リエルの罰金という行政処分。この罰金刑は、弁務官あるいは外国人入国管理局長からの申請に応じて高等弁務官が決定する。

⑧徴収料
1. 1919年12月2日付高等弁務官政令で、僑会長は僑会員から外国人登録料税を徴収する時に、その外国人登録料税額に応じて、ある額の料金を加えて同時に徴収することが許されている。
2. これは僑会長が行うべき種々の公務のための費用と、税金を未納のまま逃亡した僑会員の税金を僑会長が責任

を持って代納する負担を負うのを容易にするためである。

第4章　徴用税

［訳注。本章には記述されていないが、フランス人に雇用されている現地国人とアジア人外国人は徴用税は免税であった。cf.「①被フランス人雇用者の特典」p.153］

「1」総説

1. この税は、政府が公共土木事業を行うためにだけ支出する目的で徴収するもので、政府の支出目的に応じて人を徴用して働かせるか、あるいは金銭で徴収して資材道具を買う。
2. この徴用税には、徴用により労働する日数と、あらかじめ定められている労働免除料とがある。
3. カンボジア国では、徴用日数は10日である。この労働の免除料額は、志願して労働を行う者の賃金額とほぼ同額にするのが通例で、被課税者の民族により異なる。
4. 現在は、公共土木事業に志願して働く者を得るのが容易になったので政府は徴用して労働させるのをやめて［金銭で徴収して］いるが、緊急の公共土木事業に必要な志願者が得られない場合には被課税者を徴用して働かせる権限を保持している。

「2」各国人の徴用税

①規定している国王布告と政令
　クメール人に対する徴用税規定は、1917年12月31日付総督政令で施行が同意された1917年9月20日付国王布告第72号で定められ、ラオス国人とシャム国人に対しては同じ総督政令で定められ、ベトナム国人と中国人に対しては、同日付けの別の総督政令で定められている。

②クメール人
1. 人頭税が課税されるクメール人全員に、徴用税が課税される。
2. 税額は3.00リエルで、7月1日以降の新来者あるいは人頭税の免税資格を失った者は、半額の1.50リエルである。
3. 徴用税は人頭税と同一税簿を使用して同時に徴収する。上記の税額以外は、徴収方法、徴税者、罰則なども、全て人頭税と共通である。

③ラオス国人とシャム国人
　人頭税とともに納付し、規定は全て人頭税と同じである。

④ベトナム国人とアジア人外国人
　1917年12月31日付総督政令で規定が定められ、以下を除いて、外国人登録料税と同じである。
1. 税額は、ベトナム国人は3.00リエル、アジア人外国人は6.00リエルで、毎年上半期中に納める。
2. 下半期に新来した、あるいは人頭税免税資格を失ったベトナム国人は半額。
3. アジア人外国人は、入国した翌年の1月1日から納める。
4. 徴用税の徴収方法は、ベトナム人長あるいは僑会長が村長と協力して徴収すること以外はクメール人の場合と同じである。

⑤領収証と報奨金
1. 徴用税の領収証は発給せず、外国人登録料税の領収証中に記入する。

2. ベトナム人長と僑会長は6月30日までに徴収して財務局に納付した徴用税額の3％が報奨金として与えられ、両者はその一部を村長に配分する。また、税簿作成と税徴収に不正があれば、この報奨金の一部または全額をカットする。

第5章　高地畑税と畑税

「1」高地畑地と畑地

1. この税は、1917年12月31日付総督政令によって施行が同意された1917年9月20日付国王布告で規定されている。
2. 土地は「高地畑地」と「畑地」とに分ける。
    ア。高地畑地は、通例川岸から遠くて、洪水の水が届かない土地である［それゆえ痩せている］。
    イ。畑地は、島とメコン川岸にあり、洪水の水が来るので肥沃で収穫が多い土地である。

「2」クメール人

①課税対象

クメール人高地畑地所有者は、その土地の面積および栽培している作物の種類により課税される。畑地所有者は、その土地の面積と栽培している作物と前年納付した税額から算出されるその土地の収量により課税される。これらの税額は国王布告中の表に示されている。

②高地畑税額

（1 haあたり。金額の単位はリエル）

1. 面積による課税額。これは20平米［ママ。恐らく「200平米」が正しい］以上の広い高地畑で販売目的で栽培していて、かつ土地全体に栽培されていて十分に収穫があるものにのみ課税される。
    ア。タバコ　　　　　　　　　　　　　　　　　　　　12.00
    イ。ワタ、マメ、ゴマ、パンヤ、バナナ、サトウキビ、アイ　4.00
    ウ。スイカ、サトイモ、サツマイモ　　　　　　　　　　2.50
    エ。キュウリ、トウガラシ、トマト、ナス、ヒマ、クワ　1.50
    オ。果樹園　　　　　　　　　　　　　　　　　　　　　1.00
    果樹園は土地の面積による税額に、さらに次の栽培本数による税額が加算される。
        a。キンマ　　　　　　　　1株につき　　　0.01
        b。スオウ　　　　　　　　100本につき　　0.05
        c。液を採取するサトウヤシ　1本につき　　0.10
        d。ただし、5株未満のキンマと10本未満のスオウは免税。

③畑税額

これは土地の収量によって3級にわける（いずれも1 haにつき。金額の単位はリエル）。

1.
作物名	1級	2級	3級
ア。サトウキビ	20.00	17.00	15.00
イ。タバコ	16.00	14.00	12.00
ウ。ワタ、アイ、バナナ	10.00	8.00	5.00
エ。マメ、ピーナツ、ゴマ、トウモロコシなど	8.00	6.00	4.00
オ。スイカ、キュウリ、ナス、トマト、など	4.00	3.00	2.00

カ。栽培していない	3.00	2.00	1.00
キ。家の敷地	4.00	4.00	4.00
ク。水位が下がった時にのみ現れる畑地	2.00	2.00	2.00

2. 自宅の近くなどで200平米未満の土地に自家消費用に栽培する畑は、家の敷地内とみなして、1 ha あたり4.00リエルを適用する。

④税簿
1. 毎年3月に郡長代行補佐官である郡 kramakaara、村長、村委員1名からなる委員会がその村の畑地情報調査簿を作成する。これには、被課税者と妻の名前、土地の面積、栽培作物名、それに納付するべき土地の収量による税額を記す。
2. この畑地情報調査簿は弁務官に送り、弁務官が「見た署名押印」をしてから、写しを2部作り、1部は郡長、1部は村長に送る。
3. この畑地情報調査簿により弁務官が［州の］税簿を作成し、高等弁務官に送って施行許可を得てから徴収を始める。
4. 3月に畑地情報調査簿を作成した後に新しく栽培された作物で、この本畑地情報調査簿に記載されていないものは、補正税簿を作成するための補正畑地情報調査簿を委員会が作る。ただし、1度課税した作物の収穫が終わった後に栽培したものに再度課税徴収することは厳禁されている。
5. 高地畑地については、委員会が1月1日から仕事を始めること以外は畑地と同じ方法である。

⑤徴収
1. 畑税と高地畑税は、村長が手元にある［畑地と高地畑地の］情報調査簿により徴収する。
2. 領収証、徴収した税金の扱い、などは人頭税と同じ。
3. 畑税は9月30日までに徴収と財務局納付が終わらなければならない。ただし、必要があれば高等弁務官が内閣の同意を得て2ヶ月間延期することができる。
4. 高地畑税の徴収は6月30日までに終わらなければならないが、サトウヤシ税を徴収するために8月1日まで延期することができる。

⑥罰、報奨金
　この畑税と高地畑税の違反に対する罰、および徴収者の報奨金については籾税と同じである。

「3」ベトナム人とアジア人外国人

　規定は1917年12月31日付総督政令により、これらの民族から畑税と高地畑税を徴収することは完全に合法的であるとされた。規定は、「違反者の裁判権がフランス裁判所にある」こと以外は全てクメール人と同じである。

「4」欧米人と準欧米人

　上記と同じ［総督］政令で規定されていて、以上と異なるのは次の4点である。
1. 土地［＝畑地と高地畑］情報調査簿を作成する委員会は、弁務官代行補佐官、郡長、村長からなる。
2. この土地情報調査簿には妻の名は不要である。
3. 弁務官が欧米人税名簿を作成する。
4. 税額は州政府から被課税者本人に通知され、被課税者は郡長を介さず直接州財務局に納付する。

第6章　籾税とバット・ドンボーン地域の水田税

「1」クメール人の籾税

①課税
1. 1917年9月20日付国王布告により、籾を持つクメール人は全て籾税が課税される。この税は、収穫した籾の量に従って課税され、6月30日までに納付する。
2. 籾の課税単位は thaang、すなわち40リットルで、
    ア。最初の 20 thaang は thaang あたり 0.05 リエル
    イ。20 thaang を超える分は thaang あたり 0.04 リエル
    である。
3. 籾を精米してあれば、精米 1 thaang を籾 2 thaang に換算する。
4. 収穫量が 9 thaang 以下の場合は免税である。

②税額の査定と徴収
1. 米の収穫量が多い郡では、各村における籾税の査定徴収の任務は籾税査定徴収人が me kang および郡長の指示による郡補佐官1名の補佐を受けて、郡長の監督の下に行う。
2. 村長と助役は村内でこの［籾］税査定徴収人に助力する任務があり、必要な情報を提供し、税の支払いの不正がないように助力する。
3. 米の収穫量が少ない郡では、籾税査定徴収人には別の規定があり、村長に査定徴収させることができる。
4. 籾税査定徴収人は宣誓書で宣誓を行った後に、全ての住民の家に行き、各々の籾の量を調べて税額を査定して徴収する。この時、控え付き税領収証帳から切り取った領収証を金と引換えに税金を納めた人に渡す。
5. この領収証には、税査定徴収人が署名押印して、課税された籾の量と徴収した税額を、数字ではなく文字で書く。

③籾運搬許可書
　他所に運搬せずに、収穫地で自家用に消費する籾は脱税籾とみなすべきではない。しかし、収穫される籾の量は、自家消費するのに必要な量より多いので、食べるために必要とする［他］所に運搬されるのが通常である。
　それゆえ、税を払っていない籾をこっそり運び出すのを防ぐために、1917年9月20日付国王布告は規定を1つ定めたが、運用してみると不便であったので運用を中止し、別の新しい方法で取り締まっているが、まだ正式には決定されていないので、この規定を使用してもしなくても構わない。この［新しい］方法は次の通りである。
1. 政府は全ての村長に控え付き籾運搬許可書帳を配布する。
2. この籾運搬許可書は、籾所有者がその籾を売って他所に運搬する時に、籾税領収証を村長に提示して請求すれば、村長はその者が売って他所に運搬する籾の量に応じた枚数を無料で発給する。
3. この籾運搬許可書には、州・郡・村名、売渡者名、籾税領収証の番号、運搬者名、運搬する籾の量、籾の運搬先、籾の運搬先への到着期限日などを記す。
4. どこかに籾を運搬する時には、常にこの籾運搬許可書を携帯して、到着地の村長あるいは関税・消費税・使用料局官員に渡し、受け取った者はその籾運搬許可書を発給した州の弁務官に送る。
5. この［籾］運搬許可書に記されてある情報と籾の量は容易にチェックできるから、有効期限内の［籾］運搬許可書がない籾は全て、籾税査定徴収人に支払うべき籾税をまだ払っていないものとして、同額の税金を徴収する。
6. 運搬されている籾を検査するのは関税・消費税・使用料局、森林局、水上警察の職員である。

④徴収した税の納付
　籾税査定徴収人は、徴収した金と使用済の領収証の控えだけが残っている領収証帳を一緒に郡長に渡し、郡長は領収証を渡す。郡長は州政府に予め通知してからこの税金を持って行って財務局に納める。

⑤罰
1. 証拠として籾税査定徴収人の領収証がない籾は全て、籾税を徴収する。
2. 籾所有者が籾税を払えない場合は、その籾を没収して売却し、未納の籾税額と同額の代金を得る。
3. 課税されるべき籾を隠して騙した場合は、その籾の税額の3倍の額の罰金を科す。さらに偽装の罪があった場合には、クメール刑法第106条と107条で処罰されることもある。
4. 相応な理由がなくて納税が遅れた場合は、クメール刑法第283条で処罰される。

⑥報奨金
1. 上半期中に徴収して財務局に納付した税金額の3％が籾税査定徴収人に、2％が me kang に、1％が郡補佐官に報奨金として与えられる［訳注。「②徴税報奨金、徴収料」p.103では全額徴収納付済みが条件になっている］。
2. 村長が徴税人である場合は5％が村長に与えられるが、村長はその中から助手に分け与える。
3. 村長が徴収する場合は、被課税者から1名当たり0.10リエルを［徴収料として］請求して自分のものにすることが許されている。
4. 徴税人が故意に不正をした場合は、報奨金の一部または全部がカットされる。

⑦例外
1. 以上の規定は、バット・ドンボーン郡、シエム・リアプ郡、シー・ソーポン郡には適用されず、別の規定がある。
2. ストゥン・トラエン州では、1915年12月27日付国王布告により、村長が籾税［査定］徴収人の任務を持つ。

「2」ベトナム人とアジア人外国人との籾税

1917年12月31日付総督政令で規定されていて、その内容は、上述の国王布告の規定と全く同じである。

「3」欧米人の籾税

①課税
1. 1917年12月31日付総督政令で規定されていて、クメール人などとは全く異なり、籾の収穫量によるのではなく、水田地の面積による。
2. 水田地はその収量に応じて5等級に分類されていて、それぞれの税額は次の通りである。

等級	1 ha あたりの税額（単位はリエル）
1	2.50
2	1.50
3	1.00
4	0.50
5	0.10

②税額査定
1. 毎年、各州で弁務官代行補佐官と、その水田の所在地の郡長または郡長代行補佐官と村長からなる委員会が水田に行って水田に等級をつける。
2. この等級付与について異議があれば、高等弁務官代行補佐官として、地図局もしくは農業［・商業・工業］局の官吏1名を委員会に加えて長にする。この委員会はその水田の1 ha あたりの収量の平均を検討して、収量が大きい土地であるか小さい土地であるかを根拠にして等級をつける。
3. 総督政令による水田の等級付けの基準は次の通りである。

1 ha あたりの収量（単位はthaang）	等級
80［以上］	1
60［以上］〜80［未満］	2
40［以上］〜60［未満］	3

40未満	4
まだ荒地	5

③納税
1. 水田の等級付けが終わると、委員会は報告書を作成して弁務官に提出し、弁務官が検討してから州庁の税名簿を作成させる。
2. 高等弁務官がこの税名簿の執行を承認したら、欧米人被課税者は、水田の所在地である州の州財務局に直接納めるべき税額の通知書を受ける。

④籾運搬許可書
1. 欧米人が収穫した籾の取り扱いに関しては、現地国人の場合と同じである。
2. ただし、籾運搬許可書の申請は、弁務官か郡長に出す。発給する枚数に制限はないが、各籾運搬許可書に記載してある籾の量の合計が、水田の等級によって算出される籾の総量を超えてはならない。

⑤罰
1. 違反は、税額の3倍の額の罰金を科す。
2. 税金の未払いは、籾を没収して売却して、その代金から税金を徴収する。

「4」バット・ドンボーン地域の水田地税

①課税
1. バット・ドンボーン州は他の州とは異なり、面積と水田の収量による。
2. この税は、クメール人と準クメール人に対しては、1919年11月15日付総督政令で施行が同意された1919年9月29日付国王布告で定められ、ベトナム人とアジア人外国人とに対しては、同日付［総督］政令で定められている。この2つの規定の内容は管轄する裁判所が異なるだけである。
3. この税は稲作をする者全てに課税される。課税の面積の単位は rai、すなわち1,600平米、すなわち、1 sin kansaeng である。
4. 水田地は5等級がある

等級	rai あたりの平均収量	税額
1級水田地	12 thaang ［以上］	0.40 リエル
2級水田地	9 ［以上］〜 12 thaang ［未満］	0.30 リエル
3級水田地	6 ［以上］〜 9 thaang ［未満］	0.25 リエル
4級水田地	6 thaang 未満	0.20 リエル
5級水田地	荒地	0.02 リエル

②税額査定
1. 水田地税額の査定は、知識試験［訳注。この試験の詳細は無記述］に合格して任命された naay kang 1名と sruk 補佐官1名と、不定数の smien からなる委員会が行う。
2. 査定は毎年上半期の内に行われる。sruk 長は全ての村長に、必要な情報を委員会に提出する準備をし、かつ水田地所有者全てにも通知するよう命令する。
3. 委員会は sruk 内の全ての村を巡回し、全ての水田地所有者に土地占有許可証［cf.「⑦土地占有許可証」p.190］を持参して見せるように命令し、それから作柄が前年より良かったか、悪かったか、悪かった場合はその原因になった状況は何か、などを訊ねてから税額を定める。

③徴収
1. 税額を決定したら、naay kang は各人の納付書を、控え付き水田税納付書帳から切り取って全て村長に渡し、村長に各人から徴収させて納付させる。
2. 村長は村内から徴収し終わったら、金額の証拠として［納付者］各人の納付書を添えて、税金を sruk 長に届ける。

3. sruk 長は各納付書を naay kang が作った納付書帳の控えと照合してチェックする。それから納付書に署名押印して村長に返却、村長は各水田所有者に渡して、領収証として保管させる。
4. 税金の方は sruk 長が財務局に納付する。
5. 要するに、水田地税額を査定するのは naay kang で、徴収するのは村長である。

④税額の減額
1. 水田は、栽培の有無にかかわらず課税される。
2. しかし、何らかの原因で収穫が悪い場合は、その水田の所有者は水田税額を査定する委員会に、税額の減額を求めることができる。
3. 委員会は現地調査をしてから減額の申請をする。
4. これは、委員会は村ごとに減額する額を記した金額調査簿を作成して、弁務官に送って承認を申請する。
5. この減額の額は、通常の税額の20％を上回ることはできない。

⑤罰
1. 税額査定時に虚偽の申告をするなどの不正は、人頭税の場合と同じ処罰を受ける。
2. 税の納付が遅れた場合は、刑法第283条で処罰される。

⑥報奨金
1. naay kang は徴収して財務局に納付された税額の3％を報奨金として受け取る。
2. 交通費、smien への賃金など全てを含めて、この査定に必要とした経費は全て naay kang の自己負担である。
3. sruk 長代行補佐官［＝sruk 補佐官］は1％、村長は2％を得て、それぞれその中から助力者に分け与える。
4. 水田が非常に少ない sruk では naay kang を派遣せずに、村長が税額を査定する。この場合、村長は報奨金として徴収した税額の5％を得る。
5. 税額査定徴収人に対する罰は、内閣が報奨金の一部あるいは全額のカットを決定する。

⑦土地占有許可証（traa cang）
　［訳注。「traa cang」はタイ語である］
1. 控え付き土地占有許可証帳から切り離された文書で、水田所有者の名前、年齢、住所、水田の境界、水田の数と面積が記されてある［cf. 下の8］。
2. この土地占有許可証は郡庁が発給し、発給料金を1度だけ徴収する。
3. 発給料金は土地の面積による。すなわち、1 rai あたり0.12リエルであるが、［収量が多い］バット・ドンボーン郡と kraḷaanh と svaay cek の2つの sruk は0.24リエルである。
5. 土地占有許可証を紛失した場合は再発給できるが、上記と同額の料金が必要である。
6. 新しく開墾した土地があると、その土地を占有している者は村官員に届けて、調査してから境界標を立ててもらう。この境界碑を立てる料金は0.90リエルであるが、バット・ドンボーン郡と kraḷaanh と svaay cek の2つの sruk は1.80リエルである。
7. この料金の3分の1は財務局へ納め、3分の2は村長と助役が分け合う。
8. この新しく開墾して栽培している土地にも土地占有許可証を発給する。

第7章　コショウ税

「1」総説

コショウはカンポート州とター・カエウ州で栽培されていて利益が大きい。中国人が栽培していることが多いが、

その他の民族も自由に栽培することができる。

「2」クメール人

①課税

1. 1917年12月31日付総督政令で施行が同意された1917年9月20日付国王布告第67号で税が規定されている。
2. クメール人コショウ畑所有者は全て課税され、毎年上半期中に全額納付する。
3. この税は、コショウ木の高さによって定められている量値と、コショウ畑中のコショウ木の数とによって計算して得られたコショウ粒量が税額であり、納付時に、その粒量のコショウを売った金額に換算して納付する。
   - ア。このようにするのは、古い規則ではコショウ畑の所有者は、その収穫の一部を現物でクメール政府に納め、政府はそれを売っていたからである。
   - イ。これには、政府は大きい倉庫を必要とし、コショウ粒をその倉庫に運び入れる、その倉庫を管理する、コショウ粒を買う者を探す、などの面倒があった。
   - ウ。それゆえ、保護国政府は現物で納税するという古い習慣はそのまま保存し、政府に税として納めるべきコショウ粒をコショウ畑主の手元にそのまま保管させ、あたかもそのコショウ粒をコショウ畑主が政府から購入した形にして、そのコショウ粒を市場で売った代金を政府に納めるという方法にしたのである。
4. コショウ木1株から税として徴収するコショウ粒の量

高さ	量
ア。1.50m未満	収穫が少ないから免税。
イ。1.50m〜2.50m	1 ṭamliṅ、すなわち 0.0375kg
ウ。2.51m〜3.00m	2 ṭamliṅ、すなわち 0.075kg
エ。3.01m〜3.50m	3 ṭamliṅ、すなわち 0.1125kg
オ。3.51m以上	4 ṭamliṅ、すなわち 0.150kg

②コショウの価格

1. コショウの市場価格を知っている商業［・農業］諮問外国人会議とター・カエウ州弁務官とカンポート州弁務官に諮問して内閣の同意を得て高等弁務官が、毎年5月1日［cf. 次の「③税簿の9」］に［高等弁務官］政令を出して［生産者が政府から］コショウを買戻す価格を定める。たとえば市場価格が1 haap［＝60kg］20から24リエルの場合には22リエルに定める。
2. この価格が、政府がコショウ畑主に預けてあるコショウ粒の価格になり、コショウ税額の計算の基礎になる。

③税簿

郡の kramakaara 1名、村長、村委員1名からなる委員会が、毎年11月15日から翌年の3月15日までの間に郡内のコショウ畑の調査簿を作成し、各コショウ畑に行って、両端に箍［タガ］をはめ、1.5mと2.5mと3.0mと3.50mの高さの所に刻み目をつけた biing bang 竹尺でコショウ木の高さを計測する。

1. この biing bang 竹尺は州政府が作って委員会に渡すもので、これ以外の道具でコショウ木の高さを計測することはできない。
2. 計測が終わるとコショウ畑調査簿にコショウ木の本数と、計算して得られた課税量を記す。これを控え付き通知書帳に書き、控えにも同じ内容を書いてから、切り取ってコショウ畑の所有者に通知書として渡して保管させる。
3. コショウ畑所有者はコショウ木の高さの計測が正しくないと判断した場合は、通知書を受け取った日から15日以内に郡長を介して弁務官に異議申立て書を提出する。
4. コショウ畑の所有者が州内に居住していない場合は、この異議申立て期限を15日間延長することができる。しかし、委員会は3月15日までに業務を終わるから、異議申立ては4月15日以後は受け付けない。
5. この異議申立て書は、弁務官代行補佐官と郡長と村長からなる委員会が調査して、15日以内にその判断を弁務官に報告し、弁務官が15日以内に裁定する。
6. コショウ畑調査簿を作成し、コショウ木の高さを計測する委員会は、最後に各村ごとに村内の全てのコショウ畑について、その所有者名と、通知書帳中の控えに記入した情報、すなわちコショウ木の高さと数、税量を書

き込んだ帳簿を1冊作成して郡長に送り、郡長は徴収するべき［コショウ］量の数値をチェックしてから弁務官に送る。
7. 控えが残っている通知書帳は村役場に保管しておき、何らかの誤りがあればそれを訂正して本人に通知する。
8. 遅くとも5月1日［ママ。コショウ粒の買戻し価格が決定する日と同日ということになる。cf.前の「②コショウの価格の1」］までには、コショウ畑がある州政府は次の項目を記したコショウ畑調査簿を作る。

 ア。コショウ畑の所在地（郡、村名）
 イ。通し番号
 ウ。コショウ畑所有者の氏名と住所、コショウ畑管理人の住所
 エ。コショウ木の高さと数と、税として納めるべきコショウ粒の量（単位は ṭmling とキログラムの両方で）
 オ。政府が定めたコショウ粒の買戻し価格による政府に納入するべき金額

④徴税、罰
1. このコショウ畑調査簿中の情報により税簿が作成され、高等弁務官に送られて執行許可を得てから、徴収を始める。
2. コショウ畑所有者は、納付するべき税額の通知を受け取ったら税金を村長に支払う。
3. 村長の受け取り方、受け取った税金の処理、報奨金、罰則などは他の税と同じである。
4. コショウ税の未納などの罰も、他の税の罰と同じである。

「3」ベトナム人とアジア人外国人

1917年12月31日付総督政令による。クメール人に対する規定と異なるのは、「不正を審理するのがフランス裁判所である」ということだけである。

「4」欧米人

1. 上の「3」と同じ［総督］政令で規定されている。
2. 上の「3」と異なるのは次の通りである。
 ア。弁務官代行補佐官1名、郡長1名、村長1名からなるコショウ畑を調査して税簿を作成する委員会がある。
 イ。まず、コショウ畑の所有者である欧米人全てが、自己が所有するコショウ畑全てについて、それぞれの所在地と管理人あるいは小作人の名前、コショウ木の高さと本数を記した帳簿を作成して、毎年6月1日に弁務官に提出する。
 ウ。弁務官はこの情報を受け取ると、コショウ畑所有者本人が立会うことができるように、委員会が調査に行く日を、調査日から15日前に畑所有者本人に通知する。委員会は畑所有者の申告と畑の実況を比較対照してから、畑所有者本人の申告中の訂正するべきであると考える誤りを訂正し、かつ畑所有者本人に告げる。
 エ。以上の情報により、委員会が税簿を作成し、高等弁務官の許可を得てから徴税を始める。
 オ。欧米人被課税者は税額の通知書を受け取ってから、直接財務局に納付する。

第8章　営業税

①総説
1. ベトナム人、中国人［ママ。次と重複］、アジア人外国人、準アジア人外国人［訳注。この語は原訳書中では定義されていない］［ママ。「フランス人」はない］に対しては1919年11月15日付総督政令で、クメール人と準クメール人に対しては、同総督政令で施行が同意された1919年10月3日付国王布告で規定されている。

2. この2つの規定の内容はほぼ同じなので、まず総督政令について解説し、その後に国王布告の規定が異なる点のみを述べる。
3. この税は、クメール国内で商業あるいは工業あるいはその他の免税になっていない職業を行う者に、その年齢、性別に関係なく、その業種と規模に対して、全てに課税される。その税額は定額税額と割額税額からなり、後者はプノンペン市あるいは他の市で商業・工業を行う者にのみ課税される。

②定額税額
1. この営業税額を算定するために、全ての業種と商業種の各々に税額等級を付した表が［総督］政令に付表として添付されている。また各等級の定額税額が示されている表もあり、この2つの表で容易に税額を知ることができる。
2. たとえば、綿製品を売る者は、第1表で4級であることがわかり、第2表でこの4級の定額税額の年額は、プノンペン市では60.00リエル、その他の市では40.00リエル、それ以外の地域では20.00リエルであることがわかる。

③割額税額
プノンペン市と他の市で徴収する割額税額は、商工人の住居と業務用の建物（たとえば店、倉庫、工場）の年額賃借料の30分の1である。

④複数の商業種を営む者
複数の商業種を1つの店舗、あるいは複数の場所の店舗で営む者は、それぞれの店舗の定額税額と割額税額を総合計した額を納める。しかしこれの適用は場合によりけりで、1つの店舗で複数の商業種を営む者と、1つの商業種だけを複数の店舗で行う者には異なる規定がある［訳注。この「異なる規定」は無記述］。

⑤表中にない業種
1. 営業税は全ての業種に課税するのであって、［総督］政令の付表中にある業種にのみ課税するのではない。
2. それゆえ、保護国諮問会議と州諮問会議に諮問した後の高等弁務官政令、あるいは内閣に諮問した後の国王布告により、付表に業種を追加することができる。

⑥半額と非課税
1. 総督政令の表で、8、9、10級の営業税が課される者のうち、14歳未満の少年少女、60歳を超える老人は定額税額の半額を納付する。
2. 官員－自作の品を売る美術工芸職人－教師－漁民－農産物に関する農民－時々自宅の一部を間貸ししている者－事務員－日給職人－アヘン販売者－1年に5000リットル未満の酒販売者は非課税。

⑦外国からの持ち込み販売
1. 外国から商品を持ってカンボジア国内に入って来て、その商品を売る者は、最初に国境を越えてカンボジア国に入った州あるいはプノンペン市で、最少有効期間3ヶ月の営業許可書の発給を申請して［営業税を納付して］得て、常に証拠として携帯する。
2. この営業許可書は国内の同じ商品を商う商人全てが持つべき営業許可書と同等級のものである。
3. 商品を天秤棒でかついだり、肩にかついだりして地区から地区へと売り歩く者も同様である。

⑧夫婦で営業
夫婦両名が1つの店舗で同じ商業種を行う場合の営業税は1人分だけである。

⑨廃業
1. 1月1日に営業していた業種と商業種は全て営業税が課税される。
2. やむを得ず年度途中で廃業する場合は、当年度の経過した月と廃業する月の分の税額を納付し、残りの月の分の税金の免除を、廃業した日から3ヶ月以内に申請する。

3. その年の税額を全額納付している場合は、残りの月の分の税金は返還される。

⑩売却、譲渡
1. 商業を他者に売った場合は、買受け者が営業を開始した日から1ヶ月以内に申請すれば無料でその新しい申請者の名が入った営業許可書に変更できる。
2. 買い受けた者が中国人［ママ］である場合は、この新しい営業許可書の等級で外国人登録料税を納める。
3. この［営業者の］交代を届けなかった場合は、新しい商人は営業税の年度額を全額納める。政府は前の営業者が営業税を納めたか否かを考慮しない。

⑪移転
1. 商業を行う場所を他の郡に移す場合は、移転元と移転先の郡政府に届け、営業税は移転元の郡政府に納める。
2. これを怠ると、移転元と移転先の両方の郡で税を払う。すなわち2度払うことになる。

⑫分割納付
1. 営業税は、他の税と違って1度に全額納めるのではなく、等分して2回にわけて納めることもできる。
2. 最初の回は営業税簿の公示があった月の翌月中、2回目は満7ヶ月以内である。
3. ただし、次の者は分納できない。
   ア。第1回の納付期限に遅れた者
   イ。当年内に自己の商業を売った者
   ウ。9級と10級の営業税が課されている者
   エ。固定した店舗で商業を行っているのではない者
   オ。商業を行う場所を他の州に移転した者

⑬税簿
1. 営業税は、毎年課税されるべき業種の表ができた時に作成する税簿で徴収する［訳注。納付方法は無記述］。
2. この税簿の作成は、郡長、村長、アジア人外国人僑会長、ベトナム人長による、それぞれ自分の管轄地内で生じた変更、すなわち新規開業、閉業、移転などの情報に基づいて、弁務官が作成する。
3. 税簿が出来ると、高等弁務官に送って執行許可を求める。プノンペン市の営業税簿は市庁に貼り出す。州の営業税簿は郡庁に通知書を出し、郡長が被課税者全員に通知する。

⑭営業税補正税簿
他の税の補正税簿は四半期ごとに作成するが、営業税補正税簿は毎月作り、本［税］簿への記載洩れ、業種変更で税が増額される者、1月1日以降に、被課税業種を新しく開業した者、業種変更や店舗の変更で新しく課税される者、などを記載する。

⑮異議申し立て、減額の申請
1. 営業税に関する異議申立ては、サイゴン市にある行政訴訟裁判所に訴える。
2. 思いがけない原因による欠損が理由の営業税減額は弁務官に申請することができる。これは弁務官の判断と共に高等弁務官に送られ、高等弁務官が裁決する。

⑯営業許可書
1. 営業税を納め、その領収証を示すのと引換えに、種々のことが記された営業許可書が交付される。
2. アジア人外国人は、この許可書の中に、自分の身分証明書中の名前と同じ名前を書かなければならない。
3. 営業許可書は必要に応じて管掌する官員に提示する。
4. 営業許可書の貼り出し
   ア。アジア人外国人は全て、自分の営業許可書を自分の店の見えやすい所に貼る。
   イ。バス運転手、舟で商う者、フェリーの被用者も同様である。
   ウ。これに違反すると罰金1～5フランである。

5. 営業許可書の紛失、汚損のための新規交付料金は0.50リエルである。

⑰罰
1. 営業許可書を所持しないで営業した者は、本来課されるべき営業税額の2倍の額の罰金。さらに本来納付するべき営業税額を納付する。
2. この処罰は弁務官の申請により、高等弁務官が決定する。
3. さらに違反者は罰金額の25％を、調査に来てこの違反を発見した職員に支払う。

⑱総督政令と国王布告との相異点
1. ［総督］政令の8、9、10級の営業税はクメール人には課税されない。
2. ［総督］政令で4、5、6、7級営業税に分類されている業種を行うクメール人で、14歳未満の者と60歳を越える老齢者は免税である。
3. 免税になる者は、官吏、官員、美術工芸職人、美術工芸教師、文学・言語教師、助産婦、劇団員、農民、自分の収穫物である食べ物の行商人（精米、花、野菜、ニワトリ、アヒル、鶏卵、家鴨卵、など）、養蚕者、精米業者、漁民、家庭工業従事者（臼、笊、籠、象牙、角｛つの｝、鼈甲、土器など）、召使、事務員、アヘン販売者、年間5000リットル未満の酒販売者［訳注。［総督］政令中にあるものも挙げてある］。
4. 夫婦2名で同じ業種を同じ店舗で行う場合の税は1名分［訳注。これは［総督］政令と同じ］。
5. 営業税の納付方法は総督政令と同じである。
6. 徴収は、プノンペン市では区長が市庁にクメール人に関する必要情報を提出し、それにより市長が税簿を作成し、高等弁務官の承認を受けたのち、区長が徴収する。
7. 相応な理由がなく納付が遅れた者は、クメール刑法283条により4～6フランの罰金と1～5日の投獄
8. 営業税額に対する異議申立ては弁務官に行い、高等弁務官が裁定する。
9. 1919年10月3日付国王布告によって定められた罰は、営業許可書を検査する官員に営業許可書を提示しなかった者、あるいは店に貼り出していなかった者はクメール刑法281条により、軽罪裁判で審理し、0.20～2.00リエルの罰金
10. 営業許可書を所持せずに営業した者は、正規の営業税の2倍額のほかに、その年の1月1日からその日までの営業税額を加えた額を納付する。この加算額は、弁務官の申請を受けて高等弁務官が内閣に諮った後決定する。

第9章　舟税

［訳注。本章中の「舟証明書」と「舟手帳」についての記述は、原訳書に記述漏れ、あるいは誤りがあるらしく、この両者の区別が定かでない。以下は全て原訳文のままである］

「1」総説

1. この舟税の規定は1917年12月31日付総督政令で同意された1917年9月20日付国王布告第70号による。
2. 舟税の査定と徴収は次の3つのステップで行う。
   ア。舟の計測・積載量推定
   イ。舟の登録
   ウ。舟税額の計算と決定、徴収

「2」舟の計測・積載量推定と登録

①計測
1. カンボジア国内の水路を往来する舟は全て、舟の計測・積載量推定［申請］と州の舟台帳への登録申請を舟主

が行う。
2. 計測・積載量推定は、舟の予め規定されている部位を計測し、その数値を使って前もって知られている計算公式を使って計算して積載量を推定する。
3. これを行う目的は、舟税はこの積載量によって課税されるからである。
4. この舟の計測・積載量推定は難しいので、普通の人にはできない。それゆえ、国王布告はこの計測・積載量推定は、高等弁務官が定めた表中の事務所で行い、命令を受けたフランス官員が取り仕切る。
5. この計測・積載量推定所は現在次の22ヶ所あり、舟主の便宜のために全ての州においてある。コンポン・チナン、cknak druuv、クラチェ、khon、コンポン・チャム、paaṇaam、vinh lœy、kambang trapaek、スヴァーイ・リエン、koḥ gar、koḥ dham、kpaal bo、danhan、rakaa kong、kruuc chmaa で公務に従事している関税・消費税・使用料局職員と、kambang traḷaac、chluung、baam jii laang、baam metrii、シエム・リアプで公務に従事している森林局職員が、この計測・積載量推定を行う。プノンペン市では商港長が、daak braa では sruk 長が行う。
6. 新造の舟あるいは修理して大きさが変わった舟は、上記の計測・積載量推定所のどこかに舟を持って行かなければならない。
7. 官員は舟の次の部分を計測する。
　　ア。長さ　　　横木の高さの所の舟板
　　イ。幅　　　　最も幅が広い所の横木の高さの所
　　ウ。深さ　　　最も幅が広い所の横木から舟底まで

②積載量の計算
1. 以上の3つの数値から、次の式で積載量を求める。
　　ア。積載量が1,000 haap、すなわち68,000kg未満［ここでは1 haap＝68kgで換算しているから、「籾」を想定しているらしい］の舟は、
　　　　積載量（kg）＝長さ（m）×幅（m）×深さ（m）×0.29
　　イ。積載量が1,000 haap 以上の舟なら、
　　　　積載量（kg）＝長さ（m）×幅（m）×深さ（m）×0.46－40
2. この式中の係数0.29と0.46とは、試してきた習慣と技師の意見で定めて使用している数値である。

③登録
1. 舟の計測・積載量推定を終えた職員は、舟主にその情報を記入した証明書を発給する。
2. 舟主はこの計測・積載量推定証明書を舟登録申請書に添付して、郡長を介して高等弁務官に提出する。
3. 舟の登録は、各州庁にある舟登録所が管理する舟台帳に記入し、通し番号をつけ、舟の大きさ、積載量、所有者の氏名、職業、住所、国籍を記入する。
4. 舟登録申請書は舟の進水後10日以内に出す。

④舟証明書
1. 舟登録申請書を受け取った州政府は、舟の積載量を計算して求めた数値をチェックしてから舟台帳に記入し、その舟の舟台帳中の番号とその他の情報全てを記した舟手帳と舟証明書を舟主に渡す。
2. 舟主は舟の番号の後に、舟を登録した州を表すフランス語の文字1字をつけて、縦10cmの大きさの文字と数字で、舟首の両側の外板の喫水線の上の木質部に刻み込む。それから見えやすいようにペンキを塗って光らせる。木、鉄、銅の板に番号と文字を刻みこんで貼付けてはならない。
3. 州名を識別する文字は次の通りである。

バット・ドンボーン	B
コンポン・チャム	C
コンポン・チナン	H
コンポン・トム	M
カンポート	K
カンダール	D
クラチェ	E

プレイ・ヴェーン	P
ポー・サット	U
スヴァーイ・リエン	R
ストゥン・トラエン	S
ター・カエウ	T
プノンペン	X

⑤変更

1. 既に登録した舟の形と大きさを変えた場合は舟登録所に行って［その変更を］届け、舟手帳と舟台帳に大きさと形とを記す。舟主も変わった場合は、新しく検査しなおす。
2. 舟主が変わり別の州に登録する場合は、元の州政府は州の舟台帳からその舟を抹消し、その舟の情報を新しい州の州政府が舟台帳に登録するよう、新しい州の州政府に直接通知する。それから新しい州の州政府は新しく舟手帳を作成して舟主に与える［訳注。新しい舟主が同州の者である場合については無記述。また、舟台帳が変わるから舟登録番号も当然変更されるはずであるが、舟証明書については無記述。cf. 上の「④舟証明書」とp.198の「④舟手帳と舟証明書」］。
3. 舟が沈んだり、破損して使用に耐えられない場合は、舟主は管掌する官員から舟が使用に耐えられなくなったという証明書を貰い、舟を登録してある州政府にそれを添付して申請書を出して舟台帳から抹消して貰う。そして舟手帳と舟証明書を返納する。舟手帳と舟証明書を舟と共に紛失したという証拠がある場合は返納しなくて構わない。

⑥舟手帳

1. 舟の積載量を推定し終わり舟の登録申請をする舟主は、自分の身分証明書、あるいは人頭税カードを持参して舟登録所に行き、舟手帳の発給を受ける。
2. 舟手帳には、舟の通し番号、舟主の氏名、職業、住所、国籍、舟の計測・積載量推定を行った場所と日付、舟の形と大きさ、舟主の交代の履歴、そして毎年正しく舟税を納めたことを記す。
3. 舟手帳は無料で発給する。紛失、汚損したら再発給できるが、2.00リエルの料金が必要である。
4. 紛失の届けは10日以内に出す。これより遅れると再発給料金は4.00リエルになる。
5. 虚偽を申告したり、この規定を実行するのを忘れると軽罪である。

⑦罰

1. 以上のことを舟主が怠ると処罰される。
2. カンボジア国内を往来する舟で、舟手帳を官員に提示して検査させることができない場合は、
   ア。逮捕され、最寄りの郡庁あるいはプノンペン市に連行されて警察署に引渡される。
   イ。舟は拾得舟保管所に、その舟は規定上正しい物であるということが決定されるまで保管される。
   ウ。舟主は罰金と、その舟の保管日数に応じた保管料を支払わなければならない。
3. 自分の舟ではない舟手帳を官員に提示して検査させた者、あるいはその手帳の内容を消して虚偽の情報を記入した場合も同じ罰を受ける。
4. 舟を貸すあるいは他者に舟を運ばせる場合は、検査の便宜のために舟と共に舟手帳も渡すことが国王布告で規定されている。それゆえ、舟を借りるあるいは舟を運ぶ者に舟主は舟手帳を渡し、渡された者は舟手帳の受領証を舟主に渡す。舟主が舟手帳を渡すことを拒否した場合は、舟を借りる者は最寄りの管掌する官員に届けてそのことを裁決してもらい、裁判所が審理して処罰する。

「3」舟主の変更

1. 舟主の変更は10日以内にその舟が登録されている舟登録所に届ける。舟台帳に舟主変更を記入し、売却書あるいは譲渡書を登記して、登記料を払ってから売却または譲渡が終了する。規定の期日内に登記しないで、舟登録所が登記していない書類を見つけた時には、書類を登記させ、2倍の［登記］料金を支払わせてから舟主の変更を舟台帳に記入する。

「4」税の査定と徴収

①税簿
舟は全て州庁の舟台帳に登録されているから徴税名簿を作成するのは簡単である。

この徴税名簿は、村政府の助力を必要とせず、州政府が作成する。高等弁務官が執行を許可すると、徴税名簿から郡と村ごとの調査簿を作成して郡長を介して村長に送り、村長が舟税の徴収任務を持つ。

②税額

積載量（kg）	税額（リエル）
750 〜 1,500	0.60
1,501 〜 3,000	1.50
3,001 〜 6,000	2.50
6,001 〜 12,000	3.50
12,001 〜 16,000	4.50

16,000を超えるものは1,000kgごとに0.70リエルを加算する。

③納付
1. 上半期中に既にできている舟は1年分を全納する。
2. 下半期、すなわち7月1日以降に完成した舟の税額は年額の半額である。
3. この下半期に完成した新しい舟の税は、州政府は補正税名簿に記入する。
4. 本税名簿に洩れていた舟もこの補正税名簿に入れる。

④舟手帳と舟証明書
1. 舟主が財務局に舟税を納付すると、舟主は舟手帳と舟証明書を受け取る。
2. 舟証明書はその年の12月31日まで有効で、舟の登録番号、積載量、舟主の名、住所、その年に納付した税額が記入してある［訳注。舟主の変更があった場合については無記述。cf. 上の「⑤変更」。p.197］。
3. 舟証明書は有効期間が過ぎたら、1月15日までに税を払って新しい舟証明書と交換する。
4. 無効になった古い舟証明書は官員が回収して、検査してから焼却破棄する。

［訳注。舟手帳についてはcf.「⑥舟手帳」p.197］

⑤免税
1. 舟税が免税になるのは、
   ア。積載量が750kg未満の舟
     （以下は積載量を問わない）
   イ。国王の舟
   ウ。王族の舟
   エ。寺の舟
   オ。国王が高等弁務官の同意のもとに、免税にするべきであると判断した高官の舟
2. これらの免税の舟の所有者も舟手帳と舟証明書を所持するが、それぞれの中に免税であることが記されている。

⑥移転
自分の課税されている舟を別の州の舟台帳に登録することもできるが、その年の税金を元の州に完納してからでないとできない。

⑦報奨金
村長は6月30日までに徴収して財務局に納付した舟税額の3％を報奨金として得る。ただし、村長に不正があった場合はその一部または全額をカットされる。

「5」欧米人、ベトナム人、アジア人外国人の舟

　これらの舟の舟税は1917年12月31日付総督政令で規定され、その内容は以下を除いてクメール人に対する規定と同じである。
1. 欧米人に課された税は、被課税者本人が直接財務局に全額納付し、証拠として領収証を得て、州政府に提示して、その年の舟証明書の発給を受ける。
2. ベトナム人はベトナム人長、中国人は僑会長の助力を得て、村長に払う。
3. 積載量750kg未満の舟とインドシナ政府部局のための舟は免税であるが、［やはり］舟台帳に登録して無料で舟証明書を受け取る。

「6」コーチシナ国で登録され、カンボジア国内を走る舟

　これについては総督政令に定めてある。
1. コーチシナ国政府に舟税を納め、同国発給の舟手帳を持つ舟は全て、カンボジア国内を3ヶ月間は無料で往来することができる。
2. 商業上の必要があれば、州弁務官あるいはプノンペン市長に許可期間をさらに3ヶ月間延長する許可申請をすることができる。
3. この延長は1回のみである。しかし例外として高等弁務官は合計1年以内の期間を許すことができる。

「7」輸出入品の統計

1. 保護国政府はカンボジア国の輸出入産物を確実に知るために、川を往来する「ふね」（すなわち、船、大小の舟、筏）の統計をとることを定め、関税・消費税・使用料局内に船舶統計課を設立した。
2. カンボジア国境を通過する「ふね」は全て、入国時も出国時も、積載している産物の種類と重量、出発地と目的地を届ける。
3. この届けは口頭でも文書でも可で、無料である。
4. この届けは、最初に入国した国境地点にある、あるいは出国する国境地点にある管掌する事務所に届ける。
5. これらの届けはプノンペン市にある公共土木事業局にある船舶統計課本部に集められる。
6. 届けられた貨物の種類はカンボジア国の主産物10種、あるいは主輸入産物（すなわち、農産物、木材、鉱物と金属、建設器材、燃料、魚類、動物、工業製品、食料品、その他）に分類される。貨物の重量の単位はキロで、籾の1 haapは68キロ、その他の物の1 haapは60キロで計算する。
7. 本部は申告書の情報を集計して、年末にその年の輸出品（籾、酒、油、ピーナツ、タバコ、干魚、コショウ、瓦、など）と輸入品（石鹸、バター、薬品、鉄製品、など）の総量を発表する。
8. この規定に対する違反の罰則は、1919年7月19日付総督政令で施行が許可された1919年4月5日付高等弁務官政令があり、軽罪に処し、一定期間その者の「ふね」を常に検査する。虚偽の申告をした者は船舶統計課事務所官員はその者の「ふね」の貨物を検査し終わるまで、その者を拘留することができる。

第10章　追加税

① 課税
1. ある年の税収がその年の支出に不足する場合は、税簿中に決定されている税額に追加して徴収する追加額を定めることがある。この額を「追加税」と呼ぶ。
2. カンボジア国では、人頭税、外国人登録料税、営業税、舟税からのみ追加額を徴収することが許される。

②クメール人
1. この追加税の徴収はクメール人に対しては1917年12月31日付総督政令で施行が同意された1917年9月20日付国王布告で許されていて、人頭税、営業税、舟税が課税される全てのクメール人に例外なく課税される。その額は「10セン」すなわち、10％を超えてはならない。
2. この追加税率は、毎年高等弁務官が内閣の同意を受け、保護国諮問会議に諮問した申請により、総督が［総督］政令で決定する。1920年は「4セン」［＝4％］である。
3. この追加税は税簿中の税額を徴収する時に同時に徴収する。すなわち、人頭税、営業税、舟税の各税簿に欄を1つ増やして追加税額を記入し、もとからある税額との合計額を記して、その額を徴収する。
4. これに対する罰は他の税の罰と同じである。

③クメール人以外
　クメール人以外に対しては1917年12月31日付総督政令が追加税の徴収を許可している。規定は、違反者の裁判権がフランス裁判所にあること以外は、国王布告の内容と同じである。

第11章　カンボジア国保護国政府予算の諸料金収入

【1】国有財産収入

　固有国有財産である土地と不用になった、もしくは破損して使用できなくなった国有備品の売却による収入である。

【2】森林収入

1. 伐採許可書と伐採人証の発給料金
2. 樹木収入、すなわち、材木を計測検査をした後に徴収する森林利用税額
3. 雑収入、すなわち森林副産物（樹脂、タケ、蠟など）から徴収した森林利用税額
4. 罰金と示談金

【3】使用独占権売却代金収入

「1」漁区

1. 大きい川と海の漁区、川、沼の使用独占権、すなわち漁業独占権を一般民衆に競売する。
2. 落札した者は漁区主になり、その漁区の魚を捕る権利を独占する。
3. 漁区主は自分の漁区の一部あるいは全部を他に賃貸することができる。
4. しかし、［国内の］全ての漁区を売るのではなく、一部は民衆が漁区主に金を払わずに無料で魚を捕る場所として残しておく。ただし、漁具税を納付しなければならない。

「2」漁具税

①総説
1. 漁具税は1917年12月31日付総督政令で施行が同意された1917年9月20日付国王布告第68号で規定され、この

国王布告の表中に名がある漁具を所有するクメール人は、同表に規定されている税額を毎年納める。ただし自分が買受けた漁区中で捕魚する時の漁区主を除く。
2. 政府が漁区主に売った漁区と、政府が村政府あるいは現地国人が出資して設立した現地国人住民団体に与えた漁区以外の漁区は自由に漁をすることができる。
3. 国王布告の表にない漁具の税を徴収した官員は、刑法が定めている「民衆を騙した」罪に問われる。たとえ徴収した金を財務局に納めていた場合でも同罪である。
4. ある種の漁具を課税表から除外したのは、「自家消費用の漁をするのは免税にする」という政府の考えによる。
5. 課税表にある漁具は、その状態が良好で使用できるもののみ課税される。
6. 国王布告の課税表にある漁具は28種［訳注。このリストは無記述］で、それと魚油搾油用釜と魚干場が加わり、魚干場はその面積に従って課税される［訳注。税額は無記述］。

② samraḥ
 1. samraḥ というのは、水の一定区画を杭を立てて囲って［魚を筌に導いて］大量の魚を捕る仕掛けで［＝「やな」の1種］、その面積は数ヘクタールに及ぶことがあり、トンレー・サープに多い。
 2. この samraḥ の税額は基本額が5.00リエルで、面積30ヘクタールまでは1ヘクタールにつき5.00リエル、これを超える分は、1ヘクタールにつき2.00リエルが加算される。
 3. samraḥ は通常多数の者を雇用して行い、利益が多い。毎年多量の魚を捕らえて魚を減少させて多額の被害を与えるので、特別に種々の規定がある。
  ア。すなわち、samraḥ を設置したい者は、設置したい場所の州政府に許可を申請する。
  イ。この申請書には、samraḥ を設置する場所とその大きさを記す。
  ウ。弁務官はこの申請書の内容により［現地の漁民に？］聴聞して、許可・不許可を決定する。この許可権は弁務官が専有する。
  エ。許可する場合は、最長5年間の期間を定め、許可期間が過ぎると、samraḥ 主は再び申請書を提出し、調査を受けてから継続することができる。この継続に回数の制限はない。

③税簿
 1. 漁具税は毎年郡長代行補佐官、村長、村委員1名からなる委員会が調査して、村民の課税される漁具でまだ使用できるものの漁具税額調査簿を作成する。
 2. この漁具税額調査簿には被課税者の名前と漁具名、必要な場合にはその大きさ、それと課税額を記す。
 3. これを弁務官に送り、弁務官は写しを2部作成して1部は郡庁、1部は村長用にする。それから、その漁具税額調査簿から税簿を作成して高等弁務官に送り、執行の承認を待つ。
 4. この第1回の調査に漏れた漁具、あるいは調査後に使用を始めた漁具については、村政府からの情報により弁務官が漁具補正税額調査簿を作成させる。

④徴税
　村長が自ら手元にあるこの漁具税額調査簿に従って徴税する。この税の徴収期間は毎年9月1日から翌年の5月31日まで、すなわち漁期中である。徴収の方法も村長の報奨金も罰則も、他の直接税と同じである。

⑤クメール人以外
　欧米人、ベトナム人、アジア人外国人に対する漁具税規定は、1917年12月31日付総督政令にある。その規定の内容は、次を除いて国王布告によるクメール人に対する規定と同じである。
　ア。欧米人の漁具税額調査簿を作成する委員会は、弁務官代行補佐官、郡長、村長からなる。
　イ。税金は郡長を介さず直接財務局長に納め、郡長はこの税の徴収に責任を持たない。

「3」ブタの屠殺と屠殺場

①ブタ屠殺料
 1. 政府は全ての郡でブタ屠殺料収入を得ることができるが、その徴収の困難を避けるために、屠殺の営業独占権

を競売で売って、代金を納付させる。
2. 落札者は契約書にある料金でブタ屠殺業権を独占する。

②屠殺場
1. プノンペン市と、バット・ドンボーン、コンポン・チャムなどの住民の多い市街地区では、政府が屠殺場を建てて、屠殺は全てそこで行わせる。
2. 屠殺料は動物を連れて行って屠殺した者が政府職員もしくは屠殺場独占使用権を政府から買った者に支払う。

「4」市場

1. 市場あるいはその近くの道路で食べ物を売る者は、その商品の種類、［商品を入れておいて］売る笊や籠の数、あるいは商品を陳列する台を置いてある場所の面積によって定められた使用料を支払う。
2. この市場の使用独占権も競売する。

「5」渡し場

政府は、人、車、品物の渡し舟料収入がある。この渡し場使用独占権も競売する。

［訳注。上記「「『3』ブタの屠殺と屠殺場、『4』市場、『5』渡し場」はそれぞれ屠殺場、市場、渡し場の使用権を政府から購入して独占している者が、その使用権を利用者に使用料という形で売っているのである］

【4】その他の収入

「1」拾得動物保護料、拾得物保管料

1. 市街地、大きい村、州都では動物を放して自由に歩かせること、物品を公道において住民の通行を妨げることが禁止されている。
2. 道に放されている動物は捕まえ、公道に落ちている、あるいは放置してある物品は拾って、拾得物保管・保護所に一定期間保管・保護し、その間に所有者が出頭すれば、所有者である証拠を見てから、所有者から保管・保護料を徴収して返却する。
3. この保管・保護料は、クメール人に対しては1917年9月20日付国王布告で、その他の者に対しては1917年12月31日付総督政令で規定されている。
4. この保管・保護料は国籍の区別なく、全てに共通である。
5. 以下は保管・保護物1つについての1昼夜、すなわち24時間あたりの保管・保護料である［訳注。端数時間の処理方法は無記述］［単位はリエル］。

ゾウ	2.00
スイギュウ、ウシ、ウマ	0.50
ヤギ、ブタ、イヌ	0.30
その他の飼育動物	0.10
馬車	0.50
人力車	0.30
牛車（車のみ）	0.30
人が曳く荷車	0.30
その他の品物	0.15
積載量50 haap 未満の	0.15
積載量50 haap 以上の舟	0.25

6. この保管・保護料は、州の拾得物保管・保護所は弁務官が、郡の拾得物保管・保護所は郡長が、村の拾得物保管・保護所は村長が徴収する。徴収したら、拾得物の所有者名、徴収した料金の種類、保護動物あるいは保管

物名、保管・保護日数を記して控え付き領収証帳から切り取った領収証を渡す。

「2」銃所持許可書

1. これは前述［＝「第10章　銃」p.161］したように、例外として無料で発給することもあるが、通常は30.00リエルの銃所持許可書発給料を徴収する。
2. この許可書の有効期間は5年で、その後再度発給する料金もやはり30.00リエルである。
3. これは1918年4月21日付法令と多くの総督政令で規定され、1つの国王布告で補足されている。
4. この銃所持許可書所持者は毎年2回、すなわち1月1日〜1月31日と7月1日〜7月31日の間に行政機関に提出して「見た署名押印」を受けなければならず、この「見た署名押印」料は各回2.00リエルである。
5. この証明書の紛失は8日以内に州庁に届けて、料金30.00リエルを納めて再発給してもらう。

「3」ゾウ登録料とゾウ売却税

①登録
1. ［ゾウを除いた］役畜、すなわちウシ、スイギュウ、ウマの所有者は登録して、無料でその動物の証明書の発給を受ける。
2. しかし、ゾウの登録は、クメール人に対しては1917年9月3日付国王布告で、その他の国籍の者に対しては1917年12月31日付総督政令で、「ゾウの所有者は、住所のある州庁にそのゾウを連れてきて登録する」ことが規定された。
3. この登録は、州庁が管理するゾウ登録台帳に、そのゾウを他のゾウと区別できるように、そのゾウの特徴の情報と所有者の名前を記録する。

②ゾウ証明書
1. 既に飼育中のゾウから生まれたゾウと新しく捕らえたゾウと外国から連れてきたゾウは、生まれた／捕らえた／外国から連れてきた日から1ヶ月以内に、生まれた／捕らえた／連れてきた場所の郡庁に、ゾウ管理台帳への登録を申請する。
2. 登録が終了すると、そのゾウのゾウ証明書を無料で発給する。
3. ゾウを通常の飼育場所以外の場所に連れて行く場合は、つねにこのゾウ証明書を携帯しなければならない。

③ゾウの移動
1. 売却や所有者の転居などでゾウが移動する場合は州庁に届け、そのことをゾウ証明書とゾウ管理台帳に記入する。
2. 外国に移動、あるいは死亡などでそのゾウが完全に国内に存在しなくなった場合は、ゾウ証明書を回収して焼却破棄し、ゾウ管理台帳から抹消する。

④ゾウ登録料
1. ゾウの登録料は5.00リエルである。
2. 登録料の納付は、［保護国］政府が納付書をゾウ所有者本人に渡し、本人がその納付書で直接財務局に納付する。
3. この登録料は最初の1回のみで、たとえば他の州に連れて行ってそこで登録する場合は無料である。

⑤罰
ゾウの登録をしなかった場合は登録料の3倍の罰金が科される。

⑥売却、譲渡
1. ゾウの売却あるいは譲渡は、売却人あるいは譲渡人は1頭に付き250.00リエルを財務局に納付する。これはゾウの国外流出を防ぐためである。
2. 要するに、ゾウを売却するためには、次の手続きと費用が必要であるから、売却者は価格を決定する前に［そ

の費用の額を］よく考慮する必要がある。
　ア。売却書を作成して登記して、登記料を払う。
　イ。売却者がゾウ売却税250.00リエルを納付する。
　ウ。さらに、ゾウを外国に連れ出す場合は、関税500.00リエルを徴収される［訳注。この記述によると、ゾウ売却者が輸出関税を負担することになるが、それで正しいか？］。

「4」度量衡器検査料

①総説
1. 1914年7月30日にインドシナ国で施行された1914年6月13日付フランス共和国大統領法令により、既にコーチシナ国では1911年から使用が規定されていたフランスの度量衡器を、カンボジア国全土でも使用することが規定された。
2. この規定は従来の、地方によって異なる度量衡を統一するのが目的であった。
3. これにともない、国内で不正な度量衡器が使用されるのを防ぐために、商店の度量衡器の検査が毎年行われることになった。
4. 度量衡の単位はメートル、グラムとキログラム、リットルである。ただし、［大統領］法令は唯一の例外として"haap"の使用を合法的と認め、これを60kgと定めた［訳注。実際には、たとえば籾は68kgというように例外がある］。
5. 中国の秤の使用は禁止された。

②検査と証印
1. 各州にフランス人官吏である度量衡器検査官がいて、その職務は州内で使用されている度量衡器の検査をして、不正があれば裁判所に告発することである。
2. 度量衡器は［製造して］使用に供する前に検査官の検査を受けて、正しいことが認められたことを証明する印を、それらの器具の鉄、銅、錫、木部［のいずれか］にしっかりと刻む。
3. その後毎年検査官が全ての商店に行って、そこで使用中の度量衡器を検査して、毎年変更される［検査済］印を刻む。
4. ［度量衡器］検査官事務所で行われる［使用前の］最初の検査は無料で、その後の毎年の検査は法令で定められた料金、すなわちメートル尺は1本0.08リエル、普通の竿秤は0.40リエルを徴収する。［訳注。量器の検査は無記述］

③徴収
1. この料金の徴収は税簿による。
2. 税簿は検査官が各村ごとに作成して村長に渡して税を徴収させ、村長は徴収した税金を郡長に届け、郡長が財務局に納付する。

④罰
1. この検査で検査官が基準に外れた度量衡器を発見したら没収して破壊する。
2. さらに犯罪があれば記録書を作成して告発する。
3. 記録書には購入者を騙す意図で不正物を使用したのであるか、単に使用が禁止されている物を使用したのであるかを記す。この2つのケースはcau kramaが判決する便宜のために、明確に区別して記さなければならない。

⑤クメール人に対する規定
1. 1914年12月29日付国王布告があり、上述の［大統領］法令をクメール人と準クメール人にも適用することを定めた。
2. 規定の内容は同じであるが、検査官が作成した記録書を弁務官がクメール裁判所に送って審理させた場合に、クメール裁判所がクメール人に対して下すべき罰の規定がある。
　ア。自分の倉庫、工場、店舗、あるいは市場で不正な度量衡器を使用した者は投獄5日、あるいは罰金4～6

　　　　リエル
　イ。検査証明印がない、あるいは使用が許可されていない度量衡器を使用した者も同じ罰
　ウ。再犯は重い投獄刑

第12章　インドシナ国総予算の主な料金収入項目

「1」登記料

①私署証書と公正証書
1. 現地国人間の契約書の登記に関する最新の規定は、1916年4月16日付総督政令にある。
2. 現地国人の間の売却、譲渡、分与による動産と不動産の所有権の移転に関する契約書は全て国の習慣に基づいて作成することができる。
3. この国の習慣に基づいて作成した文書を「私署証書」と呼び、公証人が作成し、内容を証明した「公正証書」とは区別する。
4. 現地国人の間の契約書は、必ずしも公証人に作成してもらう必要はなく、契約の当事者が国の習慣に従って作成し、それを国の習慣に従って村長のところに持って行って、その契約書上に、「この文書中の内容と、契約当事者双方の署名と押捺された指紋は真正である」ことを証明する村長の署名押印があればいいのである。

②文書の登記
1. 登記を求める文書は、契約当事者双方の名前とその妻の名、住所、文書中の契約の対象行為（売却、交換、譲渡など）、契約対象物品の価格、双方が契約することに同意した諸条項、文書作成日付を記し、契約者双方が署名し指紋を押捺してから、村長の、「この文書は［偽造ではなく］真正である」という［署名押印による］証明が必要である。
2. 契約文書の使用言語は、中国語、クメール語、ベトナム語、フランス語のいずれでも可である。
3. 「動産、不動産の所有権移転に関する文書は全てインドシナ国内で登記しなければならない」という規定がある。
4. 登記するためには、プノンペン市では登記所、地方では州庁へ行く。
5. 契約書の原本は2通作成して、1通は登記者へ、1通は登記所に保管する。
6. 登記した契約書の原本を紛失した場合は、登記所に行って、そこに保管されている原本の謄本を貰い、料金2.00リエルを払う。
7. 動産、舟、スイギュウ、ウシ、ウマ、などの分与、入質あるいは請け出しなどの所有権の移転に関する契約書は、契約書作成後2ヶ月以内に必ず登記する。遺言書は遺言者の死亡後1ヶ月以内に必ず登記する。
8. その他の文書は登記しなくても可である。しかし、フランス裁判所である行政訴訟裁判所に訴える場合は、その前に登記しなければならない。なお、クメール裁判所の判決書も登記する必要はない。

③登記料
1. 登記料には定額料金と割額料金がある。
2. 定額料金は割額料金が適用される文書以外の文書に適用され1.0リエルである。
3. 割額料金は、借家、売却、交換、入質、寄贈、仕事の請負、借金の確認書、金銭領収証、動産・不動産の所有権移転の契約書に適用され、その文書中にある契約の金額に応じて徴収する。
　ア。不動産の売却、交換、譲渡、入質の契約書、一般競売に付する判決書、あるいは記録書は4%。特別な契約がない限り、登記料は購入者が負担する。不動産を無料で譲渡する契約書、すなわち債務者が自己の不動産を債権者に譲渡する契約書は、徴収する登記料を査定するために、その不動産の価格を契約書に明記する。
　イ。フランス人の訴訟に関する裁判所の判決書もその金額の4%

ウ。固有国有財産である土地の売却契約書も売却価格の4％
エ。動産の売却書、交換書、譲渡書、入質書、家屋賃貸契約書、金銭借用証、仕事あるいは売却請負書、金銭受領証、その他の上に規定されていないものは金額の1％
オ。共有財産の分割配分書、出資契約書は金額の0.20％
カ。価格が記されていない財物交換書は、規定は、交換する財物のいずれか高価な方の財物の価格を付記することを命じ、その価格は各自に責任を持たせる。この場合は高価な方の価格の4％
キ。前述のように、動産・不動産の所有権の移転に関する文書は契約後2ヶ月以内に登記しなければならない。2ヶ月を過ぎたものは、登記料の2倍で、最低額2.00リエルを徴収する

「2」印紙税

①印紙と印紙税
1. 印紙は、ある種の税を払ったという証拠、すなわち領収証に相当する。
2. 印紙税に関する最新の規定は1916年4月16日付総督政令で、全ての国籍の者に適用され、私署証書の契約書、裁判所の文書、裁判所に訴える文書を作成するための文書用紙に課税するものである。

②印紙税額の種類
印紙税額は次の3種ある。
1. 使用する用紙のサイズにより徴収する規定額
2. 商業、借用証などの文書から徴収する額。これは割額で、文書中の金額に応じて徴収し、用紙のサイズは考慮しない。
3. 公示掲示と領収証などから徴収する額。

③文書用紙のサイズによる印紙
これには印紙型文書用紙と貼付印紙の2種類がある。
1. 印紙型文書用紙。種々の文書を作成する必要がある人の便宜のために、政府は［印紙税］規定に合致するサイズの紙で、前もって模様と多くの言語でその紙の代金を印刷してある文書用紙を販売している。［訳注。郵便葉書を想像せよ］
    ア。印紙型文書用紙の種類

種類	サイズ（横、縦）	価格
大サイズ文書用紙	0.30m×0.42m	0.36リエル
中サイズ文書用紙	0.25m×0.35m	0.24リエル
小サイズ文書用紙	0.18m×0.25m	0.12リエル

    イ。この文書用紙は、たとえば遺言書、売却書、財物分与書などのように、印紙税が課税される文書を作成するのに使用する。しかし、常にこの用紙を使用する必要はなく、普通の白紙で文書を作成して［次に述べる］貼付印紙を左上に貼ってもかまわない。
2. 文書用紙用貼付印紙。大きさも形も郵便切手に似ている。人々が必要に応じて買えるように政府が販売している。これには、12セン、24セン、36センの3種があり、文書の用紙サイズにより納付するべき印紙税額に応じている。

④文書中の金額に応じて徴収する印紙税額
1. 商業と借金の文書はその文書中に記されてある金額に応じて課税し、用紙のサイズは考慮しない。

文書中の金額	税額（単位はリエル）
100未満	0.05
100 〜 200［未満］	0.10
200 〜 300［未満］	0.15
300 〜 400［未満］	0.20
400 〜 500［未満］	0.25

500 ～ 1,000［未満］	0.50
1,000 ～ 2,000［未満］	1.00
2,000 ～ 3,000［未満］	1.50
3,000 ～ 4,000［未満］	2.00
4,000以上	1,000ごとに0.5を加算

2. 印紙税金を納付したという証拠にするために、政府は貼付印紙を販売する。貼付印紙のサイズは横0.18、縦0.25の1種のみであり、印刷されている金額が異なるだけである。納めるべき印紙税額に合致する貼付印紙を選ばなければならない。

⑤掲示と領収証など
1. 貼り出し掲示と領収証などにも課税する。
2. 掲示は、公務による掲示は非課税であり、商品広告、映画広告など民間で行われている、広く人々に知らせるためのものにのみ、その用紙のサイズにより課税する。
3. 領収証など
   ア。人々が互いにやりとりして手元に保存しておく領収証、商品納入書により商人が購買者に出す商品代金領収証は、その中に記載されている金額に関係なく一律に0.05リエルである。
   イ。ただし金額が4.00リエル未満の場合は非課税である。
   ウ。財務局が発給する領収証は0.10リエルである。

⑥印紙税が課される主な文書
日常使用されるもののみを示す。
1. フランス公証人が作成した文書とその謄本
2. フランス裁判所の執行官の文書
3. フランス裁判所の判決書
4. フランス裁判所への訴状。フランス弁護士の上申書
5. 行政機関への訴状
6. 一般人の売却書や財物分与書など、契約に関する私署証書
7. 出生届と本人に与える出生簿の謄本
8. 警察が作成する重罪犯罪、中級罪犯罪を起訴する記録書。この記録書に貼付した印紙の代金は被告が裁判料を納付する時に、政府に返済する。

⑦主な非課税文書
1. 政府の文書全て
2. 政府が公金で購入する購入書
3. 政府に提出する補助金申請書
4. パスポート、銃所持許可書
5. 政府に提出する5リエル未満の商品納付書
6. 政府勤務に応募する現地国人に現地国政府部局が発給する操行証明書と出生証明書

⑧貼付印紙の消印
　文書を白紙で作成して印紙を貼る時は、文書の左上に貼り、印紙の再利用を防ぐために、必ず黒インクでその印紙の上に署名し、年月日を記して使用済みにする。商人は印紙の上に商店名印を押印して日付を記入してもよいが、必ず黒インクを使うこと。政府部局は印紙の上にその部局の印を押して使用済みにすることもできる。

⑨罰
1. 印紙税規定違反の罰は罰金5.00リエル
2. 文書に貼った印紙の額が、その用紙のサイズの税額に不足した者も罰金5.00リエル
3. 印紙を偽造する、あるいは偽造印紙の使用はフランス刑法第142条の罪があり、フランス裁判所で審理、処罰

される。
4. 使用済みの印紙あるいは印紙型文書用紙を、使用済みと知っていて使用した、あるいは販売した、あるいは売ろうとした者はフランス中級罪裁判所に送られ、審理されて罰金20〜200フラン。再犯は投獄5日〜1ヶ月と2倍の罰金
5. 額が不足している印紙を貼った文書を登記所あるいは政府部局に提出した者は、
　　ア。その部局の官員が記録書を作成し、その印紙税額不足文書を添えて告発する。
　　イ。ただし、本人がその時に直ちに罰金と印紙税の不足額を支払うことに同意した場合は、その記録書を作成する必要はない。

⑩印紙型文書用紙と貼付印紙の販売
1. 購入、使用の便宜のために、登記所と郵便局で販売する。
2. 官員ではない者で販売を希望する者は自由に売ることができるが、その販売者は見やすい場所に、フランス語、クメール語、ベトナム語、中国語で貼付収入印紙と印紙型文書用紙の価格を書き、さらにこの価格を超えた価格で販売した場合の罰則も書いた掲示を貼る。
3. 販売を希望する者には、登記所で価格を割引いて卸売りし、それを規定の価格で売って利益が得られるようにしてある。
4. 額面以上の価格で販売した者は罰金50リエル。この罰金が払えない場合は懲役刑で代える。

「3」関税

1. ある種の物品の輸出入に対して関税を課する、関税額を定める、関税額を改正する、関税を廃止することはフランス国政府がフランス植民地国とフランス国の利益を考慮し、さらにフランス国が貿易を行なっている国々と締結している協定に従って定める。
2. フランス国で施行されている1892年1月11日付の法律は、1893年1月3日付［総督］政令でインドシナ国にも適用することが決定されたが、その中の「一般関税額」以外に、インドシナ国だけに適用される別の規定がある。
3. この別規定は、1899年2月7日から施行されている1898年12月29日付法令中に定められ、その後いくつかの法令で改正、補足された。
4. この法令によると、インドシナ国に輸入されるフランス国生産物の多くは関税が免税である。一方外国からインドシナ国に輸入される物品には関税が課される。インドシナ国から輸出する物品にも課税する。
5. インドシナ国の関税収入は毎年およそ8,000,000リエルに達する。

「4」酒税

①課税
1. 外国から輸入される酒は全て輸入時に、インドシナ国で酒造された酒は商品として出荷する時に課税される。
2. 税額は、含有アルコール1リットルあたり、洋酒は輸入品も国産品も3フラン、現地国人が飲むための現地国酒は0.30リエルである。
3. インドシナ国の酒税収入は年間およそ3,000,000リエルに達する。

②酒造
1. 洋酒あるいは現地国酒の酒造を希望する者は、関税・消費税・使用料局に許可を申請して、酒造所は関税・消費税・使用料局職員の眼前でしか酒造できないように建てるなどの、関税・消費税・使用料局職員の監督を容易にするための、いくつかの条件を満たして、酒造許可書を得る。
2. 関税・消費税・使用料局職員は酒造を常時監視できるために、酒造所に派遣されて酒造所の近くに住む。
3. 酒ができると、関税・消費税・使用料局職員は正しい計測器で酒の強度を測定して、そのアルコール分の量に応じて徴税する。
4. ［酒税の］納付が終われば、酒は酒造所から出荷して小売者に販売することができる。

③酒運搬許可書
1. 1リットル以上の酒を運搬する者には、酒運搬許可書を出す。
2. この酒運搬許可書を携帯せずに酒を運搬している者は、運搬している酒の酒税を全額支払わなければならないという罰を受ける。
3. 関税・消費税・使用料局職員は、酒運搬許可書の提示を求めて正規のものであるか否かを検査する権限を持つ。
4. この酒運搬許可書は酒を売った人が、関税・消費税・使用料局が売り与えた控え付き酒運搬許可書帳から切り取って運搬人に渡して携帯させ、運搬を合法化する。
5. この酒運搬許可書には、売却者名、購入者名、酒の運搬先、運搬に使用する乗り物、運搬する酒の量、運搬するべき道順などを記す。

④酒販売許可書
1. 酒の販売は、関税・消費税・使用料局に申請して発給を受ける有効期間1年の酒販売許可書を所持する者しか売ることができない。
2. 酒販売許可書は酒卸売者許可書と酒小売者許可書の2種がある。
   ア。前者の発給料は3.00リエルである。
   イ。後者の発給は無料であるが、名声があり、販売量が1ヶ月500リットル未満の者にのみ発給する。

⑤罰
1. これらの規則の違反の罰は重く、また国籍に関係なく全てフランス裁判所で審理される。
2. この裁判所の件は［クメール人の裁判権はクメール裁判所が持つという1863年の保護国条約に対する例外を定めた］1884年3月13日の協定によるものである［cf.「②各裁判所の裁判権」の5、p.167］。
3. 規定されている罰は次の通りである。
   ア。酒の密造者は罰金500〜5,000フランと投獄15日〜3年、もしくは罰金のみ。再犯はこの2つの罰が共に科される。
   イ。脱税酒であることを知りながら購入した者も同罰
   ウ。これらの違反の共犯である行政機関あるいは村の官員は、罰金を納めるべき罪がある場合、また重罪の場合は罰金。さらに裁判所で審理、処罰される。
   エ。酒造者が虚偽の届けをして酒の出し入れをした場合は、管掌する官員が告発する記録書を作成して裁判所に送り厳罰に処する。
   オ。正規の酒販売許可書を所持せずに酒を販売した者は罰金200〜2,000フランと投獄8日〜1年
   カ。酒運搬許可書を所持せずに1リットル以上の酒を運搬した者は罰金25〜100フラン。そして運搬中の酒の酒税を払い、かつその酒を没収されることもある。

⑥例外
1. 以上に述べた禁止に該当する場合のほかは、以前からのカンボジア国領土内では自由に酒を商うことができる。
2. しかし、新領土、すなわちバット・ドンボーン、シエム・リアプ、シー・ソーポンの3郡では、自由に商うことはできない。
3. その理由は、この3郡では大きい会社1つに酒造と販売の多数年間の権利を売って独占させているからである。

「5」タバコ運搬税

①課税
1. 1899年以来、タバコは国産品も輸入品も全て消費者の国籍に関係なく、インドシナ国内で運搬する時に運搬税を課税する。
2. 運搬税は運搬中のタバコの種類と重量についての運搬者の申告に基づいて徴収する。
3. 輸入タバコは輸入関税に加えて運搬税が課税される。
4. タバコ栽培者がタバコ畑から自宅まで運搬する時は、タバコ運搬税は非課税である。

②タバコ運搬許可書
1. タバコ運搬税は1kgを越えるタバコの運搬に課税される。それゆえ、運搬方法のいかんにかかわらず、1kgを越えるタバコを運搬する者は、まず自宅の近くの関税・消費税・使用料金事務所に行き、そこから先を合法的に運搬できるように、タバコ運搬許可書を申請して携帯する。
2. タバコ運搬許可書は1906年4月19日［総督］政令で定められたもので、運搬税を払えば発給される。

③税額
（1キロにつき、リエル）
1. 葉、あるいは刻んではあるがまだ吸える形になっていないもの　　　0.20
2. 刻みタバコ　　　　　　　　　　　　　　　　　　　　　　　　　0.30
3. 中国タバコ　　　　　　　　　　　　　　　　　　　　　　　　　0.50
4. 紙巻きタバコ　　　　　　　　　　　　　　　　　　　　　　　　0.75
5. 葉巻　　　　　　　　　　　　　　　　　　　　　　　　　　　　1.50

④罰
1. 運搬中のタバコの重量、運搬元、運搬先、タバコの種類について虚偽の申告をした者は罰金100〜2,000フラン
2. 運搬許可書を所持せず1キロ以上のタバコを運搬した者も同罰
3. 以上の2種の違反は運搬中のタバコを没収し、売却し、その代金は政府予算の収入にする。

⑤タバコ工場
　インドシナ国内に紙巻きタバコあるいは葉巻製造工場を作るには、関税・消費税・使用料局からの許可を得、規定に従うことと、酒造者と同じように常に政府の監督を受けることに同意しなければならない。

「6」マッチ消費税

①マッチ消費税額と監督料
1. 生産地を問わず、インドシナ国で消費されるマッチは全て「マッチ消費税」が課税され、税額はマッチ棒70本入りの箱が10箱入った1包が0.025リエルである。
2. また、国内にあるマッチ製造工場は、監督料として政府が工場を監督する費用を払う［訳注。金額は明記されていないが、次の記述から恐らく1包0.01リエルであろう］。
3. そして輸入マッチは10箱入りの1包につき0.01リエルを、この監督料に相当するものとして払う。これは国内工場が外国工場に対して不利にならないための措置である。

②証紙
1. この税と費用を納付した証拠として、マッチ箱の中箱が入っている外箱の入り口に証紙を貼る。
2. この証紙を貼る費用は、1906年11月24日付［総督］政令の規定により、マッチ輸入業者あるいは国内のマッチ製造業者が政府に払う。
3. 証紙を貼っていない箱のマッチを保管した、売った、運搬した者は罰金500〜3,000フランと投獄15日〜3年

③マッチ工場
1. インドシナ国内でマッチを製造するには、酒造所と同じような規定に従い、政府に許可を申請する。
2. マッチを密造して脱税した者は罰金100〜2,000フラン、再犯は投獄15日〜1年

「7」石油関税

①課税
1. 1900年11月21日付［総督］政令で、石油による危険を防ぐための規定と、関税が課される石油が関税・消費税・使用料局の検査を逃れるのを防ぐための規定が定められた。

2. インドシナ国は石油生産地がないから、国内で消費される石油は全て船で輸入される。この石油タンカーは、他の船に危険を及ぼすことがないように、他の船から離れて停泊し、積載中の石油は、関税・消費税・使用料局の、あるいは特別許可を得た者の石油タンクに移す。
3. 関税・消費税・使用料局は常に石油タンクを監視して、輸入されて石油タンクに入れられた石油および石油タンクから出された石油の量を知る。
4. 石油タンクから石油を出す時に、関税を定めた1906年4月19日付［総督］政令により、石油100キロにつき6フランと定められている石油関税を納める。

②事故防止
1. 関税を納付してタンクの外に出した石油は、以後何らの税も料金も支払う必要はないが、石油の運搬者、卸売り者、小売り者は、1900年11月21日付［総督］政令の規定にある事故防止策を実施しなければならない。
2. この事故防止規定に違反すると罰金25～250フランである。

③罰
1. 石油を国内に持ち込んだ者に関する罰は以下の通りである。
   ア。正式に許可されていない石油タンクに石油を入れた場合は罰金100～2,000フラン
   イ。騙して石油タンクから石油を出した者は罰金500～3,000フラン
2. 以上の違反は関税・消費税・使用料局職員が作成した記録書で証明し、告発する。

「8」火薬消費税

1. 1913年11月21日付［総督］政令による規定があり、火薬、猟銃弾、花火、爆竹を消費する者には火薬消費税が課される。
2. 火薬消費税の額は次の通りである（単位はリエル）。
   ア。黒色火薬、1キロ　　　　　　　0.50
   イ。白色火薬、1キロ　　　　　　　1.50
   ウ。黒色火薬弾丸、100キロ　　　　5.00
   エ。白色火薬弾丸、100キロ　　　　7.00
   オ。花火と爆竹、100キロ　　　　　4.00
3. これらの税は、輸入時に関税と共に、あるいは製造工場からの出荷時に徴収される。

「9」籾・米輸出税

1. 籾・米を輸出する者には、1898年12月29日付法令で定められている小額の輸出関税の外に、土地税［＝籾税と水田地税］の代わりに籾・米輸出税を課することが1919年11月15日付［総督］政令で定められ、1920年12月31日から施行される［訳注。この施行日は原訳本の出版日より後である］。
2. 税額（100キロにつき、リエル）
    籾　　　　　0.36
    玄米　　　　0.57
    砕米　　　　0.27
    糠　　　　　0.15
3. 関税・消費税・使用料局が関税と共にこの輸出税を徴収する。

「10」アヘン販売税

①課税
1. 1899年8月30日付法令により施行が承認された1899年2月7日付［総督］政令により、インドシナ国でのアヘンの［外国からの］購入、製造、販売は、関税・消費税・使用料局が管理する公社が行い、公社が営業独占権

を持つ。
2. 外国でアヘンを購入してインドシナ国に輸入することができるのは政府だけであるが、医薬品として使用するアヘンは、政府の監督の下に他の者が輸入することができる。

②アヘンの販売
1. 政府はアヘンを製造し、そのアヘンをアヘン販売事務所がアヘン窟に卸売りをし、アヘン窟が小売りをする。そしてアヘン窟以外の場所で小売りすることはできない。
2. アヘン窟では、アヘンを箱に入れて密封し、関税・消費税・使用料局の販売許可認証印があるものしか売ることができない。
3. アヘン販売を希望する者は政府に許可書を申請して所持しなければならない。
4. しかし、1907年6月9日付［総督］政令で、新しいアヘン窟の開業許可を出すことが中止されている。
5. アヘン窟はアヘンを吸引するためにだけ存在し、それ以外の行為を行うことはできない［訳注。nagaravatta、第45号では料理が供されている］。また、武器携帯者、女性、20歳未満の少年、司法権を持つ職員である欧米人以外の欧米人は入店が禁止されている。

③罰
1. インドシナ国へのアヘンの密輸入などのアヘン営業独占権に対する違反は重罪である。
2. アヘンを製造した者、あるいは官製アヘンに何かを混入した者は、罰金500～2000フランと投獄2ヶ月～3年
3. 官製アヘンでないアヘンを所持していた者は、罰金100～1,000フランと投獄2ヶ月～3年で、そのアヘンは没収
4. 許可書を所持せずに官製アヘンを販売した者は、罰金500～5,000フラン、投獄15日～3年

④価格
1. アヘンの販売価格は、その年に販売されるアヘンの量に応じて、総督政令で決定される。
2. 最新の1919年4月23日付［総督］政令では、アヘンは、
　ア。上質アヘン
　イ。ベナレス・アヘンと雲南アヘン
　の2種、箱は1kg、200g、100g、40g、20g、10g、5g入りがある。
3. それぞれの価格は次の通りである

ア。上質アヘン		卸価格（リエル）	小売価格（リエル）
1キロ箱	1箱	241.50	253.00
200グラム箱	1箱	48.30	50.60
100グラム箱	1箱	24.15	25.31

以下順次減っていって、最後は

5グラム箱	1箱	1.21	1.26

イ。ベナレス・アヘンと雲南アヘン		卸売価格（リエル）	小売価格（リエル）
1キロ箱	1箱	178.50	187.00
200グラム箱	1箱	35.70	37.40
100グラム箱	1箱	17.85	18.70
40グラム箱	1箱	7.14	7.48
20グラム箱	1箱	3.57	3.74
10グラム箱	1箱	1.785	1.87
5グラム箱	1箱	0.895	0.94

4. 国境近くの地域では、密輸アヘンを防ぐために、価格を上記より少し下げているが、その場合は、箱の認証印は別のものになっていて、その安価なアヘンを他の地域で売ることはできない。
5. アヘン小売者許可書の発給料金は、年間のアヘン販売量によって異なる。

⑤アヘンの禁止
1. フランス政府はインドシナ国の現地国人と外国人にアヘン吸引を少しずつ止めさせ、遂には根絶する決定をした。

2. このことは1916年12月27日付法令が決定し、1919年7月16日付法令で補足されていて、次のことを定めている。
   ア。アヘンを少しずつ値上げする。
   イ。製造して販売するアヘンの量を少しずつ減らす。
   ウ。新しいアヘン販売所とアヘン窟を許可しない。
   エ。既存のアヘン窟は新しい店舗への移転を許可しない。
   オ。3ヶ月以上販売を中止したアヘン窟は廃止する。
3. この規定により、インドシナ国政府予算は年間2,000,000リエルに達する重要な収入を失うことになり、これを補う他の財源が必要である。

「11」塩販売税

①公社
1. インドシナ国での塩の販売も政府が管理する公社の仕事である。
2. 1899年10月20日付［総督］政令が塩について定めている。

②塩田
1. 塩田業を行うには政府の許可が必要であり、政府の監督の下に入る。
2. 塩生産者は生産した塩を全て政府に売る。少量を自家消費用にとっておくことさえもできない。
3. 塩生産者が政府に売った塩は関税・消費税・使用料局が管理する塩倉庫に入れる。

③塩倉庫
1. 塩倉庫は塩田の近くと、たとえばプノンペン市、コンポン・チナン、chhnuk druu などのように近くに住む一般人が買いにくるのに便利な所に多数設けてある。
2. 塩倉庫では卸売も小売もする。

④価格
1. 塩の売価は各塩倉庫で異なる。すなわち、塩田業者からの購入価格、税額（これは1906年4月19日付［総督］政令で1キロにつき2.25リエルと定められている）、倉庫の遠近による運搬や目減りの費用、などを計算して売価を定める。
2. このように定めたのは、塩田の近くにある塩倉庫で大量に仕入れて、海から遠い所で売って多くの利益を得るのを防ぐためである。
3. 関税・消費税・使用料局の塩倉庫から塩を買って売るのは自由であるが、大衆は自分で直接塩倉庫に行って買うことができ、必ずしも中国人の店で買う必要はないことをよく覚えておくべきである。

「12」郵政局からの収入

手紙、電報、小包、電話などの料金収入は予算の収入項目に入る。

第2部
予算

第1章　総説

「1」予算の原則

①予算の成立
1. 予算内の項目の支出や税の徴収は、予め住民の利益の代表である諮問会議が許可しない限り執行できない［cf.「③職務」の4、p.50］。
2. したがって予算は全て諮問会議に提出して［変更なしで］同意答申を得るか、あるいは［諮問会議の意見に従って］予算内の項目の数値の変更をしてから、上級政府からのその予算執行の承認を得なければならない。

②予算執行命令者と公金出納官
1. 予算内の収入項目の徴収、あるいは支出費目の支出を命じる職務を持つ者と、公金を保管し、そして支出する職務を持つ者とは同一人であってはならない。
2. 前者を「予算執行命令者」、後者を「公金出納官［訳注。県や市の出納長に相当］」と呼び、この両者は互いに相手を検査し合う。

③有効期間
1. 予算の有効期間は1年である。
2. しかし支払請求が遅れている支出を支払い終わるまで、また新しい年の予算の執行が決定するまでの間の2、3ヶ月間延長することができる。

④収入と支出
1. 収入金の総額と支出金の総額とは同額でなければならない。
2. 収入項目には一般収入項目と特別収入項目があり、支出費目にも一般支出費目と特別支出費目がある。
3. 一般支出費目は、大項目が
   ア。国民の安全に関する支出
   イ。国の公金を扱う部局のための支出
   ウ。国の財産を増すための支出
   エ。国民を発展させるための支出
   の4つあり、全ての政府部局に配分する支出金がこの中のいずれかに計上されている。
4. インドシナ国総予算の支出項目は40章ある［cf.「③支出」p.217］。

「2」予算の作成

1. 予想される税収と、政府各部局からの予算要求を検討して、予算執行命令者が予算案を作成する。
2. 作成した予算案は予算執行命令者が諮問会議に送り、諮問会議は修正要請を付して予算案に同意する。
3. 予算執行命令者は諮問会議の意見に従って予算案を修正してから［cf.「③職務」の4、p.50］上級政府に送って、その予算執行の許可を求める。

「3」予算執行

①原則
　「予算執行命令者」と「公金出納官」を明瞭に区別しなければならない。

②納付書
1. 予算の収入である直接税は徴収者が税簿で徴収する。
2. 間接税は、関税・消費税・使用料局や登記所などの行政機関が、納付するべき者［＝被課税者］に「納付書」を発給し、納付者はそれを持参して財務局に納付しに行き、財務局は納付書に記してある金額を受け取る。

③支払い書
1. 公金出納官は、「支払書」と呼ぶ予算執行命令者の命令書が存在してはじめて支払うことができる。
2. この支払書には、その支払書に記載されている支出金額が、たしかに公務のために支出されたという証拠書類が添付されなければならない。
3. この規定通りの証拠がない場合は、財務局の公金に対して責任を持たなければならない公金出納官は、支払を拒否する権限を持つ。
4. ただし、予算執行命令者の「支払強制」があれば支払うことができるが、この「支払強制」による支払金には、公金出納官は責任を持つ必要がなく、予算執行命令者が責任を持たなければならない。
5. このように、公金出納官が予算執行命令者［の支払］を監督すること以外に、インドシナ国には会計検査課という政府部局があり、支出した支出のそれぞれについて規定上正しいか否かを検査し、違反の支出があれば予算執行命令者に通知書を送って注意する。上の4で「予算執行命令者がその支出に対して責任を持たなければならない」と言うのは、予算執行命令者がこの会計検査局の注意を無視して、支出を続けた場合に適用される。

④移項
1. 予算執行命令者は、予算の支出項目に示された金額以上を支出する権限を持たないが、止むを得ない必要がある場合は、その予算に同意した政府部局に伝え、その予算に同意した諮問会議と協議してから、許可を得て予算の金額を「移項」することができる。
2. 予算執行命令者が正式な許可を得ずに予算の金額を移項した場合は重い罪があり、自分［＝予算執行命令者］がその金額の賠償の責任を取る。

「4」予算の会計検査

①予算執行命令者と公金出納官
1. 予算執行命令者と公金出納官とは、それぞれの任務に従って予算管理に関して責任を持つ。この任務を正しく遂行したか否かの検査方法は、この両者で互いに異なる。
2. 前者、すなわち行政部官吏に対しては政府が行う。
3. 後者すなわち公金出納官に対しては裁判所［訳注。会計検査院は裁判所の1つとされている］が行い厳正な方法が定められている。

②会計検査、行政会計報告書、会計検査院
1. 予算執行命令者と公金出納官に対する検査は、上司が金庫中の現金を数える、あるいは帳簿をチェックするなど以外に、予算執行命令者と公金出納官は「金額調査簿」を提出する。
2. 予算執行命令者については、
　ア。予算執行命令者が提出する金額調査簿は、予算中の収入項目と支出項目のそれぞれについて、その年度中に執行した金額の調査簿であり、これを「行政会計報告書」と呼ぶ。
　イ。この行政会計報告書は、予算執行の延長期間が過ぎたら、収入と支出とを締め切って金額を合計してから諮問会議に送り、諮問会議はこの調査簿中の金額と予算中の金額とを照合して、予算執行が正しく管理さ

れていたことに同意したら、上級政府はこの行政会計報告書を承認する。
3. 公金出納官については、
   ア。パリ市にある「会計検査院」という名の行政訴訟裁判所の1つが行う。
   イ。公金出納官は金額調査簿に証拠書類を添付して会計検査院に提出し、会計検査院が各支出金と収入金が正しいか、徴収漏れがないかをチェックする。
   ウ。チェックが終わり、公金出納官への質問とその回答が必要である場合には「仮」裁決書を、質問の必要がなければ「決定」裁決書を出す。
   エ。それから会計検査院は十分な証拠がないと判断した支出金を、公金出納官がかねてから納めてある保証金から差し引いて、保証金の残額を公金出納官に返還して、公金出納官は予算に関する責任が終わる。
   オ。会計検査院は、行政上の裁判所であり、刑法による審理、処罰をする権限を持たないので、この検査中に、公金出納官あるいは予算執行命令者に横領罪があることを発見した場合は一般の刑法による裁判所に告発し、刑法に従った処罰を受けさせる。

第2章　カンボジア国内の諸予算

「1」予算の種類

カンボジア国には、インドシナ国総予算、カンボジア国予算、プノンペン市予算の3つの予算がある。

「2」インドシナ国総予算

①総説
1. インドシナ国に属する5ヶ国全てに対する総予算で、総督が予算執行命令者である。
2. フランス政府［＝インドシナ国政府］の局を総局と呼び、インドシナ国全体の公務を全5ヶ国に共通な規定と方法で司る。たとえば、関税・消費税・使用料局、登記所、郵政局などであり、これらの総局のための予算がインドシナ国総予算である。
3. また、鉄道、政府が費用を負担する港、複数の国を通過する道路など、インドシナ国の複数の国の利益に関することがある。これらの費用もインドシナ国総予算に入れる。国防費も5ヶ国共通のことであるから、この総予算に入れる。

②収入
1. 一般収入（金額は1920年度予算のもの）
   ア。関税。8,500,000リエル
   イ。消費税・使用料収入（酒税、タバコ運搬税、石油消費税、マッチ消費税、火薬消費税、アヘン販売税、塩販売税、など）。31,000,000リエル
   ウ。登記料、印紙税金、国有財産売却代金。1,600,000リエル
   エ。郵便、電報、電話収入。1,000,000リエル
   オ。公社に経営させている鉄道からの入金（トンキンのハイフォンから雲南省のcinhoまで）。500,000リエル
   カ。大フランス国への貸付金の利息。800,000リエル
   キ。雑収入。1,600リエル［訳注。原訳書に金額の記述がないので下の総額から逆算］
   1920年度の一般収入の総額は44,000,000リエル［ママ。下の総収入額と総支出額は一致するから、その額から逆算すると、多分、45,000,000が正しい］
2. 特別収入
   準備金。12,000リエル

3. 総収入額。57,000,000 リエル

③支出
1. 一般支出
    ア。借入金の返済。10,000,000 リエル
    イ。クメール国政府と国の安全に関する支出。裁判所総局と高等裁判所－陸軍（空軍を含む）など－領事の俸給と手当－極東の大きい都市に設置してあるフランス語学校の維持費－官員の交通費－各収入の少ない各国の予算への補助費－その他。8,000,000 リエル
    ウ。国の公金を扱う部局のための支出。会計検査課－主計課－財務総局－関税・消費税・使用料局－官員の俸給と手当と備品用品費と消耗品費－登記所、など。15,000,000 リエル
    エ。国の財産を増すための支出。複数国にまたがる道路、水路、港、用水路掘削、作物栽培、建築費、インドシナ国鉱山調査局－商船会社補助費－郵政局－各国経済振興局（各国の産品の貿易推進のための宣伝をする）。10,000,000 リエル
    オ。国民を発展させるための支出。インドシナ国立の研究所（フランス極東学院、気象台、インドシナ公文書保存館）－医務総局－教育総局（ハノイの高等教育校、ハノイのフランス語中高等教育校＝リセー・ハノイ、高等法律行政学校、師範学校、農業学校、公共土木事業学校、医学校、獣医学校、官吏学校。［訳注。金額は記載されていない］
    カ。経常費
2. 特別支出
    特別支出と同額（緊急の道、橋、水路、運河掘削、溝を作る、庁舎建設、など）
3. 総支出額は57,000,000 リエル

④総予算について
1. この総予算の収入と支出とはインドシナ国の各国に対して行われる。
2. 総予算の編成は主計課が行う。案ができたら総督に提出してチェックを受け、変更を加えられてから国政諮問会議で検討され、同意される。それから［フランス国］植民地相に送って同意を得てから施行される。
3. 総予算執行の管理監督は主計課の職務であり、総予算の執行副命令者は総督から、その職務を司るべく命令を受けた主計課長である。
4. 俸給の支払や必要な物品の購入をすみやかに行うために、一定額の限度の金額に対して、各国の高等弁務官を総予算の予算副執行命令者職に任命してある。それゆえ、この予算副執行命令者の命令で俸給などを総予算から引き出すことができる。
5. インドシナ国財務総局長が総予算の金額調査簿を管理し、各国の財務局長と州財務局長とが支払った支出金に対して責任を持つ。この金額調査簿は毎年会計検査院（cour des compts）に提出して検査を受ける。
6. 予算執行命令者は毎年行政会計報告書を国政諮問会議に提出して検査を受け、植民地相の同意を得る。

「3」カンボジア国予算

①総説
　インドシナ国総予算はインドシナ諸国の全ての国の利益のための予算である。一方各国固有の利益のための予算があり、これを各国予算と呼ぶ。すなわち、カンボジア国のための各国予算があり、これがカンボジア国予算である。

②収入
（以下の金額は1920年度予算の数値）
1. 一般収入
    ア。直接税とその他の料金等収入。クメール人とベトナム人の人頭税－中国人の外国人登録料税－徴用税－追加税－耕地の諸税（畑税、高地畑税、サトウヤシ税）－籾税とバット・ドンボーン地域の水田地税－コショウ税－営業税－舟税－フランス人人頭税。4,000,000 リエル
    イ。固有国有財産である土地の売却代金。200,000 リエル［訳注。この金額は原訳書には記述がないので、収入

総額から逆算した]
　ウ。森林管理から生じる諸収入。375,000リエル
　エ。使用独占権売却代金収入(漁区－漁具税－ブタ屠殺場－市場－渡し場)。640,000リエル(このうち、漁区は485,000リエル)
　オ。上記に入らない諸料金。行政処分金－クメールあるいはフランス裁判所による罰金と裁判料金－銃所持許可書料－病院収入－ゾウ猟料金－王国への貸付金の利息－政府財産売却代金、など全26項目。240,000リエル
　カ。入金、あるいは補助金。プノンペン市からの市内の電気と水道[維持・工事]費のための分担金(111,000リエル)－プノンペン市からの外国人入国管理局維持費(13,000リエル)－インドシナ政府からの補助金(300,000リエル)
3. 特別収入
　準備金勘定から200,000リエル
4. 収入の総額は6,079,000リエル

③支出
1. 一般支出
　ア。クメール国政府の費用－国民の安全を守る費用－王室費－王族手当－高等弁務官府－クメール国民安全部局－フランス裁判所とクメール裁判所－警察－刑務局－保安隊－国有船舶局など、全19項目。3,178,000リエル
　イ。公金取り扱い部局。財務局－地図局(土地登記課)－対フランのリエル為替相場の変動を防ぐための対策費。318,000リエル
　ウ。国の財産を増すための支出。公共土木事業局(俸給と資材、備品、用品費を含む)(1,400,000リエル)－農業省(71,000リエル)－森林局(161,000リエル)－獣医局(54,000リエル)。
　エ。国民を発展させるための支出。医務局と教育局の費用－病院と施薬所の維持費－学校の建設と維持予備費。697,000リエル[訳注。支出総額から逆算]
2. 特別支出　特別収入と同金額の200,000リエルである。
3. 支出の総額は収入と等しい6,079,000リエルである。

④予算作成と執行
1. カンボジア国の予算案は毎年高等弁務官が作成して、総督が長である国政諮問会議で検討して同意されてから、総督が同意して執行する権利を与える。
2. 予算執行については、高等弁務官が予算執行命令者、財務局長が公金出納官で予算の金額調査簿を管理し、公金出納官は年末に金額調査簿に証拠書類を添えて会計検査院に送って検査を受ける。
3. 予算執行命令者は予算の有効期限が過ぎたら、行政会計報告書を作成して国政諮問会議に送り、それから総督に送って同意を受ける。

「4」プノンペン市予算

①総説
　プノンペン市は、保護国政府とは切り離されて独立の法人とされていて、独自の財産と収入を持つことが上級政府から許されていて、独自の予算を持つ。

②収入(以下の金額は1920年度)
1. 一般収入
　ア。市民の直接税、および直接税並みの料金。
　　　人頭税、徴用税、営業税、舟税、など。286,200リエル
　　　市民が支払う電気・水道料税。26,000リエル
　　　家の所有者が納付する家の土地税－バスと乗用車税－人力車税。6,700リエル

総額、326,400リエル
　イ。市有土地賃貸料と売却代金。〔訳注。金額なし〕
　ウ。使用独占権売却代金。
　　　市場　　　　　　　　70,000リエル
　　　屠殺場　　　　　　　53,000リエル
　　　公営質店　　　　　　 1,600リエル
　　　渡し場　　　　　　　 6,800リエル
　　　港の桟橋使用料　　　 5,000リエル
　エ。雑収入。浮き桟橋設置料－道路使用料〔屋台など〕－行政処分金など。68,400リエル
　オ。歩道取り付け費の家主負担費（実費の50％を負担）－伝染病患者宅の消毒料－貧窮者でない人の病院での治療費。〔訳注。金額なし〕
 2. 一般収入の総計は550,000リエル
 3. 特別収入　これに充てるべき準備金がないから、極めて少額。政府からと個人からの寄付金。600,000リエル

③支出（以下の金額は1920年度）
 1. 一般支出
　ア。市政府費。フランス官員とクメール官員の俸給－クメール政府の支出（区長）－市政府部局の諸物品購入費（机、椅子、戸棚、紙、インク、その他）。70,000リエル
　イ。市交通路局費。市内の道路の保守と新設－市内の道路と建物の清掃－職員の俸給。170,000リエル
　ウ。市内照明電気料金。118,000リエル
　エ。病気の市民に対する医療費と薬配布費－市内の清掃－伝染病の伝染防止。これには診療と投薬をするフランス人官員とクメール人官員の俸給。55,000リエル
　　　し尿トイレのくみ取と汚泥塵介除去費－種痘ワクチン購入費－消毒剤と医薬品費－屠殺場を検査する獣医の手当－病院と施薬所の患者の治療費－貧窮者補助金、として55,000リエル
　オ。市警察維持費（俸給と備品購入費）。130,000リエル
　カ。教育局費　市の収入が少ないことと市内の学校の多くは保護国政府が費用を負担しているので、少額である。
　キ。その他
 2. 支出には、「不可欠支出」と「任意支出」とがある。前者は市が負担しなければならない支出で、予算には必ず入れるものである。後者は予算に入れても入れなくても可である。

④補正予算
 1. プノンペン市予算の処理の特異な点は、補正予算があって、そこから本予算に入れられる金額が多いことである。
 2. 市予算には準備金勘定がなく、毎年予算の執行期間が終わって剰余金が生じると、総予算あるいは各国予算とは異なり、準備金勘定には入れられない。それゆえ、プノンペン市予算には補正予算があって、前年の剰余金を収入として入れておき、本予算で金が不足する項目の支出に充てるのである。

⑤予算の作成と執行
 1. 市予算案の編成は市長が行い、市委員会に送り、市委員会は検討して適切であると考える変更を加える。
 2. それから市長と市委員会と高等弁務官が協議して変更に同意してから、高等弁務官がその予算の執行に同意して執行する権限を与える。
 3. 市長が市予算の執行の管理をするが、いくつかの項目の支出には高等弁務官の許可が必要である。
 4. カンボジア国財務局長（公金出納官）が市出納長になる。
 5. 以上の官吏2名が市予算の収入と支出の証拠を提出する。すなわち年度末に予算執行期間が終わると、市長が行政会計報告を市委員会に提出して検査を受け、高等弁務官が承認する。
 6. 市出納長は金額調査簿とその証拠を会計検査院に提出する。

語彙集

កង
　¥កង・ក្រវែល　①＝ប៉ូលិស。警察。②警察官。③警備業務を行う部局（＝国家警察、憲兵、保安隊）。
　　＠ការ・កង・ក្រវែល　①警察業務。②警備業務。
　　＠ក្រុម・កង・ក្រវែល　①警察。②警察局。③警察官。
　　　＠＠មន្ត្រី・ក្រុម・កង・ក្រវែល　警察局官吏。
　　＠រាជការ・កង・ក្រវែល　①警察局。②＝មន្ត្រី・រាជការ・ប៉ូលិស　警察局官吏。
　警察局官吏。
　¥កង・ក្រវែល・រក្សា　警備警察。
　　＠ការ・កង・ក្រវែល・រក្សា　警備業務。
　¥កង・ក្រវែល・អាការ・រោគ・សត្វ　動物防疫班。
　　＠ការ・ត្រួត・ត្រា・កង・ក្រវែល・អាការ・រោគ・សត្វ　動物防疫班を監督する。
　¥កង・ក្រុម・យន្ត・ហោះ　＝ក្រុម・កង・អាកាស・យន្ត　航空隊（陸軍に所属）。
　¥កង・ក្រុម・រក្សា・ស្រុក・រួម・ខែត្រ　州保安隊。
　¥កង・ចម្បាំង　戦闘部隊。
　　＠ពួក・ទាហាន・កង・ចម្បាំង　戦闘部隊の兵士。
　¥កង・ទ័ព・ជាតិ・ស្រុក・អាយ　＝ពិជ័យសង្គ្រាម。現地国人軍。
　¥កង・ទាហាន　軍隊。

កង់
　¥កង់・វណ្ណ・ដែក　鉄の箍をはめた車輪(の車)。

កងតុង（canton）　（コーチシナ国の）郡。

កងដ្ឋ
　¥កងដ្ឋ・ព្រៃ・ឈើ　森林規定の罰則。

កត់
　¥កត់・កា・ខ្នង　（許可書の裏に）記入する。
　¥កត់・កំណត់・បញ្ជី・ជាតិ　（出生簿に）記入する。
　¥កត់・ខុន・ដោយ・រៀច・ក្លែង　（起訴状に）自分（＝被告）に対する偽造（事実を）記す。
　¥កត់・ជា・សំគាល់　参考として記す。
　¥កត់・ថ្ងៃ・ខែ　日付を記入する。
　¥កត់・ប្ដឹង・ថា・ជា・រៀច・ក្លែង　（起訴状の）偽造に対して反訴する。
　¥កត់・ពតិមាន・ខ្លួន　自分の情報を記録する。

កន្លែង　場所。〜場。
　¥កន្លែង・ចិញ្ចឹម・នាង　養蚕所（＝研究所）。
　¥កន្លែង・ដាក់・ថ្នាំ・គីនីន　キニーネ配置所。
　¥កន្លែង・ដាក់・ទំនិញ　物置。
　¥កន្លែង・ដែល・ត្រូវ・ដាក់・ឲ្យ・ប្រឡង・យក→ចំនួន・កន្លែង・ដែល・ត្រូវ・ដាក់・ឲ្យ・ប្រឡង・យក　試験で入学させる人数。
　¥កន្លែង・ដែល・ត្រូវ・ធ្វើ・ការ　事業を行う場所。
　¥កន្លែង・ដែល・ធ្វើ・ការ　事業を行う場所。
　¥កន្លែង・ដាំ・ដំណាំ・ល្បង・មើល　農業試験場。
　¥កន្លែង・តាំង・របស់　展示所。
　¥កន្លែង・តាំង・របស់・ក្រុង・កម្ពុជាធិបតី＝មូសេ・ស្រុក・ខ្មែរ　カンボジア国博物館（美術工芸学校付属）。
　¥កន្លែង・ធ្វើ・របរ・កសិកម្មាធិការ　農場。
　¥កន្លែង・ធ្វើ・របរ・សិប្បយការ　製作場。
　¥កន្លែង・ទូរលេខ・តត・ខ្សែ　＝កន្លែង・វាយុទូរលេខ。無線電信局。
　¥កន្លែង・នេសាទ　漁区。
　　＠តែង・កន្លែង・នេសាទ　漁区使用独占権を売る。
　¥កន្លែង・នេសាទ・ត្រី　①漁区。②漁場。
　¥កន្លែង・ពិឃាត・សត្វ　屠殺場。
　¥កន្លែង・មើល・ជម្ងឺ・សត្វ　動物診療所。
　¥កន្លែង・វាយុទូរលេខ　＝កន្លែង・ទូរលេខ・តត・ខ្សែ。
　¥កន្លែង・សំរាប់・ដាក់・ទូក・របើស　拾得舟保管所。
　¥កន្លែង・សំរាប់・ប្រោស・មនុស្ស・ទោស　流刑地。
　¥កន្លែង・សម្លាប់・សត្វ　屠殺場。

កប៉ាល់
　¥កប៉ាល់・ដែល・ដឹក・ន្ទាំ・ប្រេង・កាត　石油タンカー。
　¥កប៉ាល់・សំពៅ・ចម្រាំង　軍艦。

កល　（គោល が正しい？）
　¥កល・កិរិយា　①（選挙人になる権利をもたらす）資格。②性格。
　¥កល・កិរិយា・កេ្ដ・ឈ្មោះ　（選挙人になる）

名誉の基盤となる資格。
- ¥កល・ពិត・ប្រាកដ・ពេញ・ច្បាប់ →មាន・កល・ពិត・ប្រាកដ・ពេញ・ច្បាប់　法律上真正である／の真正性を示す証拠。
- ¥កល・ស្ថាន　（知識試験を受験する。年金を受給する。新村を設立する）資格／権利を得るための条件。
- ¥កល・ស្ថាន・ដើម・ទាំង・មូល　全般的原則。
- ¥បំពេញ・កល　①条件を満たす（と恩給が貰える）。

កា

- ¥កា・ខ្នង　（薪運搬許可書の日付を）書き込む。
- ¥កា・ខ្នង・ដាក់・ថ្ងៃ　（許可書の）裏に日付を書き込む。

កាត　①人頭税カード。②外国人登録料税カード。
- ¥កាត・ដែល・ពឹង・ជួល・អ្នក・កាប់・ឈើ　伐採人証。
- ¥កាត・ទទេ・ឥត・យក・ថ្ងៃ　無料人頭税カード。
- ¥កាត・ទូក　舟証明書。
- ¥កាត・ពន្ធ　人頭税カード。
- ¥កាត・ពន្ធ・ថ្ងៃ・រាជការ・ខ្លួន　人頭税カード。
- ¥កាត・ភាគ្យ　近習人頭税免除証。
- ¥កាត・មនុស្ស・ឈ្មោល　被用者証明書。
- ¥កាត・សត្វ・សម្រាប់・សត្វ　役畜証明書。
- ¥កាត・សម្រាប់・អ្នក・កាប់・ឈើ　伐採人証。
- ¥កាត・សំគាល់　①身分証明書。②（役畜の）証明書。
- ¥កាត・សំគាល់・ខ្លួន　身分証明書。
- ¥កាត・សំគាល់・ដំរី　ゾウ証明書。
- ¥កាត・សំគាល់・រូប　身分証明書。
- ¥កាត・សំគាល់・សត្វ　役畜証明書。
- ¥កាត・សំគាល់・សម្រាប់・សត្វ　＝កាត・សំគាល់・សត្វ　役畜証明書。
- ¥កាត・អនុញ្ញាត・ឱ្យ・នៅ・ស្រុក　国内居住許可書。
- ¥កាត・អ្នក・កាប់・ឈើ　伐採人証。

កាត់
- ¥កាត់・ច្បាប់・ខុស　法律の解釈を誤る。

កាន់　（保安隊を）指揮する。
- ¥កាន់・កាប់・ការ・រាជការ　①統治する。②公務を指揮する。
- ¥កាន់・កាប់・ការ・រាជការ・ខ្លួន・ឯង　（村長は村民の選挙で選ばれているから）自治を行う。
- ¥កាន់・កាប់・ក្រសួង・រាជការ →ចូល・កាន់・កាប់・ក្រសួង・រាជការ　統治に介入する。
- ¥កាន់・កាប់・ដី　土地を管理する（≒占有する）。
- ¥កាន់・កាប់・ត្រួត・ត្រា　（フランス政府の全ての部局を。大臣は部下の官吏を）管理監督する。
- ¥កាន់・កាប់・រក្សា・ប្រយោជន៍　（王族の特典を）管理し保護する。
- ¥កាន់・កាប់・រាជការ　①公務を管理する。②（郡を）統治する。③（警察署が）管轄する（地域）。
- ¥កាន់・កាប់・រាជការ・ក្នុង・ស្រុក　国を統治する。
- ¥កាន់・កាប់・រាជការ・ផែន・ដី　国を統治する。
- ¥កាន់・កាប់・រាជការ・រដ្ឋបាល　行政機関を管理する。
- ¥កាន់・ក្រសួង　（登記所の）業務に携わる。
- ¥កាន់・ជាប់・ខ្លួន　携帯する。
- ¥កាន់・ជាប់・នៅ・ខ្លួន　携帯する。
- ¥កាន់・សមុហបញ្ជី　公文書保管庫を管理する。
- ¥កាន់・សៀវភៅ・រាជការ・ខែត្រ　郡政府の公文書を管理する。

កាប់
- ¥កាប់・ជា・រ៉ូង　（樹脂を採集するために樹幹に）刻み目を入れる。
- ¥កាប់・ឈើ・តាម・ចិត្ត　自由に伐採する。
- ¥កាប់・ឈើ・ឥត・ច្បាប់　盗伐する。

កាយេរ（cahier）
- ¥កាយេរ・ដេ・សារ្យ（cahier des charges）＝សៀវភៅ・ច្បាប់・សន្យា。競売仕様書。

ការ
- ¥ការ・កង・ក្រវែល　①警察業務。②警備業務。
- ¥ការ・កង・ក្រវែល・យាម・ល្បាត　警備・巡視業務。
- ¥ការ・កង・ក្រវែល・រក្សា　警備業務。
- ¥ការ・ក្នុង・រាជការ　政府勤務の仕事の種類（による恩給。たとえば軍人恩給）。
- ¥ការ・ជា・សាធារណៈ　公共土木事業。
- ¥ការ・ជំនួញ　商業行為（小売、卸売、など）。
- ¥ការ・តុលាការ　司法業務。
- ¥ការ・ផ្ទះ・ផ្លូវ　＝ការី。家屋道路業務。
- ¥ការ・ផ្លូវ →ធ្វើ・ការ・ផ្លូវ　道路工事をする。
- ¥ការ・ពារ・រោគ・សាធារណជន　公衆衛生。
- ¥ការ・ពារ・សេចក្ដី　（裁判で弁護士が）弁護

する。

　¥ ការ･ពារ･អាការ･រោគ･សាធារណៈ 公衆の健康を守る。

　¥ ការ･យាម･ល្បាត 警備巡視業務。

　¥ ការ･រក្សា･រោគ･សាធារណជន 公衆衛生。

　¥ ការ･រដ្ឋប្រសាសនោបាយ →ប្រាក់･ចំណាយ･ក្នុង･ការ･រដ្ឋប្រសាសនោបាយ 政治費（収入をもたらさない部局の費用）。

　¥ ការ･រដ្ឋាភិបាល 国民の安全を守る事業。

　¥ ការ･រថ･ភ្លើង 鉄道事業。

　¥ ការ･វជការ･រដ្ឋបាល ①国民の安全を守ること。②行政業務。

ការទូស

　¥ ការទូស･ច្រក･ម្សៅ･ខ្មៅ 黒色火薬弾丸。

　¥ ការទូស･ច្រក･ម្សៅ･ស 白色火薬弾丸。

　¥ ការទូស･បាញ់･សត្វ 猟銃弾。

កាល

　¥ កាល･កំណត់･រាល់･ខួប 毎年定期的に。

　¥ កាល･អំពី･ដើម 当初。

កាសែត

　¥ កាសែត･រាជការ 官報。

កិច្ច

　¥ កិច្ច･កល しなければならないこと、（家を建てる者が従うべき）義務。

　　@បញ្ញត្តិ･ស្ថាន･កិច្ច･កល 義務規定。

　　@ស្ថាន･កិច្ច･កល （被用者に課する）義務の種類／事柄。

　¥ កិច្ច･កល･កិរិយា （入国）目的（？）。

　¥ កិច្ច･ជំពាក់ ①（僑会長の。村職員の。森林局職員の。州諮問会議委員の。金を受け取ったら領収証を渡す。）義務。②（村民の）責務。③責務。

　¥ កិច្ច･តុលាការ 司法業務。

　¥ កិច្ច･ធុរៈ·បន្ទុក·លើ·អ្នក·រាជការ 官員の義務（ここでは兼業禁止、など）。

　¥ កិច្ច･រាជការ･ខ្មែរ クメール政府の業務（を高等弁務官が監督する）。

　¥ កិច្ច･រាជការ･ផែន･ដី･ខ្មែរ クメール国政府の業務（を監督する）。

　¥ កិច្ច･សន្យា →បដិសេធ･កិច្ច･សន្យា 協約を破棄する。

　¥ កិច្ច･សន្យា·ជួល·កំឡាំង·ប្រើ 使用人雇用契約。

កិតិយស

　¥ លើក·កិតិយស·មន្ត្រី·ចំពោះ·ទៅ·នឹង·បណ្តារាស្ត្រ 民衆に対して官吏の名誉を高める。

កិរិយា （国有財産の）性格（恐らく caractère の訳語）。（公共国有財産の）性格（を失う）。

　¥ គ្មាន･កិរិយា･ជា·និច្ច·ដូច A （特別支出は）（一般支出）とは性格が異なる。

កុងគ្រេកាស្យុង (congrégation) =ពួក。（アジア人外国人の）僑会。

កុងតាប្ល៊ី (comptable) =អ្នក·កាន់·បញ្ជី。公金出納官。

កុងត្រូល (contrôle)

　¥ កុងត្រូល·(ឌី)·ហ្វីណង់ស៊ីអេរ (contrôle (de) financier) =ក្រុម·រាជការ·ត្រួត·ត្រា·បញ្ជី·ប្រាក់ =ក្រុម·រាជការ·ជម្រះ·បញ្ជី·ប្រាក់ 会計検査課（≠会計検査院）。

កុងត្រូលើរ (contrôleur)

　¥ កុងត្រូលើរ·ឌី·ឡា·លិស្ត·ស៊ីវិល 王室費監査官。

កុងស៊ី ①会社。②公社。

　¥ កុងស៊ី·កប៉ាល់·ជំនួញ 商船会社。

　¥ កុងស៊ី·ជំនួញ 公社（鉄道）。

　¥ កុងស៊ី·ធ្វើ·ជំនួញ 商業会社。

　¥ កុងស៊ី·បញ្ចាំ 公営質店。

　¥ កុងស៊ី·បារាំង–ខ្មែរ·ស្រាវ·ស៊ូត្រ フランス－クメール絹糸会社。

　¥ កុងស៊ី·បារាំងសែស フランスの会社。

　¥ កុងស៊ី·មេសាស៊េរី·ហ្វ្លូវិយាល méssagerie fluvial 社。

　¥ កុងស៊ី·របស·រាជការ =កុងស៊ី·រាជការ。公社。

　¥ កុងស៊ី·រាជការ =កុងស៊ី·របស·រាជការ。公社。

　¥ កុងស៊ី·រាជការ·លក់·អំបិល 塩販売公社。

　¥ កុងស៊ី·រាជការ·ស្ទូ·និង·លក់·អាភៀន アヘン精製販売公社。

　¥ កុងស៊ី·សិប្បការ 工業会社。

　¥ មុខ·កុងស៊ី 営業独占権。

កុងស៊ុន (consul) 領事（「弁務官」のことかもしれない）。

កុង្គ (compte)

　¥ កុង្គ·អាដមីនីស្ត្រាទីហ្វ (compte administratif) =បញ្ជី·រាយ·ការ·ទឹក·ប្រាក់·រាជការ。行政会計報告書。

កុងស៊ីយ័ (conseil)
　¥កុងស៊ីយ័・ជី・កុងតងសេរអើ・អាដមិនិសត្រាទិហ្វ（conseil de contentieux administratif）＝ក្រុម・ប្រឹក្សា・ពី・វិវាទ・ខាង・ផ្លូវ・រាជការ＝តុលាការ・រដ្ឋបាល។ 行政訴訟裁判所。
　¥កុងស៊ីយ័・ជី・តែរ（conseil de guerre）＝តុលាការ・កងទ័ព។ 軍法会議。
　¥កុងស៊ីយ័・ជី・រេស៊ីដង្ស 州諮問会議。
　　@ក្រុម・ជំនុំ・កុងស៊ីយ័・ជី・រេស៊ីដង្ស 州諮問会議委員。
　¥កុងស៊ីយ័・ដេតាត់（conseil d'Etat）国務院（＝行政訴訟高等裁判所）。
　¥កុងស៊ីយ័・ខុយ・កុងតងសេរអើ・អាដមិនិសត្រាទិហ្វ（conseil de contieux administratif）＝កុងស៊ីយ័・ជី・កុងតងសេរអើ・អាដមិនិសត្រាទិហ្វ＝តុលាការ・រដ្ឋបាល។ 行政訴訟裁判所。
　¥កុងស៊ីយ័・ខុយ・កុងតងស៊ីអើ・អាដមិនិសត្រាទិហ្វ・ស្រុក・កូសាំងស៊ីន－ក្រុង・កម្ពុជា コーチシナ国－カンボジア国行政訴訟裁判所。
　¥កុងស៊ីយ័・សេនាបតី
　　@កុង・កុងស៊ីយ័・សេនាបតី・មាន・លេខាធិការ 内閣には上級秘書官がいる。
　　@ចូល・កុង・កុងស៊ីយ័・សេនាបតី 閣議に出席する。
　　@ប្រជុំ・នឹង・កុងស៊ីយ័・សេនាបតី 内閣と協議する。
　　@សេចក្តី・ជំនុំ・កុងស៊ីយ័・សេនាបតី 閣議の議事録。
　　@អធិបតី・កុងស៊ីយ័・សេនាបតី・កុង・វេលា・ជំនុំ・ជំ 大閣議の長（＝高等弁務官）。
　¥កុងស៊ីយ័・សេនាបតី・ជំនុំ 閣議。
　　@ស្តាប់・កុងស៊ីយ័・សេនាបតី 閣議に出席する（発言権はない）。
　¥កុងស៊ីយ័・សេនាបតី・ជំនុំ・ជា・អចិន្ត្រៃយ៍ ①定例閣議を開く。②定例閣議。
　　@អធិបតី・កុងស៊ីយ័・សេនាបតី・ជំនុំ・ជា・អចិន្ត្រៃយ៍ 定例閣議議長。
　¥កុងស៊ីយ័・សេនាបតី・ជំនុំ・ជំ ①大閣議を開く。②大閣議。
　¥កុងស៊ីយ័・សេនាបតី・ជំនុំ・ក្រម 閣議で同意する。
　¥កុងស៊ីយ័・អង្កេត ＝ក្រុម・ជំនុំ・អង្កេត។ ①査問委員会。②査問委員会委員。

កុងស៊ីយ័រ (conseiller)
　¥កុងស៊ីយ័រ・ជី・រេស៊ីដង្ស 州諮問会議委員。
　　@ក្រុម・កុងស៊ីយ័រ・ជី・រេស៊ីដង្ស 州諮問会議委員。
　　@ទី・កុងស៊ីយ័រ・ជី・រេស៊ីដង្ស 州諮問会議委員職（に欠員が生じる）。
កុត្ត（タイ語のកฏ）→កិដ្ឋ។
កុន
　¥កុន・ស្រមោល 映画。
កុន
　¥កូន・ក្រុម 僑会員。
　¥កូន・ក្រុម・ពួក 僑会員。
　¥កូន・ជញ្ជីង・និង・រង្វាស់・រង្វាល់ 度量衡器。
　　@អ្នក・ពិនិត្យ・ត្រួត・កូន・ជញ្ជីង・និង・រង្វាស់・រង្វាល់ 度量衡器検査官。
　¥កូន・ជា・ទង・ឈើ 挿木苗។
　¥កូន・ជា・សំណាប （新しい作物の）苗。
កូលី
　¥កូលី・ប៉ុស្តាល（colis postal）＝បញ្ញើ។ 郵便小包。
កូឡូណែល（colonel）＝សក្តិ・ប្រាំ។ 大佐。
កេណ្ឌ、កែន
　¥កេណ្ឌ・ឈ្មោស （民衆のウマや乗り物を）徴用する。
　¥កេណ្ឌ・ហៅ （予備役軍人を）召集する。
កោស （帳簿中の文字や数字を）削って消す。
　¥កោស・លប់・ជ្រៀត （帳簿中の数字を）抹消・追加記入する。
កោះ
　¥កោះ・ត្រឡាច （コーチシナ国の島の名。流刑地）。
កុំម៉ងដង់ (commandant)
　¥ឡឺ・កុំម៉ងដង់・ដាវ្(le commandant d'armes) 陸軍司令官。
កុំមី (commis) ①＝ស្មៀន។ 書記。②＝កុំមី・ប្រែ・ភាសា＝ស្មៀន・ប្រែ・ភាសា។ 通訳ស្មៀន។
កុំមីស្យុង (commission)
　¥កុំមីស្យុង・មុយនីស៊ីប៉ាល់（commission municipale）＝ក្រុម・ជំនុំ・ក្រុម・ម្យ៉ូង។ 市委員会。
កុំមីស្យារីយ៉ាត់、កុំមីស្យារីអាត់ (commissariat)
　¥កុំមីស្យារីយ៉ាត់・ជី・ឌ្បា・ស្យូរីតេ (commissariat

de la sûreté) ＝ដំណេង・ចៅ・ក្រម・ក្រម・ព្រះ・នគរបាល・សើុប・ការ・សម្ងាត់。公安警察署。

¥កុំមីស្សារីយ៉ាត់・ដី・ប៉ូលីស ＝ទី・រាជការ・កង・ក្រវែល。警察署。

កុំមីស្សៀរ、កុំមីស្សៃេរ（commissaire）

¥កុំមីស្សៃេរ・ដី・គួរវែរណឺមង្គ ラオスの政府委員（弁務官に相当）。

¥កុំមីស្សៃេរ・ដី・ប៉ូលីស（commissaire de police）。①警視。②警察署長。

¥កុំមីស្សៃេរ・សង្គ្រាល（commissaire central）市警察局長。

កំជាប់

¥កំជាប់・កិច្ច・ជំពាក់ 借金の確認書。

កំណត់ 規定の。

¥កំណត់・កត់・ហេតុ（＝កំណត់・ហេតុ?）①議事録。②記録書。③調書。④（職務引き渡しの際の内閣代行補佐官の検査の）記録。

@តែង・កំណត់・កត់・ហេតុ （大会議の）議事録を作成する。

@ធ្វើ・ជា・កំណត់・កត់・ហេតុ （会議の内容を）議事録にする。

¥កំណត់・កត់・ហេតុ・ទទួល・ការ （公共土木事業局の）事業報告書。

¥កំណត់・កត់・ហេតុ・ប្រកាន់・កប៉ាល់ 船舶告訴記録書。

¥កំណត់・កត់・ហេតុ・ពី・រឿង・បោះ・ឆ្នោត 投票記録書。

¥កំណត់・កត់・ហេតុ・លក់・ដី 土地売却記録書。

¥កំណត់・កត់・ហេតុ・សេចក្តី・ជំនុំ 会議の議事録。

¥កំណត់・ចោទ 起訴状。

@សូត្រ・កំណត់・ចោទ （裁判で検事が）起訴状を読み上げる。

¥កំណត់・ចំនួន・ប្រាក់・បន្ថែម 追加税率。

¥កំណត់・ច្បាប់ 時効期間。

@រាង・កំណត់・ច្បាប់ 時効成立以前に。

¥កំណត់・ដែល・បុរុង・ទុក 予備役期間。

¥កំណត់・ថ្ងៃ ①（一定）期間（隔離する）。②（自宅から作業現場までの）所要日数。

¥កំណត់・ថ្លៃ ①定価。②税率。③税額。

¥កំណត់・ថ្លៃ・គយ・ជា・ឱភាស 一般関税額。

¥កំណត់・ថ្លៃ・ឈ្នួល 賃金・賃貸料の規定額。

¥កំណត់・ថ្លៃ・ពន្ធ ①税額の規定。②税の規定額。税額。

¥កំណត់・ថ្លៃ・ពន្ធ・ខួង・ព្រៃ 森林利用税額。

¥កំណត់・ថ្លៃ・ពន្ធ・ខ្លួន 人頭税額。

¥កំណត់・ទូរលេខ ＝ខ្សែ・លួស។ 電報文。

¥កំណត់・ទោស 刑期。

@គ្រប់・កំណត់・ទោស 刑期が満期になる。

¥កំណត់・ធ្វើ・រាជការ （保安隊の）服務期間。

¥កំណត់・បង្រៀន 修業年限。

¥កំណត់・បន្ថែម （納税）延長期限。

¥កំណត់・បាន・ការ 有効期間（は6か月）。

¥កំណត់・ប៉ុន្មាន・១・ថ្ងៃ 一定期間（保管／保護する）。

¥កំណត់・ពត៌មាន・សំរាប់・ខ្លួន 個人情報記録書。

¥កំណត់・មុខ・ងារ 任期。

¥កំណត់・យូរ・ឬ・ឆាប់ （脱走）期間の長短に関係なく。

¥កំណត់・រាជការ 政府勤務年数（に応じた恩給の額）。

@តាម・កំណត់・រាជការ 定年による（恩給）。

@អ្នក・ដែល・មាន・កំណត់・រាជការ・ក្នុង・ងារ・សព្វ・ថ្ងៃ・ចាស់・ជាង 現在の職の最先任者。

¥កំណត់・រាជការ・ក្នុង・ក្រម・រក្សា・ស្រុក 保安隊の服務期間。

¥កំណត់・រាជការ・ចាស់ ①政府勤務年数の長さ。②政府勤務が長い。先任である（者）。②永年勤務（による恩給）。

@ឡើង・ប៉ែ・វីស្យរ・យស・សក្តិ・ដោយ・កំណត់・រាជការ・ចាស់ 普通昇任昇給（＝勤務年数による昇任昇給）。

¥កំណត់・រាជការ・ច្រើន・ជាង・គេ 最先任の（卿）。

¥កំណត់・រាយ・ដំណើរ （案件の）処理案書（各課から高等弁務官に出す）。

¥កំណត់・រាយ・ពេល・បង្រៀន （週当たりの）授業時間数。

¥កំណត់・សន្យា 契約期間。

@ផុត・កំណត់・សន្យា 契約期間が終了する。

@រំលត់・កំណត់・សន្យា 契約期間を終了させる。

¥កំណត់・ស្តី・មុខ・ងារ 任期。

@ក្នុង・កំណត់・ស្តី・មុខ・ងារ 任期中の。現職の。

@នៅ・ក្នុង・កំណត់・ស្តី・មុខ・ងារ 現職の。

@ផុត・កំណត់・ស្មី・មុខ・ងារ 任期が切れる。

¥កំណត់・អាយុ （卿に）定年（はない）。

¥កំណត់・អាយុ・ឈប់・វិក្រឹត 政府勤務の定年。

¥តាម・កំណត់ 定期的に。

កំណាន់ 郡守領（である郡）。

¥កំណាន់・ខែត្រ ①郡守。②郡守領。

¥កំណាន់・ខែត្រ・បាសក 在家郡守。

¥កំណាន់・ខែត្រ・សង្ឃ 出家郡守。

កំណើត

¥កំណើត・ប្រេង・កាត 油田。

កំណែន

¥ការ・កំណែន →រួច・ពី・ការ・កំណែន（村職員は）徴用を免除する。

កំពង់

¥កំពង់・ចំឡង

@មុខ・កំពង់・ចំឡង 渡し場使用独占権。

¥កំពង់・ជំនួញ＝ពត៌・ជី・កុំមែរ្ស។ 商港。

@មេ・កំពង់・ជំនួញ 商港長。

¥ទី・កំពង់ 舟着き場の場所。

¥មាត់・កំពង់ 舟着き場の岸。

កំពស់

¥កំរិត・កំពស់ 高さの刻み目（コショウ木の高さを測る竹尺の）。

កំទ្បាំង

¥កំទ្បាំង・ខូន・ទប់・ទល់・ពុំ・បាន（火事、舟の沈没などの）不可抗力（による紛失）。

¥កំទ្បាំង・ស្រា 酒の強度。

¥កំទ្បាំង・អាជ្ញា 司法権。

@ភ្នាក់・ងារ・កំទ្បាំង・អាជ្ញា 司法権を持つ職員。

កាំ・ភ្លើង

¥កាំភ្លើង・ចំបាំង 戦闘用銃。

¥កាំភ្លើង・បាញ់・សត្វ 猟銃。

ក្តារ

¥ក្តារ・ស្លាក 標札板。

ក្ដី 訴訟（民事も刑事も）。

¥ក្តី・លហុទោស 軽罰訴訟。

¥ក្តី・វិវាទ ＝សេចក្តី・វិវាទ。民事訴訟。

@សៀវភៅ・ក្តី・វិវាទ 民事訴訟案件簿。

¥ក្តី・វិវាទ・ជំទ្បេ・ច្រើន 多額の民事訴訟。

¥ក្តី・វិវាទ・ជំទ្បេ・បន្តិច・បន្តួច 少額の民事訴訟。

ក្បាច់

¥ក្បាច់・រចនា 美術工芸。

ក្បាល

¥ក្បាល・បញ្ជី 台帳。

@សៀវភៅ・ក្បាល・បញ្ជី 台帳。

¥ក្បាល・បញ្ជី・ត្រួត （徴用の。舟の）管理台帳。

¥ក្បាល・បញ្ជី・ត្រួត・រាយ・ឈ្មោះ （僑会員の）名を記した管理台帳。

¥ក្បាល・បញ្ជី・ត្រួត・ជំរី ゾウ管理台帳。

¥ក្បាល・បញ្ជី・ត្រួត・សត្វ 役畜管理台帳。

¥ក្បាល・បញ្ជី・ត្រួត・អ្នក・ជាប់・បញ្ជី 村民管理台帳。

¥ក្បាល・បញ្ជី・ត្រួត・អ្នក・ជាប់・បញ្ជី・ជាតិ・យួន ベトナム人州民管理台帳。

¥ក្បាល・បញ្ជី・ទូក 舟台帳。

@សៀវភៅ・ក្បាល・បញ្ជី・ទូក 舟台帳。

¥ក្បាល・សៀវភៅ 台帳。

¥ក្បាល・សៀវភៅ・ត្រួត 管理台帳。

¥ក្បាល・សៀវភៅ・ទូក 舟台帳。

¥ក្បាល・សៀវភៅ・សម្រាប់・ទូក 舟台帳。

¥ក្បាល・សៀវភៅ 台帳。

ក្បួន

¥ចង・ជា・ក្បួន 筏に組む。

ក្បួន

¥ក្បួន・ខ្នាត 基準の理論に従った方法。

¥ក្បួន・ថ្មី 新しい（栽培）方法（を農民に使用させる）。

¥ក្បួន・ធម្មជាតិ・កំណើត ＝ហីសការ・ណាទូរ៉ែល។ 博物学。

¥ក្បួន・នពុន 算数。

¥ក្បួន・បង្ការ・រោគ・នៅ・ថៃ・សំអាត・ផ្ទះ 健康衛生技術。

¥ក្បួន・ពេទ្យ 医学技術（手当、薬の用法など）。

¥ក្បួន・រង្វាស់・រង្វាល់ 長さと量の求め方。

¥ក្បួន・លេខ・នពុន 算数。

¥ក្បួន・វាស់・ដី 土地測量技術。

¥ក្បួន・វាស់・វែង・ដី 土地の面積の求め方（？）。

¥ក្បួន・សិល្បសាស្ត្រ 科学的方法。

ក្មេង
 ¥ក្មេង・ជំទង់　未成年者。
ក្រដាស　（文書）用紙。
 ¥ក្រដាស・ឆ្នោត　投票用紙。
 ¥ក្រដាស・តែម・ពន្ធ　印紙型文書用紙。
 ¥ក្រដាស・តែមប្រិ៍　=ក្រដាស・តែម=ក្រដាស・តែមប្រិ៍・ពន្ធ　印紙型文書用紙。
 ¥ក្រដាស・តែមប្រិ៍・ប្រថាប់・ត្រា　押印証明用文書用紙（=印紙型文書用紙）。
 ¥ក្រដាស・ត្រា　押印証明用文書用紙（=印紙型文書用紙）。
 ¥ក្រដាស・បិទ・តែមប្រិ៍　印紙を貼った用紙。
 ¥ក្រដាស・ប្រថាប់・ត្រា　押印証明用文書用紙（=印紙型文書用紙）。
 ¥ក្រដាស・ពុម្ព　①複写紙。カーボン紙。②複写式の記入用紙（=100枚綴り。カーボン紙を挟んで1度に2枚作り、上の1枚を渡して下の1枚は綴じられたままにしておく）。
 ¥ក្រដាស・យ៉ាង・កណ្ដាល　中サイズ印紙型文書用紙。
 ¥ក្រដាស・យ៉ាង・តូច　小サイズ印紙型文書用紙。
 ¥ក្រដាស・យ៉ាង・ធំ　大サイズ印紙型文書用紙。
 ¥ក្រដាស・ស៊ី・លាត　白紙（=罫のない紙）。
ក្រប　①（控え付き領収証帳）～冊。②舟の外板。
ក្រម
 ¥ក្រម・ច្បាប់　1つにまとまった法律。法典。
 ¥ក្រម・លក្ខណៈ・ពិភាក្សា・ព្រហ្មទណ្ឌ　刑事訴訟法。
ក្រមការ　（行政部の中級職。副郡長になる）。
 ¥ក្រមការ・ដើម・ខ្សែ・លេខ・១～៣　1～3級主任 ក្រមការ。
 ¥ក្រមការ・បំរុង・រាជការ　ក្រមការ見習い。
 ¥ក្រមការ・ផុត・លេខ　特級 ក្រមការ。
 ¥ក្រមការ・លេខ・១～៤　1～4級 ក្រមការ。
ក្រយៅ
 ¥ក្រយៅ・ពិន័យ・ជា・រាជការ　行政処分の罰金刑。
 ¥ក្រយៅ・ពិន័យ・ជា・លហុទោស　軽罰としての罰金刑。
 ¥ប្រាក់・ក្រយា・ពិន័យ　罰金。
ក្រសួង
 ¥ក្រសួង・ខាង・តុលាការ　（フランス）裁判所。

 ¥ក្រសួង・ខាង・រាជការ・ក្រុម・ឆៀង　市政府の部局。
 ¥ក្រសួង・ខេមរ・យុត្តិធម៌　クメール法務省。
 ¥ក្រសួង・គមនាការ・ទាំង・ពួង　（アンナン国）交通省。
 ¥ក្រសួង・គេហស្ថាន・រាជការ　政府庁舎部（クメール政府公共土木事業局に属する）。
  @ចាងហ្វាង・ក្រសួង・គេហស្ថាន・រាជការ　政府庁舎部長。
 ¥ក្រសួង・ឃ្លាំង・ប្រាក់　（アンナン国）財務省。
 ¥ក្រសួង・ជើង・ទឹក　（公共土木事業局の）水路部。
  @ចាងហ្វាង・ក្រសួង・ជើង・ទឹក　（公共土木事業局の）水路部長。
 ¥ក្រសួង・តុលាការ　①（フランス）裁判所（検事総長が長）。②司法職務。
 ¥ក្រសួង・តុលាការ・បារាំង・ជំនុំ・ជំរះ　フランス裁判所。
 ¥ក្រសួង・តុលាការ・បារាំងសែស　フランス裁判所。
 ¥ក្រសួង・ត្រួត・ត្រា・នាវ・កប៉ាល់　船舶検疫所。
 ¥ក្រសួង・ធម្មការ　②（アンナン国政府の）宗務省。
 ¥ក្រសួង・ព្រះ・បរមរាជវាំង　宮内省。
  @សេនាបតី・ក្រសួង・ព្រះ・បរមរាជវាំង　宮内大臣。
 ¥ក្រសួង・មហាថៃ　内務省。
  @សេនាបតី・ក្រសួង・មហាថៃ　内務大臣。
 ¥ក្រសួង・មហាថៃ・និង・ធម្មការ　内務・宗務省。
  @សេនាបតី・ក្រសួង・មហាថៃ・និង・ធម្មការ　内務・宗務大臣。
 ¥ក្រសួង・យុត្តិធម៌　法務省。
  @សេនាបតី・ក្រសួង・យុត្តិធម៌　法務大臣。
 ¥ក្រសួង・យុទ្ធនាធិការ　陸軍省。
  @សេនាបតី・ក្រសួង・យុទ្ធនាធិការ　陸軍大臣。
 ¥ក្រសួង・យុទ្ធនាធិការ・គមនាការ・និង・សិក្សាធិការ　陸軍・交通・教育省。
  @សេនាបតី・ក្រសួង・យុទ្ធនាធិការ・គមនាការ・និង・សិក្សាធិការ　陸軍・交通・教育大臣。
 ¥ក្រសួង・រដ្ឋបាល　①行政職務。②行政機関。
 ¥ក្រសួង・រាជការ　①役所。②（フランス政府に属する）局／部局。

¥ក្រសួង・រាជការ・ខែត្រ　州政府。

¥ក្រសួង・រាជការ・ខ្មែរ　クメール政府。

¥ក្រសួង・រាជការ・ដើម　＝សេរវិស・យេណេរាល។ 総局。

　＠ចៅ・ក្រសួង・រាជការ・ដើម　総局長。

¥ក្រសួង・រាជការ・តុលាការ　裁判所（＝共和国検事と cau krama が属する）。

¥ក្រសួង・រាជការ・បារាំង　フランス政府。

¥ក្រសួង・រាជការ・ពេទ្យ・ក្នុង・ក្រុង・ភ្នំ・ពេញ　プノンペン市医務局。

¥ក្រសួង・រាជការ・រដ្ឋបាល　①行政機関（高等弁務官と弁務官が属する）。②行政職務。

¥ក្រសួង・រាជការ・ស៊ីវិល　政府の文民部局。

¥ក្រសួង・រាជការ・សេនាបតី・នី・មួយ・១　各省。

¥ក្រសួង・រាជការ・ស្រុក・ធម្មតា　政府の普通の部局（すなわち政府の文民部局）。

¥ក្រសួង・វាស់・ទាយ・ចំណុះ　（舟）計測積載量推定所。

¥ក្រសួង・អយ្យការ　検察局（裁判所には裁判局と検察局の２局があった）。

¥កាន់・ក្រសួង～　（登記所の）業務に携わる。

¥ចាងហ្វាង・ក្រសួង　各国の局長。

¥ចៅ・ក្រសួង　総督府の総局長。

ក្រឌា

¥ក្រឌា・ឈើ・ត្រង់　罫線。

¥ក្រឌា・បញ្ញី　（司法部の初級職）。検察事務官。

¥ក្រឌា・បញ្ញី・ដើម・ខៃ្យ・លេខ・១～៤　1～4級主任検察事務官。

¥ក្រឌា・បញ្ញី・បំរុង・រាជការ　検察事務官見習。

¥ក្រឌា・បញ្ញី・ផុត・លេខ　特級検察事務官。

¥ក្រឌា・បញ្ញី・លេខ・១～៥　1～5級検察事務官。

¥ក្រឌា・ពាស　（恐らく旧制度の官職。代官の次位らしい）。

ក្រិត្យ

¥ក្រិត្យ・ទាហាន　軍法。

¥ក្រិត្យ・មន្ត្រី　→ទោស・ល្មើស・និង・ក្រិត្យ・មន្ត្រី　官員の規律違反に対する処分＝行政処分。

¥ក្រិត្យ・វិន័យ　（仏教の）律。

ក្រុង

¥ក្រុង・ក្រុំ・មឿង　市（を区に分ける）。

¥ក្រុង・ភ្នំ・ពេញ　プノンペン市（市周辺部の農村地帯を含む。cf. ទី・ក្រុង・ភ្នំ・ពេញ「プノンペン市の市部」）。

ក្រុម　①工業学校の学科。③ក្រសួង の下。「部、局」）。④（高等弁務官府事務局長室第～課第～）係。

¥ក្រុម・ក・សាង・គេហស្ថាន　（工業学校の）建築科。

¥ក្រុម・កង・កំឡាំង・អាជ្ញា　司法局。

¥ក្រុម・កង・ក្រវែល　Ⓐ＝ក្រុម・កង・ក្រវែល・ប៉ូលិស។ ①警察。②警官。③警察局。Ⓑ警備業務を行う部局（＝国家警察、憲兵、保安隊）。

　＠ភ្នាក់・ងារ・ក្រុម・កង・ក្រវែល　警察官（村が雇用する）。

　＠មន្ត្រី・ក្រុម・កង・ក្រវែល　警察局官吏。

¥ក្រុម・កង・ក្រវែល・ក្រុម・មឿង＝ប៉ូលិស・អ៊ុរបែន។ 市警察。

　＠ភ្នាក់・ងារ・ក្រុម・កង・ក្រវែល・ក្រុម・មឿង　市警察職員＝市警察官。

¥ក្រុម・កង・ក្រវែល・យុំ　村警察。

　＠ភ្នាក់・ងារ・ក្រុម・កង・ក្រវែល・យុំ　村警察職員＝村警察官（村が雇用する）。

¥ក្រុម・កង・ក្រវែល・ជើង・ទឹក　＝ប៉ូលិស・ជើង・ទឹក។ 水上警察。

¥ក្រុម・កង・ក្រវែល・ប៉ូលិស・ជើង・ទឹក　水上警察。

　＠ភ្នាក់・ងារ・ក្រុម・កង・ក្រវែល・ប៉ូលិស・ជើង・ទឹក　水上警察官。

¥ក្រុម・កង・ក្រវែល・ផ្សេង　特別の警備業務隊（＝州警備隊を指す）。

¥ក្រុម・កង・ក្រវែល・រោគាភិបាល・ខាង・សមុទ្រ　海上防疫課。

¥ក្រុម・កង・ក្រវែល・ស៊ើប・ការ・សម្ងាត់　公安警察。

　＠ភ្នាក់・ងារ・ក្រុម・កង・ក្រវែល・ស៊ើប・ការ・សម្ងាត់　公安警察官。

¥ក្រុម・កង・សៀង＝សេរវិស・ដឺ・អាំងតងដងស៍។ 兵站部。

¥ក្រុម・កង・អាកាសយាន　＝កង・ក្រុម・យន្ត・ហោះ។ 空軍。

¥ក្រុម・កប៉ាល់・រាជការ　国有船舶局。

¥ក្រុម・ការ・យុំ　村職員たち。

¥ក្រុម・កុងស៊ីយ៉េរ・ដឺ・រេស៊ីដងស៍　州諮問会議委員。

¥ក្រុម・កុង្ស៉ីយ・ក្នុងនីអាល　＝ក្រុម・ជំនុំ・

ស្រុក・ចំណុះ។植民地委員会。

¥ក្រុម・កុងស៊ីយ・ជី・គូវែរណឺម៉ង់ (conseil de gouvernement) ＝ក្រុម・ប្រឹក្សា・ការ・គ្រង・ផែន・ដី។国政諮問会議。

¥ក្រុម・កុងស៊ីយ・ជី・ដេហ្វ៉ង្ស (conseil de défense) ＝ក្រុម・ជំនុំ・ការ・ពារ・ស្រុក។国防委員会。

¥ក្រុម・កុងស៊ីយ・ជី・ប្រូតេកតូរ៉ាត់ (conseil de protectorat) ＝ក្រុម・កុងស៊ីយ・ប្រូតេកតូរ៉ាត់។保護国諮問会議。

¥ក្រុម・កុងស៊ីយ・ជី・រេស៊ីដង្ស ＝ក្រុម・កុងស៊ីយ・រេស៊ីដង្ស។州諮問会議。

　＠ក្រុម・ជំនុំ・ក្រុំ・កុងស៊ីយ・ជី・រេស៊ីដង្ស　州諮問会議委員。

¥ក្រុម・កុងស៊ីយ・ប្រូតេកតូរ៉ាត់ ＝ក្រុម・កុងស៊ីយ・ជី・ប្រូតេកតូរ៉ាត់។保護国諮問会議。

¥ក្រុម・កុងស៊ីយ・ព្រីវេ (conseil privé) （コーチシナ国小総督の）私的諮問会議。

¥ក្រុម・កុងស៊ីយ・រេស៊ីដង្ស ＝ក្រុម・កុងស៊ីយ・ជី・រេស៊ីដង្ស។州諮問会議。

¥ក្រុម・កុំមីស្យុង (commission) 委員会（普通名詞）。

¥ក្រុម・កុំមីស្យុង・តែង・ធ្វើ・តារាង・ឱ្យ・ឡើង・យស・សក្តិ　昇任リスト作成委員会。

¥ក្រុម・កុំអីតស្យុង・អង្កេត・សើប・សួរ　調査・聴聞委員会。

¥ក្រុម・កំទ្រាំង・អាជ្ញា →ភ្នាក់・ងារ・ក្រុំ・កំទ្រាំង・អាជ្ញា　司法権を持つ職員。

¥ក្រុម・កសិកម្មាធិការ　農業局。

¥ក្រុម・គូរ・ផែន・ទី　地図局。

¥ក្រុម・គ្រង・រាជការ・ផែន・ដី　内閣。

¥ក្រុម・ចម្លាក់・ឈើ　（工業学校の）木彫科。

¥ក្រុម・ចូល・ហ៊ុន　協会（これはsociétéの訳語）。

¥ក្រុម・ចែក・ថ្នាំ・គីនីន・ទទេ・ឥត・ថ្លៃ　無料キニーネ配布課。

¥ក្រុម・ចៅ・ក្រសួង・រាជការ・តុលាការ　裁判所総局。

¥ក្រុម・ចៅ・ក្រសួង・រាជការ・ប្រាក់＝ឌីរេកស្យុង・ដេ・ហ្វីណង្ស　主計課。

¥ក្រុម・ចៅ・ក្រសួង・រាជការ・ពេទ្យ ＝អាំងស្ប៉ិកស្យុង・ដេ・សែរវីស・សានីតែរ・អេ・មេឌីក្។医務総局。

¥ក្រុម・ចៅ・ក្រសួង・រាជការ・សិក្សាធិការ　教育総局。

¥ក្រុម・ជាង・ធ្វើ・ជា・តុ・ទូ　（工業学校の）家具職人科。

¥ក្រុម・ជាង・មាស・និង・ជាង・ប្រាក់　（工業学校の）金銀細工職人科。

¥ក្រុម・ជំនុំ　①委員会。②委員会委員。

¥ក្រុម・ជំនុំ・ការ・ពារ・ស្រុក ＝ក្រុម・កុងស៊ីយ・ជី・ដេហ្វ៉ង្ស។国防委員会。

¥ក្រុម・ជំនុំ・កុងស៊ីយ・ជី・គូវែរណឺម៉ង់　国政諮問会議委員。

¥ក្រុម・ជំនុំ・កុងស៊ីយ・ជី・រេស៊ីដង្ស　州諮問会議委員。

　＠ពួក・ក្រុម・ជំនុំ・កុងស៊ីយ・ជី・រេស៊ីដង្ស　州諮問会議委員。

¥ក្រុម・ជំនុំ・កុងស៊ីយ・អង្កេត ＝ក្រុម・ជំនុំ・អង្កេត・ពិនិត្យ។（不正行為を告訴された官員が弁明するための）査問委員会。

¥ក្រុម・ជំនុំ・អង្កេត・ពិនិត្យ ＝ក្រុម・ជំនុំ・កុងស៊ីយ・អង្កេត។（不正行為を告訴された官員が弁明するための）査問委員会。

¥ក្រុម・ជំនុំ・កុងស៊ីយយ៉េរ・ជី・រេស៊ីដង្ត　弁務官諮問会議（州諮問会議に相当する）。

¥ក្រុម・ជំនុំ・កុំមីស្យុង　（普通名詞）①委員会。②委員会委員。

¥ក្រុម・ជំនុំ・ក្រុម・កុងស៊ីយ・ជី・រេស៊ីដង្ស　州諮問会議委員。

¥ក្រុម・ជំនុំ・ក្រុំ・ប៊្យូរ៉ូ・បណ្ដោះ・អាសន្ន　仮事務局委員。

¥ក្រុម・ជំនុំ・ក្រុំ・ប៊្យូរ៉ូ・ពេញ・ទី　正事務局委員。

¥ក្រុម・ជំនុំ・ក្រុម・ប្រឹក្សា　諮問会議委員。

¥ក្រុម・ជំនុំ・ក្រុម・ម៉ឿង ＝កុំមីស្យុង・មុយនីស៊ីប៉ាល់។市委員会。

¥ក្រុម・ជំនុំ・ក្រុម・សង្គហៈ　王族扶助局委員。

¥ក្រុម・ជំនុំ・ឃុំ　①村委員会。②村委員。

¥ក្រុម・ជំនុំ・ឃុំ・ជំនុំ・ជា・ចំខ្លែក　村委員会特別会議。

¥ក្រុម・ជំនុំ・ឃុំ・ជំនុំ・ធម្មតា　村委員会通常会議。

¥ក្រុម・ជំនុំ・ចាស់　元委員。

¥ក្រុម・ជំនុំ・ជា・អចិន្ត្រៃយ៍　常任委員会。

¥ក្រុម・ជំនុំ・ដែល・ត្រូវ・បាន・តាំង・ឯង・ដោយ・អំណាច・បញ្ញត្តិ　規定の効力で自動的に任命された委員。

¥ក្រុម・ជំនុំ・គ្រត・គ្រា （会社の）取締役（＝人）。

¥ក្រុម・ជំនុំ・ទី・ប្រឹក្សា　顧問委員。

¥ក្រុម・ជំនុំ・ធ្វើ・អង្កេត　①＝កុម្មីយ៉្・អង្កេត。査問委員会。②査問委員会委員。

¥ក្រុម・ជំនុំ・បង្ការ・ជម្ងឺ　防疫委員会。

¥ក្រុម・ជំនុំ・ប្រាសាទ・ពី・បុរាណ　古代遺跡委員会。

¥ក្រុម・ជំនុំ・ពេញ・ទី　正委員。

¥ក្រុម・ជំនុំ・ភ្ញួ・ឈ្នួយ　副委員（正委員が欠席する時に代わりに出席する）。

¥ក្រុម・ជំនុំ・សង្ឃ　僧侶委員会（＝僧侶長の補佐機関）。

¥ក្រុម・ជំនុំ・ស្រុក・ចំណុះ＝ក្រុម・កុម្មីយ៉្・កូឡូនីអាល。植民地委員会。

¥ក្រុម・ជំនុំ・អង្កេត・ពិនិត្យ　＝ក្រុម・ជំនុំ・កុម្មីយ៉្・អង្កេត。（不正行為を告訴された官員が弁明するための）査問委員会。

¥ក្រុម・ជំរះ・បញ្ជី　＝គូរ・ដេ・កុងត់。会計検査院（＝裁判所の１つとされている）。

¥ក្រុម・ជំបាញ・សូត្រ　（工業学校の）絹織物科。

¥ក្រុម・ជំរុត　憲兵隊。

　@ភ្នាក់・ងារ・ក្រុម・ជំរុត　憲兵隊員＝憲兵。

　@អ្នក・រដ្ឋការ・ក្រុម・ជំរុត　＝សង់ដាម។憲兵隊員＝憲兵。

¥ក្រុម・ជំរុត・ភូធរ・បារាំងសែស　＝ក្រុម・សង់ដាមមី。フランス憲兵隊。

¥ក្រុម・តាង・ប្រទេស・ប្រឹក្សា・ពាណិជ្ជការ　商業諮問外国人会議。

¥ក្រុម・តាង・ប្រទេស・ប្រឹក្សា・ពាណិជ្ជការ・និង・កសិក្រាធិការ　商業農業諮問外国人会議。

　@ចាងហ្វាង・ក្រុម・តាង・ប្រទេស・ប្រឹក្សា・ពាណិជ្ជការ・និង・កសិក្រាធិការ　商業農業諮問外国人会議委員長。

¥ក្រុម・តុលាការ　司法部（長は法務大臣。ក្រុម・រដ្ឋបាល と対）。

　@អ្នក・រដ្ឋការ・ក្រុម・តុលាការ　司法部官員。

¥ក្រុម・ថែ・រក្សា・ផ្លូវ・ក្នុង・ក្រុម・ម៉ឿង　＝វ៉ារី។市交通路局（道路と水路建設もする）。

¥ក្រុម・ទ័ព　連隊。

¥ក្រុម・ទាហាន　軍（＝クメール国現地国人軍）。

¥ក្រុម・ធ្វើ・ការ・ឈើ　（工業学校の）木工科。

¥ក្រុម・ធ្វើ・ដែក　（工業学校の）鉄工科。

¥ក្រុម・បង្ការ・ជម្ងឺ　病気予防委員会。（カンボジア国政府と保護国政府の双方から委員が出る）。

　@ចាងហ្វាង・ក្រុម・បង្ការ・ជម្ងឺ　病気予防委員会委員長。

¥ក្រុម・បង្ការ・ជម្ងឺ・សំរាប់・រួម・ខែត្រ　州病気予防委員会。（弁務官が長）。

¥ក្រុម・បឋមសិក្សា　初等教育課。

　@ចាងហ្វាង・ក្រុម・បឋមសិក្សា　初等教育課長。

¥ក្រុម・បរិសទ្យ　会社。私企業。

¥ក្រុម・ប្យូរ៉　①投票事務局。②事務局。

¥ក្រុម・ប្យូរ៉・ទទួល・ឆ្នោត　＝ក្រុម・ប្ល៉ង・ឆ្នោត。投票事務局。

¥ក្រុម・ប្យូរ៉・ទទួល・ស្ដាក・ឆ្នោត　投票事務局。

¥ក្រុម・ប្យូរ៉・បណ្ដោះ・អាសន្ន　仮事務局。

¥ក្រុម・ប្យូរ៉・បោះ・ឆ្នោត　①投票事務局。②投票事務局員。

　@ចាងហ្វាង・ក្រុម・ប្យូរ៉・បោះ・ឆ្នោត　投票事務局長。

　@អធិបតី・・ក្រុម・ប្យូរ៉・បោះ・ឆ្នោត　投票事務局長。

¥ក្រុម・ប្យូរ៉・ពេញ・ទី　（臨時ではなく）正事務局員。

¥ក្រុម・ប្រកប・ផ្គុំ・ប្រមុំ　（工業学校の）機械組み立て科。

¥ក្រុម・ប្រឹក្សា　①諮問会議。②諮問会議委員。

　@ក្រុម・ជំនុំ・ក្រុម・ប្រឹក្សា　諮問会議委員。

　@ចាងហ្វាង・ក្រុម・ប្រឹក្សា　諮問会議委員長。

¥ក្រុម・ប្រឹក្សា・ការ・គ្រង・ផែន・ដី＝ក្រុម・កុម្មីយ៉・ដី・គូវែរណឺម៉ង់។国政諮問会議（＝総督の諮問機関）。

¥ក្រុម・ប្រឹក្សា・ការ・ស្រុក・អាយ　①現地国諮問会議。②現地国諮問会議委員。

　@ចាងហ្វាង・ក្រុម・ប្រឹក្សា・ការ・ស្រុក・អាយ　現地国諮問会議委員長。

¥ក្រុម・ប្រឹក្សា・កុម្មីយ៉・ដី・ប្រតិកត្តិភាព់　保護国諮問会議。

¥ក្រុម・ប្រឹក្សា・ខែត្រ　（コーチシナ国の）省諮問会議。

　@ក្រុម・ជំនុំ・ប្រឹក្សា・ខែត្រ　（コーチシナ国の）省諮問会議委員。

¥ក្រុម・ប្រឹក្សា・គ្រង・ផែន・ដី＝ក្រុម・ប្រឹក្សា・ការ・គ្រង・ផែន・ដី។

¥ក្រុម・ប្រឹក្សា・ពី・វិវាទ・ខាង・ផ្លូវ・រាជការ ＝ កុប្បីយ៑・ដី・កុងតង់ស៊ីអេ・អាដមិនីស្រ្តាទិហ្វ＝ តុលាការ・រដ្ឋបាល　行政訴訟裁判所。

¥ក្រុម・ឃ្លាំង・ឆ្នោត ＝ក្រុម・ប្ហ៊្វ៊ំ・ទទួល・ឆ្នោត។ 投票事務局。

¥ក្រុម・ផលា・សម្បត្តិ　産物事務所（＝អាសង្វ・ អេក្ណូមិក のこと）。

¥ក្រុម・ផែន・ទី　①地図局。②（軍の）地図部。

¥ក្រុម・ពាណិជ្ជការ　商業会議所。
　＠ចាងហ្វាង・ក្រុម・ពាណិជ្ជការ　商業会議所会頭。

¥ក្រុម・ពិគ្រោះ　（裁判での）陪審員団。

¥ក្រុម・ពិជ័យសង្គ្រាម・ខេមរ ＝ក្រុម・ពិជ័យសង្រ្គាម＝ទីរ៉ៃយើរ（tirailleur）。クメール国現地国人軍。

¥ក្រុម・ពិនិត្យ・ចំណេះ　（官吏採用試験をする）知識検査課。

¥ក្រុម・ពេទ្យ・សត្វ　獣医局。

¥ក្រុម・ព្រៃ・ឈើ　森林局。

¥ក្រុម・ព្រះ・នគរបាល ＝ប៉ូលីស。国家警察。

¥ក្រុម・ព្រះ・នគរបាល・ជើង・ទឹក　水上警察。

¥ក្រុម・ព្រះ・នគរបាល・យុត្តិធម្ម　国家警察。
　＠ភ្នាក់・ងារ・ព្រះ・នគរបាល・យុត្តិអម្ម　国家警察官。

¥ក្រុម・ព្រះ・នគរបាល・សើ៊ប・ការ・សម្ងាត់　① 公安警察。②公安警察官。
　＠ចាងហ្វាង・ក្រុម・ព្រះ・នគរបាល・សើ៊ប・ការ・សម្ងាត់　公安警察局長。

¥ក្រុម・ព្រះ・នគរបាល・សើ៊ប・ការ・សម្ងាត់・ដើម　公安警察総局。

¥ក្រុម・ព្រះ・នគរបាល・សំរាប់・ក្រុង ＝ក្រុម・ព្រះ・នគរបាល・សំរាប់・ក្រុម・មឿង។ 市警察。
　＠ចាងហ្វាង・ក្រុម・ព្រះ・នគរបាល・សំរាប់・ក្រុង　市警察局長。

¥ក្រុម・ព្រះ・នគរបាល・សំរាប់・ក្រុម・មឿង ＝ ក្រុម・ព្រះ・នគរបាល・សំរាប់・ក្រុង។ 市警察。
　＠ចាងហ្វាង・ក្រុម・ព្រះ・នគរបាល・សំរាប់・ក្រុម・មឿង　市警察局長。

¥ក្រុម・ព្រះ・សុរិយោ・ដី　（地図局の中の）土地登記課。

¥ក្រុម・ព្រះ・អាល័ក្ឍណ៍　王室経理局。
　＠ចាងហ្វាង・ក្រុម・ព្រះ・អាល័ក្ឍណ៍　王室経理局長。

¥ក្រុម・មហាថៃ・នឹង・ធម្មការ　内務・宗務省（អគ្គមហាសេនា が管掌）。
　＠សេនាបតី・ក្រសួង・ក្រុម・មហាថៃ・នឹង・ធម្មការ　内務・宗務大臣。

¥ក្រុម・មឿង　市。
　＠ក្រុម・ជំនុំ・ក្រុម・មឿង　市委員会。
　＠រាជការ・ក្រុម・មឿង　市政府。

¥ក្រុម・មឿង・ក្រុង・ភ្នំពេញ　プノンペン市。

¥ក្រុម・យន្ត・ហោះ　空軍。
　＠កង・ក្រុម・យន្តហោះ　航空隊。

¥ក្រុម・យោធានាធិការ　軍。

¥ក្រុម・រក្សា・ដំបន់ ＝គាថ្ម៍・រេស្ស៊ីយោណាល់។ 州警備隊。

¥ក្រុម・រក្សា・រាជការ・ប្រ៉ូតិកត្តរ៉ាត់　保護国政府守備隊。

¥ក្រុម・រក្សា・ស្រុក　保安隊。
　＠ទាហាន・ក្រុម・រក្សា・ស្រុក　保安隊員。
　＠មេ・ក្រុម・រក្សា・ស្រុក　保安隊長。

¥ក្រុម・រក្សា・ស្រុក・រួម・ខែត្រ　州保安隊。

¥ក្រុម・រក្សា・ស្រុក・លេខ・1 ＝បេប។ 1級保安士。

¥ក្រុម・រក្សា・ស្រុក・លេខ・2 ＝លេវ។ 2級保安士。

¥ក្រុម・រក្សា・ស្រុក・មាន・សក្តិ　袖章のある保安隊員（＝2級保安士を除いた全ての保安隊員）。

¥ក្រុម・រក្សា・ស្រុក・ទ្បេវ ＝ក្រុម・រក្សា・ស្រុក・បេប・លេខ・2。

¥ក្រុម・រក្សា・ព្រះ・អង្គ　近衛隊。

¥ក្រុម・រដ្ឋបាល　行政部（ក្រុម・តុលាការ「司法部」と対）。
　＠មន្ត្រី・ខាង・ក្រុម・រដ្ឋបាល　行政部官吏。
　＠អ្នក・រាជការ・ក្រុម・រដ្ឋបាល　行政部官員。

¥ក្រុម・រាជការ　①政府部局。②総局の各国支局。③（政府の）局。
　＠ចាងហ្វាង・ក្រុម・រាជការ　各国の局の局長。

¥ក្រុម・រាជការ・A　A総局の各国支局（＝略して「A局」にする）。

¥ក្រុម・រាជការ・កង・ក្រវែល　①警察。②警備を担当する部局（＝国家警察、憲兵、保安隊）。

¥ក្រុម・រាជការ・កង・ក្រវែល・ក្រុម・មឿង　市警察局。

¥ក្រុម・រាជការ・កត់・ភិនភាគ・ស្ថាក・ស្ថាម

មនុស្ស・ទោស　受刑者特徴記録局。

¥ក្រុម・រាជការ・ក្នុង・ស្រុក ＝សេរវិស・ឡូកាល។ 国内局（インドシナ国に属する各国の局でその国の法律に従う）（総督府の局は「総局」にする）。

¥ក្រុម・រាជការ・កសិកម្មធិការ　農業局（＝ក្រុម・រាជការ・កសិកម្មធិការ・សិប្បិយការ・ពណិជការ の略）。

¥ក្រុម・រាជការ・កសិកម្មធិការ・សិប្បិយការ・ពណិជការ　農業・工業・商業局。

¥ក្រុម・រាជការ・ខាង・ប្រយោជន៍・ចំរើន・ភោគសមបត្តិ・នគរ　国の財産を増すための局。

¥ក្រុម・រាជការ・ខាង・ង・ប្រយោជន៍・ចំរើន・ក្នុង・ស្រុក・អោយជា・សុខ・សប្បាយ　国民を発展させるための局。

¥ក្រុម・រាជការ・ខាង・ង・ប្រយោជន៍・ចំរើន・ភោគសម្បត្តិ・នគរ　国の財産を増す局。

¥ក្រុម・រាជការ・គយ　関税・消費税。使用料局。

¥ក្រុម・រាជការ・គយ・និង・រយី ＝ក្រុម・រាជការ・គយ・រយី។ 関税管理料税局。

¥ក្រុម・រាជការ・គយ・រយី　関税管理料税局。

¥ក្រុម・រាជការ・គុក　刑務局。

　@ចាងហ្វាង・ក្រុម・រាជការ・គុក　刑務局長。

¥ក្រុម・រាជការ・គ្រង・ដែន・ដី ＝ក្រុំ・គ្រង＝ក្រុម・គ្រង・រាជការ・ដែន・ដី។ 内閣。

¥ក្រុម・រាជការ・ឃ្លាំង・ប្រាក់　財務局。

　@ចាងហ្វាង・ក្រុម・រាជការ・ឃ្លាំង・ប្រាក់ ＝ត្រេស្ទូរិអែរ・ប៉ាទីតូលីអែរ។ 各国財務局長（公金出納官）。

¥ក្រុម・រាជការ・ឃ្លាំង・ប្រាក់・ក្រុង・កម្ពុជា　カンボジア国財務局。

　@ចាងហ្វាង・ក្រុម・រាជការ・ឃ្លាំង・ប្រាក់・ក្រុង・កម្ពុជា ＝ត្រេស្ទូរិអែរ・ប៉ាទីតូលីអែរ។ カンボジア国財務局長（公金出納官になる）。

¥ក្រុម・រាជការ・ឃ្លាំង・ប្រាក់・ដើម ＝ត្រេស្ទូរិ・យេណេរ៉ាល់។ 財務総局。

¥ក្រុម・រាជការ・ចុះ・បញ្ជី・ប្រផាប់・គ្រា　登記所。

¥ក្រុម・រាជការ・ចំរើន・ភោគសម្បត្តិ・ស្រុក・ផ្សេង・ៗ　国の財産を増すための局。

¥ក្រុម・រាជការ・ជម្រះ・បញ្ជី・ប្រាក់ ＝កុងត្រូល・ហ៊្វីណង់ស៊ីអែរ។ 会計検査課（≠会計検査院）。

¥ក្រុម・រាជការ・ដើម ＝សេរវិស・យេណេរ៉ាល់＝សេរវិស・យេណេរ៉ាល់។ 総局（＝総督府の局）。

¥ក្រុម・រាជការ・ដែល・មាន・មុខ・ក្រុង・ជាប់・នឹង・ការ・ដែន・ដី・រដ្ឋប្រសាសនោបាយ・ហើយ・នឹង・រដ្ឋបាល　国民の安全に関する局。

¥ក្រុម・រាជការ・ត្រួត・ត្រា・កត់・ជាតិ・តាង・ប្រទេស・ចូល・ស្រុក ＝អ៊ីមីក្រាស៊ីយុង។ 外国人入国管理局。

¥ក្រុម・រាជការ・ត្រួត・ត្រា・ជាតិ・តាង・ប្រទេស　外国人入国管理局。

¥ក្រុម・រាជការ・ត្រួត・ត្រា・ជាតិ・តាង・ប្រទេស・ចូល・ស្រុក　外国人入国管理局。

¥ក្រុម・រាជការ・ត្រួត・ត្រា・ជាតិ・តាង・ប្រទេស・ដែល・ចូល・មក・ក្នុង・ស្រុក＝អ៊ីមមីក្រាសស៊ីយុង។ 外国人入国管理局。

¥ក្រុម・រាជការ・ត្រួត・ត្រា・ជាតិ・អាស៊ីអាទិក・តាង・ប្រទេស・ចូល・ស្រុក។ アジア人外国人入国管理局（＝外国人入国管理局）。

¥ក្រុម・រាជការ・ត្រួត・បញ្ជី・ប្រាក់ ＝កុងត្រូល・ហ្វីណង់ស៊ីអែរ＝ក្រុម・រាជការ・ជម្រះ・បញ្ជី・ប្រាក់។ 会計検査課（≠会計検査院）。

¥ក្រុម・រាជការ・ត្រួត・ត្រា・ពូក・អាស៊ីអាទិក・តាង・ប្រទេស　アジア人外国人管理局（＝外国人入国管理局）

　@ចាងហ្វាង・ក្រុម・រាជការ・ត្រួត・ត្រា・ពូក・អាស៊ីអាទិក・តាង・ប្រទេស　アジア人外国人管理局長（＝外国人入国管理局長）

¥ក្រុម・រាជការ・បុស្តិ៍・និង・ខែ្ស・លួស　郵政局。

¥ក្រុម・រាជការ・ប្រាក់　公金取扱い部局。

¥ក្រុម・រាជការ・ដែន・ដី ＝ក្រុម・គ្រង・រាជការ・ដែន・ដី។ 大臣。

¥ក្រុម・រាជការ・ដែន・ទី　地図局（ក្រុម・ព្រះ・សូរិយោ・ដី「土地登記課」を含む）。

　@ចាងហ្វាង・ក្រុម・រាជការ・ដែន・ទី　地図局長。

¥ក្រុម・រាជការ・ពិនិត្យ・រក・កន្លែង・ធាតុ・រ៉ិន្ធ・ក្នុង・ប្រទេស・ផ្សាំងស៊ីន＝សេរវិស・ដេ・មីន・ដី・ឡាំងខូស៊ីន។ インドシナ国地下資源調査局。

¥ក្រុម・រាជការ・ពិនិត្យ・អាកាសវិបរិត ＝សេរវិស・មេតេរ៉ូឡូស៊ិក។ 気象台。

¥ក្រុម・រាជការ・ពេទ្យ　医務局。

　@ចៅ・ក្រសួង・ក្រុម・រាជការ・ពេទ្យ　医務総局長。

¥ចាងហ្វាង·ក្រម·រាជការ·ពេទ្យ （各国の）医務局長。

¥ក្រម·រាជការ·ពេទ្យ·សត្វ　獣医局。

@ចាងហ្វាង·ក្រម·រាជការ·ពេទ្យ·សត្វ　獣医局長。

¥ក្រម·រាជការ·ព្រៃ·ឈើ　①森林局。②森林局事務所。

@ចាងហ្វាង·ក្រម·រាជការ·ព្រៃ·ឈើ　森林局長。

@មណ្ឌល·ក្រម·រាជការ·ព្រៃ·ឈើ　森林局管区。

¥ក្រម·រាជការ·យុទ្ធនាធិការ　①陸軍省。②陸軍。

¥ក្រម·រាជការ·រក្សា·ស្រុក　保安隊。

¥ក្រម·រាជការ·រដ្ឋបាល·ខ្មែរ　クメール国民の安全を守る部局。

¥ក្រម·រាជការ·សមុហបញ្ជី·ដើម·ដែន·ឥណ្ឌូចិន = សេរវិស·ដេ·អារសីវ·ឡាំងខ្សីន　インドシナ国公文書保存館。

¥ក្រម·រាជការ·សាធារណធិការ = ត្រាវ៉·ពុព្លិក。公共土木事業局。

¥ក្រម·រាជការ·សិក្សាធិការ　教育局。

¥ក្រម·រៀន·ប្រកប·ផ្គុំ·ប្រមូំ　（工業学校の）機械組み立て科。

¥ក្រម·រោគាភិបាល　衛生課。

¥ក្រម·ល្ហាត　巡視課。

¥ក្រម·សង់ដរម៊ើរី（gendarmerie）憲兵隊。

@ទាហាន·ក្រម·សង់ដរម៊ើរី　憲兵。

¥ក្រម·សង្គហៈ（ក្រម·សង្គហៈ·ព្រះ·រាជវង្សានុវង្ស の略）。

¥ក្រម·សង្គហៈ·ព្រះ·រាជវង្សានុវង្ស　王族扶助局。

¥ក្រម·សាធារណធិការ = ត្រាវ៉·ពុព្លិក。公共土木事業局。

@ចៅ·ក្រសួង·ក្រម·សាធារណធិការ　公共土木事業総局長。

@ចាងហ្វាង·ក្រសួង·ក្រម·សាធារណធិការ　公共土木事業局長。

¥ក្រម·សាលា·វិនិច្ឆ័យ　最高裁判所。

¥ក្រម·សាលា·វត្ត　寺学校課。

¥ក្រម·សាលា·ឧទ្ទរ　高等裁判所（この中に公訴課がある）。

¥ក្រម·សិក្សា·ក្បាច់·រចនា　美術工芸教育課。

¥ក្រម·សិក្សាធិការ　教育局。

@ចៅ·ក្រសួង·ក្រម·សិក្សាធិការ　インドシナ国教育総局長。

¥ក្រម·សិក្សាធិការ·ជាន់·ខ្ពស់　高等教育課。

@ចាងហ្វាង·ក្រម·សិក្សាធិការ·ជាន់·ខ្ពស់　高等教育課長。

¥ក្រម·សិត·សំរិទ្ធ　（工業学校の）鋳造科。

¥ក្រម·សំរេច·ប្រកាន់·ចោទ　公訴課（高等裁判所にある）。

¥ក្រម·អត្តារវត្តិ　（プノンペン高等裁判所の中の）民事部。

¥ក្រម·អាជ្ញា·ស្លុង　籾税査定徴収人団（= 籾税査定徴収人と me kang のグループ。

¥ក្រម·អាជ្ញាគតិ　（プノンペン高等裁判所の中の）刑事部。

¥ក្រម·អ្នក·បង្រៀន　（1つの学校の）教師団。

ក្រែង

¥ក្រែង·តែ　（期限を延長した）にもかかわらず（納めない）。

ក្លែង

¥ក្លែង·ក្លាយ·បំបិទ·បំបាំង　隠匿する。

¥ក្លែង·ខុស·ឈ្មោះ →ដោយ·ក្លែង·ខុស·ឈ្មោះ 偽名で（人頭税カードを作る）。

ក្សេត្រាធិការ　①農業。②農業行政。

ខ

¥ខ·សញ្ញា　協約条項。

ខណ្ឌ

¥ខណ្ឌ·ចាញ់　マラリア汚染支郡。

ខាង

¥ខាង·ចុង·សន្លឹក　（控え付き領収証帳の1枚の）本体の部分。

ខិះ = អាកាស。（中国の）客家。

ខុស

¥ខុស·ក្រសួង　（裁判所の）職権違い（判決は無効）。

¥ខុស·ពី·តំនិត　故意による不正。

ខូច

¥ខូច·អន្តរាយ　①（証明書が）破損する。②（作物が動物に）荒される。

ខួប

¥រាល់·ខួប →កាល·កំណត់·រាល់·ខួប 毎年決まった時に（巡回する）。

ខែត្រ（silvestre では「郡」。いくつかまとめて រម·ខែត្រ「州」になり弁務官がいる）。

ខែត្រ
　¥ខែត្រ・ផុត・លេខ　特級郡。
　¥ខែត្រ・លេខ・១〜៥　1〜5級郡。
　¥ខែត្រ・ទៀង　（卿の）領地である郡。
ខ្ញុំ
　¥ខ្ញុំ・រាជការ　①官員。②下級官員。
　¥ខ្ញុំ・រាជការ・ជា・អ្នក・ជំនួយ　補助職員である下級官員（雇員、看守、保安隊員）。
ខ្នង
　¥ខ្នង・កាត　証明書の裏。
ខ្នាត
　¥ខ្នាត・1/5000　縮尺5千分の1（の地図）。
　¥ខ្នាត・ទារ・ពន្ធ　課税の（面積）単位。
　¥ខ្នាត・បញ្ញត្តិ　規定されているサイズ。
　¥តាម・ខ្នាត　→ពេញ・តាម・ខ្នាត　（政府が定めた）サイズに達する（樹のみ）。
ខ្នោះ
　¥ដាក់・ខ្នោះ　枷をかける。
ខ្លា
　¥ខ្លា・កាខិន　ヒョウ。
ខ្លាញ់　バター。
ខាង・ឈៀវ・វ៉ាន　広州湾（フランス国の租借地。インドシナ国に含まれる）。
　¥ដែន・ខាង・ឈៀវ・វ៉ាន　広州湾租借地。
ខែ្ស
　¥ខែ្ស・ព្រំ・ប្រទល់　境界線。
　¥ខែ្ស・ព្រំ・ប្រទល់・ឃុំ　村境界線。
　¥ខែ្ស・ព្រំ・ប្រទល់・ដី　土地境界線。
　¥ខែ្ស・លួស　①電線。②＝កំណត់・ទូរលេខ。電報文（の長さで料金が定まる）。
　¥ខែ្ស・លួស・ដែក　電信ケーブル。
　¥ខែ្ស・លួស・និយាយ＝ទូរសព្ទ。電話。
　¥ខែ្ស・លួស・សរសេរ＝ទូរលេខ。電報。
　¥ខែ្ស・លួស・ឥត・ខែ្ស＝វាយុទូរលេខ។ 無線電信。
គង់
　¥គង់・ពូជ　種を保持する。
គន្លង
　¥គន្លង・ច្បាប់→តាម・គន្លង・ច្បាប់　法律の定めに従って。
គយ　関税。
　¥ថ្លៃ・គយ　→ហូត・ថ្លៃ・គយ　関税金を徴収する。

　¥មេ・គយ　＝មេ・គយ・វេយី។（各州の）関税・消費税・使用料長。
　¥មេ・គយ・ផ្ទះ・បិត・ស្រា　酒造所関税・消費税・使用料長。
　¥មេ・គយ・រង　副関税・消費税・使用料長（各州のមេ・គយの下で都市に駐在する）。
　¥មេ・គយ・វេយី　関税・消費税・使用料長（各州の長）。
　¥ហូត・គយ　関税を徴収する。
គរ　＝គាវ។
គល់　（小切手帳や領収証帳の千切って相手に渡した内容を書いて残しておく）控え。
　¥គល់・សៀវភៅ　控え付き証明書帳の控え。
គាវ　＝គាវ៌។
គាវ៌＝គាវ៌=គរ（garde）警備官。
　¥គាវ៌・ប្រាំងសីុប៉ាល（garde principal）主任警備官（官職）。
　¥គាវ៌・ប្រាំងសីុប៉ាល・ក្រុម・រក្សា・ស្រុក　保安隊主任警備官（隊長を務める）。
　¥គាវ៌・ប្រាំងសីុប៉ាល・ព្រៃ・ឈើ　森林主任警備官。
　¥គាវ៌・យេណេរ៉ាល　警備監（森林局管区長の官職）。
　¥គាវ៌・រេសុីយោណាល（garde régional）＝ក្រុម・រក្សា・ដំបន់។（バット・ドンボーン州の）州警備隊（これとは別に保安隊もいる）。
គិងតាំង　広東。
គិត
　¥គិត・គូរ　①（補償金額を）協議する。②（伝染病撲滅を）計画する。
　¥គិត・គូរ・លេខ　計算する。
　¥គិត・សម្រេច　（支出した費用の）決算をする。
គីនីន（quinine）キニーネ。
　¥គីនីន・ដេតាត់（quinine d'état）国のキニーネ（＝政府が無料で配布するキニーネ）。
　¥គីនីន・រាជការ　＝គីនីន・ដេតាត់។ 国のキニーネ。
　¥សេវីស・ដី・ឡា・គីនីន　「国のキニーネ」課。
គុក
　¥គុក・ខែត្រ　郡刑務所。
　¥គុក・ខែ្មរ　クメール刑務所。
　¥គុក・ចំ　中央刑務所（プノンペンにあり保護国政府の刑務所）。

¥តុក・ប្រតិកតួរាត់　＝តុក・ធំ。中央刑務所。

¥តុក・របើស　拾得物保管・保護所（動物も可）。

¥តុក・រុម・ខែត្រ　州刑務所。

¥តុក・វិហារ　洞窟寺。

¥តុក・សាលា・ខែត្រ　郡刑務所。

គូរ៉ាទ័រ、គូរ៉ាទារ（curateur）　財産管理人。

គូលី（coolie）　①労務者。②（舟の）人夫。

គូវែរណឺម័ង្គ

¥គូវែរណឺម័ង្គ・យេណេរ៉ាល់　総督府。

¥រជការ・គូវែរណឺម័ង្គ・យេណេរ៉ាល់　総督府。

@ប្រាក់・ចំណាយ・ក្នុង・រជការ・គូវែរណឺម័ង្គ・យេណេរ៉ាល់　総督府費（＝予算の費目）。

គូវែរណឺរ　（コーチシナ国）小総督。

¥គូវែរណឺរ・យេណេរ៉ាល់　（インドシナ国）総督。

គូរ（cour）

¥គូរ・គ្រីមីណាល់（cour criminelle）刑事裁判所（重罪裁判所の１つ。フランス人以外の現地国人を審理する）。

¥គូរ・ដាស់ស៊ីស（cour d'assises）重罪院（サイゴンにあり、欧米人を審理する）。

¥គូរ・ដេ・កុងត៍（cour des comptes）＝ក្រុម・ជំរះ・បញ្ជី＝តុលាការ・ជំរះ・បញ្ជី。会計検査院。

គោល

¥គោល・គិត　（税額の）計算の基礎。

¥គោល・បូស　→យក・ម៉ែត្រ・ជា・គោល・បូស メートル法に基づく（体積、長さの求め方の問題）。

¥តាម・គោល　（文書中の金額を）基に／応じて税額を査定する。

តំនាប់

¥តំនាប់・ច្បាប់

@លិខិត・មាន・តំនាប់・ច្បាប់　①公正証書。②合法的文書（に村長が押印証明する）。

តំនិត

¥តំនិត・មារយាទ・ល្អ

@បញ្ញាណ・តំនិត・មារយាទ・ល្អ　操行良好証明書。

តំនូរ　（学校の教科の）図画。

គ្រាប់　（マッチ棒）〜本（70本で１箱。10箱で１包）。

គ្រូ　教師。

¥គ្រូ・ធំ　①初等教育校の校長。（リセーは ចាង ហ្វាង）。②រោង・រៀន・ហត្ថកម្ម「工業学校」の校長。សាលា・ក្បាច់・រចនា「美術工芸学校」の校長。

¥គ្រូ・បង្រៀន　教師（警官と同様に村が雇用する。警察官、ស្មៀន と共に官員である）。

¥គ្រូ・បាសក　優婆塞教師（寺学校で出家教師が不足したため）。

គ្រូ

¥មេ・គ្រូ　家長。

គ្រឿង

¥គ្រឿង・ចក្រ

@ធ្វើ・ការ・គ្រឿង・ចក្រ　工員をする。

¥គ្រឿង・ចាក់・រថ・យន្ត　自動車のエンジン。

¥គ្រឿង・ប្រដាប់・សំរាប់・សង់・ស្ថាង　建設器材。

¥គ្រឿង・ម៉ាស៊ីន・ដើរ・ដោយ・កំឡាំង・ទឹក・ពុះ　蒸気機関。

¥គ្រឿង・យស　勲章。

¥គ្រឿង・សត្រាវុធ　銃。

¥គ្រឿង・សត្រាវុធ・ច្បាំង　戦闘用銃。

¥គ្រឿង・សត្រាវុធ・បាញ់・សត្វ　猟銃。

¥គ្រឿង・សំឡី　綿製品。

យុន　（官等。村職員は勤務20年で叙された）。

¥តាំង・ជា・ទី・យុន　យុន に叙する。

ឃុំ　プノンペン市では「区」。

¥ឃុំ・ទុក　（拾得動物を保護所に）保護する。

¥ឃុំ・រក្សា・ទុក　（押収物を）保管する。

¥មេ・ឃុំ　（プノンペンの）区長（មេ・ស្រុក とも記述されている）。

ឃ្លាំង　①財務局。（州にもある）。②（財務局長納付した保証金を財務局とは別の）会計（に保管する）。

¥ឃ្លាំង・ប្រាក់　財務局。

@ចាងហ្វាង・ឃ្លាំង・ប្រាក់　各国財務局長（階級は trésolier particulier。財務監）。

@ចៅ・ក្រសួង・ឃ្លាំង・ប្រាក់＝នាយកទាំ・ជេ・

ហ៊ីណាល៝ង៌។ 財務総局長（階級は trésolier général。財務総監）。

　¥ព្រះ・ឃ្លាំង・ប្រាក់　（カンボジア国の）財務局。

　¥ឃ្លាំង・ប្រាក់・ក្នុង・នគរ　→កាន់・កាប់・ឃ្លាំង・ប្រាក់・ក្នុង・នគរ　（高等弁務官は）国の財務局を管理する。

　¥ឃ្លាំង・ប្រេង　石油タンク。

　¥ឃ្លាំង・មួយ・ផ្សេង　（財務局長の保証金は）別の会計（に入れる）。

　¥ឃ្លាំង・រាជការ　財務局事務所。
　　@ដាក់・ឃ្លាំង・រាជការ　財務局事務所に納付する。

　¥ឃ្លាំង・រួម・ខែត្រ　州財務局。

　¥ឃ្លាំង・អំបិល　塩倉庫。

　¥ដាក់・ឃ្លាំង　財務省に納付する。

　¥ព្រះ・ឃ្លាំង　（カンボジア国の）王室財務。

ងារ
　¥ងារ・ជា・កិត្តិយស　名誉官職。

　¥ងារ・សម្រាប់・ខ្លួន・ជា・កិត្តិយស　個人名誉官職。

ចង
　¥ចង・ការ・ផ្ទន・រាជការ　→ប្រាក់・ដែល・ចង・ការ・ផ្ទន・រាជការ　国債を買った金。

　¥ចង・គ្នា　（村民が）結束する。

ចង្អៀត　（鉱山調査は法律に）極めて詳細な（規定がある）。

ចន្លោះ
　¥ចន្លោះ・ដោយ・ចំណែក　→ស្ថាន・ចន្លោះ・ដោយ・ចំណែក　例外のケース。

　¥ចន្លោះ・ទ　下水溝のくぼみ。下水溝の中。

　¥ចន្លោះ・ពី・ច្បាប់・ដោយ・ចំណែក　→សេចក្ដី・នៅ・ចន្លោះ・ពី・ច្បាប់・ដោយ・ចំណែក　この法律の例外。

ចម្រើន
　¥ចម្រើន・ភោគសម្បត្តិ　財産を増やす。

ចម្លើយ、ចំឡើយ　①（税査定のための）自己申告。②（被告の。証人の）供述。
　¥ចម្លើយ・បណ្ដឹង　申告書。

ចាក់
　¥ចាក់・បញ្ចូល・ថ្នាំ　注射する。

　¥ចាក់・បញ្ចូល・ថ្នាំ・បង្ការ・ជម្ងឺ・ឆ្លង　伝染病予防薬を注射する。

ចាងហ្វាង　①各国局の局長（総督府の局長はចៅ・ក្រសួង「総局長」）。②កូលទ្បែស（＝シソワット中学校）の校長（小学校長はគ្រូ・ចំ）。③地方／高等／最高裁判所の所長。

　¥ចាងហ្វាង・ក្រសួង　①各国政府の局長。②（水路部、政府庁舎部の）部長。

　¥ចាងហ្វាង・ក្រសួង・គេហស្ថាន・រាជការ　（公共土木事業局の）政府庁舎部長。

　¥ចាងហ្វាង・ក្រសួង・ជើង・ទឹក　（公共土木事業局の）水路部長。

　¥ចាងហ្វាង・ក្រសួង・ដំបន់　（公共土木事業局の）管区長（管区は２つある）。

　¥ចាងហ្វាង・ក្រុម　（高等裁判所の刑事／民事）部長。

　¥ចាងហ្វាង・ក្រុម・តាង・ប្រទេស・បើក្សា・ពាណិជ្ជការ・និង・កសិកម្មតិការ　商業農業外国人諮問会議委員長。

　¥ចាងហ្វាង・ក្រុម・បឋមសិក្សា　初等教育課長。

　¥ចាងហ្វាង・ក្រុម・បើក្សា　諮問会議委員長。

　¥ចាងហ្វាង・ក្រុម・ពាណិជ្ជការ　商業会議所会頭。

　¥ចាងហ្វាង・ក្រុម・ព្រៃ・ឈើ＝ចាងហ្វាង・ក្រុម・រាជការ・ព្រៃ・ឈើ。森林局長。

　¥ចាងហ្វាង・ក្រុម・ព្រះ・នគរបាល・ស៊ើប・ការ・សម្ងាត់　（警察局）公安警察局長。

　¥ចាងហ្វាង・ក្រុម・ព្រះ・នគរបាល・សំរាប់・ក្រុង　（警察局）市警察局長。

　¥ចាងហ្វាង・ក្រុម・ព្រះ・សុរិយោ・ដី　土地登記課長。

　¥ចាងហ្វាង・ក្រុម・ព្រះ・អាល័ក្សណ　王室経理局長。

　¥ចាងហ្វាង・ក្រុម・រាជការ　各国の局の局長。

　¥ចាងហ្វាង・ក្រុម・រាជការ・កសិការតិការ　（農業・商業・工業局長の略）。

　¥ចាងហ្វាង・ក្រុម・រាជការ・ឃ្លាំង・ប្រាក់　（各国の）財務局長。

　¥ចាងហ្វាង・ក្រុម・រាជការ・ឃ្លាំង・ប្រាក់・ក្រុង・កម្ពុជា　カンボジア国財務局長。

　¥ចាងហ្វាង・ក្រុម・រាជការ・ផែន・ទី　地図局長。

　¥ចាងហ្វាង・ក្រុម・រាជការ・ពេទ្យ　医務局長。

　¥ចាងហ្វាង・ក្រុម・រាជការ・ពេទ្យ・សត្វ　獣医局長。

　¥ចាងហ្វាង・ក្រុម・រាជការ・ព្រៃ・ឈើ　森林局長。

¥ចាងហ្វាង･ក្រុម･សិក្សាធិការ･ជាន់･ខ្ពស់ （教育局の中の）高等教育課長。

¥ចាងហ្វាង･ឃ្លាំង＝ចាងហ្វាង･ក្រុម･រាជការ･ឃ្លាំង･ប្រាក់. 財務局長。

¥ចាងហ្វាង･ឃ្លាំង･ប្រាក់ （各国）財務局長（＝各国の公金出納官になる）。

¥ចាងហ្វាង･ទៅ･ក្រសួង 局長（クメール政府）。

¥ចាងហ្វាង･ដំបន់ （公共土木事業局の）管区長。

¥ចាងហ្វាង･នាយក 長。（総督は服属国の）長。

¥ចាងហ្វាង･ប៉ូរ៉ូ･ការ･ស្រុក･អាយ 高等弁務官府現地国課長（＝高等弁務官府事務局第2課）。

¥ចាងហ្វាង･មេ･ការ 公共土木事業局長（官職はអាំងសេនីញ័រ･អង់･សេហ្គ･ដេ･ត្រាវ៉ៃ･ព្វុប្លិក「公共土木事業主任技師」。

¥ចាងហ្វាង･រង 副裁判所長。

¥ចាងហ្វាង･រង･សាលា･វិនិច្ឆ័យ 最高裁判所副所長。

¥ចាងហ្វាង･រង･សាលា･ដំបូង 地方裁判所副所長。

¥ចាងហ្វាង･រង･សាលា･ដំបូង･លេខ･១～២ 1～2級地方裁判所副所長。

¥ចាងហ្វាង･រង･សាលា･លុក･យុន･ក្រុង･ភ្នំ･ពេញ プノンペン地方裁判所副所長。

¥ចាងហ្វាង･រង･សាលា･ឧទ្ទរ 高等裁判所副所長。

¥ចាងហ្វាង･រង･សាលា･ឧទ្ទរ･លេខ･១～២ 1～2級高等裁判所副所長。

¥ចាងហ្វាង･រាជការ ①（カンボジア国政府の省の）局長（官職は副大臣）。②高等弁務官府の。小総督府の。保護国政府の）局長。

¥ចាងហ្វាង･រាជការ･កង･ក្រវែល （＝ប៉ូលីស）警察局長。

¥ចាងហ្វាង･រាជការ･កសិកម្មាធិការ 農業局長。

¥ចាងហ្វាង･រាជការ･គ្រប់･ក្រសួង （各国の）全ての局の局長。

¥ចាងហ្វាង･រាជការ･ឃ្លាំង･ប្រាក់ 各国の財務局長（＝ក្រសួវិរេរ･បារទីគុលីរេរ「各国公金出納官」になる）。

¥ចាងហ្វាង･រាជការ･ត្រាវ៉ៃ･ព្វុប្លិក （មេ･ការ）公共土木事業局長（官職は技師）。

¥ចាងហ្វាង･រាជការ･ត្រួត･ត្រា･ជាតិ･គាង･ប្រទេស･ចូល･ចេញ･ក្នុង･ស្រុក 外国人入出国管理局長。

¥ចាងហ្វាង･រាជការ･ប៉ុស្តិ៍･និង･ខ្សែ･លួស 各国郵政局長。

¥ចាងហ្វាង･រាជការ･ផែន･ទី･ក្រម･ព្រះ･សុរិយោ･ដី 地図局土地登記課長。

¥ចាងហ្វាង･រាជការ･ពេទ្យ 医務局長。

¥ចាងហ្វាង･រាជការ･ពេទ្យ･សត្វ 獣医局長。

¥ចាងហ្វាង･រាជការ･ព្រៃ･ឈើ 森林局長。

¥ចាងហ្វាង･រាជការ･សិក្សាធិការ 教育局長。

¥ចាងហ្វាង･សាលា･វិនិច្ឆ័យ 最高裁判所長。

¥ចាងហ្វាង･សាលា 裁判所長。

¥ចាងហ្វាង･សាលា･ជាន់･ខ្ពស់ 上級裁判所の所長（ここでは高裁と最高裁）。

¥ចាងហ្វាង･សាលា･ដំបូង 地方裁判所長。

¥ចាងហ្វាង･សាលា･ទ្រីប៊ុណាល 地方裁判所長。

¥ចាងហ្វាង･សាលា･បាឡី パーリ語学校長。

¥ចាងហ្វាង･សាលា･លុក･យុន･ក្រុង･ភ្នំ･ពេញ プノンペン地方裁判所長。

¥ចាងហ្វាង･សាលា･ឧទ្ទរ 高等裁判所長。

¥ចាងហ្វាង･អីមមីក្រាស៊ីយ៉ុង 外国人入国管理局長。

ចាញ់

¥ខណ្ឌ･ចាញ់ マラリア汚染支郡。

¥ដំបន់･ចាញ់ マラリア汚染地域。

ចាត់ ①（人を）配置する。②指示する。③取り仕切る。

¥ចាត់･ឱ្យ･ទៅ･នៅ 駐屯させる。

¥ចាត់･ឱ្យ･ធ្វើ･រាជការ （郵便局に）配属する。

ចាម

¥ចាម･រក្សា･វិហារ イスラム寺委員（各寺につき20名までが人頭税免除）。

ចាស់

¥ចាស់･ប្រជា （村の）長老。

ចិញ្ចើម

¥ចិញ្ចើម･ផ្លូវ ①歩道。②道の端。

ចិត្ត

¥ចិត្ត･បំណង →ដុត･ដោយ･（មាន）･ចិត្ត･បំណង 故意で放火する。

¥ចិត្ត･ប្រុង →មាន･ចិត្ត･ប្រុង･A Aする心の用意がある。

¥ចិត្ត･ឯង →ពី･ចិត្ត･ឯង 自発的に／自らの意志で（脱走兵が自首する）。

ចុង
- ¥ ចុង・ខែ្យ （主任でない）平の（看守）。
- ¥ ចុង・សន្លឹក 証明書本体（＝控え付き証明書帳から切り取った部分）。

ចុះ ①（ファイルに中に）綴じる。②（欄に数値を）記入する。
- ¥ ចុះ・បញ្ជី・ប្រាប់・ត្រា ＝អង់រឺយ៉ឺស្យគ្រីម៉ង្គ។ 登記する。
  - @ ថ្លៃ・ចុះ・បញ្ជី・ប្រាប់・ត្រា 登記料。
  - @ រាជការ・ចុះ・បញ្ជី・ប្រាប់・ត្រា 登記所。
- ¥ ចុះ・បញ្ជី・សត្វ 役畜を登録する。
- ¥ ចុះ・សន្យា・ដោយ・ស្ម័គ្រ・ចិត្ត （競売参加者がいないので）随意契約する。
- ¥ ចុះ・សន្យា・នឹង・A Aと締結した（条約）。
- ¥ ចុះ・ស៊ីញ・បាន・យើញ 「見た署名」をする。
- ¥ ចុះ・ស៊ីញ・បោះ・ត្រា 署名押印する。
- ¥ ចុះ・ស៊ីញ・យល់・ព្រម 「同意署名」をする。

ចូល
- ¥ ចូល・គ្នា・ធ្វើ・ការ 共同作業をする。
- ¥ ចូល・ចិត្ត （新村設立を）望む。
- ¥ ចូល・ចិត្ត・ចង់ ～したい。～することを望む。
- ¥ ចូល・ដេក・មើល・ខ្លួន （患者が）入院して治療する。
- ¥ ចូល・ដេញ・ថ្លៃ 競売に参加する。
- ¥ ចូល・និយាយ・ក្នុង・រឿង （クメール人同士の争いに）介入する。
- ¥ ចូល・មក （調査に）同席する。②（州庁に）出頭する。
- ¥ ចូល・ពាក្យ 申請書を出す。
- ¥ ចូល・សម・គំនិត 共謀する。
- ¥ ចូល・ស្តាប់ （学校で）聴講する。
- ¥ ចូល・ស្តាប់・A Aの命令を聞く（＝従う）。
- ¥ ចូល・ស្តាប់・ការ （コショウ畑の実地調査に）立ち会う。

ចេញ
- ¥ ចេញ・កាត់・សេចក្តី 判決して出した（判決書）。
- ¥ ចេញ・ច្បាប់ 許可証を発給する。許可を出す。
- ¥ ចេញ・ដីកា・បើក・ប្រាក់ 郵便為替を発行する。
- ¥ ចេញ・បញ្ញត្តិ 規定を出す。
- ¥ ចេញ・បដិញ្ញាណ・ទទេ・តត・ថ្លៃ 無料で証明書を発給する。
- ¥ ចេញ・រង្វាន់ 謝礼を出す／払う。
- ¥ ចេញ・សោហ៊ុយ・ជា・សំណង （伐採した樹木の）補償をする。

ចេះ
- ¥ ចេះ・ដឹង ＝civilisé。文明的な。
  - @ ស្រុក・ចេះ・ដឹង 文明国。
- ¥ ចេះ・មើល・ចេះ・សរសេរ・ចេះ・រាប់・គិត・លេខ 読み、書き、数えて計算ができる。

ចែក
- ¥ ចែក・ការ 仕事を割り振る。
- ¥ 40・ចែក・ជា・4・ត្រូវ・15 40割4は15。
- ¥ ចែក・អំណាច・ក្រសួង・ដាច់・ពី・គ្នា （立法、行政、司法の三）権を分立する。

ចោទ
- ¥ ចោទ・ប្រកាន់・ជា・តុលាការ 裁判所に起訴する。
- ¥ ចោទ・ប្រកាន់・បទ・ល្មើស・នឹង・A A違反の罪で告訴する。
- ¥ ចោទ・ឱ្យ・ធ្វើ・ទោស 告訴する。

ចោរ
- ¥ ចោរ・ក្លា・ហាន 強盗犯人。

ចៅ
- ¥ ចៅ・ក្រម ①＝មន្ត្រី・ក្រម・តុលាការ។ 司法部の中級職官吏。②市司法官（1902年7月22日付国王布告で）。
- ¥ ចៅ・ក្រម・ជា・ចាងហ្វាង 裁判所長である ចៅ・ក្រម។
- ¥ ចៅ・ក្រម・ជា・គូ・ឈួយ ចៅ・ក្រម 補。
- ¥ ចៅ・ក្រម・ដើម・ខែ្ស・លេខ・១〜៣ 1〜3級主任 ចៅ・ក្រម。
- ¥ ចៅ・ក្រម・បំរុង・រាជការ ចៅ・ក្រម 見習い。
- ¥ ចៅ・ក្រម・ប្រឹក្សា （官職名。ចៅ・ក្រម の上。高等裁判所と最高裁判所とにいる）。
- ¥ ចៅ・ក្រម・ប្រឹក្សា・ពេញ・ទី 正 ចៅ・ក្រម・ប្រឹក្សា（高等裁判所と最高裁判所にいる）。
- ¥ ចៅ・ក្រម・ប្រឹក្សា・គូ・ឈួយ ចៅ・ក្រម・ប្រឹក្សា 補（高等裁判所と最高裁判所にいる）。
- ¥ ចៅ・ក្រម・ឌុត・លេខ 特級 ចៅ・ក្រម។
- ¥ ចៅ・ក្រម・ផ្សះ・ផ្សារ 調停 ចៅ・ក្រម។
- ¥ ចៅ・ក្រម・ពំព្រោះ 陪審員。

¥ចៅ・ក្រម・គូ・ឈួយ　ចៅ・ក្រម 補（職名。村長がなる）。

¥ចៅ・ក្រម・គូ・ឈួយ・ជា・ជំនួស　ចៅ・ក្រម 補代理。

¥ចៅ・ក្រម・គូ・ឈួយ・ពេញ・ទី　正ចៅ・ក្រម 補。

¥ចៅ・ក្រម・លហុទោស　簡易裁判所ចៅ・ក្រម。

¥ចៅ・ក្រម・លេខ・១~៤　1〜4級ចៅ・ក្រម。

¥ចៅ・ក្រសួង　①（総督府の）総局長。②裁判所総局長（＝検事総長）。

　@ចាងហ្វាង・ចៅ・ក្រសួង　局長（クメール政府）。

¥ចៅ・ក្រសួង・ក្រុម・រាជការ・ពេទ្យ　医務総局長。

¥ចៅ・ក្រសួង・ក្រុម・សិក្សាធិការ　教育総局長。

¥ចៅ・ក្រសួង・ឃ្លាំង・ប្រាក់　＝ឌីរិកទ័រ・ដេ・ហ្វីណងស៍。財務総局長。

¥ចៅ・ក្រសួង・ប៉ុស្តិ៍・និង・ខៃ្យ・ល្អុស　郵政総局長。

¥ចៅ・ក្រសួង・រង　総局次長（＝各国局長）。

¥ចៅ・ក្រសួង・រាជការ　総局長。

¥ចៅ・ក្រសួង・រាជការ・គយ　関税・消費税・使用料総局長。

¥ចៅ・ក្រសួង・រាជការ・ឃ្លាំង・ប្រាក់・ដែន・ឥណ្ឌូស៊ីន　インドシナ国財務総局長。

¥ចៅ・ក្រសួង・រាជការ・ដើម　（総督府の）総局長。

¥ចៅ・ក្រសួង・រាជការ・តុលាការ・ខ្មែរ　クメール裁判所の長。

¥ចៅ・ក្រុម　各国の局長。

¥ចៅ・ម៉ឿង　ラオスの郡長。

¥ចៅ・ហ្វ៉ា　①属領の王（ここではラオス国のsingha 国王のこと）。②アンナン国の州知事（＝tổng dốc）。

¥ចៅ・ហ្វាយ　（弁務官の）長（は高等弁務官）。

¥ចៅ・ហ្វាយ・ខែត្រ　郡長。

¥ចៅ・ហ្វាយ・ខែត្រ・បំរុង・រាជការ　郡長見習い。

¥ចៅ・ហ្វាយ・ខែត្រ・ដុត・លេខ　特級郡長。

¥ចៅ・ហ្វាយ・ខែត្រ・លេខ・១~៥　1〜5級郡長。

¥ចៅ・ហ្វាយ・ស្រុក　①バット・ドンボーン、シエム・リアプ、シー・ソーポン各郡のស្រុក長。他の郡のឧប្បន្ន長に相当する）。②郡長（1902年7月23日国王布告で）。

¥ចៅ・អធិការ・មេ・វត្ត　住職。

ចំណាយ　支出。歳出。

¥ចំណាយ・ការ・ដែន・ដី　国民の安全に関する支出。

¥ចំណាយ・ក្នុង・ការ・រដ្ឋប្រសាសនាបាយ　政治費（予算に収入をもたらさない部局の費用。「国民の安全を守るための支出」のこと）。

¥ចំណាយ・ក្នុង・រដ្ឋការ・គួរវណ៌ម៉ង់・យេណរ៉ាល់　総督府費。

¥ចំណាយ・ចំទ្បែក　特別支出。

¥ចំណាយ・ជា・ប្រយោជន៍・ចំរើន・ភោគសម្បត្តិ・នគរ　国の財産を増すための支出。

¥ចំណាយ・ជា・ប្រយោជន៍・ចំរើន・មនុស្ស・ក្នុង・ស្រុក・ជា・សុខ・ក្សេម・ក្សាន្ត　国民を発展させるための支出。

¥ចំណាយ・ដែល・ខាន・ពុំ・បាន　不可欠支出。

¥ចំណាយ・ដោយ・របៀប　経常費。

¥ចំណាយ・តាម・ចិត្ត　任意支出。

¥ចំណាយ・ថៃ・រក្សា　維持費。

¥ចំណាយ・ថៃ・រក្សា・ក្រុម・រាជការ・កង・ត្រវែល・ក្រុម・មឿង　市警察維持費。

¥ចំណាយ・ធម្មតា　一般支出。

¥ចំណាយ・ពួក・ក្រុម・រាជការ・ប្រាក់　国の公金を取り扱う部局の支出。

ចំណូល　収入。

¥ចំណូល・ចំទ្បែក　特別収入。

¥ចំណូល・ធម្មតា　一般収入。

ចំណេះ：

¥ចំណេះ・រដ្ឋបាល　行政知識（＝行政学校の教科の一）。

ចំណែក　（書物の第〜）編（「部」の上）。

¥ចំណែក・ផ្សេង　→ជា・ចំណែក・ផ្សេង　例外として。

¥ចំណែក・រង　（警察管区の下の）下部管区。

¥ចំណែក・សោហុយ・ភ្លើង・និង・ទឹក　電気と水道費分担金。

¥ដាក់・ដោយ・ចំណែក　→រៀប・មុខ・ពន្ធ・ដាក់・ដោយ・ចំណែក　税種の分類。

ចំណាំ

¥ទុក・ជា・ចំណាំ　→យក・ពតិមាន・នេះ・ទុក・

ជា・ចំណាំ　その情報を記録しておく。

ចំនួន

¥ចំនួន・កន្លែង・ដែល・ត្រូវ・ដាក់・ឲ្យ・ប្រឡង・យក　合格させる人数。

¥ចំនួន・ប្រាក់・បន្ថែម　①追加額。②追加税額。

¥ចំនួន・ពិន្ទុ　→តាម・ចំនួន・ពិន្ទុ・តិច・ឬ・ច្រើន　得点順の（リスト）。

¥ចំនួន・សាច់・ពន្ធ　税額。

¥ចំនួន・ស្រូវ　→គិត・ចំនួន・ស្រូវ　籾の量を計算する。

ចំរាញ់

¥ចំរាញ់・ខ្លាញ់・ត្រី　→ចង្ក្រាន・ចំរាញ់・ខ្លាញ់・ត្រី　魚油搾油釜。

ចំរើន

¥ចំរើន・ការ・មួយ・ផ្នូវ　（協定を）1つの面で発展させる。

¥ចំរើន・ចិត្ត　→ឱ្យ・អ្នក・នោះ・ចំរើន・ចិត្ត　（奨励金を与えて）激励する。

¥ចំរើន・ច្រើន・ឡើង　（稲の作柄が前年より）良くなる。

¥ចំរើន・បៀ・វត្សរ៍　俸給が増える。

ចំឡង

¥ចំឡង・សំបុត្រ　文書の写し／謄本を作成する。

ចំទៀក

¥ទេសកាល・ចំទៀក　不時の事態。

¥ហេតុ・ជា・ចំទៀក　不時の原因／理由。

ចាំង

¥ចាំង・ឈើ・ហុប・បួន・ជ្រុង　四角材。

¥ចាំង・បំបែក・ឈើ　（斧や鈀で）木を削って製材する。

ច្បាប់　許可書。

¥ច្បាប់・កាន់・កាំ・ភ្លើង　銃所持許可書。

¥ច្បាប់・កាន់・កាំ・ភ្លើង・ចម្បាំង　戦闘用銃所持許可書。

¥ច្បាប់・កាន់・កាំ・ភ្លើង・ដោយ・ទ្បែក　銃所持時特別許可書。

¥ច្បាប់・កាន់・កាំ・ភ្លើង・បាញ់・សត្វ　猟銃所持許可書。

¥ច្បាប់・កាន់・កាំ・ភ្លើង・ឥត・ថ្លៃ　銃所持無料許可書。

¥ច្បាប់・កាប់・ឈើ　伐採許可書。

¥ច្បាប់・កាប់・ឈើ・ធ្វើ・ធ្យូង　木炭材伐採許可書。

¥ច្បាប់・កាប់・ឈើ・ផ្សេង　特別伐採許可書。

¥ច្បាប់・កាប់・ឈើ・មាន・ថ្លៃ　伐採有料許可書。

¥ច្បាប់・កាប់・ឈើ・ឥត・ថ្លៃ　伐採無料許可書。

¥ច្បាប់・កាប់・ឧស　薪材伐採許可書。

¥ច្បាប់・ជា・ស្នែក・ផ្សេង・ឲ្យ・កាប់・ឈើ　特別伐採許可書。

¥ច្បាប់・នាំ・ឈើ　材木運搬許可書。

¥ច្បាប់・បញ្ញត្តិ　①規定。②法律が〜と規定する。

¥ច្បាប់・បញ្ញត្តិ・កង・ទ័ព　軍法。

¥ច្បាប់・បើក・ឲ្យ・នាំ・ឧស　薪運搬許可書。

¥ច្បាប់・បើក・ឲ្យ・នាំ・ឈើ・ធ្វើ・ការ　建築用材運搬許可書。

¥ច្បាប់・ព្រះ・ឃ្លាំង・ប្រាក់　財務法。

¥ច្បាប់・ទ្បេសេ・បាំសេ　（材木）運搬許可書。

¥ច្បាប់・អត្តការតេតិ　民法。

¥ច្បាប់・អនុញ្ញាត・សំរាប់・អ្នក・លក់・ស្រា・ទាំង・ដុំ　酒卸売者許可書。

¥ច្បាប់・អនុញ្ញាត・សំរាប់・អ្នក・លក់・ស្រា・រាយ　酒小売者許可書。

¥ច្បាប់・អនុញ្ញាត・ឲ្យ・អ្នក・លក់・អាភៀន・រាយ　アヘン小売者許可書。

¥ច្បាប់・ឲ្យ・កាប់・ឈើ　伐採許可書。

¥ច្បាប់・ឲ្យ・បាញ់・ដំរី・ឈ្មោល　雄ゾウ射殺許可書。

ច្រក

¥ច្រក・ស្រោម・បើក・ចំហ・ទុក　（文書を）封筒に入れて封をしないでおく。

ច្រត

¥និយាយ・ច្រត・យ៉ាង・ខ្លី・ៗ　→វេ・និយាយ・ច្រត・យ៉ាង・ខ្លី・ៗ　短く要点をまとめて言う。要するに。

ច្រើន

¥ច្រើន・ជាង・20・រៀល　20リエルを超える（=20リエルは含まれない。cf. **តិច・ជាង**〜　〜未満）。

ឆ

¥ឆ・បំបាត់　横領する。

¥ឆ・បំបាត់・ក្លែង・ក្លាយ　横領する。

¥ឆ・រាស្ត្រ　「民衆を騙した」（罪）。

ឆាយា

¥ឆាយា・ព្រះ・ភិក្ខុ・សង្ឃ　比丘証。

ឆុត
　¥ឆុត・នាប់　即効性がある。
　¥ការ・ពារ・ដោយ・ឆុត・នាប់　有効に守る／防ぐ。
ឆ្នោត
　¥ឆ្នោត・ឆ្លើយ　〜に投じられた票。（候補者各人の）得票数。
　¥ឆ្នោត・ឆ្លើយ・ឈ្មោះ・មនុស្ស →ឱ្យ・ឆ្នោត・ឆ្លើយ・ឈ្មោះ・មនុស្ស　抽選で人を選ぶ。
　¥ឆ្នោត・ឆ្លើយ・ត្រូវ　（選挙で）当選する。
　¥ឆ្នោត・ឆ្លើយ・ត្រូវ・រើស・បាន →អ្នក・ដែល・ឆ្នោត・ឆ្លើយ・ត្រូវ・រើស・បាន　（選挙の）当選者。
　¥ឆ្នោត・ឆ្លើយ・ត្រូវ・ឱ្យ・ធ្វើ・ទាហាន　くじ引きで（保安隊員）に当たる。
　¥ឆ្នោត・ឆ្លើយ・ទៅ・លើ・A　Aに投じられた票。Aの得票。
　¥ឆ្នោត・ដែល・ឆ្លើយ・ទៅ・លើ・A　＝ឆ្នោត・ឆ្លើយ・ទៅ・លើ・A。
　¥ឆ្នោត・សូន្យ　無効票。
　¥ធ្វើ・ឆ្នោត　投票用紙に書く。
ឆ្នាំ
　¥ឆ្នាំ・ត・ពី・ឆ្នាំ・A　Aした翌年。
　¥ឆ្នាំ・មុខ　翌年。
ឆ្នាំង
　¥ឆ្នាំង・ចង្ក្រាន　炊事道具。
　¥ឆ្នាំង・ភ្លើង　ボイラー。
　¥ឆ្នាំង・ភ្លើង・ម៉ាស៊ីន　機械のボイラー。
ឆ្លើយ
　¥ឆ្លើយ・ទៅ・លើ・ឈ្មោះ・A　（選挙で）Aに投票する。
　¥ឆ្លើយ・បញ្ជាក់　（証人が）供述して確認する。
　¥ឆ្លើយ・ប៉ឹង　申告する。
　¥ឆ្លើយ・រើស・ខួន・បំពេញ　補欠選挙をする。
　¥ឆ្លើយ・រៀច・ដោយ・បន្លំ・ក្លែង・ក្លាយ　虚偽の申告をして騙す。
ជគ្រុក　材木倉庫。
　¥ជគ្រុក・ឈូង　（陸上にある船用の）石炭庫。石炭補給所。
ជញ្ជីង
　¥ជញ្ជីង・កូន・ជញ្ជីង・រង្វាស់・រង្វាល់　度量衡器。

ជន
　¥ជន・ធម្មតា　（官員でない）民間人。
ជន្លង់
　¥ជន្លង់・ដើម・ម្រេច　＝ដើម・ម្រេច。コショウ木。
ជម្ងឺ
　¥ជម្ងឺ・គ្រុន　マラリア。
　¥ជម្ងឺ・គ្រុន・ដោយ・មេ・ពិស・ឈ្មង（これは恐らく誤訳）＝ជម្ងឺ・ហ្វីអេរ៉េ・សារបុនណឺស（fièvre charboneuse）。炭疽病。
　¥ជម្ងឺ・គ្រុន・ដោយ・មេ・ពិស・ហ្វីអេរ៉េ（fièvre charboneuse）。炭疽病。
　¥ជម្ងឺ・ឆ្កួត　＝រាំស។狂犬病。
　¥ជម្ងឺ・ផ្ទៃ・ឆួត・ខាំ　狂犬病。
　¥ជម្ងឺ・នាង　カイコの病気。
　¥ជម្ងឺ・ប៉ែស្ត・គោ　ウシ・ペスト。
　¥ជម្ងឺ・ពិស・ប៉ែស្ត　ペスト。
　¥ជម្ងឺ・សត្វ・ឆ្កួត　＝រាំស។狂犬病。
　¥ជម្ងឺ・សត្វ・ឆ្លង　動物の伝染病。
　¥ជម្ងឺ・សា・គោង・ហើម・ស្វាស　＝សុគាំ。？。
　¥ជម្ងឺ・អុត・ក្តាម　＝ជម្ងឺ・ហ្វីអេរ៉េ・អាហ្វទេស។アフタ熱。口蹄疫。
　¥ជម្ងឺ・ប៊ូរ・ជូង　＝មរឺ។鼻疽。
ជរា
　¥ពួក・ជរា　老年者（＝60歳以上）。
ជាង
　¥ជាង・ក្បាច់・រចនា　美術工芸職人。
　¥ជាង・រចនា　美術工芸職人。
　¥ជាង・ស៊ី・ឈ្នួល・ធ្វើ・ការ・រាប់・ថ្ងៃ　日給職人。
ជាតិ　①国籍。②（国有財産の公共か固有かの）種類。
　¥ជាតិ・កំណើត　国籍。
　¥ជាតិ・កំណើត・ក្នុង・ស្រុក　この国の国籍を持つ人。
　¥ជាតិ・ជា・ក្សត្រ →លា・ជាតិ・ជា・ក្សត្រ　王族籍を離脱する。
　¥ជាតិ・ជា・ខ្មែរ　国籍がクメールである（＝クメール人あるいは準クメール人）。
　＠បណ្ដា・ចារាំងសែស・ជាតិ・ជា・ខ្មែរ　フランス植民地人であって民族がクメール人である。
　¥ជាតិ・ខ្មែរ・និង・ជាតិ・ដូច・គ្នា　クメール人

と準クメール人。
　¥ជាតិ・ឈើ　樹種。
　¥ជាតិ・ដូច・ខ្មែរ　準クメール人（＝クメールの先住民族とカンボジア国籍のシャム人、ラオス人）。クメール民族でないクメール国籍人。
　¥ជាតិ・ដែល・ចេញ・ពី・រូប・កាយ・អ្នក・ជំងឺ　患者の排泄物。
　¥ជាតិ・ដែល・សន្មត・ទុក・ដូច・ជា・ខ្មែរ　準クメール人。
　¥ជាតិ・តាង・ប្រទេស　外国人。
　¥ជាតិ・តាង・ប្រទេស・ចំណូល・ថ្មី　新入国外国人。
　¥ជាតិ・បារាំង　欧米人。
　¥ជាតិ・បារាំងសែស　フランス人。
　¥ជាតិ・ផល・ទំនិញ　船の貨物の種類（を申告する）。
　¥ជាតិ・សាស្ន　国籍。
　¥ជាតិ・ស្រុក・កំណើត・ខ្លួន　母国の国籍を持つ（外国人）。
　¥ជាតិ・អាស៊ីអាទិក・តាង・ប្រទេស　アジア人外国人（＝中国人、インド人）。
　¥ជាតិ・អំណាច　王族籍。
　　@លា・ជាតិ・អំណាច　王族籍を離脱する。

ជាន់
　¥ជាន់・បង្កាត់　（雄が雌と）交尾する。
　　@បា・ជាន់・បង្កាត់　雄が（雌と）交尾する。
　　@ឱ្យ・បា・សត្វ・ជាន់・បង្កាត់・មេ・សត្វ　雄に雌と交尾させる。

ជាប់
　¥ជាប់・កិច្ច　（土地競売仕様書に書かれてある）義務が課さる。
　¥ជាប់・ខាង・A　Aに附置されている（部局）。
　¥ជាប់・ខ្លួន　→កិច្ច・ដែល・ត្រូវ・ឱ្យ・A・ជាប់・ខ្លួន　Aに課される義務。
　¥ជាប់・បង្គាំង・ក្នុង・ទី・ឃុំ　刑務所に収監される。
　¥ជាប់・បញ្ជី　登録されている。

ជារ　①政府が土地の所有権を譲渡する（無償と有償の２種がある）。②国王が所有権を譲る（＝売る）。
　¥ជារ・ដី　土地を譲渡する。
　¥ជារ・ដី・ដោយ・មាន・ថ្លៃ　土地を有償で譲渡する。
　¥ជារ・លក់　売却譲渡する。
　¥អំណាច・និង・ជារ　譲渡する権利。

ជិត
　¥ដាក់・A・ជិត　Aに入れて密封する。

ជូន
　¥ជូន・តាម・ផ្លូវ・A　（郡長を）介して提出する。
　¥ជូន・វិញ　（許可書を）返納する。

ជួយ
　¥ជួយ・ការ・ពារ　（弁護士が）弁護する。
　¥ជួយ・អម　補助する。

ជួល　貸す。賃貸する。
　¥ជួល・កំឡាំង・ខ្លួន　自分の力を賃貸する。労力を提供して賃金を得る。
　¥ជួល・អចលនវត្ថុ・ឃុំ　村有不動産を賃貸する。

ជេរ
　¥ជេរ・ពាល　罵る。

ជោះ
　¥ជោះ・（ចាក់）・បញ្ចូល・ថ្នាំ　注射する。
　¥ជោះ・ថ្នាំ・បង្ការ・អុត　種痘をする。

ជំទង់　若年者。
　¥ពួក・ជំទង់　（18歳〜20歳の）若年者。

ជំទប់　＝ជំទប់・ខែត្រ　副郡長。
　¥ជំទប់・ខែត្រ　＝ជំទប់＝បាល់ដ្ឋ。副郡長。
　¥ជំទប់・ទី・１　＝ជំទប់・លេខ・１＝ជំទប់・រាជា。第１助役。
　¥ជំទប់・ទី・２　＝ជំទប់・លេខ・２＝ជំទប់・សេនា。第２助役。
　¥ជំទប់・ទី・３　＝ជំទប់・លេខ・３＝ជំទប់・ភក្តី。第３助役。
　¥ជំទប់・ទី・４　＝ជំទប់・លេខ・４＝ជំទប់・ស្នេហា。第４助役。
　¥ជំទប់・ទី・５　＝　¥ជំទប់・លេខ・５。第５助役。
　¥ជំទប់・ទី・６　＝　¥ជំទប់・លេខ・６。第６助役。
　¥ជំទប់・លេខ・១〜៦　＝ជំទប់・ទី・１〜៦。
　¥ជំទប់・ស្នេហា　第４助役。

ជំនាង
　¥របរ・ការ・ជំនាង　職人技術を要する職業。

ជំនួញ　民間企業。
　¥ជំនួញ・ឈើ　材木業。
　　@ធ្វើ・ជំនួញ・ឈើ　材木業を営む。
　　@អ្នក・ជំនួញ・ឈើ　材木業者。

¥ជំនួញ・គាង・ប្រទេស ＝ជំនួញ・អាំងទែរណាស្យូណាល。貿易。

¥ជំនួញ・ប្រទេស・ក្រៅ 外国貿易。

¥ជំនួញ・អាំងទែរណាស្យូណាល ＝ជំនួញ・គាង・ប្រទេស。貿易。

ជំនួយ

¥ពេទ្យ・ជំនួយ 准医師（ハノイの医学校を卒業すると得られる資格。正医師ではないから単独で診療しなければならない開業医にはなれなかったらしい）。

ជំនុំ ①討議する。②会議する。

¥ជំនុំ・ជា・ចំឡែក 特別会議。

¥ជំនុំ・ជា・អាចាំត្រៃយ៍ 定例閣議を開く。

¥ជំនុំ・ជំរះ・ជា・ដំបូង 第1審を行う。

¥ជំនុំ・ធម្មតា 定例会議。

¥ជំនុំ・ធំ ①大閣議を開く。②（常任委員会ではなく）総会を開く。

¥ជំនុំ・ព្រម・នឹង・A Aと協議し合意の上。

¥សេចក្តី・ជំនុំ 討議の内容（は無効）。

¥សុំ・ជំនុំ 討議を求める。

ជំពាក់ ①（納期はまだだが。国民であるが故に）納付するべき（税金）。（納期が過ぎた）未納の（税金）。

¥ជំពាក់・ឃុំ 村に納付するべき（税金）。

@ប្រាក់・ដែល・ជំពាក់・ឃុំ 村に納付するべき金（納期がまだのもすでに過ぎたのも）。

¥ជំពាក់・ឃ្លាំង 財務局に納付するべき（税金。料金）。

ជំរាប

¥ជំរាប・ប្ដឹង 届ける（文書でも口頭でも可）。（税額偵いのための）申告をする。

@ពាក្យ・ជំរាប・ប្ដឹង 届け（を出す）（文書でも口頭でも可）。

ជំរឿន ①（税簿を）更新する。②（罰金簿の）集計をする。

ជំរះ

¥ជំរះ・ជំរឿន・ជា・រឿយ・ៗ 次々に追加記入をして更新する（銃販売簿を）。

ជំហារ

¥ជំហារ・មនុស្ស 人が立った高さ。人の背の高さ。

@មួយ・ជំហារ・មនុស្ស 人の背の高さ1つ分の高さ。

ជ្រោះ

¥ជ្រោះ・ព្រលង 渓流。

ជ្វា チャム・マレー人。

¥ជ្វា・ទេស ＝យ៉ាវ៉ាន。ジャワ人。

¥ជាតិ・ជ្វា チャム・マレー人。

ឈប់

¥ឈប់・នៅ・ទំនេរ 休職する。

¥ឈប់・វិហើយ 療養休暇を取る。

¥ឈប់・លែង・ធ្វើ・ជំនួញ （商売を）廃業する。

¥ឈប់・សម្រាក・កំឡុំាង 疲れを取るために休暇を取る。

¥ឈប់・អាក់ （投票時間を）中断する。

ឈើ

¥ឈើ・កំពោល 丸太。

¥ឈើ・កំពោល・មូល ＝ឈើ・មូល。丸太（樹皮あり）。

¥ឈើ・កំពោល・ទាំង・សំបក 樹皮付丸太。

¥ឈើ・ចំណាំង・ហុប・បួន・ជ្រុង 角材。

¥ឈើ・ជាតិ・ពុំ・រៀប・ទុក 非保護樹種。

¥ឈើ・ដែល・ពុំ・រៀប・ទុក・ដោយ・ពួក 非保護樹種。

¥ឈើ・ដែល・រៀប・ទុក・ដោយ・ពួក ＝ឈើ・រៀប・ទុក・ដោយ・ពួក。保護樹種。

¥ឈើ・ធ្វើ・ការ ＝ឈើ・ធ្វើ・ការ・សង់・ផ្ទះ。（伐採した樹木の分類で）建築用材（柱や板などの建材を作る）。

¥ឈើ・ធ្វើ・ការ・សង់・ផ្ទះ ＝ឈើ・ធ្វើ・ការ。

¥ឈើ・ផ្លែ

@សូន・ដាំ・ឈើ・ផ្លែ 果樹園。

¥ឈើ・មូល ＝ឈើ・កំពោល。丸太。

¥ឈើ・រៀប・ទុក・ដោយ・ពួក ＝ឈើ・ដែល・រៀប・ទុក・ដោយ・ពួក。保護樹種。

¥ឈើ・សំណាត់ 流木（筏がくずれたのも筏が通れないので故意に1本ずつ流すのも可）。

¥ឈើ・ហុប・ដែល・ទាំង・ជា・បួន・ជ្រុង 四角材。

¥ឈើ・ហុប・បួន・ជ្រុង 四角材。

¥ឈើ・ឧស （伐採した樹木の分類で）薪材（燃料、木炭にするもの）。

¥ធ្វើ・ការ・ឈើ 木工をする。

ឈ្មួល
　¥ឈ្មួល・រង្វាន់　（契約書作成の）料金。

ដក
　¥ដក・ចោល　（違反者の許可証を）取り上げる。
　¥ដក・វិញ　（死んだ役畜の役畜証明書を）回収する。
　¥ដក・ហូត・ចេញ・ពី・រាជការ　政府勤務から解雇する。
　¥ដក・ហូត・ច្បាប់　許可書を剥奪する。
　¥ដក・អំណាច・យសសក្ដិ　（王族処罰として）身分と身分に付随する権利を剥奪する（全7段階の王族処罰の最も重いもの）。

ដង
　¥ដង・ជ័រ　（樹幹に切り込みを入れて）樹脂を採取する。

ដណ្ដឹង
　¥ដណ្ដឹង・សួរ　意見を訊ねる。

ដម្រូវ　（法律を）適用する。
　¥ដម្រូវ・ថ្លៃ・ពន្ធ　（計算して得られた）税額を課税する。
　¥ដម្រូវ・ពន្ធ・លើ・A　Aに税金を課する。
　¥ដម្រូវ・យក・ថ្លៃ・ពន្ធ　税額を課する。
　¥ដម្រូវ・លើ・A　Aに適用する（規定）。（流木に）適用する（規定）。

ដាក់
　¥ដាក់・គុក・ជា・បណ្ដំ　＝ដាក់・គុក・បណ្ដំ　（罰金が払えないと）懲役刑に処する。
　¥ដាក់・គុក・តែ・ដោយ・ព្យួរ・ទោស　執行猶予付きの投獄刑。
　¥ដាក់・គុក・បណ្ដំ　＝ដាក់・គុក・ជា・បណ្ដំ。（罰金が払えないと）懲役刑に処する。
　¥ដាក់・គុក・បណ្ដំ・ដល់・កាយ　懲役刑に処する。
　¥ដាក់・គុក・បណ្ដំ・ដល់・រូប・កាយ　懲役刑。
　¥ដាក់・គុក・ឥត・ព្យួរ・ទោស　投獄刑の実刑。
　¥ដាក់・ឃ្លាំង　財務局に納付する。
　¥ដាក់・ឃ្លាំង・រាជការ　財務局に納付する。
　¥ដាក់・ជា・លេខ　（領収証の金額を）数字で書く（＝「មួយ、ពីរ」でなくて「១、២」で書く）。
　¥ដាក់・បន្ទុក　責任／義務を負わせる。
　¥ដាក់・បង្គត់・នៅ・លើ　電線を上に（＝空中に）張る。
　¥ដាក់・បទ・ល្មើស・ឱ្យ・តុលាការ・ជំនុំ・ជំរះ　犯罪を裁判所に告訴する。
　¥ដាក់・បន្ទប់・មួយ・តែ・ឯង　独房に入れる。
　¥ដាក់・លក់　売るために陳列する。
　¥ដាក់・លើ・គោក　（薪を舟から）陸揚げする。
　¥ដាក់・ឱ្យ・ដេញ・ថ្លៃ・នៅ・មុខ・សាធារណៈ　一般公開競売にかける。
　¥ដាក់・ឱ្យ・តុលាការ・ជំនុំ・ជំរះ　裁判所（の検察部）に起訴／告発する。
　¥ដាក់・ឱ្យ・តុលាការ・ធ្វើ・ទោស　送検する。
　¥ដាក់・ឱ្យ・អ្នក・ទាំង・ពួង・ត・ថ្លៃ・ធ្វើ・ការ　（事業の請負者をきめるために）一般入札させる。

ដាច
　¥ដាច・មក　（職務が）分離されている。

ដាច់
　¥ដាច់・តែ・ម្នាក់　→មាន・A・ដាច់・តែ・ម្នាក់（許可権を）専有する。
　¥ខែ・ដាច់・ទៅ　経過した月（の分の税金）。

ដាប់
　¥ដាប់・ឱ្យ・រាប・ស្មើ　（丸太に刻印するために一部を）平に削っておく。

ដី
　¥ដី・ក្រម・ម៉្យាង　市内地。
　¥ដី・ក្រៅ・ក្រម・ម៉្យាង　市外地。
　¥ដី・ចំរើន　収量が大きい土地。
　¥ដី・ដុះ・ត្រើយ・ទន្លេ・មេ・គុង　メコンデルタ。
　¥ដី・ដុះ・ត្រើយ・ទន្លេ・ហាកស្យ៊ុ・រស　紅河デルタ。
　¥ដី・ដាំ・ដំណាំ　耕地（水田は含まれないらしい）。
　¥ដី・ថយ　収量が小さい土地。
　¥ដី・សម្បត្តិ・ផែន・ដី・ផ្ទាល់　固有国有財産である土地。
　¥ដី・ស្រែ・លេខ・១～៥　1～5級水田地。

ដីកា
　¥ដីកា・ដាក់・ប្រាក់　＝អរដ្រី・ដី・រីសែត្ត（ordre de recette）。（税金など財務局への）納付書。
　¥ដីកា・ដាក់・ប្រាក់・ឃ្លាំង　財務局納付書。
　¥ដីកា・ដាក់・ប្រាក់・ជា・បណ្ដើរ・សិន　仮納付書。
　¥ដីកា・ដែល・មាន・តំនាប់　法律上正式な（支払い）書。
　¥ដីកា・ដំកល់・សាវតា・ជា・ជាតិ・កំណើត　国籍証明書。

¥ ដីកា・ទទួល・ប្រាក់　金銭受領書。

¥ ដីកា・បង្កាន់・ដៃ　領収証。

　@ចេញ・ដីកា・បង្កាន់・ដៃ　領収証を出す。

¥ ដីកា・បង្ខំ・ឱ្យ・បង់・ថ្លៃ　代金支払い催告書。

¥ ដីកា・បង្គាប់・ឱ្យ・ដាក់・ឃុំ　収監状。

¥ ដីកា・បើក・ប្រាក់　①＝ម៉ងដាត់・ប៉ុស្ដិ៍។ 郵便為替。②＝ម៉ងដាត់・ឌី・ប៉ែមម៉ង។ 支払い書（＝これを会計窓口に持って行って現金の支払いを受ける）。③＝ម៉ងដាត់។ 支払い書。

¥ ដីកា・បើក・ឱ្យ・នាំ　運搬書。

¥ ដីកា・បើក・ឱ្យ・នាំ・ធ្យូង　木炭運搬書。

　@សៀវភៅ・ដីកា・បើក・ឱ្យ・នាំ・ធ្យូង　木炭運搬書帳。

¥ ដីកា・បើក・ឱ្យ・នាំ・ឧស　薪運搬書。

　@សៀវភៅ・ដីកា・បើក・ឱ្យ・នាំ・ឧស　薪運搬書帳。

¥ ដីកា・អនុញ្ញាត・ជា・បង្កាន់・ដៃ　(reçu を誤訳) 慣用証明書（人頭税カードしか所持しない者に村長が出す証明書）。

¥ ដីកា・អនុញ្ញាត・ឱ្យ・ដឹក・នាំ　運搬許可書。

¥ ដីកា・អនុញ្ញាត・ឱ្យ・ដឹក・នាំ・ស្រា　酒運搬許可書。

¥ ដីកា・អនុញ្ញាត・ឱ្យ・ដឹក・នាំ・ស្រូវ　籾運搬許可書。

¥ ដីកា・អនុញ្ញាត・ឱ្យ・នាំ　（タバコなどの）運搬許可書。

¥ ដីកា・អនុញ្ញាត・ឱ្យ・នាំ・ស្រា　酒運搬許可書。

¥ ដីកា・អនុញ្ញាត・ឱ្យ・នាំ・ស្រូវ　籾運搬許可書。

¥ ដីកា・ឱ្យ・ដំណឹង　＝សេចក្ដី・ឱ្យ・ដំណឹង។ 通知書。

ដុត

¥ ដុត・ដោយ・ចិត្ត・បំណង　故意で放火する。

¥ ដុត・បំពក់　（藁などを燃やして小屋を）燻す。

¥ ដុត・ព្រៃ・ឆេះ・ធ្វើ・ចំការ・ឬ៉　焼畑農業をする。

¥ ដុត・ព្រៃ・ធ្វើ・ឬ៉・ដាំ・ស្រូវ　焼畑農業をする。

¥ ដុត・វាលយ・ចោល・ចេញ　焼却する。

ដូស្យៃ (dossier)。一件書類。

ដើម

¥ ដើម・ឆ្នាំ　→រវាង・៦・ខែ・ដើម・ឆ្នាំ　上半期（＝１月〜６月）。

¥ ដើម・លិខិត・សញ្ញា　契約書の原本。

¥ ដើម・ហេតុ　原則。

¥ ដើម・អត្ថ　（三権分立の）原則。

　@មូល・ដើម・អត្ថ　基本原則。

¥ ដើម・អត្ថ・ជា・គោល　根拠となる原則。

¥ ដើម・អត្ថ・ជា・ធម្មតា　一般原則。

¥ ដើម・អត្ថធម្ម៌　（三権分立の）原則。

¥ ដើម・បុស　根幹条項。

¥ ប្រយោជន៍・ដើម・ក្នុង・ប្រទេស・ឥណ្ឌូស៊ីន　インドシナ国全体の利益。

ដើរ　（船、舟、筏が）往来する。

¥ ដើរ・ចែក・សំបុត្រ　郵便を配達する。

¥ ដើរ・ត្រួត　（州内を）視察して歩く。

¥ ដើរ・A・ថ្ងៃ・ទាំង・ទៅ・ទាំង・មក　往復にA日かかる（距離）。

¥ ដើរ・លេខ　（各ページに）番号を打つ。

¥ ដើរ・លេខ・រៀង　（各ページに）通し番号を打つ。

¥ ដើរ・លេខ・រៀង・គ្រប់・ទំព័រ　全てのページに通し番号を打つ。

¥ ដើរ・លេខ・រៀង・គ្រប់・សន្លឹក　全ての枚に通し番号を打つ。

ដេក

¥ ដេក・មើល・ខ្លួន　入院して治療する。

ដេញ

¥ ដេញ・ថយ・ពី・A　競り値の上げ幅がA未満である。

¥ ដេញ・ថ្លៃ・A　輸入品のAが国産品のAの価格に勝つ（＝安い）。

　@ចូល・ដេញ・ថ្លៃ　競売に参加する。

　@ទទួល・ដេញ・ថ្លៃ　→អ្នក・ទទួល・ដេញ・ថ្លៃ　競売への出品者。

¥ ដេញ・ថ្លៃ・គ្នា　→ដាក់・ឱ្យ・A・ដេញ・ថ្លៃ・គ្នា　国民への競売にかける。

¥ ដេញ・ថ្លៃ・ឡើង・ទៅ・លើ　競売で値を上げていく。

¥ ដេញ・នៅ・មុខ・សាធារណជន　公開競売する。

　@ដាក់・ឱ្យ・ដេញ・នៅ・មុខ・សាធារណជន　公開競売にかける。

ដេឡេកាស៊ីយ៉ុង (délégation)

¥ ដេឡេកាស៊ីយ៉ុង・អាជមិនីស្ត្រាទីវ (délégation administrative)　＝ប៉ុស្ដិ៍・រាជការ・រង＝ប៉ុស្ដិ៍・រាជការ＝ប៉ុស្ដិ៍・រាជការ・ដេឡេកាស៊ីយ៉ុង។ 州支庁。

ដេឡេគេ (délégué) ①＝បំរើ・ដំណាង・ទ្បើ・រេស៊ីដង្គ។ 弁務官代行補佐官。②＝បំរើ・រជការ・ប្រតិកត្តរាគ៍។ 保護国政府代行補佐官（としてクメール国法務省に法律顧問がいる）。

¥ ដេឡេគេ・ក្រសួង・ខេមរ・យុត្តិធម្ម クメール政府法務省付き高等弁務官代行補佐官。

¥ ដេឡេគេ・ក្រសួង・យុត្តិធម្ម 法務省付き高等弁務官代行補佐官。

¥ ដេឡេគេ・ឌ្យ・រេស៊ីដង្គ・ស៊ុបេរិយើរ (délégué du résident superieur)＝បំរើ・ជា・ដំណាង・ទ្បើ・រេស៊ីដង្គ・ស៊ុបេរិយើរ។ 高等弁務官代行補佐官。

ដែក
¥ ដែក・រង・រន្ទះ 避雷針。
¥ ធ្វើ・ការ・ដែក 鍛冶屋をする。

ដែន
¥ ដែន・ខ្វាង・ឈៀវ・រ៉ាន 広州湾租借地。
¥ ដែន・ដំបន់・រជការ 行政区画。
¥ ដែន・បាត់・ដំបង バット・ドンボーン地域（＝バット・ドンボーン、シエム・リアプ、シー・ソーポンの3郡の総称）。

ដោយ (名)＝សេរសង់។ 軍曹（保安隊も）。
¥ ដោយ・ចំណែក 例外の（規定）。
　@ រៀប・មុខ・ពន្ធ・ដាក់・ដោយ・ចំណែក 税の分類。
¥ ដោយ・សុចរិត・ពិត・ត្រង់ 善意の（土地管理者）。

ដោះ
¥ ដោះ・សារការ・ពារ・ខ្លួន （告発された官員が）弁明する。

ដំកល់ 権利／権限を与える。
¥ ដំកល់・ទុក・ជា・A A（合法的）とする。（追加額を徴収するのを合法的）とする。
¥ ដំកល់・ទុក・ឱ្យ・ប្រើ・បាន 使用する権利を与える。
¥ ដំកល់・ឱ្យ・ប្រណាំបត្ត្រ・តាម （政令・国王布告に）施行する権利を与える。
¥ ដំកល់・ឱ្យ・មាន・អំណាច 権利を与える。
¥ ដំកល់・ឱ្យ・សំរេច・តាម 予算を執行する権限を与える。

ដំណ
¥ ដំណ・ត (国王布告の) 付表。

ដំណាង
¥ ដំណាង・ជន （弁護士は民事訴訟で依頼人の）代理人（になる）。
¥ ដំណាង・រជការ・ឃុំ 村政府代理人。

ដំណើរ ①（申請の）内容。②案件書類。③理由。
¥ ដំណើរ・ដើម 根本的行為（？）。
¥ ដំណើរ・ដែល・សន្យា 契約の対象行為（売却、譲渡など）。
¥ ដំណើរ・ដែល・ឱ្យ・កាត・គេ・ខ្ចី 人頭税カードを他人に貸す行為。
¥ ដំណើរ・ការ 状況の変化（納税したか否か、など）。
¥ ដំណើរ・ហេតុ 事件。
¥ វយ・ដំណើរ
　@ កំណត់・វយ・ដំណើរ （案件の）処理案書。
　@ សេចក្តី・វយ・ដំណើរ （規定制定の）理由説明書。

ដំណែង (ដំណែង・ប៉ូរ៉ូ が略されて ដំណែង になっていることがある)。(高等弁務官府の) 課。
¥ ដំណែង・កាប៊ីណេត ＝ទី・បាឡាត់・ទួល・ឆ្លង ＝កាប៊ីណេត។ (高等弁務官府の) 官房。
¥ ដំណែង・ក្រម・ប៉ូរ៉ូ ＝ដំណែង・ប៉ូរ៉ូ។ (高等弁務官府の) 課។
¥ ដំណែង・ក្រម・ប៉ូរ៉ូ・ទី・រជការ・រេស៊ីដង្ស៍・ស៊ុបេរិយើរ 高等弁務官府の課。
¥ ដំណែង・ក្រម・រជការ 局内の課。
　@ តាក់・តែង・ក្នុង・ដំណែង・ក្រម・រជការ 局内の課の人事を行う。
¥ ដំណែង・ក្រោម (官吏の) 初級職。
¥ ដំណែង・ចៅ・ក្រម・ក្រម・ព្រះ・នគរបាល・ស៊ើប・ការ・សម្ងាត់ ＝កុម៉្ពុសារីយ៉ាត់・ឌី・ឡា・ស៊ីរតេ／ស៊ីរតេ។ 公安警察署。
¥ ដំណែង・ចៅ・ក្រសួង・ត្រត・ត្រា・លើ・ដំណែង・ប៉ូរ៉ូ・ក្នុង・រជការ・រេស៊ីដង្ស៍・ស៊ុបេរិយើរ (高等弁務官府の) 事務局。
¥ ដំណែង・ជាន់・ខ្ពស់ (官吏の) 上級職。
¥ ដំណែង・ជាន់・ទាប (官吏の) 初級職。
　@ ក្នាក់・ងារ・ដំណែង・ជាន់・ទាប 初級職職員។
¥ ដំណែង・ជាន់・រង (官吏の) 中級職。
¥ ដំណែង・ដេឡេកាស៊ុយ៉ុង・ក្រសួង・យុត្តិធម្ម ＝ដំណែង・ដេឡេគេ・បំរើ・រេស៊ីដង្ស៍・ស៊ុបេរិយើរ・អម・សេនាបតី・ក្រសួង・យុត្តិធម្ម។ 法務省付き高等弁務官代行補佐官事務室។

¥ដំណែង·ដេទ្យេតេ·បំពេ·រេស៊ីដង្ស·ស៊ុបេរិយេរ·អម·សេនាបតី·ក្រសួង·យុត្តិធម៌
　　=ដំណែង·ដេទ្យេកាស៊ុយ៉ង·ក្រសួង·យុត្តិធម៌។

¥ដំណែង·ដំណ　（弁務官は高等弁務官の）仲介代理人（になる）。

¥ដំណែង·ឱីរេកស្យុង·ដេ·ប្យូរ៉ូ　（高等弁務官府の）事務局。

¥ដំណែង·ប្យូរ៉ូ　①（高等弁務官府の）課／部局。②内勤職官員。

¥ដំណែង·រាជការ　①（国宝布告の写しの配布が必要な）政府部局。②局の事務所。

¥ដំណែង·រាជការ·ក្រុម·នេះ　この局の事務所。

¥ដំណែង·រាជការ·គយ·អេ៊ី　関税・消費税。使用料局事務所。

¥ដំណែង·រាជការ·ដើម　船舶統計課本部。

¥ដំណែង·រាជការ·ស្រង់·ចំនួន　（貨物の）船舶統計課。

¥ដំណែង·អ្នក·រាជការ　官員の職。

ដំបន់　①=អារុងឱិសសើម៉ង្ត។（公共土木事業局の）管区（=2つある）。②（プノンペン市の）警察管区。

¥ដំបន់·កណ្តាល　森林局中央管区（管区長はプノンペンにいる）。

¥ដំបន់·ចាញ់　マラリア汚染地区。

¥ដំបន់·ចាញ់·ជម្ងឺ·នេះ：　この病気（=マラリア）の汚染地区。

¥ដំបន់·ចុង·បូរេប្រទេស　=អេក្យេក្រម-អូរីអង្គ។極東地域。

¥ដំបន់·ទន្លេ·មេ·កុង　森林局メコン川管区（管区長はコンポン・チナンにいる）。

¥ដំបន់·ទន្លេ·សាប　森林局トンレー・サープ川管区（管区長はコンポン・チナンにいる）。

¥ដំបន់·បោះ·ឆ្នោត　選挙区。

¥ដំបន់·ពេទ្យ·សត្វ　（獣医局の全国をいくつかにわけた）獣医局管区。

¥ដំបន់·ព្រៃ　（森林局が全国を3つに分けた）森林局管区。

　@មេ·ដំបន់·ព្រៃ　森林局管区長（=主任警備官がなる）。

¥ដំបន់·មេ·កុង　森林局メコン川管区（管区長はコンポン・チャムにいる）。

¥ដំបន់·រាជការ　行政区画。

　@ដែន·ដំបន់·រាជការ　行政区画。

¥ដំបន់·រាជការ·រួម·ខេត្រ　州。

¥ចាងហ្វាង·ដំបន់　（公共土木事業局の）管区長。

ដំបូន
¥ដំបូន·ទូន្មាន　注意する。アドバイスする。

ដំរ
¥ដំរ·លេខ　（授業科目）数学。

ដំរី
¥ដំរី·កាច·ចុះ·ប្រេង　油を流している凶暴なゾウ。

¥ដំរី·កូន·ស្រុក　既に飼育中のゾウから生まれたゾウ。

ដំទ្យេ
¥ដំទ្យេ·ក្តី　（民事訴訟の対象の）訴訟金額。

¥ដំទ្យេ·ឈ្នួល·ផ្ទះ　（住居、店舗、工場などの）賃借料。

ដាំ
¥ដាំ·កូន·ឈើ　植林する。

ឱិកទារ、ឱិរិចទារ、ឱិរេកទារ (directeur)
¥ឱិកទារ·ដេ·ប្យូរ៉ូ·ឌី·ឡា·រេស៊ីដង្ស·ស៊ុបេរិយេរ (directeur des bureaux de residence supérieur) 高等弁務官府事務局長。

¥ឱិកទារ·ដេ·ហ្វ៊ីណង្ស (directeur des finances)」=ចៅ·ក្រសួង·ឃ្លាំង·ប្រាក់។財務総局長。

¥ឱិកទារ·ឡូកាបេ·ឌី·ឡា·សងតេ (directeur local de la santé) 衛生監（各国医務局長の官職）。

ឱីរេកស្យុង (direction) 局。
¥ដំណែង·ឱីរេកស្យុង·ដេ·ប្យូរ៉ូ (direction des bureaux) 高等弁務官府事務局。

¥ឱីរេកស្យុង·ដេ·ហ្វ៊ីណង្ស (direction des finances) =ក្រុម·ចៅ·ក្រសួង·រាជការ·ប្រាក់។主計課。

ណូតែរ (notaire) =ស្យេន·អាជ្ញា។公証人。

ណូត (note) 勤務評点（=大臣、裁判所長、郡長が部下に対して作成する）。

¥សារការ·ណូត　=សារការ·ណូត·រាជការ។勤務評点記録書。

¥សារការ·ណូត·រាជការ　=សារការ·ណូត។勤務評点記録書。

ត
¥ត·វាំ
　@ប្តឹង·ត·វាំ　異議を申し立てる。

@សេចក្ដី･ត･វ៉ា 異議申し立ての内容。
￥ត･វ៉ា･ដណ្ដើម･យក 抗議して自分の物にする。自分の物であると主張する。
￥ត･វ៉ា･ប្រកាន់ 異議を申し立てる。
￥ត･វ៉ា･មាត់･ទទេ 口頭で異議を申し立てる。
￥ត･សេចក្ដី 告訴事実に対して否認する。

តាក់
￥តាក់･តែង･ក្នុង･ដំណេង･ក្រម･រាជការ 局内の人事を行う。
￥តាក់･តែង･ដី･ដោយ･មាន･ថ្លៃ 有償で土地を譲渡する。
￥តាក់･តែង･ដី･ដោយ･ឥត･ថ្លៃ 無償で土地を譲渡する。
￥តាក់･តែង･ធ្វើ･កាត･សំគាល់･សត្វ 役畜証明書を作成する。
￥តាក់･តែង･រៀប･ចំ･ទី･ព្រៃ･ចែក･ជា･ច្រើន･អន្លើ 森林を小区画に分割する。
￥តាក់･តែង･លក់ 売却する。
￥តាក់･តែង･ឲ្យ･ដេញ･ថ្លៃ 競売を行う。
￥តាក់･តែង･ឲ្យ･ដេញ･នៅ･មុខ･សាធារណៈ 公開競売をする。
￥តាក់･តែង･ឲ្យ･ទទេ･ឥត･យក･ថ្លៃ 無償で譲渡する。

តាម
￥តាម･ជូន 随行して案内する。
￥តាម･មុន･តាម･ក្រោយ 前後の順を乱さずに順々に（記入する）。

តារាង (帳簿のページの) 欄。
￥តារាង･ទី･មួយ ①（予算書の）収入の部。②（帳簿のページの）第1欄。
￥តារាង･រៀប･ឈើ･ទុក･ដោយ･ពួក 保護樹リスト。
￥តារាង･ស្រង់･ចំនួន 金額調査簿。
￥តារាង･ឲ្យ･ឡើង･យសសក្ដិ 昇任リスト。

តិច
￥តិច･ជាង･A A未満。

តុងដុក ①アンナン国の省長。②トンキン国の州知事。

តុលាការ ①裁判所。②司法（権。部）。
￥តុលាការ･កង･ទ័ព･បារាំងសែស =កុប្បីយ･ដី･តែរ។ フランス軍法会議。
￥តុលាការ･កុង･កង･ទ័ព =តុលាការ･កង･ទ័ព។ 軍法会議。
￥តុលាការ･ខ្មែរ クメール裁判所。
￥តុលាការ･ជំរះ･បញ្ញី =គូរ･ដេ･កុង្គ។
￥តុលាការ･ថ្នាក់･ទំរប់･ពីរ 第2審裁判所。
￥តុលាការ･ទព =តុលាការ･កង･ទ័ព។
￥តុលាការ･បទ･មជ្ឈឹម 中級罪犯罪裁判所。
￥តុលាការ･បទ･លហុ 軽罪犯罪裁判所。
￥តុលាការ･បទ･ឧក្រិដ្ឋ 重罪犯罪裁判所。
￥តុលាការ･បារាំងសែស フランス裁判所。
￥តុលាការ･ផ្លូវ･រាជការ =តុលាការ･រដ្ឋបាល =(សាលា)·ទ្រីប៊ុយណាល់·ឌុយ·កុងតង់ស្យើរ·អាដមីនីសត្រាទីហ្វ។ 行政訴訟裁判所。
￥តុលាការ･ផ្សះ･ផ្សារ （民事訴訟の）調停裁判所（=「村」で行う）。
￥តុលាការ･រដ្ឋបាល ①行政裁判。②=តុលាការ･ផ្លូវ･រាជការ=(សាលា)·ទ្រីប៊ុយណាល់·ឌុយ·កុងតង់ស្យើរ·អាដមីនីសត្រាទីហ្វ។ 行政訴訟裁判所。
￥តុលាការ･រដ្ឋបាល･ជាន់･ខ្ពស់=កុប្បីយ･ដេតាត់។ 高等行政訴訟裁判所。国務院。
￥តុលាការ･រដ្ឋបាល·ស្រុក·កូសាំងស៊ីន−ក្រុង·កម្ពុជា =កុប្បីយ･ឌុយ·កុងតង់ស៊េរ·អាដមីនីសត្រាទីហ្វ·ស្រុក·កូសាំងស៊ីន−ក្រុង·កម្ពុជា។ コーチシナ国−カンボジア国行政訴訟裁判所。
￥តុលាការ･សាលា･ខែត្រ 郡裁判所。
￥តុលាការ･សាលា･ជំបួង·ខែត្រ 郡地方裁判所。
￥តុលាការ･អត្ថារវត្តិ 民事裁判所。
￥តុលាការ･អត្ថារវត្តិ·និង·វាណិជ្ជតតិ។ 民事商事裁判所。
￥តុលាការ･អាជ្ញាតតិ 刑事裁判所。
￥ក្រម·តុលាការ 司法部（官吏）。

គូរ、ទូរ
￥គូរ･ប្រយោគ 試験科目。
￥គូរ･ប្រយោគ·ដែល·ត្រូវ·ឲ្យ·ឆ្លើយ·ដោយ·នៅ·សរសេរ 筆記試験科目。
￥គូរ·ប្រយោគ·ដែល·ត្រូវ·ឲ្យ·ឆ្លើយ·ដោយ·មាត់·ទទេ 口述試験科目。
￥គូរ·ប្រយោគ·ប្រឡង·ចំណេះ 知識試験の試験科目。

តែង （予算を）作る。
￥តែង·កន្លែង·នេសាទ 漁区使用独占権を売る。

¥តេង・ថ្លៃ・កុងស៊ី・បញ្ចាំ 公営質屋使用（＝営業）独占権を売る。

¥តេង・បញ្ជាក់・សេចក្ដី （公証人が）作成し内容を証明する。

¥តេង・ផ្សារ 市場使用独占権を売る。

¥តេង・ព្រែក・បឹង・កន្លែង・បឹង 漁区使用独占権を売る。

¥តេង・មុខ・កំពង់・ចម្លង 渡し場使用独占権を売る。

¥តេង・មុខ・នេសាទ （政府が）漁区使用独占権を売る。

¥តេង・មុខ・បេះ・ផ្លែ・ឈើ 樹木果実収穫独占権を売る。

¥តេង・សំបុត្រ 文書を作成する。

¥តេង・អចលនវត្ថុ・យក・ឈ្នួល 不動産使用独占権を売る。

¥តេង・អំណាច・មុខ・ការ・នេសាទ ＝តេង・កន្លែង・នេសាទ。漁区使用独占権を売る。

¥តេង・ឲ្យ・ដេញ・ថ្លៃ 競売を行う。

¥តេង・ឲ្យ・ដេញ・ថ្លៃ・ដី 土地の競売を行う。

¥តេង・ឲ្យ・ទារ・ថ្លៃ・ជាស៊ី・ទី・ផ្សារ 市場使用独占権を売る。

តែមប្រ៉ៃ、តែម。តែមប្រ៉ៃ 印紙。

¥តែមប្រ៉ៃ・ដី・ឱម៉ងសៀង ＝តែមប្រ៉ៃ・ពន្ធ・តាម・ទំហំ・ក្រដាស。

¥តែមប្រ៉ៃ・បិទ 貼付印紙。

¥តែមប្រ៉ៃ・ប្រថាប់・ត្រា 押印証明印紙。

¥តែម・ពន្ធ 印紙。

¥តែមប្រ៉ៃ・ពន្ធ ＝តែមប្រ៉ៃ。印紙。

¥តែមប្រ៉ៃ・ពន្ធ・តាម・ទំហំ・ក្រដាស ＝តែមប្រ៉ៃ・ដី・ឱម៉ងសៀង。文書用紙のサイズによる印紙。

តាំង

¥តាំង・ជា・តុលាការ・សាលា・ដំបូង・ខែត្រ （郡長は）郡地方裁判所を構成する。

¥តាំង・បង្កើត （常任委員会を）設立する。

¥តាំង・មាន （保護国政府を）設置する。

¥តាំង・រក・ស៊ី 定住生活をする。

¥តាំង・របស់・របរ・និង・ផល・ប្រឡង・គ្នា 工業製品と農産物の品評会。

¥តាំង・រាជការ （植民地に）政府を置く。

¥តាំង・លក់・ជាវ （土地を）売却する。

@របៀប・តាំង・លក់・ជាវ 売却方法。

¥តាំង・អំណាច・ជា・ម្ចាស់・ដី 土地の所有権を設定する。

តុះ:

¥តុះ・តេះ・រៀល 注意（＝王族に対する７段階ある処罰の最も軽い罰）。

ត្រង

¥ត្រង・លាមក し尿を汲み取る。

ត្រា

¥ត្រា・ចង (t. ตราจอง) 土地占有許可証（バット・ドンボーン地域で。水田とは限らない）。

¥ត្រា・ជា・ចំណាំ・បើក・ឲ្យ・លក់ 販売許可認印。

¥ត្រា・តែម 印紙印。

¥ត្រា・តែម・ប្រថាប់・រាល់・ឆ្នាំ 毎年押印する印紙印。

¥ត្រា・តែម・សំគាល់・ឆ្នាំ （納入）年を証明する印紙印。

¥ត្រា・តាំង 任命書。

@ចេញ・ត្រា・តាំង 任命書を出す。

¥ត្រា・ប្រណី・ទោស 情状酌量をする。

¥ត្រា・ស្លាក （材材の）刻印。

ត្រាវ៉ៃ

¥ត្រាវ៉ៃ・ពុព្លិក (travaux publics) ＝ក្រុម・សាធារណការ＝ក្រុម・រាជការ・សាធារណការ。公共土木事業局。

ត្រឹម

¥ត្រឹម・20・រៀល・ចុះ・មក 20リエル以下（20は含まれる）。

ត្រូវ

¥ត្រូវ・ការ →អស់・មាន・ត្រូវ・ការ 不要になる。

¥ត្រូវ・ចោទ ①訴えられる。②起訴される。

¥ត្រូវ・ឡើង・រាជការ・បារាំងសេស （フランス政府に）属する（部局）。

ត្រួត

¥ត្រួត・ខ្សែ・លួស →អ្នក・ត្រួត・ខ្សែ・លួស 電線検査員。

¥ត្រួត・ត្រា・ឃ្លាំ・ល្បាត 監督し監視する。

¥ត្រួត・ត្រា・ដើរ・ល្បាត →អ្នក・ត្រួត・ត្រា・ដើរ・ល្បាត 巡視監督員。

¥ត្រួត・ត្រា・ថែ・រក្សា （電線を）管理し保守する。

¥ត្រួត・ត្រា・ពិនិត្យ （選挙人名簿中に名前があるかを）チェックする。

¥ត្រួត・បង្ការ・រោគ・សត្វពាហនៈ 役畜衛生

管理。

ក្រឹង
¥ភូមិ・ក្រឹង （地区全体がハンセン病療養園）。

ក្រសួរីយេរ (trésorier)
¥ក្រសួរីយេរ・ប៉ាទីតុលីយេរ (trésorier particulier) ①財務監（＝インドシナ国内の各国財務局長の官職）。②（転じて）各国財務局長。

¥ក្រសួរីយេរ・យេណេរ៉ាល់ (trésorier général) ①財務総監（＝インドシナ国財務総局長の官職）。②（転じて）インドシナ国財務総局長。

ក្រសួរី៉ (trésorerie)
¥ក្រសួរី៉・យេណេរ៉ាល់ ＝ក្រុម・រាជការ・ឡ្មាំង・ប្រាក់・ដើម។ 財務総局。

ក្រៅ
郵政局の補助官員。（郡庁に勤務する者で、郵便局から郵便物を預かり、出勤路の途中に家があるその郵便物の受取人に配達する。また郵便物を預かって郵便局に届ける。ក្រៅ とも記されている）。

ចត
¥ចត・ត្ប ឋ脱退する。抜け出して独立する。

ថែ
¥ថែ・គ្រឿង・ចក្រ・រថ・ឡ្បាន 自動車のエンジンの保守をする。

¥ថែ・រក្សា （押収品を）保管する。

¥ថែ・រក្សា・កង・ទ័ព 軍を維持する。
@ប្រាក់・ចំណាយ・ថែ・រក្សា・កង・ទ័ព （予算で）軍の維持費。

¥ថែ・រក្សា・ឱ្យ・គង់・ឈ្ល （遺跡を）保存する。

ថ្នាក់
¥ថ្នាក់・កណ្តាល ①(cours moyen の翻訳) 中級（＝修学年限5年の上から2番目）。

¥ថ្នាក់・ខ្ពស់ 上級（＝修学年限5年の最上級）。

¥ថ្នាក់・ឆ្នាំ・ទី・មួយ 第1学年（＝中学1年）。

¥ថ្នាក់・ដើម・ដំបូង →៥・ថ្នាក់・ដើម・ដំបូង (税簿の) 上位の5ヶ等級。

¥ថ្នាក់・យស・សក្តិ 官職と等級。

¥ថ្នាក់・រៀន・បំរុង・ចំណោះ (cours préparatoire) 準備級（＝修学年限5年の下から2番目）。

¥ថ្នាក់・សិក្សា・ចំណោះ・ទំនង・ដើម (cours élémentaire) 初級（＝修学年限5年の下から3番目）。

¥ថ្នាក់・សំរាប់・ក្មេង (cours enfantaine) 幼児級（修学年限5年の最下級）。

ថ្ម
¥ថ្ម・ក្បៀង 宝石。

¥ថ្ម・រីង 石灰岩（？）。

ថ្លៃ
¥ថ្លៃ・កុងស៊ី・បញ្ចាំ 公営質屋の料金。

¥ថ្លៃ・គយ ①関税。②関税額。③関税金。
@កំណត់・ថ្លៃ・ជា・ឱភាស 一般関税額。

¥ថ្លៃ・គយ・នាំ・ចេញ 輸出関税。

¥ថ្លៃ・ឃាត់・ឃុំ・សត្វ 動物保護料。

¥ថ្លៃ・ឃាត់・ឃ្លាំង・សត្វ・៣ហាណះ・ក្នុង・រោង・ឃាំង・សត្វ・របើស・របស់・ឃុំ 村の拾得動物保護所へに保護料。

¥ថ្លៃ・ឃាំង・សត្វ・របើស・និង・របស់・របើស 拾得動物の拾得物保管所への保護料。

¥ថ្លៃ・ចត・ទូក・នៅ・កំពង់ 港の繋舟料。

¥ថ្លៃ・ចុះ・បញ្ជី ①登記料。②登録料。
@ពន្ធ・ថ្លៃ・ចុះ・បញ្ជី （アジア人外国人）登録料税。

¥ថ្លៃ・ចុះ・បញ្ជី・ខូន 外国人登録料。

¥ថ្លៃ・ចុះ・បញ្ជី・ប្រផាប់・ត្រា 登記料。

¥ថ្លៃ・ចុះ・បញ្ជី・ពួក・អាស៊ីអាទិក・តាង・ប្រទេស アジア人外国人登録料。
@ពន្ធ・ថ្លៃ・ចុះ・បញ្ជី・ពួក・អាស៊ីអាទិក・តាង・ប្រទេស アジア人外国人登録料税。

¥ថ្លៃ・ចុះ・បញ្ជី・សត្វ・ដំរី ゾウ登録料。

¥ថ្លៃ・ចេញ・សំណៅ・សំបុត្រ・បញ្ជី・ជាតិ 出生簿謄本発給料。

¥ថ្លៃ・ច្បាប់・កាន់・កាំ・ភ្លើង 銃所時許可書料金

¥ថ្លៃ・ជា・រីកុំម៉ង់ដាស្យូង 書留料金。

¥ថ្លៃ・ឈ្នួល 賃金・賃貸料。
@កំណត់・ថ្លៃ・ឈ្នួល 賃金・賃貸料の規定額。

¥ថ្លៃ・ឈ្នួល・យ៉ាង・កណ្តាល （過去3年間の）平均賃金賃貸料額。

¥ថ្លៃ・ដាក់・រីកុំម៉ង់ដាស្យូង （郵便局の）書留料金。

¥ថ្លៃ・ដឹក・នាំ・ថ្នាំ・ជក់ タバコ運搬税。

¥ថ្លៃ・ដើម 競売のスタート価格。競売最低価格。

¥ថ្លៃ・ដែល・កាត់・ឱ្យ・ត・ដេញ・ថ្លើង 競売最低価格。競売スタート価格。

¥ថ្លៃ・ដែល・ឃាត់・ឃុំ・សត្វ 動物の保護料。

¥ថ្លៃ・ដែល・ដាក់・ឱ្យ・ដេញ・ថ្លើង 競売最低価格。

¥ថ្លៃ・ដែល・ត្រូវ・កាត់・ដាក់・ឱ្យ・ដេញ・(ថ្លៃ)

競売最低価格。

¥ថ្លៃ・ដែល・ត្រូវ・លក់ （競売の）見積もり価格（?）。

¥ថ្លៃ・ដែល・ហុត・ពី・លក់・ដំរី ゾウ売却税。

¥ថ្លៃ・តែង 使用独占権売却代金。

@អាករ・ថ្លៃ・តែង （予算で）使用独占権売却代金収入。

¥ថ្លៃ・តែង・កន្លែង・នេសាទ 漁区使用独占権売却料金。

¥ថ្លៃ・តែម・ប្រថាប់・ត្រា 押印証明印紙税額。

¥ថ្លៃ・តែម・ពន្ធ ①印紙税額。②印紙税金。

¥ថ្លៃ・តាំង・ទី・កន្លែង・នៅ・ផ្លូវ・ថ្នា 道路使用料（屋台など）。

¥ថ្លៃ・ត្រួត・ត្រា ＝ថ្លៃ・យេី។ 消費税・使用料。

¥ថ្លៃ・ទឹក・និង・ភ្លើង 水道・電気料税（＝市の収入）。

¥ថ្លៃ・នឹង・កំណត់ ①（営業税などの）定額税額（≠割り額）。②（徴税の）定額手数料。（登記料の）定額料金。

@ថ្លៃ・មិន・នឹង・កំណត់ 割り額税額(≠定額)。

¥ថ្លៃ・នាំ （タバコなどの）運搬税。

¥ថ្លៃ・នាំ・ថ្នាំ・ជក់ タバコ運搬税。

¥ថ្លៃ・នាំ・ស្រូវ・អង្ករ・ចេញ 籾・米輸出税。

¥ថ្លៃ・បន្ថែីន （登記料金の。営業税の）割額税額。

¥ថ្លៃ・បន្ថែម 追加額（＝追加税額）。

¥ថ្លៃ・ប្រថាប់・ត្រា・លើ・លិខិត 文書の押印証明料。

¥ថ្លៃ・ប្រើ・ឈើ・គូស マッチ消費税。

¥ថ្លៃ・ប្រើ・ប្រេង・ដែល・កើត・ក្នុង・ដី 石油消費税。

¥ថ្លៃ・ប្រើ・ម្សៅ 火薬消費税。

¥ថ្លៃ・ផាសុី・ទី・ផ្សា 市場使用独占権売却料金。

¥ថ្លៃ・ផែ・ស្ពាន・កប៉ាល់ 浮き桟橋設置料。

¥ថ្លៃ・ពន្ធ・ឧុង・ព្រៃ 森林利用税。

¥ថ្លៃ・ពិឃាត・ជ្រូក ブタ屠殺料（＝屠殺場使用料金）。

¥ថ្លៃ・ពិនិត្យ・ច្បាប់ （武器所持）許可書検査料。

¥ថ្លៃ・ពិនិត្យ・ត្រួត・ជញ្ជីង・និង・រង្វាស់・រង្វាល់ 度量衡器検査料。

@ប្រាក់・ថ្លៃ・ពិនិត្យ・ត្រួត・ជញ្ជីង・និង・រង្វាស់・រង្វាល់ 度量衡器検査料金。

¥ថ្លៃ・ភ្លើង・បំភ្លឺ・ទី・ក្រុង 市内照明電気料金。

¥ថ្លៃ・មិន・នឹង・កំណត់ 割額。

¥ថ្លៃ・រីកុំម៉ង់ដាស្យៀង 書留料。

¥ថ្លៃ・យេី ＝ថ្លៃ・ត្រួត・ត្រា។（タバコや酒の）消費税・使用料。

¥ថ្លៃ・លក់・អាភៀន アヘン販売税（実際は消費税）。

¥ថ្លៃ・លក់・អំបិល 塩販売税（実際は消費税）。

¥ថ្លៃ・លើក・លាមក し尿汲み取り費。

¥ថ្លៃ・លោះ・ការ 労働免除料。

¥ថ្លៃ・លោះ・ការ・កំណែន・ឃុំ 村の徴用免除料。

¥ថ្លៃ・លោះ・ការ・យាម・ល្បាត 警備巡視免除料。

¥ថ្លៃ・ហុត・គយ 関税。

¥ថ្លៃ・ហុត・គយ・ពី・ថ្នាំ・ជក់ タバコ関税。

¥ថ្លៃ・ហុត・ពន្ធ・ស្រា 酒税。

¥ថ្លៃ・ហុត・ពី・លក់・ដំរី ゾウ売却税。

¥ថ្លៃ・ហុត・ពី・ស្រូវ・អង្ករ・នាំ・ចេញ・ក្រៅ・ប្រទេស 籾・米輸出税。

¥ថ្លៃ・ឲ្យ・លោះ・ការ 労働免除料。

¥មាន・ថ្លៃ 有償で（土地を譲渡）。

¥ឥត・ថ្លៃ 無償で（土地を譲渡）。

ទណ្ឌកម្ម

¥ទណ្ឌកម្ម・ជា・ផ្លូវ・រាជការ 行政処分。

@ធ្វើ・ទណ្ឌកម្ម・ជា・ផ្លូវ・រាជការ 行政処分をする。

¥ទណ្ឌកម្ម・ជា・រាជការ 行政処分。

@ធ្វើ・ទណ្ឌកម្ម・ជា・រាជការ 行政処分をする。

¥ទណ្ឌកម្ម・ផ្សេង 特別な処罰。

ទទួល

¥ទទួល・ដាក់・ឃ្លាំង 財務局に納付するのを受け受ける。

¥ទទួល・ដំណ・ជូន →A・ចាំ・តាម・ទទួល・ដំណ・ជូន・B　Aを仲介してBに提出する。

¥ទទួល・ទាស់ 落ち度がある。

¥ទទួល・សង・A　Aに弁償する。

ទំព

¥ទំព・ជាតិ・ស្រុក・អាយ ＝ទីរ្យៀវីរ・ពិជ័យសង្គ្រាម។ 現地国人軍。

ទាយ

¥ទាយ・ដំថ្លៃ・ដំរី ゾウの価格を推定する。

ទារ

　¥ទារ・ទាយ・ថ្លៃ・ពន្ធ　税額を査定徴収する。
　¥ទារ・ប្រាក់・ពន្ធ　税金を徴収する。
　¥ទារ・ហុត　（料金を）徴収する。

ទាស់

　¥ទាស់・ខុស　→សេចក្ដី・ទាស់・ខុស　障害。
　¥ទាស់・ត・វ៉ា　異議を申し立てる。
　¥កើត・ទាស់・ដល់・សាធារណជន　公衆に支障をが生じる。

ទាហាន　隊員（保安隊の）。

　¥ទាហាន・ក្រម・រក្សា・ស្រុក　保安隊員（保安隊は軍ではないが）。
　¥ទាហាន・ជាតិ・ស្រុក・អាយ　＝ទាហាន・ក្រម・ពិជ័យសង្គ្រាម。現地国人兵士。
　¥ទាហាន・រត់・ចោល・រាជការ　（軍の）脱走兵。（保安隊の）脱走隊員。

ទី

　¥ទី・កន្លែង　現場（に行って作物を検査する）。
　¥ទី・កន្លែង・ខ្លួន　自宅。
　¥ទី・កន្លែង・ដែល・ធ្វើ・ការ　事業現場。
　¥ទី・កន្លែង・នេសាទ・ត្រី　漁場。
　¥ទី・កន្លែង・ពិនិត្យ・វាស់　計測検査場。
　¥ទី・កន្លែង・វាស់・ទាយ・ចំណុះ　計測積載量推定所。
　¥ទី・កុងសីរយ៉ែរ・អេស៊ុដនរ　州諮問会議委員職（に欠員が出る）。
　¥ទី・ក្រុង・ភូមិ・ធំ　＝ទី・ក្រុង・ទី・ប្រជុំ・ជន។市街地区（＝ទី・ប្រជុំ・ជន）中の一部である「市」。
　¥ទី・ក្រុង・ទី・ប្រជុំ・ជន　＝ទី・ក្រុង・ភូមិ・ធំ។市街地区（＝ទី・ប្រជុំ・ជន）中の一部である「市」。
　¥ទី・ក្រុង・ភ្នំ・ពេញ　プノンペン市の市部（ក្រុង・ភ្នំ・ពេញ「プノンペン市」は市部周辺の農村地帯を含む）。
　¥ទី・ក្រុង・រាជការ・ស្រុក・ឡាវ　ラオス国首都。
　¥ទី・ក្រុម・ប្រឹក្សា　諮問会議の会議場。
　¥ទី・ក្រុម・មឿង　市（ទី・ប្រជុំ・ជន「市街地区」中の一部）。
　¥ទី・ក្រុម・មឿង・ប្រជុំ・ជន　市街地区（＝ទី・ប្រជុំ・ជន）中の一部である「市（＝ទី・ក្រុម・មឿង）」。
　¥ទី・ឃាំង・សត្វ・របើស　拾得動物保護所。
　¥ទី・ដី・ទំនេរ・ឥត・ម្ចាស់　所有者のない未利用地。
　¥ទី・ដី・ផ្ទះ៖　家の敷地。
　¥ទី・ដែល・ចាក・មក　出発地。
　¥ទី・ដំណែង・ក្រុម・រាជការ　政府部局の庁舎。
　¥ទី・ដំណែង・រាជការ　（地方の）（政府部局の）事務所。
　　@ផ្ទះ៖・ទី・ដំណែង・រាជការ　（地方の）（政府部局の）事務所庁舎。
　¥ទី・ធ្វើ・ការ　事業現場。
　¥ទី・នេសាទ　漁区。
　¥ទី・បាទ្យាត់・ទូល・ឆ្លង　＝（ដំណែង）・កាប៊ីណេត់។高等弁務官府官房。
　¥ទី・ប៉ុស្ដិ៍・ខែ្យ・លួស・ឥត・ខ្សែ　＝ទី・ប៉ុស្ដិ៍・វាយុរលេខ។無線電信局。
　¥ទី・ប៉ុស្ដិ៍・រាជការ　州支庁。
　　@មេ・ទី・ប៉ុស្ដិ៍・រាជការ　州支庁長。
　¥ទី・ប៉ុស្ដិ៍・វាយុរលេខ　＝ទី・ប៉ុស្ដិ៍・ខែ្យ・លួស・ឥត・ខ្សែ។無線電信局。
　¥ទី・ប៉ុស្ដិ៍・សម្រាប់・បោះ・ឆ្នោត　投票所。
　¥ទី・ប៊្យូរ៉ូ・ប៉ុស្ដិ៍・ខែ្យ・លួស・ក្នុង・ស្រុក・ស្រែ　農村郵便局。
　¥ទី・ប៊្យូរ៉ូ・លក់・អាភៀន　アヘン販売事務所。
　¥ទី・ប៊្យូរ៉ូ・សំរាប់・បោះ・ឆ្នោត　投票所。
　¥ទី・បំរុង・រាជការ　見習職。
　¥ទី・ប្រជុំ・ខេត្រ　郡都。
　¥ទី・ប្រជុំ・ឃុំ　村都。
　¥ទី・ប្រជុំ・ជន　市街地区（ឃុំの一部地域がこれに指定される）。
　¥ទី・ប្រជុំ・ជន・ដែល・តាំង・រាជការ・រូម・ខេត្រ　州政府所在市街地区。
　¥ទី・ប្រជុំ・ជន・ដែល・មាន・អ្នក・ស្រុក・ច្រើន　住民の多い市街地区（バット・ドンボーン、コンポン・チャムなど）。
　¥ទី・ប្រជុំ・ជន・ធំ・ៗ　大きい市街地区。
　¥ទី・ប្រជុំ・រាជការ・គ្រប់・គ្រង・ផែន・ដី・ខ្មែរ　クメール国政府所在地。
　¥ទី・ប្រជុំ・រូម・ខេត្រ　州都。
　¥ទី・ពិឃាដ・សត្វ　屠殺場。
　¥ទី・ពិនិត្យ・វាស់　（材木の）計測検査場。
　¥ទី・ពិនិត្យ・ជម្ងឺ・ឥត・យក・ថ្លៃ　無料診療所。
　¥ទី・ពួក・ក្រុម・ប្រឹក្សា　諮問会議委員職。
　　@ទំនេរ・ទី・ពួក・ក្រុម・ប្រឹក្សា　諮問会議委員職の欠員。

¥ទី・ព្រៃ　森林地。

　¥ទី・ភ្នាក់・ងារ・ក្រុម・កង・ក្រវែល　警察官職。

　¥ទី・មេ・យួន　ベトナム人長職。

　¥ទី・រក្សា・(សម្រាប់)・ជម្ងឺ・ឃ្លង់　ハンセン病療養園。

　¥ទី・រាជការ・កង・ក្រវែល　＝កុំមីសារីអាត・ដឺ・ប៉ូលីស (commissariat de police)。警察署。

　¥ទី・រាជការ・ក្រុម・មឿង　＝រាជការ・រេស៊ីដង្ស・ម៉ែរ＝រេស៊ីដង្ស៍ម៉ែរ。市庁。

　¥ទី・រាជការ・ក្រុម・មឿង・ក្រុង・ភ្នំ・ពេញ　＝រេស៊ីដង្ស・ម៉ែរ。プノンペン市庁。

　¥ទី・រាជការ・គយ　①税関。②関税管理料税事務所。

　¥ទី・រាជការ・ចុះ・បញ្ជី・ទូក　舟登録所。

　¥ទី・រាជការ・ចុះ・បញ្ជី・ប្រថាប់・ត្រា　登記所。

　¥ទី・រាជការ・ដើម　(地方局に対して) 中央局。本局。中央（郵便）局。

　¥ទី・រាជការ・ដេលេកាស្យង　州庁の出先事務所。

　¥ទី・រាជការ・ផ្ទំ　(この局の) 本局 (はプノンペンにある)。(入管支局のプノンペンにある) 本局。

　¥ទី・រាជការ・ប៉ុស្តិ៍　郵便局。

　¥ទី・រាជការ・ប៉ុស្ត៍・ខែរ・លួស　郵便局。

　¥ទី・រាជការ・ប៉ុស្តិ៍・ដើម　(プノンペンの) 中央郵便局。

　¥ទី・រាជការ・ប៉ុស្តិ៍・ធម្មតា　普通郵便局（各州に１つある）。

　¥ទី・រាជការ・ប៉ុស្តិ៍・និង・ខែរ・លួស　郵便局。

　¥ទី・រាជការ・ប៉ុស្តិ៍・និង・ខែរ・លួស・ដើម　中央郵便局。

　¥ទី・រាជការ・ប៉ុស្តិ៍・បន្ទាប់　補助郵便局（市街地区にある）。

　¥ទី・រាជការ・ប៉ុស្តិ៍・ស្រុក・ស្រែ　農村郵便局 (少ない)。

　¥ទី・រាជការ・ពេទ្យ・សត្វ　獣医局事務所。

　¥ទី・រាជការ・ព្រៃ・ឈើ　森林局事務所（森林局管区の下部組織）。

　¥ទី・រាជការ・រង・ក្រុម・រាជការ・ត្រួត・ត្រា・ជាតិ・តាង・ប្រទេស　外国人入国管理局支局 (kaep にある)。

　¥ទី・រាជការ・រដ្ឋបាល　行政機関の事務所。

　¥ទី・រាជការ・រូម・ខេត្រ　州庁。

　¥ទី・រាជការ・រេសីវ័រ・ដឺ・ឡងរីយ៍ស្យត្រឹម៉ង (receveur de l'enregistrement) 登記所。

　¥ទី・រាជការ・រេស៊ីដង្ស・ស៊ុបេរីយេរ　高等弁務官府。

　¥ទី・រាជការ・រេស៊ីដង្ស・ម៉ែរ　（プノンペン) 市庁。

　¥ទី・រាជការ・រេស៊ីដង្ស・រូម・ខេត្រ　州庁。

　＠ប៉ុស្ដ៍・រង・ទី・រាជការ・រេស៊ីដង្ស・រូម・ខេត្រ　州支庁

　¥ទី・រាជការ・រេស៊ីដង្ស・ស៊ុបេរីយេរ (résidence superieure) 高等弁務官府。

　¥ទី・រាជការ・សម្រាប់・ត្រួត・ត្រា・ជាតិ・តាង・ប្រទេស　外国人管理事務所（＝外国人入国管理局事務所のこと）。

　¥ទី・រាជការ・អ្នក・ពិនិត្យ・ត្រួត　(度量衡器) 検査官事務所。

　¥ទី・រូម・ខេត្រ　①州都。②州。

　¥ទី・រេស៊ីដង្ស　(トンキン国の) 州。

　¥ទី・រេស៊ីដង្ស・រូម・ខេត្រ　州庁。

　＠អធិបតី・ទី・រេស៊ីដង្ស・រូម・ខេត្រ　州の長（＝州弁務官）。

　¥ទី・លក់・អាភៀន　＝ទី・ប៉ូ・លក់・អាភៀន。アヘン販売所。

　¥ទី・ល្បាត・គយ　(森林局の) 巡視監視所。

　¥ទី・សមុហបញ្ជី　公文書保管庫。

　¥ទី・សម្រល・ទម្លាប់・ពី・បុរាណ　昔からの習慣の便宜のための経過措置。

　¥ទី・សំណាក់　→តាំង・ទី・សំណាក់　住所を定める。

　¥ទី・សំណាក់・ថ្មី　新しい住所(に到着したら)。

　¥ទី・សំណាក់・អាស្រ័យ　住所。

　＠ប្ដូរ・ទី・សំណាក់・អាស្រ័យ　住所を変更する。

　＠ផ្លាស់・ប្ដូរ・ទី・សំណាក់・អាស្រ័យ　住所を変更する。

　¥ទី・ស្បៀន　ស្បៀន職。

　＠ដល់・ទៅ・ទី　目的地に着く。

　¥ទី・ឧត្ដមប្រសើដ្ឋ　→ដែល・ជា・ទី・ឧត្ដមប្រសើដ្ឋ　良く効く（西洋薬）。

　¥បណ្ដាល・ឱ្យ・ទី・នោះ・ទំនេរ　（委員の) 欠員を生じさせる。

　¥បំពេញ・ទី・នោះ　その欠員を埋める (選挙)。

ទីរ៉ៃយេរ (tirailleur) ＝ពិជ័យសង្គ្រាម＝ទ័ព・ជាតិ・ស្រុក・អាយ។現地国人軍。

ទឹក
　¥ទឹក・កំបោរ　石灰水（＝消毒用）。
　¥ទឹក・ប្រាក់・ពន្ធ　税額。
　　@គិត・ទឹក・ប្រាក់・ពន្ធ　税額を計算する。
　¥ទឹក・ស្អុយ・គ្រោក　（家庭）廃水。下水。

ទុក
　¥ទុក・ជា・ចំណាំ　（その内容を）記録しておく。
　¥ទុក・ជា・សូន្យ　（投票された票を）無効とする。
　¥ទុក・ដោយ・ពួក　分類する。
　　@ឈើ・ដែល・រៀប・ទុក・ដោយ・ពួក　保護樹種。
　　@តារាង・រៀប・ឈើ・ទុក・ដោយ・ពួក　保護樹種リスト

ទុតិយនមាស　下半期。
ទុតិយវិភាគ្យា　（裁判の）第2審。
ទុតិយសិក្សា　中等教育。
ទុតិយវិភាគ្យា　（裁判の）第2審。
ទូរលេខ　=ខ្សែ・លួស・សរសេរ。電報。
　¥ទូរលេខ・ឥត・ខ្សែ　=ខ្សែ・លួស・ឥត・ខ្សែ=វិទ្យុទូរលេខ។無線電信。
　　@កន្លែង・ទូរលេខ・ឥត・ខ្សែ　無線電信局。
ទូរសព្ទ　=ខ្សែ・លួស・និយាយ។電話。

ទេស
　¥ទេស・កាល　（作物に被害を与えた）事情と現象（の種別）。事情。事態。
　¥ទេស・កាល・ជា・ចំទៃ្យក　不時の事態。
　¥ទេស・កាល・ដែល・កំឡុង・ទប់・ទល់・ពុំ・បាន　やむを得ない事情で。
　¥ទេស・កាល・ទប់・ទល់・ពុំ・បាន　→ដោយ・ហេតុ・ជា・ទេស・កាល・ទប់・ទល់・ពុំ・បាន　やむを得ない事情で。
　¥ហេតុ・ជា・ទេស・កាល　思いがけない原因。

ទោស　①罰。処分。②罪。
　¥ទោស・កាត់・បៀ・វត្ស　俸給を減額する処分。
　¥ទោស・ខុស　罪。
　¥ទោស・ខុស・ត្រូវ・សង　賠償するべき罪。
　¥ទោស・ឃាត់・យំ・ខ្លួន・មនុស្ស　自由刑。
　¥ទោស・ជា・មជ្ឈិម　中級罰。
　¥ទោស・ជា・រដ្ឋការ　行政処分。
　¥ទោស・ជា・លហុ　軽罰。
　¥ទោស・ជា・រៀច・ក្លែង　（文書。調書）偽造の罪。
　¥ទោស・ដល់・កាយ　自由刑。
　　@ធ្វើ・ទោស・ដល់・កាយ　自由刑に処する。
　¥ទោស・ដល់・កាយ・ជា・ផ្លូវ・អាញ្ញា　刑法上の自由刑。
　¥ទោស・ដាក់・គុក　投獄刑（＝禁固・拘留＋懲役）。
　¥ទោស・ដាក់・គុក・កន្លែង・ស្ងាត់・តែ・ម្នាក់・ឯង　独房投獄刑。
　¥ទោស・ដាក់・គុក・ដោយ・បង្ខំ・ដល់・រូប・កាយ　禁固あるいは拘留。
　¥ទោស・ដាក់・គុក・បង្ខំ・ឱ្យ・ធ្វើ・ការ・ជា・ទមន់　重労働懲役刑。
　¥ទោស・ដាក់・គុក・បង្ខំ・ឱ្យ・ធ្វើ・ការ・ជា・ទមន់・មាន・កំណត់　有期重労働懲役刑。
　¥ទោស・ដាក់・គុក・បង្ខំ・ឱ្យ・ធ្វើ・ការ・ជា・ទមន់・អស់・មួយ・ជីវិត　終身重労働懲役刑。
　¥ទោស・ធ្ងន់　重罰。
　¥មនុស្ស・ទោស・ធ្ងន់　重罰受刑者。
　¥ទោស・ធ្ងន់・ដល់・កាយ　重い自由刑。
　　@ជាប់・ទោស・ធ្ងន់・ដល់・កាយ　重い自由刑を受ける。
　¥ទោស・បណ្ដេញ・ចេញ・ពី・ស្រុក　国外追放刑。
　¥ទោស・មជ្ឈិម　中級罰。
　¥ទោស・លហុ　軽罰。
　¥ទោស・ល្មើស・ជា・មជ្ឈិម　中級罪犯罪罰。
　¥ទោស・ល្មើស・ជា・លហុ　軽罪犯罪罰。
　¥ទោស・ល្មើស・នឹង・ក្រិត្យ・មន្ត្រី　行政処分。
　¥ទោស・ស្រាល・បន្តិច・បន្តួច　軽い刑。
　¥ទោស・ឧក្រិដ្ឋ　重罰。

ទំនុក
　¥ទំនុក・បំរុង　（違反を行うのを）助けた（官員）。
　　@សេចក្ដី・ទំនុក・បំរុង　（官吏の昇給昇任が）私情（で行われる）。

ទំលាយ
　¥ទំលាយ・សានក្រម・ចោល　判決を破棄する。
　¥ទំលាយ・អំណាច・សានក្រម　判決を破棄する。

ទំហំ
　¥ទំហំ･ជុំ･វិញ･គល់　根元の周囲の大きさ。
　¥ទំហំ･ជ្រុង･ឈើ　角材の1辺の長さ。
　¥ទំហំ･ដី･ស្រែ　水田地の面積。
　¥ទំហំ･ទទឹង･កណ្ដាល　直径の太さ。
　¥ទំហំ･ទទឹង･គល់　（丸太の）根元の直径の太さ。
　¥ទំហំ･ទទឹង･ពុះ･ពាក់･កណ្ដាល･គល់　根元の直径の大きさ。
　¥ទំហំ･A･បួន･ជ្រុង　一辺がAの正方形。
ទ្រទ្រង់
　¥ទ្រទ្រង់･រដ្ឋសង្ឃ　（កេតុមាលា 王時代の僧の階級。恐らくは最高位。សេនាបតី「卿」に相当したが、領地はなかった）。
ទ្រព្យ
　¥ទ្រព្យ･កំណេះ　無主の財産（＝預けたまま所有者が引き取らない財物）。
　¥ទ្រព្យ･ឃុំ　村有財産。
　¥ទ្រព្យ･ចលនវត្ថុ　動産。
　¥ទ្រព្យ･ដែល･ធានា･ប្រាក់･ម្ចាស់･បំណុល　債権者への抵当物件。
　¥ទ្រព្យ･ផុត･កំណេះ　＝ទ្រព្យ･ផុត。
　¥ទ្រព្យ･ផុត･ទ្រព្យ･កំណេះ　＝ទ្រព្យ･ផុត。
　¥ទ្រព្យ･មរដក　遺産。
　¥ទ្រព្យ･សម្បត្តិ･ផែន･ដី･សំរាប់･រាជ្យ　国王位国有財産。
　¥ទ្រព្យ･អចលនវត្ថុ　不動産。
　¥ទ្រព្យ･អំណោយ　寄贈品。
ទ្រីប៊ុយណាល់　(tribunal)
　¥ទ្រីប៊ុយណាល់･ឌុ･កុងតង់ស៊ីយើរ･អាដមីនីស្ត្រាទីហ្វ (tribunal du contentieux administratif) ＝តុលាការ･(ផ្លូវ)･រដ្ឋបាល。行政訴訟裁判所。
ទ្រាំ
　¥ទ្រាំ･រក្សា　（僑会員を）我慢して保護する。
ធម្មក្រឹត្យ　（学校の教科名）倫理。
ធាតុ
　¥ធាតុ･ផ្គាំ･អេឡិកទ្រិក　電気。
　¥ធាតុ･រ៉ែនុ　鉱物。
　¥ធាតុ･រ៉ែនុ･ដែក　鉄。
　¥ធាតុ･លោហិត　金属。
　¥ធាតុ･អគ្គិសនី　電気。

　¥ធាតុ･អគ្គិសនី･នាំ･រត់　電気が（電文を）運んで走る。
ធំ
　¥ធំ･ជាង･ចេតនា･សាមី･ខ្លួន　本人の意思を上回る（原因）。
ធ្លា　公道（？）。
ធ្វើ
　¥ធ្វើ･កុប្បិយ･អញ្ជើត　査問する。
　¥ធ្វើ･ការ･ឈើ　①大工をする。②林業に従事する。
　¥ធ្វើ･ការ･ដើម្បី･A　Aするようにする。
　¥ធ្វើ･ការ･ធ្ងន់　激しい労働をする。
　¥ធ្វើ･ការ･ផ្លូវ　道路工事をする。
　¥ធ្វើ･ការ･សង់･ផ្ទះ　建築をする。
　¥ធ្វើ･ខុស　不正をする。
　¥ធ្វើ･ឈើ　①（多量の）材木を商う（材木業者）。②材木業を営む。
　　@អ្នក･ធ្វើ･ឈើ　①材木業者。②材木業を行った者。
　¥ធ្វើ･ដី　→តាំង･ចាប់･ធ្វើ･ដី　土地の開墾を始める。
　¥ធ្វើ･ដែក　鍛冶屋をする。
　¥ធ្វើ･ទោស･ទណ្ឌា　処罰する。
　¥ធ្វើ･ទោស･ឋាល　処罰する。
　¥ធ្វើ･បំពេញ　（手続きを）満たす。
　¥ធ្វើ･ផ្ទាល　罰する。
　¥ធ្វើ･ពាក្យ･ប្ដឹង　届書を出す。
　¥ធ្វើ･ពាក្យ･ប្ដឹង･សុំ　申請する。
　¥ធ្វើ･ពាក្យ･សុំ　①申請書を作成する。②申請書を提出する。
　¥ធ្វើ･របរ　工業に従事する。
　¥ធ្វើ･របរ･ដាំ･ដំណាំ　→អ្នក･ដែល･ធ្វើ･របរ･ដាំ･ដំណាំ　農園業に従事する人。
　¥ធ្វើ･របស់･របរ　→អ្នក･ធ្វើ･របស់･របរ　工業に従事する人。
　¥ធ្វើ･រាជការ　→វេលា･ដែល･ធ្វើ･រាជការ　公務執行時に（死亡する）。
　¥ធ្វើ･រាជការ･ទី･សេនាបតី･យូរ･ឆ្នាំ　先任である（大臣）。
　¥ធ្វើ･ល្បង　（人の人相が変わらないか）実験をする。
　¥ធ្វើ･សំបុត្រ　→អ្នក･ធ្វើ･សំបុត្រ　手紙の差出人。

¥ធ្វើ・ស្រែ・អំបិល　塩田業をする。
នគរ
　¥នគរ・អឺរ៉ុប៉េរៀង　ヨーロッパ諸国。
នគរបាល
　¥នាទី・រាជការ・ក្រុម・ព្រះ・នគរបាល　警察管区。
នាទី　（コショウ畑の）所在地。
　¥នាទី・កុម្មីសារិយ៉ាត・ដឺ・ប៉ូលិស　警察管区。
　¥នាទី・កុម្មីសារិយ៉ាត・ទី・១　第１警察管区。
　¥នាទី・ចំការ　畑の所在地。
　¥នាទី・ដី　（その）土地の所在地（である郡）。
　¥នាទី・នេសាទ　漁区。
　¥នាទី・ព្រៃ　森林内。
　¥នាទី・មុខ・ក្រសួង・សាលា・នោះ　その郡裁判所の管轄区。
　¥នាទី・រាជការ・ក្រុម・ព្រះ・នគរបាល　警察管区。
នាយ
　¥នាយ・កង　バット・ドンボーンの水田税査定人。
　¥នាយ・កង・ទ័ព　部隊長。
　　@ដំណែង・នាយ・កង・ទ័ព　部隊長職（の最高である総司令官）。
　¥នាយ・ក្នុង・កង・ទ័ព　下士官。
　¥នាយ・ចៅ・ហ្វាយ　（憲兵隊の）上司。
　¥នាយ・គ្រួត・ត្រា・លើ　上司。
　¥នាយ・ទាហាន・បារាំង・ក្នុង・ស្រុក・ខ្មែរ　クメール国駐屯フランス軍の長。
នាហ្វឺន
　¥នាហ្វឺន・មន្ត្រី　高官。高級官吏。
និយាយ
　¥និយាយ・ផ្សះ・ផ្សារ　（和解するよう）調停する。
នៅ
　¥នៅ・មុខ・ជន・ទាំង・ឡាយ　記名式（投票）。
　¥នៅ・មុខ・ជនានុជន　公開で（競売する）。
នាំ
　¥នាំ・ចេញ・ទៅ・តាង・ប្រទេស　外国に輸出する。
បក
　¥បក・ប៉ឺង　報告して届ける。

បង់
　¥បង់・ដាក់・ឃ្លាំង　財務局に納付する。
ប៉ង
　¥ប៉ង・នឹង・លក់　売ろうとした（者）。
បង្កត់
　¥បង្កត់・ភ្លើង→របស・សម្រាប់・បង្កត់・ភ្លើង　燃料。
បង្កាន់
　¥បង្កាន់・ដៃ・ទទួល・ប្រាក់　金銭受領証。
　¥បង្កាន់・ដៃ・បណ្ដោះ・អាសន្ន・ប្រាក់・ពន្ធ　税金の仮領収証。
បង្គរ
　¥បង្គរ・រោគ・សាធារណជន　公衆衛生。
បង្កាំង
　¥បង្កាំង・ដាក់・ក្នុង・បន្ទប់・មួយ・តែ・ឯង　独房に入れる。
　¥បង្កាំង・បន្ទម　（伝染病患者を）隔離して他と接触させない。
　¥បន្ទម・បង្កាំង　＝បង្កាំង・បន្ទម។
បង្គាប់
　¥បង្គាប់・បញ្ជាក់・បញ្ជា　命令する。
　¥បង្គាប់・ផ្ទាល់→នៅ・ក្នុង・បង្គាប់・ផ្ទាល់・នឹង・Ａ　Ａの直接命令下にある。
　¥នៅ・ក្នុង・បង្គាប់・Ａ　Ａの命令下にある。
បង្គួរ　（作柄が）中（ល្អ−បង្គួរ−អាក្រក់）។
បង្រៀន
　¥បង្រៀន・ប្រដៅ・សាសនា・កាតូលិក　カトリック教を布教する。
បង្វែរ
　¥បង្វែរ・ប្រតល់・ទ្រព្យ　財物を移転する。
　¥បង្វែរ・មក・ជា・Ａ　（国有財産を）Ａに移転する。
　¥បង្វែរ・អំណាច・ក្រសួង　（国の）職権を譲渡する。
បង្គត
　¥បង្គត・នៅ・លើ　（電信ケーブルを普通の電線の）上に張る。
បង្អាក់
　¥បង្អាក់・ឱ្យ・យឺត・យូរ・ក្រ・ឱ្យ・ឡើង・យស・សក្ដិ　（行政処分の一）昇任を遅らせる。
បញ្ចុះ
　¥បញ្ចុះ・អុត　種痘をする。

បញ្ចូល
- ￥បញ្ចូល・សេចក្តី・ប្រែ・កែ・A　Aに変更を加える。

បញ្ចោត
- ￥បញ្ចោត・ល្បួង　甘言で騙す。

បញ្ជាក់
- ￥បញ្ជាក់・ថែម　（大臣通達が）詳細を補う。

បញ្ជី　帳簿。リスト。
- ￥បញ្ជី・កត់・ឈ្មោះ・គ្រួត・ជាតិ・តាង・ប្រទេស　外国人管理名簿。
- ￥បញ្ជី・កត់・ឈ្មោះ・គ្រួត・ជាតិ・អាស៊ីអាទិក・តាង・ប្រទេស　アジア人外国人管理名簿。
- ￥បញ្ជី・កត់・ឈ្មោះ・មនុស្ស　（村民）名簿。
- ￥បញ្ជី・កត់・ទឹក・ប្រាក់・ប្រាក់　村金額簿。
- ￥បញ្ជី・កត់・ពន្ធ　税査定簿。
- ￥បញ្ជី・ក្តី・ក្នុង・សាលា・ខៃត្រ　郡庁の民事訴訟簿。
- ￥បញ្ជី・ក្បាល　台帳。
- ￥បញ្ជី・ក្បាល・ភូមិ　地区民台帳（＝村長の所においてある）。
- ￥បញ្ជី・ឃុំ　村民簿（＝地区民台帳の集合体。出家簿も入っている）。
- ￥បញ្ជី・ជាតិ　①出生簿。②出生届（誤植？）。
  - @សំណៅ・បញ្ជី・ជាតិ　出生届の謄本（を渡す）。
- ￥បញ្ជី・ឈ្មោះ・កូន・ក្រុម　僑会員名簿。
- ￥បញ្ជី・ដី・ចម្ការ　畑地簿。
- ￥បញ្ជី・ដី・ទាស　高地畑地簿。
- ￥បញ្ជី・ដី・ស្រែ　水田地簿。
- ￥បញ្ជី・ដើម　①＝ប៊ុដសេត៍・យេណេវ៉ាល់。インドシナ国総予算。②。本予算（≠補正予算）。③本税簿（≠補正税簿）。
- ￥បញ្ជី・ទារ・ពន្ធ　徴税簿。
- ￥បញ្ជី・ទារ・ពន្ធ・រាយ・នាម　徴税名簿。
- ￥បញ្ជី・ទ្រព្យ・អចលនវត្ថុ　不動産簿。
- ￥បញ្ជី・បណ្តា・រាស្ត្រ・ក្នុង・ឃុំ・ទាំង・ប៉ុន្មាន・តាម・ជាតិ　村民全ての国籍ごとの帳簿。
- ￥បញ្ជី・ប៊ុដសេ　予算。
- ￥បញ្ជី・ប៊ុដសេ・ប្រតិកុត្តឡាត　保護国予算。
- ￥បញ្ជី・ប៊ុដសេ・យេណេវ៉ាល់・ប្រទេស・ផ្សាស៊ុន　インドシナ国総予算。
- ￥បញ្ជី・ប៊ុដសេ・លិស្តិ・ស៊ីវិល　＝បញ្ជី・（ប្រាក់）・ចំណូល・ចំណាយ・សម្រាប់・រាជ្យ។　王室予算。
- ￥បញ្ជី・បំរុង・ទុក　予備役簿。
  - @ជាប់・ក្នុង・បញ្ជី・បំរុង・ទុក　予備役に留まる。
- ￥បញ្ជី・ប្រថាប់・ត្រា　登記簿。
  - @ចុះ・បញ្ជី・ប្រថាប់・ត្រា　登記する。
- ￥បញ្ជី・ប្រធន　①（人頭税簿のための）補正簿。②補正税簿。③＝បញ្ជី・ប្រាក់・ចំណូល・ចំណាយ・ប្រធន។　補正予算。
- ￥បញ្ជី・ប្រាក់　出納簿（＝技師が管区長に提出する。財務局長が会計検査院に提出する。郡長が持つ）。
- ￥បញ្ជី・ប្រាក់・ចំណាយ　（予算の）支出の部。
- ￥បញ្ជី・ប្រាក់・ចំណូល　（予算の）収入の部。
- ￥បញ្ជី・ប្រាក់・ចំណូល・ចំណាយ　①予算。②出納簿。
  - @រៀប・តាក់・តែង・បញ្ជី・ប្រាក់・ចំណូល・ចំណាយ　予算を作成する。
  - @រៀប・តែង・បញ្ជី・ប្រាក់・ចំណូល・ចំណាយ　予算を作成する。
  - @សំអេច・បញ្ជី・ប្រាក់・ចំណូល・ចំណាយ　予算を執行する。
- ￥បញ្ជី・ប្រាក់・ចំណូល・ចំណាយ・ក្នុង・ក្រុម・មឿង　市予算。
- ￥បញ្ជី・ប្រាក់・ចំណូល・ចំណាយ・(ក្នុង)・ក្រុម・មឿង・សំរាប់・ក្រុង・ភ្នំពេញ　＝ប៊ុដសេ・មុយនីស៊ីប៉ាល់・ដី・ភ្នំ・ពេញ។　プノンペン市の市予算。
- ￥បញ្ជី・ប្រាក់・ចំណូល・ចំណាយ・ក្នុង・ស្រុក　＝ប៊ុដសេ・ឡូកាល់។（インドシナ国の）各国予算。
- ￥បញ្ជី・ប្រាក់・ចំណូល・ចំណាយ・ក្នុង・ស្រុក・សម្រាប់・ក្រុង・កម្ពុជា　＝ប៊ុដសេ・ឡូកាល់・ឌុយ・កម្ពុឌ្យេ។　カンボジア国の国家予算。
- ￥បញ្ជី・ប្រាក់・ចំណូល・ចំណាយ・ក្រុមមឿង＝ប៊ុដសេ・មុយនីស៊ីប៉ាល់។　市予算。
- ￥បញ្ជី・ប្រាក់・ចំណូល・ចំណាយ・ឃុំ　村予算。
  - @អ្នក・កាន់・កាប់・បញ្ជី・ប្រាក់・ចំណាយ・ឃុំ　村予算管理者。
- ￥បញ្ជី・ប្រាក់・ចំណូល・ចំណាយ・ដើម　＝ប៊ុដសេ・យេណេវ៉ាល់។　インドシナ国総予算。
- ￥បញ្ជី・ប្រាក់・ចំណូល・ចំណាយ・ដើម・សម្រាប់・ដែន・ផ្សាស៊ុន　＝ប៊ុដសេ・យេណេវ៉ាល់・ដី・ឡាំង・ឌូស៊ីន។　インドシナ国総予算。

¥បញ្ជី･ប្រាក់･ចំណូល･ចំណាយ･ដើម･សម្រាប់･ដែន･តណ្ឌសុីន･ទាំង･មូល　インドシナ国総予算。

¥បញ្ជី･ប្រាក់･ចំណូល･ចំណាយ･ដើម･សម្រាប់･ប្រទេស･តណ្ឌសុីន　インドシナ国総予算。

¥បញ្ជី･ប្រាក់･ចំណូល･ចំណាយ･ដើម･សម្រាប់･រាជការ･ផំ =ប៉ុដសេ･យរណាំល។ インドシナ国総予算。

¥បញ្ជី･ប្រាក់･ចំណូល･ចំណាយ･ប្រធន =បញ្ជី･ប្រធន។ 補正予算。

¥បញ្ជី･ប្រាក់･ចំណូល･ចំណាយ･សម្រាប់･ក្រុង･កម្ពុជា　カンボジア国予算。

¥បញ្ជី･ប្រាក់･ចំណូល･ចំណាយ･សម្រាប់･ក្រុម･មឿង　市予算。

¥បញ្ជី･ប្រាក់･ចំណូល･ចំណាយ･សម្រាប់･ឃុំ　村予算。

¥បញ្ជី･ប្រាក់･ចំណូល･ចំណាយ･សម្រាប់･ដែន･តណ្ឌសុីន　インドシナ国総予算。

¥បញ្ជី･ប្រាក់･ចំណូល･ចំណាយ･សម្រាប់･រាជការ･ប្រតិកត្តរ៉ាត់　保護国政府予算。

¥បញ្ជី･ប្រាក់･ចំណូល･ចំណាយ･សម្រាប់･រាជ្យ =បញ្ជី･ប៉ុដសេ･លិស្តិ･សុីវិល=លិស្តិ･សុីវិល។ 王宝予算。

¥បញ្ជី･ប្រាក់･ចំណូល･ចំណាយ･សម្រាប់･រុម･ខែត្រ　州予算。

¥បញ្ជី･ប្រាក់･ចំណូល･ចំណាយ･សម្រាប់･ស្រុក　（インドシナの）各国予算。

¥បញ្ជី･ប្រាក់･រាជការ　公金簿。

¥បញ្ជី･ប្រតិកត្តរ៉ាត់　保護国予算。

¥បញ្ជី･ឆ្នង･ឆ្នោត =បញ្ជី･សម្រាប់･ឆ្នង･ឆ្នោត។ 投票簿。

¥បញ្ជី･ពន្ធ　税簿（直接税の各税毎に作成する）。

¥បញ្ជី･ពន្ធ･ខួន　人頭税簿。

¥បញ្ជី･ពន្ធ･ដី　土地税簿。

¥បញ្ជី･ពន្ធ･បា៉តង្គ　営業税簿。

¥បញ្ជី･ពន្ធ･ប្រធន　補正税簿。

¥បញ្ជី･ពន្ធ･ប្រធន･ពន្ធ･បា៉តង្គ　営業税補正税簿。

¥បញ្ជី･ពន្ធ･រាយ･នាម　税名簿。

¥បញ្ជី･ពន្ធ･រាយ･នាម･សំរាប់･ជាតិ･បារាំង　欧米人税名簿。

¥បញ្ជី･ពន្ធ･រាយ･នាម･អ្នក･ជាប់･បញ្ជី　（ベトナム人郡民）税名簿。

¥បញ្ជី･ពន្ធ･ស្រង់･រាយ･ចំនន　税額調査簿。

¥បញ្ជី･ព្រះ･ភិក្ខុសង្ឃ　比丘簿。

¥បញ្ជី･មនុស្ស･ទោស　（刑務所の）受刑者簿。

¥បញ្ជី･មុខ･សំនុន･ទំនិញ =ហា្កក់ទូរ។ 商品納付書。

¥បញ្ជី･រាយ･ការ･ទឹក･ប្រាក់･រាជការ =កុង្គ･អាជមីនីសក្រាទិហ្ញ។ 行政会計報告書。

¥បញ្ជី･រាយ･ចំនន･របស់　（遺産）目録。

¥បញ្ជី･រាយ･ឈ្មោះ：　名簿。

¥បញ្ជី･វត្ថុ　（郡庁の動産の）物品簿。

¥បញ្ជី･សង្ខេប　簡略税簿。

¥បញ្ជី･សង្ឃ　出家簿。

¥បញ្ជី･សៀវភៅ　帳簿。

¥បញ្ជី･សំរាប់･ឆ្នង･ឆ្នោត　投票人簿。

¥បញ្ជី･ស្រង់　調査簿。

¥បញ្ជី･ស្រង់･ចម្ការ･ម្រេច　コショウ畑調査簿。

¥បញ្ជី･ស្រង់･ចំម្ការ･សត្វ　動物数の調査簿。

¥បញ្ជី･ស្រង់･ដើម　本（畑地／高地畑地）情報調査簿。

¥បញ្ជី･ស្រង់･ទឹក･ប្រាក់　金額調査簿。

¥បញ្ជី･ស្រង់･ប្រដាប់･នេសាទ　漁具調査簿。

¥បញ្ជី･ស្រង់･ប្រធន　補正（畑地／高地畑地情報）調査簿。

¥បញ្ជី･ស្រង់･ប្រាក់･ចំណូល･និង･ប្រាក់･ចំណាយ　（毎月作成する）収支金額調査簿。

¥បញ្ជី･ស្រង់･ពណ៌ដមាន　（田畑や土地の）情報調査簿。

¥បញ្ជី･ស្រង់･ពណ៌ដមាន･ជី･ចម្ការ　畑地情報調査簿。

¥បញ្ជី･ស្រង់･រាយ･ចំនន =បញ្ជី･ពន្ធ･ស្រង់･រាយ･ចំនន។ 税額調査簿。

¥បញ្ជី･ស្រែ　水田簿。

¥បញ្ជី･អ្នក･ឆ្លើយ･រើស　選挙人簿。

¥បញ្ជី･អ្នក･បោះ･ឆ្នោត　選挙人簿。

បញ្ជូន

¥បញ្ជូន･ត･មក･ទៀត･ដល់･A　Aに転送する。

¥បញ្ជូន･ទៅ･A･មក　Aに転送する。

¥បញ្ជូន･បង្វិល　返送する。

បញ្ឈប់

¥បញ្ឈប់･ចេញ･ពី･រាជការ　①政府勤務を停職／休職にする。②政府勤務から退職させる／解

雇する。

¥បញ្ឈប់·ចេញ·ពី·រាជការ·បណ្ដោះ·អាសន្ន　政府勤務を停職にする。

¥បញ្ឈប់·ជា·បណ្ដើរ·សិន·លែង·បើក　許可するのを臨時に中止する。

¥បញ្ឈប់·ជា·បណ្ដោះ·អាសន្ន　停職にする。

¥បញ្ឈប់·ពី·រាជការ　①(普通に) 退職させる。②(無能なので) 解雇する。

¥បញ្ឈប់·ពី·រាជការ·នៅ·ទំនេរ　(人員整理で) 休職にする。

¥បញ្ឈប់·ពី·រាជការ·ឱ្យ·នៅ·ទំនេរ　(処分で) 停職にする。

¥បញ្ឈប់·មិន·ឱ្យ·ធ្វើ·រាជការ　(王族に対する処罰で全7段階の中で4番目に重い) 政府勤務から解雇する。

បញ្ញត្តិ　規定を作る。規定する。

¥បញ្ញត្តិ·កំណត់　定められた規定。

¥បញ្ញត្តិ·ក្រម·មរដក　相続法の規定。

¥បញ្ញត្តិ·ច្បាប់　法律規定。

　@សេចក្ដី·បញ្ញត្តិ·ច្បាប់　法律の規定の意味。

¥បញ្ញត្តិ·ច្បាប់·ផ្សេង　特例法律規定。

¥បញ្ញត្តិ·ជា·ផ្លែក·ចន្លោះ　例外規定。

¥បញ្ញត្តិ·ទៅ·លើ·A　Aに対して規定する。

¥បញ្ញត្តិ·ប្រការ·ដូច·គ្នា　同様の規定。

¥បញ្ញត្តិ·ផ្សេង　別の規定。特別規定。

¥បញ្ញត្តិ·ផ្សេង·សំរាប់·ក្រុង·ភ្នំពេញ　プノンペン市の別規定。

¥បញ្ញត្តិ·រាជការ　政府規定。

¥បញ្ញត្តិ·រោគាភិបាល　衛生規定。

¥បញ្ញត្តិ·ហាម·ប្រាម　禁止規定。

¥បញ្ញត្តិ·អំពី·ត្រួត·បង្ការ·រោគ·សត្វ·ពហាណ　役畜衛生管理規定。

¥បញ្ញត្តិ·អំពី·បង្ការ·រោគ·សាធារណជន　公衆衛生規定。

បញ្ញើ　=កូលី·បុ័ស្ដាល។ 郵便小包。

បដិញ្ញាណ

¥បដិញ្ញាណ·កិរិយា·មារយាទ　操行証明書。

¥បដិញ្ញាណ·កិរិយា·មារយាទ·ល្អ　操行良好証明書。

¥បដិញ្ញាណ·គំនិត·មារយាទ·ល្អ　操行良好証明書。

¥បដិញ្ញាណ·ចេញ·ដំណើរ　旅行証明書。

¥បដិញ្ញាណ·ជាតិ·កំណើត·សំគាល់·រូប　①出生証明書。②国籍証明書。

¥បដិញ្ញាណ·បញ្ជាក់·ថា·A　Aであることを証明する (署名押印)。

¥បដិញ្ញាណ·លក់·សត្វ·ពហាណ　役畜売却証。

¥បដិញ្ញាណ·សំគាល់　証明書。

¥បដិញ្ញាណ·សំគាល់·ថា·មាន·គំនិត·មារយាទ·ល្អ　操行良好証明書。

¥បដិញ្ញាណ·សំគាល់·សត្វ·ពហាណ　役畜証明書。

¥សំបុត្រ·បដិញ្ញាណ·ពេទ្យ　医師の健康証明書。

¥សំបុត្រ·បដិញ្ញាណ·លក់　売却証明書。

¥សំបុត្រ·បដិញ្ញាណ·លក់·សត្វ　役畜売却証明書。

¥សំបុត្រ·បដិញ្ញាណ·វាស់·ទាយ·ចំណុះ　計測積載量推定証明書。

¥សំបុត្រ·បដិញ្ញាណ·សំរាប់·ចេញ·ដំណើរ　旅行証明書。

បដិសេធ

¥បដិសេធ·ច្បាប់·A　A許可書を無効にする。

¥បដិសេធ·សានក្រម　①(職権違いなどで) 判決を無効にする。②判決の無効。

　¥បដិសេធ·សានក្រម·ចេញ　=បដិសេធ·សានក្រម។

¥បដិសេធ·អំណាច·កាន់·កាប់　管理権を取り消す。

បឋមនទ្ទមាស　上半期。

បណ្ណា

¥បណ្ណា·បារាំងសែស　フランス植民地人。

¥បណ្ណា·បារាំងសែស·ជាតិ·ជា·ខ្មែរ　クメール系フランス植民地人 (コーチシナ国のクメール族)。

¥បណ្ណា·រាស្ត្រ　植民地人。

¥បណ្ណា·រាស្ត្រ·យុំ　村民。

¥បណ្ណា·រាស្ត្រ·ចំណុះ·យុំ　村民。

¥បណ្ណារ·រាស្ត្រ·នគរ·បារាំង　ヨーロッパ人 (アメリカ人は含まない)。

¥បណ្ណា·រាស្ត្រ·បារាំងសែស　フランス植民地人 (=コーチシナ国人をさす。cf. ជាតិ·បារាំងសែស「フランス人」)。

¥បណ្ណា·រាស្ត្រ·របស់·ក្រុង·បារាំងសែស　フランス植民地人 (=コーチシナ国人)。

បណ្ណុះ

¥បណ្ណុះ·អុត　天然痘患者の膿を植え付ける (民間療法として行われたらしく、禁止された)。

បណ្ដើរ
¥ជា・បណ្ដើរ・សិន （ជា・បណ្ណោះ・អាសន្ន の俗？）。仮（土地権利書）。

បណ្ដេញ
¥បណ្ដេញ・ចេញ・សែង・ឱ្យ・រៀន・ត・ទៅ・ទៀត 退学させる。
¥បណ្ដេញ・ដំរី 野ゾウを狩りだす。

បណ្ដែត
¥បណ្ដែត・ក្បូន 筏を流す。
¥បណ្ដែត・ឈើ 材木を流す。

បឋមនទ្ទមាស 上半期。

បឋមត្រីមាស 第1四半期。

បឋមវិភាគ្យា 第1審。
¥បឋមវិភាគ្យា・ក្ដី・វិវទ 民事訴訟の第1審。

បឋមសិក្យា
¥បឋមសិក្យា・ជាន់・ខ្ពស់ フランス語高等初等教育（初級中等教育の別称）。
¥បឋមសិក្យា・បារាំង－ខ្មែរ フランス語－クメール語初等教育。
¥បឋមសិក្យា・ភាសា・បារាំងសែស・ស្រុក・អាយ フランス語－現地語初等教育。
¥សញ្ញាបត្រ・បឋមសិក្យា 初等教育修了証書。
¥សាលា・បឋមសិក្យា 初等教育校。

បទ
¥បទ・ក្លែង 偽装罪。
¥បទ・ឆ・បំបាត់・ក្លែង・ក្លាយ・ផ្លាក់ 横領罪。
¥បទ・រឹង・ទទឹង 反抗罪。
¥បទ・ល្មើស・ជា・មជ្ឈិម 中級罪犯罪。
¥បទ・ល្មើស・ជា・លហុ 軽罪犯罪。
¥បទ・ល្មើស・ជា・ឧក្រិដ្ឋ 重罪犯罪。
¥បទ・ល្មើស・នឹង・ច្បាប់・អាជ្ញា 刑法上の犯罪。
¥បទ・ឧក្រិដ្ឋ 重罪犯罪。

បន
¥បន・ជក់・អាភៀន アヘン窟。

បន្តម
¥បន្តម・បង្ខាំង ＝បង្ខាំង・បន្តម。（伝染病患者を）隔離して他と接触させない。

បន្ត
¥បន្ត・យស・សក្ដិ・ស្ដេច 王族の身分を剥奪する（最も重い罰）。
¥បន្ត・អំណាច・ម្ចាស់・ទ្រព្យ 財物の所有権を放棄させる。

បន្ថែម
¥បន្ថែម・កំណត់ （契約）期間を延長する。

បន្ទុក
¥បន្ទុក・កែន・ណ្ដោស 徴用の負担（を均等に分担する）。
¥បន្ទុក・ដែល・ត្រូវ・ដាក់・ឱ្យ・A Aに課する負担。
¥បន្ទុក・បញ្ញី 予算の項目（にない金は支出できない）。
¥បន្ទុក・មុខ・ការ・ឱ្យ・A （長の）役目をAに担当させる。
¥បន្ទុក・យ៉ាង・ធ្ងន់ →A・ទទួល・បន្ទុក・យ៉ាង・ធ្ងន់ Aに対して重い負担になる。
¥បន្ទុក・លើ →A・ដែល・បន្ទុក・លើ・B Bに負担させるA（税）。
@A・ដែល・ជា・បន្ទុក・លើ・B Bが負担するべきA。Bの負担になるA。（土地購入者が）負担するべき（費用）。
¥A・បន្ទុក・B・លើ・C AがBをCに担当させる。
¥បន្ទុក・ឱ្យ・A （人を部下として）Aに預ける。
¥រង・បន្ទុក →ទទួល・រង・បន្ទុក （未納の税金を代納する）負担を負う。

បន្ទោស 叱責（＝最も軽い行政処分）。
¥បន្ទោស・ជា・ទមូន្យ ①（行政処分の一）厳重叱責。厳重に叱責する。②厳重叱責（王族に対する処罰。軽い方から2番目）。

បន្លំ
¥បន្លំ・ក្លែង・ក្លាយ 変装して騙す。
@ដោយ・បន្លំ・ក្លែង・ក្លាយ 虚偽の（届け）。
¥បន្លំ・បំបិទ・បំបាំង 隠して騙す。
¥សេចក្ដី・បន្លំ 欺瞞。

បម្រុង、បំរុង
¥បម្រុង・ទុក →កំណត់・ដែល・បម្រុង・ទុក 予備役期間。
¥បម្រុង・នឹង・ចេញ・ជា・សោហ៊ុយ 費用に充てる。
¥បម្រុង・រាជការ 見習い（その職にあるとしての待遇を受けるが、成績によっては見習い期間終了後に解雇される）。
@ក្រមការ・បម្រុង・រាជការ ក្រមការ見習い。

បម្រើ ①代行補佐官（たとえば郡長代行補佐官は郡長個人が選任するが給与は国が負担する）。②

（現地国政府官吏の）部下。
- ￥បម្រើ・កុង្ស៊ីយ・សេនាបតី　内閣代行補佐官。
- ￥បម្រើ・ខែត្រ　郡補佐官（＝郡長代行補佐官）。
- ￥បម្រើ・ចៅហ្វាយ・ខែត្រ　郡長代行補佐官。
- ￥បម្រើ・ជា・ដំណាង・ចៅហ្វាយ・ខែត្រ　＝បម្រើ・ដំណាង・ចៅហ្វាយ・ខែត្រ。郡長代行補佐官。
- ￥បម្រើ・ជា・ដំណាង・មេ・ឃុំ　村長代行補佐官。
- ￥បម្រើ・ជា・ដំណាង・ឡឺ・រេស៊ីដង់　＝បម្រើ・ដំណាង・ឡឺ・រេស៊ីដង់。弁務官代行補佐官。
- ￥បម្រើ・ជា・ដំណាង・ឡឺ・រេស៊ីដង់・ស៊ុបេរីយេរ　＝បម្រើ・ដំណាង・ឡឺ・រេស៊ីដង់・ស៊ុបេរីយេរ＝រដលេគេ・ឌុ・រេស៊ីដង់・ស៊ុបេរីយេរ។ 高等弁務官代行補佐官。
- ￥បម្រើ・ដែល・ជា・ជំនួស・ឡឺ・រេស៊ីដង់　弁務官代行補佐官。
- ￥បម្រើ・ដំណាង・ចៅហ្វាយ・ខែត្រ　＝បម្រើ・ជា・ដំណាង・ចៅហ្វាយ・ខែត្រ។ 郡長代行補佐官。
- ￥បម្រើ・ដំណាង・រេស៊ីដង់　＝ដលេគេ។ 弁務官代理補佐官。
- ￥បម្រើ・ដំណាង・ឡឺ・រេស៊ីដង់　＝បម្រើ・ជា・ដំណាង・ឡឺ・រេស៊ីដង់។
- ￥បម្រើ・ដំណាង・ឡឺ・រេស៊ីដង់・ស៊ុបេរីយេរ　＝បម្រើ・ជា・ដំណាង・ឡឺ・រេស៊ីដង់・ស៊ុបេរីយេរ។
- ￥បម្រើ・រាជការ・ប្រតិកតូរ៉ាត់　＝ដេឡេគេ។ 保護国政府代行補佐官。
- ￥បម្រើ・ស្រុក　（バット・ドンボーンの）ស្រុក補佐官。
- ￥បម្រើ・ឡឺ・រេស៊ីដង់　弁務官代行補佐官。
- ￥បម្រើ・ឡឺ・រេស៊ីដង់・ស៊ុបេរីយេរ　高等弁務官代行補佐官（＝州弁務官）。

បរិសុទ្ធ　伝染病に感染していない（人、動物）。
- ￥មនុស្ស・ជា・បរិសុទ្ធ　伝染病に感染していない人。
- ￥សត្វ・ជា・បរិសុទ្ធ　伝染病に感染していない動物。

បាក្កាឡូរេអាត់ (baccalauréat)
- ￥សញ្ញាបត្រ・បាក្កាឡូរេអាត់　バカロレア。

បាគូ　バラモン僧（？）。

បាត់
- ￥បាត់・តង់　紛失しないように保管する。（証拠品や書類を）保管する。
- ￥បាត់・តង់・ខុស　（預かった金を）紛失する。
- ￥បាត់・តង់・គ្រឿង・ប្រដាប់　備品を保管する。

ប៉ាតង់ (patente)　営業許可書（全ての商人が持つ）。

បាន　ボード（？）。
- ￥បាន・ការ　成人に達する。
  - @ជាតិ・ខ្មែរ・បាន・ការ　成人クメール人。
  - @ប្រុស・បាន・ការ　成人男子。
- ￥បាន・ការ・កំណត់・A・ឆ្នាំ　有効期間A年。
- ￥បាន・ការ・ជាប់・លេខ　試験に合格する。及第点を得る。
- ￥បាន・ការ・ពេញ・កំឡុង　肉体的に成熟した。
- ￥បាន・ការ・ពេញ・ច្បាប់　法律上完全に有効である。
- ￥បាន・តាំង　当選する。

បាព្ទ　（ប្រាព្ទが正しい）。

បារី
- ￥បារី・ធម្មតា　紙巻きタバコ。
- ￥បារី・បារាំង　＝ស៊ីហ្គារ។ 葉巻。

បារោហិត　（俗）→បុរោហិត។

បារ
- ￥បារ・ព្រាវ　使用人（←住み込みの）。

ប៉ាស្ប៉ូត់、ប៉ាស្ប៉័រត៍ (passeport)　＝សំបុត្រ・បើក・ផ្លូវ・វែង・ដែន＝សំបុត្រ・បើក・ដែន・បើក・កំពង់។ パスポート。

បាឡង់
- ￥បាឡង់・រ៉ូម៉ែន (balance romaine)　竿秤。

បាឡាត់、បាល់ដ្ឋ　副郡長。
- ￥បាឡាត់・ខណ្ឌ　ខណ្ឌ支郡副郡長。
- ￥បាឡាត់・គណ　郡副僧侶長。
- ￥បាឡាត់・ទួល・ផ្លុង　＝ឡឺ・សេហ្វ・ឌុ・កាប៊ីណេត់・ពី・រេស៊ីដង់・ស៊ុបេរីយេរ។ 高等弁務官府官房長。
- ￥បាឡាត់・ស្រុក　副ស្រុក長。

បិទ
- ￥បិទ・ស្រា　→ផ្ទះ・បិទ・ស្រា　酒造所。

បិទ
- ￥បិទ・កាក・លត់　封蠟で封筒の封印をする。
- ￥បិទ・ថ្នាំ　薬を塗る。
- ￥បិទ・ថ្នាំ・រុំ・របួស　傷に薬を塗って包帯する。

ប៊ីយេទ័រ (billeteur?)　＝អ្នក・បើក・ប្រាក់・ឱ្យ・គូលី។ 賃金支払い人。

ប៊ុដសេ (budget)　予算。

¥ប៉ុដសេ·មុយនីស៊ីប៉ាល·ដី·ភ្នំ·ពេញ (municipal) ＝បញ្ញី·ប្រាក់·ចំណូល·ចំណាយ·ក្នុង·ក្រុម·ម៉្យោង·សំរាប់·ក្រុង·ភ្នំ·ពេញ។ プノンペン市予算。

¥ប៉ុដសេ·យ៉េណរ៉ាល ＝បញ្ញី·ប្រាក់·ចំណូល·ចំណាយ·ដើម＝បញ្ញី·ប្រាក់·ចំណូល·ចំណាយ·ដើម·សំរាប់·រជការ·ធំ។ インドシナ国総予算。

¥ប៉ុដសេ·យ៉េណរ៉ាល·ប្រទេស·ឥណ្ឌូស៊ីន インドシナ国総予算。

¥ប៉ុដសេ·ឡូកាល ＝បញ្ញី·ប្រាក់·ចំណូល·ចំណាយ·ក្នុង·ស្រុក។（インドシナ国内の各国の）国予算。

¥ប៉ុដសេ·ឡូកាល·ឧយ·កម្ពុជ្យា ＝បញ្ញី·ប្រាក់·ចំណូល·ចំណាយ·ក្នុង·ស្រុក·សំរាប់·ក្រុង·កម្ពុជា។ カンボジア国予算。

¥ប៉ុដសេ·យ៉េណរ៉ាល·ដី·ឡាំងខូស៊ីន ＝បញ្ញី·ប្រាក់·ចំណូល·ចំណាយ·ដើម·សំរាប់·ដែន·ឥណ្ឌូស៊ីន។ インドシナ国総予算。

បុណ្យ

¥បុណ្យ·ងាន →រៀប·ធ្វើ·បុណ្យ·ងាន 行事を行う。

¥បុណ្យ·ងាន·ជា·រជការ 公式行事。

¥បុណ្យ·ចំរើន·ព្រះ·ជន្មាយុ 国王誕生日祭。

ប៉ុស្ដិ៍ (poste) 州支庁。

¥ប៉ុស្ដិ៍·ដី·ប៉ូលិស (poste de police) 警察分署。

¥ប៉ុស្ដិ៍·រង·ទី·រជការ·រេស៊ីដង្ស·រូម·ខេត្រ 州支庁。

¥ប៉ុស្ដិ៍·រជការ ＝ប៉ុស្ដិ៍·រជការ·រង＝ប៉ុស្ដិ៍·រជការ·ដេឡេកាស៊ីយ៉ុង។ 州支庁。

@ទី·ប៉ុស្ដិ៍·រជការ 州支庁。

@មេ·ប៉ុស្ដិ៍·រជការ 州支庁長（弁務官代行補佐官がなる）。

¥ប៉ុស្ដិ៍·រជការ·ដេឡេកាស៊ីយ៉ុង ＝ប៉ុស្ដិ៍·រជការ。

¥ប៉ុស្ដិ៍·រជការ·រង ＝ប៉ុស្ដិ៍·រជការ＝ដេឡេកាស៊ីយ៉ុង·អាដមីនីស្រាទីវ។ 州支庁。

¥ប៉ុស្ដិ៍·អាដមីនីស្រាទីហ្វ ＝ទី·រជការ·រដ្ឋបាល។ 行政機関の事務所。

ប៉ូខ្វាំង ボードワン（高等弁務官）。

បូប្រទេស 東洋。アジア。

¥បូរប្រទេស·បែក·ខាង·ចុង·បំផុត 極東។

ប៊ូរ៉ូ (bureau)

¥ប៊ូរ៉ូ·ការ·ស្រុក·អាយ 現地国課（＝高等弁務官府第2課）。

@ចាងហ្វាង·ប៊ូរ៉ូ·ការ·ស្រុក·អាយ 現地国課課長。

ប៉ូលិស (police)

¥ប៉ូលិស·ក្រុម·ព្រះ·នគរបាល 国家警察。

¥ប៉ូលិស·ជើង·ទឹក ＝ក្រុម·កង·ក្រវែល·ជើង·ទឹក។ 水上警察។

¥ប៉ូលិស·បារាំងសែស フランス警察。

¥ប៉ូលិស·ស្រុក·អាយ 現地国警察。

¥ប៉ូលិស·អ៊ីរបែន (police urbaine) ＝ក្រុម·កង·ក្រវែល·ក្រុម·ម៉្យោង។ 市警察。

ប៊ូ

¥ប៊ូ·តៃរ 民事訴訟料។

បី

¥បី·តិច·ណាស់ →ចំនួន·១០·បី·តិច·ណាស់ 10未満。

¥បី·យ៉ាង·តិច →មាន·អាយុ·បី·យ៉ាង·តិច·ត្រឹម·២៥·ឆ្នាំ 25歳以上。

បើក

¥បើក·លែង·ឈើ 材木の搬出を許す。

¥បើក·ឱ្យ·ប្រឡង →ថ្ងៃ·ដែល·នឹង·បើក·ឱ្យ·ប្រឡង 試験日。

បៀ

¥បៀ·រៀស·ខែ 月給。

¥បៀ·រៀស·ឆ្នាំ 年俸。

¥ឡើង·បៀ·រៀស 昇給する។

បេហ ＝ក្រុម·រក្សា·ស្រុក·លេខ·១។ 1級保安士។

បែក

¥បែក·កូន 繁殖する។

បែក

¥បែក·២ （書物の）第2編（第1編はចំណែកになっている）។

បែង

¥១·ភាគ·ក្នុង→បែង·ជា·៦ 6分の1។

បែប

¥បែប·កាត （役畜）証明書の様式。

បែស្ដិ៍

¥បែស្ដិ៍·គោ ウシ・ペスト។

បៃ

¥បៃ·ជិកា 郡僧侶書記官（？。僧の役職名。郡僧侶裁判所の構成メンバー）。

បោះ
　¥បោះ・គោល・ចំណាំ　境界碑を立てる。
　¥បោះ・ឆ្នោត・គំរប់・ពីរ　（初回で当選者が決定しない場合の）第２回投票。
　¥បោះ・ឆ្នោត・ជា・គំរប់・ពីរ　第２回投票。
　¥បោះ・ឆ្នោត・ជា・សម្ងាត់　無記名で投票する。
　¥បោះ・ឆ្នោត・នៅ・មុខ・ជន・ទាំង・ឡាយ　公開で投票する。
　¥បោះ・ឆ្នោត・រើស　投票で選出する。
　　@អំណាច・បោះ・ឆ្នោត・រើស　選出権。選挙権。
　¥បោះ・ឆ្នោត・រើស・ខ្លួន・តាំង　投票して選任する。
　¥បោះ・ឆ្នោត・រើស・គ្នា・ឯង　投票で互選する。
　¥បោះ・ឆ្នោត・រើស・តាំង　選挙して選任する。
　¥បោះ・ឆ្នោត・រើស・បំពេញ・ទី・ក្រុម・ប្រឹក្សា・ដែល・ទំនេរ　（現地国）諮問会議の補欠選挙をする。
　¥បោះ・ឆ្នោត・លើក・ដំបូង　第１回投票。
　¥បោះ・ឆ្នោត・សា・ជា・ថ្មី・ឡើង・វិញ　再投票をする。
　¥បោះ・ដាក់・សំរះ　សំរះを設置する。
　¥បោះ・ប្រថាប់　押捺する。
　¥បោះ・មុខ・ជាប់　刻みこむ。
បំណាច់
　¥បំណាច់・នឿយ・ហត់・នៅ・រង្វាន់　（籾税査定徴収人が得る）慰労金と報奨金。
បំបាត់
　¥បំបាត់・លែង・ឱ្យ・មាន　（州予算を）廃止する。
　¥បំបាត់・លែង・ឱ្យ・មាន・ជំងឺ・នាង　カイコの病気を撲滅する。
បំបែក
　¥បំបែក・ហុប・ឈើ　製材する。
បំពេញ　①果たすべき手続き。②（国王布告を）補足する。
　¥បំពេញ・កល　資格を満たす（と恩給が受給できる）。
　¥បំពេញ・កិច្ច　（課されている）義務を果たす。
　　@ខំុ・បាន・បំពេញ・កិច្ច・នេះ　この義務を果たすのを怠る。
ប្តឹង
　¥ប្តឹង・A　Aに訴える（注意。「を」ではない？）。
　¥ប្តឹង・ចោទ　（検事が）起訴する。
　¥ប្តឹង・ដល់・A　Aを訴える（注意。「に」ではない？）。
　¥ប្តឹង・ត・វ៉ា　（税額に）異議を申し立てる。
　¥ប្តឹង・សុំ　（市長は高等弁務官が）申請して（総督が任命する）。
　¥ប្តឹង・ឧទ្ធរ・សេចក្តី　判決に誤りがあるとして訴える。
ប្តូរ　（居住許可書を）更新する（＝新しいものが発給される）。
　¥ប្តូរ・ថែម・កំណត់　有効期間を更新して延長する。
ប្តេជ្ញា　決心する。絶対的に。
ប្រកាន់
　¥ប្រកាន់・A・ប្តឹង・តុលាការ　Aを裁判所（の検察部）に告発する。
ប្រការ
　¥បញ្ញត្តិ・ប្រការ・ដូច・គ្នា　同じ規定。
ប្រកាស
　¥ប្រកាស・ដេក្រេ　政令。
　¥ប្រកាស・ដេក្រេ・លោក・ប្រសីុដង់・ឌី・ឡា・រេពុប្លិក　＝ប្រកាស・ដេក្រេ・ប្រធានាធិបតី・ក្រុង・បារាំងសែស។共和国大統領令。
　¥ប្រកាស・បិទ　（貼りだし）掲示。
　¥ប្រកាស・ប្រាប់　公示して通知する。
　¥ប្រកាស・សេនាបតី　大臣布告。
　¥ប្រកាស・អាររេតេ　①政令。②条例。
　¥ប្រកាស・អាររេតេ・សេនាបតី　大臣令。
　¥ប្រកាស・អាររេតេ・សេនាបតី・ក្រសួង・មហាថៃ　内務大臣令。
　¥ប្រកាស・អាររេតេ・សេនាបតី・ក្រសួង・យុត្តិធម៌　法務大臣令。
ប្រតល់
　¥ប្រតល់・ការ　（後任者に）事務を引き渡す。
　¥ប្រតល់・ខ្លួន・មនុស្ស・A　Aした人の身柄を預ける。
　¥ប្រតល់・ចំណែក　（土地などを）分与する。
　¥ប្រតល់・A・ឱ្យ・ដាច់　Aを完全譲渡する。
ប្រជុំ
　¥ប្រជុំ・ក្រុម・កុងួយ・ដី・អេសីុដង្ស　州諮問会議を開く。
　¥ប្រជុំ・ក្រុម・ប្រឹក្សា・ជា・ចំឡែក　現地国諮問会議の特別会議を開く。

¥ប្រជុំ･ជាតិ･យួន　ベトナム人多数居住地区。
　　¥ប្រជុំ･ជំនុំ･ការ　会議を開く。会議する。
　　¥ប្រជុំ･នឹង･កុងស៊ីយ៉･សេនាបតី　内閣と協議する。
　　¥ប្រជុំ･ព្រម　会議して／協議して同意する。

ប្រញាប់　①通告する。②告げる。

ប្រដាប់
　　¥ប្រដាប់･នេសាទ　漁具。
　　¥ប្រដាប់･ប្រដា･សរសេរ　文房具。

ប្រដៅ
　　¥ប្រដៅ･សាសនា･កាតូលិក　→ពួក･ប្រដៅ･សាសនា･កាតូលិក　カトリック宣教師たち。

ប្រណិប័តន៍
　　¥ប្រណិប័តន៍･តាម　→ឱ្យ･ប្រណិប័តន៍･តាម　（法律を）施行する。
　　¥ប្រណិប័តន៍･តាម･សព្វ･ថ្ងៃ･នេះ　現行の（規定）。

ប្រថាប់
　　¥ប្រថាប់･ត្រា･ទុក･ជា･ពិត　（この契約書の存在）事実であると押印証明する。
　　¥ប្រថាប់･ត្រា･លើ･លិខិត　→ថ្លៃ･ប្រថាប់･ត្រា･លើ･លិខិត　文書の押印証明料。

ប្រទេស
　　¥ប្រទេស･ចំណុះ･ឥណ្ឌូស៊ីន　インドシナ植民地国。
　　¥ប្រទេស･ដែល･មាន･អំណាច　主権国家。

ប្រធាន　証拠。（保証金は十分な資力があることの。投票済みの）証拠。
　　¥ជា･ប្រធាន　証拠として。

ប្រប
　　¥ប្រប･សាលា･ខេត្រ　→តាំង･នៅ･ប្រប･សាលា･ខេត្រ　郡庁に付設されている（刑務所）。
　　¥នៅ･ប្រប･A　①Aに直属する。②（総督の）近くにいる（委員）。
　　¥នៅ･ប្រប･សាលា･ខេត្រ　（郡刑務所は）郡庁に付設されている。

ប្រព្រឹត្ត
　　¥ប្រព្រឹត្ត･ទាស់･ខុស　（規定に）違反する。

ប្រភេទ
　　¥ប្រភេទ･ទឹក　水質（を保護する）。
　　¥ប្រភេទ･អាកាស　天候の質（が良い／悪い）

ប្រយោជន៍　①（売却代金は政府の）収入。②特典。

　　¥ប្រយោជន៍･ដែល･ត្រូវ･បាន･ចំរើន･អ្នក･រាជការ　官吏が得る特典。
　　¥ប្រយោជន៍･បញ្ចី･ប្រាក់･ចំណូល･ចំណាយ　（無主の財産を売った金は）予算の収入（になる）。
　　¥ប្រយោជន៍･រាជការ　→អូស･A･ជា･ប្រយោជន៍･រាជការ　Aを没収して政府の収入にする。
　　¥ប្រយោជន៍･សម្បត្តិ･ផែន･ដី･សម្រាប់･រាជ្យ　（その売り上げは）国王位国有財産の収入（になる）。
　　¥រក្សា･ប្រយោជន៍　特典を保護する。

ប្រវាស់　（コショウ畑の）小作人。

ប្រវែង
　　¥ប្រវែង･បណ្ដោយ　（流木の）長さ。

ប្រសើដ្ឋ（タイ語）
　　¥របស់･ប្រសើដ្ឋ　尊崇対象物。

ប្រឡង
　　¥ប្រឡង･ចំណេះ　①（採用のための）知識試験。（入学のために）学力試験。②知識試験／学力試験を受ける。
　　¥ប្រឡង･ចំណេះ･ចេញ･ពី･សាលា　卒業試験を受ける。
　　¥ប្រឡង･ចំណេះ･បាន･ការ　①知識試験／学力試験を受けて合格する。
　　¥ប្រឡង･ចំណេះ･ឡើង･ថ្នាក់　進級学力試験を受ける。
　　¥ប្រឡង･បាន･ការ　試験を受けて合格点をとる。
　　¥ប្រឡង･រើស･សិស្ស　入学生選抜試験。
　　@ចូល･ប្រឡង･រើស･សិស្ស　入学生選抜試験を受ける。

ប្រអប់　（マッチ棒70本入りの）箱（が10箱で1包）。
　　¥ប្រអប់･ឆ្នោត　投票箱。
　　¥ប្រអប់･សំរាប់･ដាក់･ក្រដាស･ឆ្នោត　投票箱
　　¥ម៉ាត់･ប្រអប់　マッチ箱の中箱が入る外箱の入り口（に証紙を貼る）。

ប្រាក់
　　¥ប្រាក់･ក្រហា･ពិន័យ　①罰金。②罰金額。
　　¥ប្រាក់･គយ　関税金。
　　¥ប្រាក់･ឃ្លាំង　財務局の公金。
　　¥ប្រាក់･ចូល　（郵政局からの。鉄道からの。予算の収入項目の中の。寄付などの）入金。
　　¥ប្រាក់･ចំណាយ･ដោយ･របៀប　経常費。

¥ប្រាក់・ចំណូល・ចំណាយ・សំរាប់・រាជការ・ក្រុម・មឿង　市政府の収支金。

¥ប្រាក់・ចំណូល・ផ្សេង・ៗ　雑収入。

¥ប្រាក់・ចំណូល・មន្ទីរ・ពេទ្យបាល　病院収入。

¥ប្រាក់・ដែល・ចូល　収入。

¥ប្រាក់・ដែល・ជំពាក់・ឃុំ　村に納付するべき金（税金など）。

¥ប្រាក់・ដែល・ជំពាក់・ឃ្លាំង　財務局に納付するべき金。

¥ប្រាក់・ដែល・សល់　（予算の）剰余金。

¥ប្រាក់・ថ្លៃ　料金。

¥ប្រាក់・ថ្លៃ・ចុះ・បញ្ជី　登記料金。

¥ប្រាក់・ថ្លៃ・តែម・ប្រថាប់・ត្រា　押印証明印紙料。

¥ប្រាក់・ថ្លៃ・លោះ　免除料。

¥ប្រាក់・ថ្លៃ・លោះ・ការ・កំណែន　徴用免除料。

¥ប្រាក់・ថ្លៃ・លោះ・ការ・យាម・ល្បាត　警備・巡視免除料。

¥ប្រាក់・បន្ថែម　→ចំនួន・ប្រាក់・បន្ថែម　追加税額。

¥ប្រាក់・បំរុង・ទុក・ជា・ចំណែក　予備費。

¥ប្រាក់・ពន្ធ

　@ទារ・ប្រាក់・ពន្ធ　税金を徴収する。

¥ប្រាក់・ពន្ធ・កំណែន　徴用税金。

¥ប្រាក់・ពន្ធ・ខ្លួន　人頭税金。

¥ប្រាក់・ពន្ធ・ចំការ　畑税金。

¥ប្រាក់・ពន្ធ・ជំរៀត　外国人登録料税金

¥ប្រាក់・ពន្ធ・ត្នោត　サトウヤシ税金。

¥ប្រាក់・ពន្ធ・ទាស　高地畑税金。

¥ប្រាក់・ពន្ធ・ទូក　舟税金。

¥ប្រាក់・ពន្ធ・បន្ថែម　追加税金。

¥ប្រាក់・ពន្ធ・ផ្ទាល់・ខ្លួន　直接税金。

¥ប្រាក់・ពន្ធ・មិន・ផ្ទាល់・ខ្លួន　間接税金。

¥ប្រាក់・ពន្ធ・ស្រូវ　籾税金。

¥ប្រាក់・ពន្ធ・ឧន្ធ្នើរជ្ស្យ　漁具税金。

¥ប្រាក់・រង្វាន់・ផ្លូវ　（出張の）交通費。

¥ប្រាក់・រង្វាន់・វិក្រឹត　恩給金。

¥ប្រាក់・រង្វាន់・ស្នាក្តី　弁護士料。

¥ប្រាក់・រង្វាន់・អាហារ・ឡើង・ថ្លៃ　食費増加補償手当。

¥ប្រាក់・រាជការ・ពន្ធ　公金と税金。

¥ប្រាក់・ឈយ　消費税・使用料金。

¥ប្រាក់・លើស　（予算決算後の）剰余金。

¥ប្រាក់・លោះ・ការ・យាម・ល្បាត　警備。巡視免除料金。

¥ប្រាក់・សន្យា・យម　示談金。

¥ប្រាក់・សម្រាប់・រាជ្យ　=លិសតី・ស៊ីវិល（liste civile）。王室費。

¥ប្រាក់・សល់・ពី・បញ្ជី・ប្រាក់・ចំណូល・ចំណាយ・ឆ្នាំ・មុន　（前年度）村予算の剰余金。

ប្រាប់

¥ប្រាប់・ដំណើរ　（家畜の飼育法、交配、病気予防などの）方法を教える。

ប្រាព្ញ　①協議する。②（隔離された船の乗員乗客は外部の人に）会って話をしに行く（ことは不可）。③（外国と）交渉する。

¥ប្រាព្ញ・គ្នា　話し合う。

ប្រីវេត់　→ប្រេវេត់

ប្រគូរើរ、ប្រគូរើរ（procureur）　=ភ្នាក់・ងារ・អយ្យការ។検事。

¥ប្រគូរើរ・ជី・ទ្យា・រេពុព្លិក（procureur de la république）　（フランス）共和国検事。

¥ប្រគូរើរ・យេណេរាល（procureur général）検事総長（裁判所の長の官職）。

¥ឡឺ・ប្រគូរើរ（le procureur）　検事。

ប្រតិកតូរាត់（protectorat）　保護国。

ប្រើ　（国内で）消費する。

¥ប្រើ・ការ　自家消費する。

¥ប្រើ・បាន・កំណត់・១・ឆ្នាំ　（許可書の）有効期間は１年。

¥ប្រើ・សព្វ・ថ្ងៃ　現行の（規定）。

ប្រេង

¥ប្រេង・ដែល・កើត・ក្នុង・ដែ　石油。

ប្រេវេត់、ប្រីវេត់、ប្រេវេត់（brevet）　中等教育修了証書。

¥ប្រេវេត់・ស៊ុបេរិយើរ（brevet supérieur）　上級中等教育修了証書。

¥ប្រេវេត់・អេឡេម៉ង់តែរ　=សញ្ញាបត្រ・ប្រយោគ・ទី・១　中等教育前期修了証書。

ប្រស៊ីសង្ក

¥ប្រស៊ីសង្ក・ជី・ទ្យារេពុយព្លិក　共和国大統領。

ប្រាំ

¥ប្រាំ・មួយ・ខែ・ចុង・ឆ្នាំ　下半期（＝7～12月）。

¥ប្រាំ・មួយ・ខែ・ដើម・ឆ្នាំ　上半期（＝1～6

月)。

　¥ប្រាំ・មួយ・ជ្រុង　=ម៉ែត្រ・គុប。立法メートル。

ឆ្នោង

　¥ឆ្នោង・ឆ្នោត　投票する。

　¥ឆ្នោង・ឆ្នោត・ឆ្លើយ・រើស・គ្នា・ឯង　選挙で互選する。

　¥ឆ្នោង・ឆ្នោត・ឆ្លើយ・សម្រេច　投票で議決する。

　¥ឆ្នោង・ឆ្នោត・រើស　投票して選ぶ。

　¥ឆ្នោង・ឆ្លើយ・រើស　投票する。

　¥មនុស្ស・ឆ្នោង　被遺棄者。

ឆ្នោងតុង (planton) 雇員(=補助職員の一)。

ឆ្នែក

　¥ជា・ឆ្នែក・ចន្លោះ　例外として(許可する)。

　　@បញ្ញត្តិ・ជា・ឆ្នែក・ចន្លោះ　例外規定。

ផល　①(法律用語)果実(=天然果実+法定果実。ជុនណាត は誤り)。②収入。

　¥ផល・ជា・ជាស៊ី　使用独占権・営業権収入。

　¥ផល・ឈ្នួល・អចលនវត្ថុ　不動産の賃貸料収入。

　¥ផល・ដី　土地の収量。

　¥ផល・តែង・ជាស៊ី　独占使用・営業権売却収入。

　¥ផល・ទំនិញ　生産物。

　　@ជាតិ・ផល・ទំនិញ　生産物の種類。

　¥ផល・ចំ・ៗ　(輸入される)主な生産物。

　¥ផល・ប៉ុស្តិ៍・ទូរលេខ・និង・ទូរសព្ទ　郵便・電報・電話収入。

　¥ផល・ជាស៊ី　独占使用・営業権売却収入。

　¥ផល・ផ្សេង・ៗ　雑収入。

　¥ផល・ព្រៃ　林産物。

　¥ផល・មុខ・ចំណូល　収入項目の収入(金)。

　¥ផល・រង・ព្រៃ・(ឈើ)　森林副産物(=樹脂、竹、蝋、など)。

　¥ផល・រថ・ភ្លើង　鉄道収入。

　¥ផល・របរ・ចំ　主産物。

　¥ផល・រេយី　消費税・使用料収入。

　¥ផល・សប្បើយការ　工業製品。

　¥ផល・ស្រូវ　籾の収穫量。

　¥ផល・ស្រែ　(その郡の)籾の収穫量。

　　@ចំនួន・ស្រូវ・ផល・ស្រែ　籾の収穫量。

　¥ផល・អាករ　収入。

　¥យក・ផល・តែ・ខាង・លើ・ដី　地上の法律上の果実のみを消費する。

　¥យក・ផល・ប្រាក់・ដែល・A　(他者が開墾に要した金を自分は出費せずに)もうける。

　¥ស៊ី・ផល　法律上の果実を消費する。

ផលាសម្បត្តិ　(インドシナ国の)生産物(を紹介する事務所)。

　¥ក្រុម・ផលាសម្បត្តិ　生産物事務所。

ជាស៊ី　①独占権。営業独占権(=郵便局。公社)。使用独占権(=市場など)。

　¥ជាស៊ី・ប៉ុស្តិ៍・និង・ខ្សែ・លួស　郵便電報営業独占権。

　¥ជាស៊ី・ផ្សារ　市場使用独占権。

　　@តែង・ជាស៊ី・ផ្សារ　市場使用独占権を売る。

　¥តែង・ជាស៊ី　→ផល・តែង・ជាស៊ី　使用・営業独占権売却収入(=政府の収入)。

　¥កាំង・ជា・ជាស៊ី・ផល・លក់・អាភៀន・និង・អំបិល　アヘンと塩の営業独占権を持つ。

ផុត

　¥ផុត・លេខ　=ឧត្តមលេខ。特級(郡長、など)。

　¥ផុត・អំណាច　(許可が)効力を失う。

ផែន

　¥ផែន・ទី　(教科名)自然地理。

　¥ផែន・ទី・ភូមិស្ថាន　自然地理。

ផ្ញើ

　¥ផ្ញើ・ឥវ៉ាន់　小包を送る。

ផ្ទិត

　¥ផ្ទិត・ចុង・ម្រាម・ដៃ　指紋を押捺する。

ផ្ទេរ

　¥ផ្ទេរ・ទឹក・ប្រាក់　=វីរម៉ង់・ដឺ・ក្រេឌិត (virement de crédit)。(予算中の金を)移項する。

　¥ផ្ទេរ・បង្វែរ・អំណាច・ម្ចាស់　所有権を移転する。

　¥ផ្ទេរ・បង្វែរ・អំណាច・ម្ចាស់・ទ្រព្យ　財物の所有権を移転する。

ផ្ទះ:　①(刑務所は行政機関の)施設。②事務室。

　¥ផ្ទះ・ចង់・ការ　銀行。

　　@ផ្ញើ・ទុក・នៅ・ផ្ទះ・ចង់・ការ　銀行に預金しておく。

　¥ផ្ទះ・ចង់・ការ・ប្រាក់　銀行。

　¥ផ្ទះ・ជំងឺ　診療所。

　¥ផ្ទះ・ធ្វើ・ទឹក・កក　製氷工場。

¥ផ្ទះ・បង្គាំង・ប្រទៀង・ស្ថាន・ជំងឺ・ឆ្លង　伝染病患者隔離所。
¥ផ្ទះ・បិត・ស្រា　酒造所。
¥ផ្ទះ・ផ្លូវ　→ការ・ផ្ទះ・ផ្លូវ　＝ការី。家屋・交通路業務。
¥ផ្ទះ・ផ្សារ　商店。
¥ផ្ទះ・ពេទ្យ・រក្សា・ជម្ងឺ　①病院。②診療所。
¥ផ្ទះ・មេ・ឃុំ　村役場。
¥ផ្ទះ・រក្សា・ជម្ងឺ　①病院。②療養所。
¥ផ្ទះ・របស់・ឃុំ　村有建築物。
¥ផ្ទះ・របស់・រាជការ・រដ្ឋបាល　（刑務所は）行政機関の施設。
¥ផ្ទះ・រាជការ　①官舎。②政府庁舎。
¥ផ្ទះ・រាជការ・ក្រម・ព្រះ・នគរបាល　（警察分署と呼ぶ）警察の事務所。
¥ផ្ទះ・ស្លឹក　木の葉の家。
¥ផ្ទះ・អ្នក・រាជការ　官舎。

ផ្លាស់
¥ផ្លាស់・ប្ូរ・ជំណង・មន្ត្រី　官吏の配置換えをする。
¥ផ្លាស់・ប្ូរ・លំនៅ　住所を移転する。

ផ្លូវ
¥ផ្លូវ・ក្រាល・ថ្ម　砂利で舗装した道。
¥ផ្លូវ・ដឹក・ទាញ・ក្បូន　筏を曳くための（川岸の）道。
¥ផ្លូវ・ដឹក・ទាញ・ទូក　舟を曳くための（川岸の）道。
¥ផ្លូវ・ដែល・ត្រង់・បំផុត　最短コース。
¥ផ្លូវ・ផ្លា　公道。
¥ផ្លូវ・រាជការ　政府の制度（を改正する）。
¥ជូន・តាម・ផ្លូវ・A　Aを介して送る。
¥អស់・ផ្លូវ
　@ប្រកាស・ឱ្យ・អស់・ផ្លូវ　余すところなく／くまなく告示する。
　@ពិនិត្យ・ឱ្យ・អស់・ផ្លូវ　余すところなく／くまなく調査する。

ផ្សាយ　（伝染病が）広まる。

ផ្សេង　（保安隊の）特別な（罰）。
¥វិជ្ជា・ចំណេះ・ផ្សេង　専門技術知識。
¥សេចក្តី・បញ្ញត្តិ・ផ្សេង　特別規定。

ផ្សះ
¥ផ្សះ・ផ្សារ・ឱ្យ・សះ・ជា・នឹង・គ្នា　（訴訟を）調停して和解させる。

ពង្សាវតារ
¥ពង្សាវតារ・ក្នុង・ស្រុក　（教科名）国史。

ពតិមាន
¥ពតិមាន・ប្ឹង　届け書。

ពន្ធ
¥ពន្ធ・កាប់・ឈើ　伐採税。
　@ថ្លៃ・ពន្ធ・កាប់・ឈើ　伐採税額。
¥ពន្ធ・កំណែន　徴用税。
¥ពន្ធ・ខ្លង・ព្រៃ　森林利用税。
¥ពន្ធ・គយ・ជាស៊ី　関税・消費税・使用料。
¥ពន្ធ・ចុះ・បញ្ជី・ខួន　アジア人外国人登録料税。
¥ពន្ធ・ចុះ・បញ្ជី・ពួក・អាស៊ីអាទិក・តាំង・ប្រទេស　＝ពន្ធ・ចុះ・បញ្ជី・ខួន។アジア人外国人登録料税。
¥ពន្ធ・ចំការ　畑税。
¥ពន្ធ・ជំពាក់・ឃ្លាំង　財務局に納付するべき税金。
¥ពន្ធ・ឈើ・គូស　マッチ消費税。
¥ពន្ធ・ដី　①土地税（家の敷地の）。②土地税（＝籾税＋水田地税）。
¥ពន្ធ・ដី・ស្រែ　＝ពន្ធ・ដី・ស្រែ។水田地税（バット・ドンボーン地域でのみ。籾税に代わるもの）。
¥ពន្ធ・ដែល・ខួន・ជំពាក់・ឃ្លាំង　未納の税金（滞納とは限らず、支払い期限がきていないものも含む）。
¥ពន្ធ・ជំរៀត　外国人登録料税。
¥ពន្ធ・តែម　＝ពន្ធ・តែមប្រិ៍។
¥ពន្ធ・តែមប្រិ៍　印紙税。
¥ពន្ធ・ត្នោត　サトウヤシ税。
¥ពន្ធ・ថ្លៃ・ចុះ・បញ្ជី　外国人登録料税。
¥ពន្ធ・ថ្លៃ・រាជការ　人頭税。
¥ពន្ធ・ថ្លៃ・រាជការ・ខួន　人頭税。
　@កាត・ពន្ធ・ថ្លៃ・រាជការ・ខួន　納税カード（＝人頭税カード。身分証明書の代用になる）。
¥ពន្ធ・ទាស　高地畑税。
¥ពន្ធ・ទូក　舟税。
¥ពន្ធ・បន្ថែម　追加税。
¥ពន្ធ・បរ・រថ・ឈ្នួល・និង・រថ・សំរាប់・ជិះ・រៀង・ខួន　バスと乗用車税。
¥ពន្ធ・ប៉ាត់ង់　営業税。
¥ពន្ធ・ប៉ាត់ង់・ផុត・លេខ　特級営業税。

¥ពន្ធ・ប៉ាតង់・ដុត・លេខ・១〜៣　1〜3級営業税。

　　¥ពន្ធ・ប៉ាតង់・ពី・ត្រឹម・លេខ・៣・ឡើង・ទៅ　3級以上の営業税。

　　¥ពន្ធ・ប្រាក់・បន្ថែម　追加税。

　　¥ពន្ធ・ប្រាក់・រាជការ　税。

　　¥ពន្ធ・ផ្ទាល់・ខ្លួន　直接税。

　　　@ពន្ធ・មិន・ផ្ទាល់・ខ្លួន　間接税。

　　¥ពន្ធ・ម្រេច　コショウ税。

　　¥ពន្ធ・រថ・ឈ្នួល　バス税。

　　¥ពន្ធ・រថ・មនុស្ស・អូស　人力車（営業）税。

　　¥ពន្ធ・រថ・សម្រាប់・ជិះ・រៀង・ខ្លួន　乗用車税。

　　¥ពន្ធ・រំៃ・ៃ・ដាក់　課した税。

　　¥ពន្ធ・ស្រា　酒税。

　　¥ពន្ធ・ស្រូវ　籾税。

　　¥ពន្ធ・ស្រែ　＝ពន្ធ・ដី・ស្រែ。水田地税。

　　¥ពន្ធ・អាគរ・ក្រុម・ម៉ឿង　都市税（＝市街地区の指定を受けている地域の住民に課される）。

　　¥ពន្ធ・គន្លីៃ្ឆ　漁具税。

　　¥ខាន・ពន្ធ　（元来）非課税。

ពន្លឺ

　　¥មាន・ពន្លឺ・ព្រះ・អាទិត្យ・ភ្លឺ・ដោយ・ស្រួល　日当たりが良い。

ពរ័ត៍ (port) 港。

　　¥ពរ័ត៍・ដី・កុំមែរ្យ　＝កំពង់・ជំនួញ។ 商港。

ពាក្យ 届け書。

　　¥ពាក្យ・ចម្លើយ　供述書。

　　¥ពាក្យ・ចូល・សុំ　願書。

　　¥ពាក្យ・ចូល・សុំ・អនុញ្ញាត・ដី　土地取得申請書。

　　¥ពាក្យ・ជូន・ពត៌មាន　（弁護士が提出する）上申書（？）。

　　¥ពាក្យ・ជំរាប・ប្ដឹង　届け書。

　　¥ពាក្យ・ដែល・ប្ដឹង・ត・វ៉ា　異議申し立て書。

　　¥ពាក្យ・ដែល・សុំ・ដី・ជា・សម្បត្តិ・ផែន・ដី　国有地取得申請書。

　　¥ពាក្យ・ត・វ៉ា　異議申し立て書。

　　¥ពាក្យ・បណ្ដឹង　届け書。

　　¥ពាក្យ・បណ្ដឹង・ត・វ៉ា　異議申し立て書。

　　¥ពាក្យ・ប្ដឹង・ចោទ・ប្រកាន់　告訴状。

　　¥ពាក្យ・ប្ដឹង・ត・វ៉ា　異議申し立て書。

　　¥ពាក្យ・ប្ដឹង・ទាស់・ត・វ៉ា　異議申し立て書。

　　¥ពាក្យ・ប្ដឹង・សុំ・ផ្លាស់・ទី・លំនៅ　移転届書。

　　¥ពាក្យ・សុំ

　　　@ធ្វើ・ពាក្យ・សុំ　申請書を作る。

　　¥ពាក្យ・សុំ・កត់・ប្ដឹង　反訴状。

　　¥ពាក្យ・សុំ・ចុះ・បញ្ជី・ទូក　舟登録申請書。

　　¥ពាក្យ・សុំ・ចូល・ប្រឡង　受験願書。

　　¥ពាក្យ・សុំ・ច្បាប់・កាប់・ឈើ　伐採許可申請書。

　　¥ពាក្យ・សុំ・ប្ដឹង　申請書。

　　¥ពាក្យ・សុំ・ប្រឡង　受験願書。

　　　@ចូល・ពាក្យ・សុំ・ប្រឡង　受験願書を提出する。

　　¥ពាក្យ・សុំ・អនុញ្ញាត　許可申請書。

　　¥ពាក្យ・សុំ・អនុញ្ញាត・ឱ្យ・ទទេ・តត・ថ្លៃ　無償譲渡許可申請書。

ពាណិជ្ជការ 商業。商業を行うこと。

ពិធី

　　¥ពិធី・បុណ្យ・ជា・រាជការ　公式行事。

ពិន័យ ①（処罰の一）罰金。②（王族に対する処罰で、7段階ある中の重い方から3番目）。

　　¥ពិន័យ・ខាង・ផ្លូវ・រដ្ឋបាល　行政処分の罰金。

　　¥ពិន័យ・ជា・ផ្លូវ・រដ្ឋបាល　行政処分の罰金。

　　¥ពិន័យ・ជា・ផ្លូវ・រាជការ　行政処分の罰金。

　　¥ពិន័យ・តែ・ដោយ・ព្យួរ・ទោស　執行猶予付罰金刑。

　　¥ពិន័យ・តត・ព្យួរ・ទោស　執行猶予なしの罰金刑。

ពិនិត្យ （異議申し立て書を）検討／調査する。

　　¥ពិនិត្យ・ឃើញ・បទ・ល្មើស　違反・犯罪を捜査して発見する。

　　¥ពិនិត្យ・ជំរឿន　（情報を調査して税簿を）更新する。

　　¥ពិនិត្យ・ត្រួត　会計検査をする。（度量衡器の）検査をする。

　　¥ពិនិត្យ・ត្រួត・ជម្រះ・ការ・កាន់・កាប់・បញ្ជី・ប្រាក់・ចំណូល・ចំណាយ　予算管理を検査する。

　　¥ពិនិត្យ・ត្រួត・ជម្រះ・បញ្ជី・ប្រាក់・ចំណូល・ចំណាយ　予算の会計検査をする。

　　¥ពិនិត្យ・ទាយ・ជម្ងឺ　病気を診断する。

　　¥ពិនិត្យ・ពិភាក្សា　（裁判して）審理する。

　　¥ពិនិត្យ・មនុស្ស・ដែល・មរណភាព　死亡者の検死をする。

　　¥ពិនិត្យ・មនុស្ស・ដែល・ស្លាប់　死者の検死を

する。
　¥ពិនិត្យ・មើល・រក្សា・អាការ・រោគ　診察し治療する。
　¥ពិនិត្យ・មើល・អាការ・រោគ・ជន　人々の病気の診療をする。
　¥ពិនិត្យ・រក・បទ・ល្មើស　犯罪を捜査する。
　¥ពិនិត្យ・វាស់　計測検査をする。
　¥ពិនិត្យ・វាស់・ជា・ថ្មី　再測定検査をする。
　¥ពិនិត្យ・វាស់・ឈើ　（伐採した）材木の測定検査をする。
　¥ពិនិត្យ・វាស់・ហុប・ឈើ　丸太の測定検査をする。
　¥ពិនិត្យ・សំគាល់・អាការ・ដំណាំ　作物状況確認検査。
　¥ពិនិត្យ・សំរេច・សេចក្ដី　（異議申し立てを）調査して裁決する。
ពិភាក្សា
　¥លក្ខណៈ・ពិភាក្សា　訴訟審理手続き。
ពុទ្ធសាស្ត្របប្បជមួក　仏教保護者。
ពួក　①大隊（部隊長は少佐）。②隊。③＝កុងត្រេរាស្យៀង。（華。印）僑会。
　¥ពួក・ក្រុម　僑会。
　¥ពួក・បម្រុង・ទុក　予備役軍人。
　¥ពួក・ប្រដៅ・សាសនា　宣教師たち。
　¥ពួក・ប្រដៅ・សាសនា・កាតូលិក　カトリック教宣教師たち。
　¥ពួក・អ្នក・ស្រុក・ជាតិ・ស្រុក・អាយ　現地国人住民の団体。
　¥មេ・ពួក　僑会長。
ពេទ្យ
　¥ពេទ្យ・ជាតិ・ស្រុក・អាយ　現地国人医師。
　¥ពេទ្យ・ជំនួយ　准医師（＝ハノイの医学校卒業生）。
　¥ពេទ្យ・នៅ・រួម・ខែត្រ　州医師。
　¥ពេទ្យ・បង្ការ・ជម្ងឺ　防疫医師。
　¥ពេទ្យ・បារាំងសែស　フランス医師。
　¥ពេទ្យ・សត្វ・ជាតិ・ស្រុក・អាយ　現地国人獣医。
　¥ពេទ្យ・សម្រាប់・ទ័ព　軍医。
　¥ពេទ្យ・សម្រាប់・ទី・រួម・ខែត្រ　州医師。
　¥ពេទ្យ・សម្រាប់・រួម・ខែត្រ　州医師。
ព្រាង
　¥ព្រាង・បញ្ជី・ប្រាក់・ចំណូល・ចំណាយ　予算案。
ព្រៃ
　¥ព្រៃ・ឈើ・ដែល・ត្រូវ・រក្សា・ទុក　保護林。
　¥ព្រៃ・ដែល・បំរុង・ទុក　保護林。
　¥ព្រៃ・ដែល・ពុំ・បំរុង・ទុក　非保護林。
　¥ព្រៃ・ត្រែង　野原。
　　＠កន្លែង・ដែល・មាន・ដុះ・ព្រៃ・ត្រែង　野原。
　¥ព្រៃ・ត្រែង・ស្មៅ　野原。
　　＠ដុត・ព្រៃ・ត្រែង・ស្មៅ　野原を焼く。
　¥ព្រៃ・បំរុង・ទុក　保護林。
　¥ព្រៃ・ស្មៅ・ត្រែង　＝ព្រៃ・ត្រែង・ស្មៅ。
ព្រំ
　¥ព្រំ・បន្ទាត់　境界線。
ព្រះ
　¥ព្រះ・គ្រូ　（郡僧侶長になる僧の官職）。
　¥ព្រះ・ចៅ・ក្រុង・កម្ពុជា　カンボジア国王。
　¥ព្រះ・ចៅ・ក្រុង・កម្ពុជាធិបតី　カンボジア国王。
　¥ព្រះ・វង្ស　（バラモン教徒団の役職名？。人頭税が免除）。
ភក់
　¥ភក់・ប្រាំ　汚泥塵芥。
　　＠លើក・ភក់・ប្រាំ　汚泥塵芥を浚う／除去する。
ភគ្គនិយោ　甥。姪。
ភស៊ុ
　¥ភស៊ុ・តាង　（固い友情を持つ）証[あかし]。
　¥ភស៊ុ・ផល　収入。
ភាគ
　¥ភាគ・ខ្លះ　→ដក・ភាគ・ខ្លះ　（多数ある漁区の）一部を除く。
ភិក្ខុ　比丘。
　¥ភិក្ខុ・សង្ឃ　比丘。
ភិនភាគ
　¥ភិនភាគ・និង・ស្នាក・ស្នាម　①（前科者の身長、肌色、ほくろ、傷痕などの）特徴。（役畜の）特徴。
　¥ភិនភាគ・ស្នាក・ស្នាម・រូប・កាយ・មនុស្ស　人体特徴（頭、耳、手足のサイズ、指紋、傷痕、など）。
ភូ
　¥ភូ・យាំ　看守（＝補助職員の一）。

¥ភូ·យុំ·តុក ＝ភូ·យុំ។
¥ភូ·ឈួយ
　@ចៅ·ក្រម·ជា·ភូ·ឈួយ　ចៅ·ក្រម 補。
　@ចៅ·ក្រម·ភូ·ឈួយ　ចៅ·ក្រម 補。
　@ចៅ·ក្រម·ប្រឹក្សា·ភូ·ឈួយ　ចៅ·ក្រម·ប្រឹក្សា 補。
¥ភូ·ឈួយ·ចៅ·ហ្វាយ·ខេត្រ ＝បាល់ដ្ឋ＝ជំទប់。副郡長。
¥ភូ·ឈួយ·មេ·យុំ　副村長。
¥ភូ·ឈួយ·សេនាបតី　副大臣（＝局長を務める）。
¥ភូ·ឈួយ·សេនាបតី·លេខ·១　1級副大臣。
¥ភូ·ឈួយ·សេនាបតី·លេខ·២　2級副大臣。
¥ភូ·បាន　（ラオスの村の下の）区長。

ភេទ
¥ភេទ·អាកាស　天候の質。

ភោគសម្បត្តិ
¥ចំរើន·ភោគសម្បត្តិ　（国の。中国人が）財産を増す。
¥ពួក·ភោគសម្បត្តិ　資産家（？）。

ភ្លើ
¥ភ្លើ·ភ្លើង　花火。

ភ្នាក់·ងារ ①（មន្ត្រី、អ្នក·រាជការ と区別して）雇員。②警察官。
¥ភ្នាក់·ងារ·កំទ្រាំង·អាជ្ញា ＝ភ្នាក់·ងារ·ជា·កំទ្រាំង·អាជ្ញា。司法権を持つ職員。
¥ភ្នាក់·ងារ·ក្រុម·កង·ក្រវែល　警察官（＝村が雇用する）。
¥ភ្នាក់·ងារ·ក្រុម·កង·ក្រវែល·យុំ　村警察官。
¥ភ្នាក់·ងារ·ក្រុម·កំទ្រាំង·អាជ្ញា　司法権を持つ職員。
¥ភ្នាក់·ងារ·ក្រុម·ជំរុត　憲兵隊員。
¥ភ្នាក់·ងារ·ក្រុម·ព្រះ·នគរបាល·យុត្តិធម្ម　国家警察局警察官。
¥ភ្នាក់·ងារ·យុំ　村職員。
¥ភ្នាក់·ងារ·ចោទ　（裁判での）検察官。
¥ភ្នាក់·ងារ·ជា·កំទ្រាំង·អាជ្ញា ＝ភ្នាក់·ងារ·កំទ្រាំង·អាជ្ញា。司法権を持つ職員。
¥ភ្នាក់·ងារ·ជា·អយ្យការ　検事。
¥ភ្នាក់·ងារ·ជា·អ្នក·ជំនួយ·តុលាការ　裁判所の補助職員。
¥ភ្នាក់·ងារ·ជំនួយ　補助職員（＝雇員と看守の2種）。
¥ភ្នាក់·ងារ·ដំណើង·ជាន់·ទាប　初級職職員。
¥ភ្នាក់·ងារ·ទារ·ពន្ធ　徴税職員。
¥ភ្នាក់·ងារ·អយ្យការ ＝ប្រគូអេវ៏។ 検事。
¥ភ្នាក់·ងារ·អ្នក·ជំនួយ·តុលាការ　裁判所補助職員。
¥ភ្នាក់·ងារ·អ្នក·រាជការ·យុំ　村政府職員。

ភ្លើង
¥ភ្លើង·ឆេះ·ព្រៃ·ឈើ →ធ្វើ·ឱ្យ·ភ្លើង·ឆេះ·ព្រៃ·ឈើ　森林火災を起こす。

ម៉
¥ម៉·ព្រាន　ゾウ猟師。

ម៉ងដាត់ (mandat) ＝ដីកា·បើក·ប្រាក់។ 支払い書。
¥ម៉ងដាត់·ឆ្នារាំង　財務局支払い書。
¥ម៉ងដាត់·ឌី·ប៉េអីម៉ង់ (mandat de paiement) ＝ដីកា·បើក·ប្រាក់។ 支払い書。
¥ម៉ងដាត់·ប៉ុស្តិ៍ (mandat de poste) ＝ដីកា·បើក·ប្រាក់។ 郵便為替。

មណ្ឌល
¥មណ្ឌល·ក្រម·រាជការ·ព្រៃ·ឈើ　森林局管区。

មនុស្ស
¥មនុស្ស·កម្មករ　自警団員。
¥មនុស្ស·ខូច·កាច　乱暴者。
¥មនុស្ស·ចម្ងាយ　遠来者。
¥មនុស្ស·ចំណូល·ថ្មី　新入国者。
¥មនុស្ស·ឆ្កួត·លីលា　精神病·認知症患者。
¥មនុស្ស·ជម្ងឺ　患者。
¥មនុស្ស·ជាប់·ចោទ ①被疑者。②被告。
¥មនុស្ស·ជំនួស　代理者。
¥មនុស្ស·ឈឺ·ជំងឺ·ឆ្លង　伝染病患者。
¥មនុស្ស·ដទៃ·ក្រៅ　部外者。
¥មនុស្ស·ដើម ＝ភូង។ 先住民族。
（以下は ដែល を除いたものと同じか？）
¥មនុស្ស·ដែល·ជាប់·ទោស　受刑者。
¥មនុស្ស·ដែល·ជាប់·ទោស·ម្ដង　初犯者。
¥មនុស្ស·ដែល·ត្រូវ·ទោស·ជា·មជ្ឈិម　中級罰受刑者。
¥មនុស្ស·ដែល·ត្រូវ·ទោស·ជា·លហុ　軽罰受刑者。

¥មនុស្ស・ដែល・ត្រូវ・ទោស・ជា・ឧក្រិដ្ឋ　重罰受刑者。

¥មនុស្ស・ដែល・ត្រូវ・ទោស・ម្តង・ទៅ・ហើយ・ហើយ・ពុំ・រាង・ចាល　再犯者。

¥មនុស្ស・ដែល・ទើប・មាន・ទោស・ជា・ដំបូង　初犯者。

¥មនុស្ស・ដែល・ពុំ・រាង・ចាល　再犯者。

¥មនុស្ស・ដែល・មាន・ទោស・ខុស　罪がある者。

¥មនុស្ស・ត្រូវ・ចោទ　①被告。②＝មនុស្ស・ដែល・ជាប់・ចោទ。被疑者。

¥មនុស្ស・ត្រូវ・ទោស　①受刑者。②有罪の判決を受けた者。

¥មនុស្ស・ទោស・ធ្ងន់　重罰受刑者。

¥មនុស្ស・ទោស・រត់・រួច・ពី・គុក　脱獄囚。

¥មនុស្ស・បំរើ　＝អ្នក・បំរើ。召使。

¥មនុស្ស・ប្បង　被遺棄者。

¥មនុស្ស・ពិការ　身体障害者。

¥មនុស្ស・ពួជ・ត្រកូល・ដែល・ធ្លាប់・មាន・អំណាច・ក្នុង・ស្រុក　その土地の有力者の一族の者。

¥មនុស្ស・ស៊ី・ឈ្នួល　被用者。

មន្ត្រី　官吏。(ភ្នាក់・ងារ、អ្នក・រាជការ と区別される。1902年7月23日付国王布告では「中級職市行政官」)。

¥បន្ត្រី・ក្នុង・រាជការ・ខ្មែរ　クメール政府官吏。

¥មន្ត្រី・ក្រុម・ការ・ខែត្រ　郡所属のក្រុម・ការ。

¥មន្ត្រី・ក្រុម・តុលាការ　司法部官吏。

¥មន្ត្រី・ក្រុម・រដ្ឋបាល　行政部官吏。

¥មន្ត្រី・ខែត្រ　郡所属の官吏。

¥មន្ត្រី・ខ្ញុំ・រាជការ　下級職員 (＝補助職員。雇員と看守)。

¥មន្ត្រី・ចាម　イスラム寺信徒長 (チャム寺は7つあり、計7名は人頭税が免除される)。

¥មន្ត្រី・ចាម・ជ្វា　＝មន្ត្រី・ចាម。

¥មន្ត្រី・ចាស់　元官吏。

¥មន្ត្រី・ធំ　(総督を補佐する) 高官。

¥មន្ត្រី・ភ្នាក់・ងារ　官員 (次と同じらしい)。

¥មន្ត្រី・អ្នក・រាជការ　官員。

¥មន្ត្រី・អ្នក・រាជការ・កាន់・បញ្ជី・ប្រាក់・ចំណូល・ចំណាយ　予算を管理する官吏。

មន្ទីរ

¥មន្ទីរ・ចែក・ថ្នាំ　薬配布所。

¥មន្ទីរ・ប៉ាស្ទ័រ　パスツール研究所 (サイゴンにある)。

¥មន្ទីរ・ប្រទ្យេង・ស្ថាន　(患者)隔離所。

¥មន្ទីរ・ព្យាបាល　＝ផ្ទះ・រក្សា・ជំងឺ។病院。医院。

¥មន្ទីរ・សិល្បសាស្ត្រ　研究所 (＝パスツール研究所、気象研究所、フランス極東学院、など)。

¥មន្ទីរ・ឱ្យ・ថ្នាំ　薬無料配布所 (診療はしない)。

¥មន្ទីរ・ឱសថ　施薬所。

¥មន្ទីរ・ឱសថ・ក្រុម・ម៉្រោង　市施薬所 (＝シソワット王施薬所＝アンドゥオン王施薬所)。

¥មន្ទីរ・ឱសថ・ព្រះ・ស៊ីសុវត្ថិ　シソワット王施薬所 (＝プノンペン施薬所)。

¥មន្ទីរ・ឱសថ・ព្រះ・អង្គ・ដួង　アンドゥオン王施薬所 (＝プノンペン施薬所)。

មរដក

¥ស៊ី・មរដក　遺産を相続する。

មរវី (morve)　＝ជំងឺ・ប្បុស・ដួង។ (家畜の) 鼻疽。

មាត់

¥មាត់・កំពង់　舟着き場の岸。

¥មាត់・ច្រាំង　岸の斜面 (？)。

¥មាត់・ប្រអប់・ឈើ・គូស　マッチ箱の中箱が入る外箱の口 (中箱が入った状態で、ここに証紙を貼る)。

ម៉ាតិឡូ　水兵。

មាន

¥មាន・ទោស・ជា・មជ្ឈិម・ត្រូវ・ដាក់・គុក　中級罰投獄刑の前科がある。

¥មាន・ទោស・ជា・មជ្ឈិម・ត្រូវ・ពិន័យ　中級罰金刑の前科がある。

¥មាន・ទោស・ជា・ឧក្រិដ្ឋ　重罰の前科がある。

¥មាន・សល់・ប្រាក់　(予算の決算後に) 剰余金がある。

ម៉ារសីយ

¥កំពង់・ម៉ារសីយ　マルセイユ港。

ម៉ាស៊ីន

¥ម៉ាស៊ីន・ដើរ・ដោយ・កំទ្បាំង・ភ្លើង　蒸気機関。

មីថរ　＝ពាម・មេស។ (ベトナムの) ミト。

មុខ　使用独占権。

¥មុខ・ការ・នេះ　この使用独占権。

＠តែង・មុខ・ការ・នេះ　この使用独占権を売る。
￥មុខ・កុងស៊ី　営業独占権。専売権。
￥មុខ・កំពង់・ឆ្លង　渡し場使用独占権。
￥មុខ・ក្រសួង・តុលាការ　司法職務。
￥មុខ・ក្រសួង・រដ្ឋបាល　行政職務。
￥មុខ・ក្រសួង・ស្ដី・រាជការ・បាន・តែ・A　Aを管轄する。
￥មុខ・ងារ
　　＠កំណត់・ស្ដី・មុខ・ងារ　任期。
￥មុខ・ងារ・កម្រាប　撲滅任務。
￥មុខ・ងារ・ត្រូវ・ទារ・ប្រាក់・ពន្ធ　税金徴収任務。
￥មុខ・ងារ・បង្ការ　防疫任務。
￥មុខ・ចាប់・ត្រី　漁業独占権。
￥មុខ・ចំណាយ　支出費目。
￥មុខ・ចំណាយ・ចំឡែក　特別支出費目。
￥មុខ・ចំណាយ・ធម្មតា　一般支出費目。
￥មុខ・ចំណាយ・ធម្មតា・ជា・និច្ច　一般支出費目。
￥មុខ・ចំណូល　（予算の）収入項目。
￥មុខ・ចំណូល・ចំឡែក　特別収入項目。
￥មុខ・ចំណូល・ធម្មតា　一般収入項目。
￥មុខ・ចំណេះ　（試験の）知識科目。
￥មុខ・ជនានុជន　→នៅ・មុខ・ជនានុជន　公開で（競売する）。
￥មុខ・ជំនួញ　商業種目。業種。
￥មុខ・ថ្លៃ　（徴収した）料金の種類。料金名。
￥មុខ・ធ្វើ　従事している職務。（勤務先での）役職／職種。
￥មុខ・នេសាទ　漁業独占権。
　　＠តែង・មុខ・នេសាទ　（政府が漁区の）漁業独占権を売る。
￥មុខ・បេះ・ថ្លៃ・ឈើ　果実の収穫独占権。
　　＠តែង・មុខ・បេះ・ថ្លៃ・ឈើ　（政府が国有果樹の）果実収穫独占権を売る。
￥មុខ・ប្រាក់・ចំណូល　収入項目。
￥មុខ・ពន្ធ　税の種類。税目。
￥មុខ・សាមី・ខ្លួន→នៅ・មុខ・សាមី・ខ្លួន　本人の面前で。本人の立ち会いのもとに。
￥ប្រគល់・មុខ・នេះ・ឱ្យ・A　この（漁業）独占権をAに与える。

មុន
￥មុន・ក្រោយ　→រៀប・ចុះ・ឈ្មោះ・មុន・ក្រោយ・តាម・ចំនួន・ពិន្ទុ　点数順に名前を並べる。

មូរ
￥មូរ・បារី・បារាំង　葉巻を巻く。

មូល
￥មូល・គោល・ចារឹក　基本原則。
￥មូល・ដើម・អត្ថ　基本原則。
￥មូល・បញ្ញត្តិ　基本規定（＝インドシナ諸国に共通）。
￥មូល・បញ្ញត្តិ・គំរប់・មួយ　第1基本規定。
￥មូល・មាត់・គ្នា　（会議が）合意に達する。
￥មូល・លក្ខណៈ　基本規定。
￥មូល・ហេតុ　総説。
￥មូល・ហេតុ・ទាំង・នេះ　以上のことをまとめると。要するに。

មូសេ（musée）
￥មូសេ・ស្រុក・ខ្មែរ　＝កន្លែង・តាំង・របស់・ក្រុង・កម្ពុជាធិបតី　クメール国美術館（＝美術工芸学校付設）。

មើល
￥មើល・ជម្ងឺ　診察する（「治療」も含む？）。
￥ទៅ・មើល・ជម្ងឺ・ឯ・ផ្ទះ・អ្នក・ជម្ងឺ　往診する。
￥មើល・ថែ・កែ・រោគ　病気の治療をする。
￥មើល・ថែ・រក្សា　①（産婦と新生児の）世話をする。②（入院患者の）治療と看護をする。
￥មើល・ថែ・រក្សា・ជម្ងឺ　診療する。
￥មើល・រក្សា・ជម្ងឺ　診療する。
　　＠ការ・មើល・រក្សា・ជម្ងឺ　診療。

មឿង　（ラオス国の）郡。
￥មឿង・សិង្ហ　シンハ国（ルアン・プラ・バン国の属領）。

មេ　①（国の資産を増す）主なもの。主（産物）。②（計算問題）～問。③病原菌。
￥មេ・កង　（籾税査定徴収人助手）。
￥មេ・កង・ទ័ព　司令官。
￥មេ・កង・ទ័ព・ជើង・គោក　陸軍司令官。
￥មេ・កង・ទ័ព・ជើង・ទឹក　海軍司令官。
￥មេ・កង・ទ័ព・ធំ　総司令官。
￥មេ・កង・ទ័ព・រង　副司令官。
￥មេ・កង・ទ័ព・បារាំងសែស・ខាង・ជើង・គោក

フランス陸軍司令官。

¥ម・កង・ទ័ព・ស្រុក・អាយ・ខាង・ជើង・គោក 現地国軍陸軍司令官。

¥ម・កប៉ាល់　船長。

¥ម・ការ　技師。

@ចាងហ្វាង・មេ・ការ ＝អាំងសេនីញ័រ・អង・សេហ្វ・ដេ・ត្រាវ៉ូ・ពុព្លិក. 主任土木技師（＝公共土木事業局長の官職）。

¥ម・ការ・កុងឌុកទ័រ ＝មេ・ការ. 事業監督技師。

¥ម・កុងស៊ី　公社。

¥ម・កំណើត・នៃ・រោគសម្បត្តិ　財産を生み出す源。

¥ម・កំពង់・ជំនួញ　商港長。

¥ម・ក្រុម・ក្រុម・រក្សា・ស្រុក　①保安隊長。②保安隊連隊長（＝州保安隊長）。

¥ម・ក្រុម・រក្សា・ស្រុក　保安隊長（上と同じ）。

¥ម・គយ　州関税・消費税・使用料長（＝មេ・គយ・រេហ៊ី の略）。

¥ម・គយ・ផ្ទះ・បិត・ស្រា　酒造所関税・消費税・使用料長。

¥ម・គយ・រង　州関税・消費税・使用料局次長（＝មេ・គយ の下で、人口の多い市街地区にいる）。

¥ម・គយ・រេហ៊ី ＝មេ・គយ. 州関税・消費税・使用料税局長。

¥ម・គុក・រួម・ខែត្រ　州刑務所長。

¥ម・គ្រួ　家長。

¥ម・ឃុំ ＝សេហ្វ・កាចែ. （プノンペン市の）区長。

¥ម・ឃ្លាំង　州財務局長。

¥ម・ឃ្លាំង・ក្រុម・ម៉ឿង　市財務局長（＝市出納長を兼ねる）。

¥ម・ឃ្លាំង・ប្រាក់　州財務局長。

¥ម・ឃ្លាំង・រួម・ខែត្រ　州財務局長。

¥ម・ចិន ＝មេ・ពួក・ចិន　華僑会長。

¥ម・ច្បាប់　原則規定。

¥ម・ច្បាប់・ធម្មតា　一般の原則規定。

¥ម・ជាង・ក・សាង・គេហស្ថាន　主任建築士（＝政府庁舎部長の官職）。

¥ម・ជាង・ក្បាច់・រចនា　美術工芸職匠。

¥ម・ជម្ងឺ・ឆ្លង　伝染病菌。

@រំងាប់・មេ・ជម្ងឺ・ឆ្លង　伝染病菌を殺菌する／消毒する。

¥ម・ដើម　序説。

¥ម・ដើម・ហេតុ　（「村民は互いに団結していなければならない」などの）根本原則。

¥ម・ដែល・បង្កើត・ឱ្យ・មាន・ភោគសម្បត្តិ　財産を生み出す源。

¥ម・ដំបន់　森林局管区長。

¥ម・ដំបន់・ព្រៃ ＝មេ・ដំបន់。

¥ម・ត្រួត・ត្រា　（獣医局管区）長。

¥ម・ត្រួត・ត្រា・លើ・ក្រុម・រក្សា・ស្រុក　保安隊長。

¥ម・ទ័ព　①隊長（ここでは連隊長）。②部隊長。

¥ម・ទ័ព・ធំ・ៗ　高位の将軍たち。

¥ម・ទ័ព・សក្តិ・ជា・កូឡូណែល　大佐部隊長＝連隊長。

¥ម・ទ័ព・សក្តិ・ប៊ុន　少佐部隊長＝大隊長。

¥ម・ទ័ព・សក្តិ・ប្រាំ　大佐部隊長＝連隊長。

¥ម・នពន　計算公式。

¥ម・បង្កើត・ភោគសម្បត្តិ　財産を生み出す源。

¥ម・ប៉ុស្តិ៍・រាជការ　州支庁長（弁務官代行補佐官がなる）。

¥ម・ផ្ទះ・ជំនួញ　商店長（店の所有者とは限らない）。

¥ម・ពិស　菌。

¥ម・ពិស・ជម្ងឺ　病原菌。

¥ម・ពិស・ជម្ងឺ・ឆ្លង　伝染病の病原菌。

¥ម・ពួក　①僑会長。②華僑会長。

¥ម・ពួក・ក្រុម・រក្សា・ស្រុក　州保安隊長（主任警備官がなる）。

¥ម・ពួក・ចិន　華僑会長。

¥ម・ពួក・ជាតិ・អាស៊ីអាទិក　アジア人外国人僑会長。

¥ម・ភោគសម្បត្តិ　主財産。

¥ម・មូល・ដំណើរ　項目（に分けて記述する）。

¥ម・យួន　ベトナム人長（各郡におく）。

@ទី・មេ・យួន　ベトナム人長職。

¥ម・រង・ពួក　副僑会長。

¥ម・រង・យួន　副ベトナム人長。

¥ម・លេខ　（公式中の）係数。

¥ម・សត្វ　動物の雌。

¥ម・ស្រុក　①バット・ドンボーン地域のស្រុកの長。②（プノンペン市の）区長（恐らくこれは誤用）。③（1902年7月23日付国王布告では）村

長。
　¥ មេ・ស្រុក・ចាស់　（プノンペンの）元区長。

ម៉ែត្រ、ម៉េត្រ（mètre）
　¥ ម៉េត្រ・គុប　立方メートル。
　¥ គិត・ជា・ម៉េត្រ・គុប　立方メートルで計算した（数量）。
　¥ ម៉េត្រ・រាយ　平方メートル。

ម៉ៅ
　¥ ម៉ៅ・លក់　売却を請け負う。

ម៉ាំ
　¥ ម៉ាំ・មូន
　　@ លំនៅ・ម៉ាំ・មូន　主たる住所。

ម្ចាស់
　¥ ម្ចាស់・កប៉ាល់　船主。
　¥ ម្ចាស់・ឈើ　材木所有者。
　¥ ម្ចាស់・ដី・ចម្ការ　畑地所有者。
　¥ ម្ចាស់・ដី・ទាស　高地畑地所有者。
　¥ ម្ចាស់・បំណុល　債権者。
　¥ ម្ចាស់・ផ្ទះ・ជំនួញ　商店主（＝所有者。cf. មេ・ផ្ទះ・ជំនួញ）。

ម្សៅ　火薬。
　¥ ម្សៅ・ខ្មៅ　黒色火薬。
　¥ ម្សៅ・ស　白色火薬。

ម្សៅ　糠（？。ナガラワッタでは កាក？）。「米の輸出品は ស្រូវ、អង្ករ・សំរិត、ចុង・អង្ករ、ម្សៅ」とある。

យក
　¥ យក・A・ជាប់・នឹង・ខ្លួន　Aを持参する。

យល់
　¥ យល់・ឃើញ
　　@ សុីញ・យល់・ឃើញ　（賛成か反対かの）「判断」署名。
　¥ យល់・ព្រម
　　@ សុីញ・យល់・ព្រម　「同意」署名。
　¥ យល់・ព្រម・ឱ្យ・សម្រេច・តាម　（高等弁務官が）執行同意をする。

យ៉ាង
　¥ យ៉ាង・កណ្ដាល　平均（値）。
　¥ យ៉ាង・តិច・ណាស់　（សុំរៈ税の）基本額（＝最低額。これに面積当たりの額が加算される）。

យាន
　¥ យាន・ជំនិះ　①乗り物（「動物」も）。②（伝染病菌の）媒介者（である小動物）。
　　@ សត្វ・ជា・យាន・ជំនិះ　（病原菌の）媒介動物。
　¥ យាន・ជំនិះ・សម្រាប់・សាធារណជន　公共交通機関。

យ៉ាវាន（javanais）　＝ជាតិ・ជ្វា・ទេស។ ジャワ人。

យួន
　¥ យួន・ស្រុក・កូសាំងសុីន　コーチシナ国ベトナム人。
　¥ យួន・ស្រុក・តុងកិន　トンキン国ベトナム人。
　¥ យួន・ស្រុក・អាណាម　アンナン国ベトナム人。

យើង
　¥ យើង・ជា・មេ・ឃុំ　村長である私（＝手紙の中で）。

យេនេរ៉ាល់　将軍。（階級は）将軍。

យោក្យត័　（1902年7月23日国王布告で）初級職地方司法官。

រក
　¥ រក・សុី　（鳥が水辺で）生活する。
　¥ រក・សុី・តាម・មាត់・បឹង　湖岸で餌をあさる（鳥）。
　¥ រក・អាករ　収入を得ようとする。

រក្សា　（受刑者を）保護する。
　¥ រក្សា・ខ្សែ・លួស　電線の保守。
　¥ រក្សា・ជម្ងឺ・មនុស្ស　住民の健康を守る。
　¥ រក្សា・ទុក・ឱ្យ・គង់　（流木を）保管する。
　¥ រក្សា・មើល　（病人の）看病をする。
　¥ រក្សា・រោគ・សាធារណជន　→ ការ・រក្សា・រោគ・សាធារណជន　公衆衛生。
　¥ រក្សា・រោគ・អ្នក・ស្រុក　国民の健康を守る。
　¥ រក្សា・សេចក្ដី・រៀប・រយ・សុខ・សាន្ត　治安を守る。
　¥ រក្សា・សេចក្ដី・សុខ・រៀប・រយ　治安を守る。
　¥ រក្សា・ស្រុក　国の安全を保つ。
　¥ រក្សា・អាការ・រោគ・សាធារណជន　一般民衆の健康を守る。
　¥ រក្សា・អំណាច・ជា・ម្ចាស់　所有権を（そのまま）保有する。
　¥ រក្សា・A・ឱ្យ・នៅ・គង់・ល្អ　Aを良い状態に保存する。

រង
　¥ រង・ទោស　受刑する。服役する。

¥រង·អំពើ·បទ·ល្មើស·ជា·ទម្ងន់　重罪犯罪の被害を受ける。
　　＠អ្នក·ដែល·ត្រូវ·រង·អំពើ·បទ·ល្មើស·ជា·ទម្ងន់　重罪犯罪の被害者。

រង្វាន់　①手当（金）。②職務手当。

¥រង្វាន់·បន្ថាប់·បន្សំ　（その他の）諸手当（金）。

¥រង្វាន់·ផ្សេង　特別手当。

¥រង្វាន់·វិរេត្ត　恩給。

¥រង្វាន់·ពិរេត្ត　恩給。

¥រង្វាន់·អាហារ　→ប្រាក់·រង្វាន់·អាហារ　食費増加被害補償手当。

រចណា

¥ការ·រចណា　美術工芸。

រដូវ　（免税権が下半期に切れたら、その）期（の分の税を納入する）。

¥រដូវ·ប្រាំង　乾期（＝11月1日～5月31日）。

¥ម្តង·ក្នុង·១·រដូវ　（1つの旅行）中に1回だけ（有効期間の延長ができる）。

រដ្ឋបាល　行政（行政と司法とは分立されていないから、司法を含むこともある）。

រដ្ឋប្រសាសនោបាយ　＝ការ·ផែន·ដី。

¥ការ·រដ្ឋប្រសាសនោបាយ·ផែន·ដី　国の政治に関すること。

¥ប្រាក់·ចំណាយ·ក្នុង·ការ·រដ្ឋប្រសាសនោបាយ　政治費（＝収入を伴わない局の費用）。

រត់

¥រត់·ចោល·ការ　（徴用中に）逃げる。脱走する。

¥រត់·ចោល·រាជការ　（保安隊員が）脱走する。

រថ

¥រថ·ឈ្នួល　バス。

¥រថ·មនុស្ស·អូស　人力車。

¥រថ·សេះ　馬車（多分人が乗る）。

¥រថ·សំរាប់·ជិះ·រៀង·ខ្លួន　乗用車。

¥រថ·យ្យាន　自動車。

រទេះ

¥រទេះ·មនុស្ស·អូស·ដឹក·ទំនិញ　人が引く荷車。大八車。

របង

¥របង·ឈ្ងង·កំផែង　（境界にする）垣根。障壁。

¥របង·បាំង·ឈ្ងង　動物小屋の内部の動物と動物の仕切りの壁。隔壁。

¥របង·ស្រាស់　動物が入れないようにする柵、など。

របរ

¥របរ·ការ·ជំនាង　職人技術業。

¥របរ·ជំនាង　工業。

¥របរ·ដាំ·ដំណាំ　→ធ្វើ·របរ·ដាំ·ដំណាំ　園芸業を営む。

¥របរ·ធ្វើ·ស្រែ·អំបិល　塩田業。

¥របរ·នេសាទ·ត្រី　漁業。

¥របរ·ស្រែ·ចំការ·ច្បារ·ដំណាំ　農業。

¥របស់·របរ　工業製品。

របស់

¥របស់·ដែល·រើស·បាន　拾得物。

¥របស់·ប្រសើដ្ឋ　尊崇対象物。

¥របស់·របរ　工業製品。
　　＠ធ្វើ·របស់·របរ
　　　＠＠ការ·ធ្វើ·របស់·របរ　工業。
　　　＠＠អ្នក·ធ្វើ·របស់·របរ　工業従事者。

¥របស់·របើស　拾得物（動物も含む）。

¥របស់·សម្រាប់·បង្កាត់·ភ្លើង　燃料。

របួស

¥របួស·ជា·គ្រោះ　事故で負傷する。

របៀប

¥របៀប·ឈ្មោះ·បុន·ព្រោយ　（昇任リストの）名前の順に（昇任を決める）。

¥របៀប·ដំណើរ　①（査問の）進め方。②（申請の）手続き。

¥របៀប·ដំណង　（財務局の）ポジションの組織。

¥របៀប·រាជការ　①政府の仕組み。政府組織。②政府制度。

¥របៀប·រាជការ·ខេត្រ　郡政府の仕組み。

¥របៀប·រាជការ·ខ្មែរ　クメール政府組織（に属さない）。

¥របៀប·រាជការ·ប្រតិកត្តូរ៉ាត់　保護国政府の組織（に属する）。

¥របៀប·រាជការ·ផែន·ដី　国家政府の仕組み。

¥របៀប·រាជការ·ផែន·ដី·ក្រុង·កម្ពុជា　カンボジア国政府の仕組み。

¥របៀប·រាជការ·យុទ្ធិនាធិការ　軍の組織。

¥របៀប·រាជការ·រដ្ឋបាល　行政機関の仕組み。行政機関の組織。

¥របៀប·រាជការ·រស្មីដង្ស·រ៉ូម·ខេត្រ　州政府

の仕組み。

¥របៀប・សិក្សា （学校の）カリキュラム。

@កត់・ក្នុង・របៀប・សិក្សា （学校の）カリキュラムに定めてある。

¥របៀប・សិក្សា・នៅ・វត្ត 寺学校のカリキュラム。

¥របៀប・អង្គុយ・មុន・ក្រោយ （大臣の）席次。

របៃ

¥របៃ・រយ・រង・ប្បៀ・វត្សរ （本給以外の）手当。

លត់

¥លត់・ស្មោះ →ឱ្យ・លត់・ស្មោះ （焚き火を）完全消す。

រាង

¥រាងឆ្នាំ →ក្នុង・រាង・ឆ្នាំ 過去１年の間に。

រាក់

¥យ៉ាង・រាក់・ណាស់ →២・ម៉ែត្រ・យ៉ាង・រាក់・ណាស់ 少なくとも２メートルの深さ。

រាជការ ①（総督府の）総局。②（この）局（は関税を扱う）。

¥រាជការ・កង・ក្រវែល ＝រាជការ・ប៉ូលិស。警察局。

@ចាងហ្វាង・រាជការ・កង・ក្រវែល 警察局長。

¥រាជការ・ក្នុង・ព្រះ・នគរ 王国政府。

¥រាជការ・ក្នុង・ស្រុក 国内局。

¥រាជការ・ក្រុម・ជំរិត 憲兵（ここでは組織でなく人）。

¥រាជការ・ក្រុម・មឿង ＝រាជការ・សេស៊ីដង្ស・ម៉ៃរ៍。市政府。

@ទី・រាជការ・ក្រុម・មឿង 市庁。

¥រាជការ・ក្រុម・មឿង・ក្រុង・ភ្នំ・ពេញ ＝រាជការ・សេស៊ីដង្ស・ម៉ៃ・ក្រុង・ភ្នំ・ពេញ。プノンペン市政府。

¥រាជការ・ក្រុម・រក្សា・ស្រុក 保安隊司令部。

¥រាជការ・កសិការធិការ 農業局。

@ចាងហ្វាង・រាជការ・កសិការធិការ 農業局長。

¥រាជការ・ខែត្រ 郡政府。

¥រាជការ・ខែត្រ・ក្រៅ 郡政府。

¥រាជការ・ខ្សែ・សួស 郵政局。

¥រាជការ・គមនាការ・ទាំង・មូល （アンナン国の）交通局。

¥រាជការ・គយ （រាជការ・គយ・រេយី の略）（総督府の）関税・消費税・使用料総局。

@ចៅ・ក្រម・រាជការ・គយ 各国関税・消費税・使用料局長。

@ចៅ・ក្រសួង・រាជការ・គយ （総督府の）関税・消費税・使用料総局長。

@ចៅ・ក្រសួង・រង・រាជការ・គយ （総督府の）関税・消費税・使用料総局次長。

¥រាជការ・គយ・រេយី （総督府の）関税・消費税・使用料総局。

@ក្រម・រាជការ・គយ・រេយី （カンボジア国の）関税・消費税・使用料局。

¥រាជការ・គុក 刑務局。

¥រាជការ・គូវែរណឺម៉ង់・យេណេរ៉ាល់ 総督府。

¥រាជការ・គូវែរណឺម៉ង់・យេណេរ៉ាល់・ប្រទេស・ឥណ្ឌូស៊ីន インドシナ国総督府。

@ដំបន់・រាជការ・គូវែរណឺម៉ង់・យេណេរ៉ាល់・ប្រទេស・ឥណ្ឌូស៊ីន インドシナ国総督府領。

¥រាជការ・គ្រង・ដែន・ជី 国家政府。

¥រាជការ・គ្រង・ដែន・ជី・ខ្មែរ クメール国政府。

¥រាជការ・គ្រង・ដែន・ជី・បារាំងសែស フランス国政府。

¥រាជការ・គ្រង・ដែន・ជី・ប្រទេស・ឥណ្ឌូស៊ីន インドシナ国政府。

¥រាជការ・ឃុំ 村政府。

¥រាជការ・ឡាំង・ប្រាក់ 財務総局。

@ចាងហ្វាង・រាជការ・ឡាំង・ប្រាក់ ①財務局長。②財務局。

@ចៅ・ក្រសួង・រាជការ・ឡាំង・ប្រាក់ 財務総局長。

@ចំណាយ・ក្នុង・រាជការ・ឡាំង・ប្រាក់ 財務局費。

¥រាជការ・ឡាំង・ប្រាក់・ដែន・ឥណ្ឌូស៊ីន インドシナ国財務総局。

¥រាជការ・ចុះ・បញ្ជី・ប្រថាប់・ត្រា ＝អង់រេយ៉ិសស្យ ត្រីម៉ង់。登記所。

¥រាជការ・ដើម ＝សេរវិស・យេណេរ៉ាល់。総局。

@ក្រម・រាជការ・ដើម 総局

@ចៅ・ក្រសួង・រាជការ・ដើម 総局長。

¥រាជការ・តុលាការ ①裁判所（cf. រាជការ・រដ្ឋបាល「行政機関」）。②司法公務。

¥រាជការ・តុលាការ・ខ្មែរ クメール国裁判所。

@ចៅ・ក្រសួង・រាជការ・តុលាការ・ខ្មែរ クメール国裁判所の長。

¥រាជការ・ត្រាវ・ពួបលិក 公共土木事業局。

@ចាងហ្វាង・រាជការ・ត្រារ់・ពួទ្ធិក　公共土木事業局長。

　¥រាជការ・ត្រួត・ត្រា・ជាតិ・តាង・ប្រទេស・ចូល・ចេញ・ក្នុង・ប្រទេស　＝អឺមីក្រាស៊ីយុ៉ង。外国人出入国管理局。

　　@ចាងហ្វាង・រាជការ・ត្រួត・ត្រា・ជាតិ・តាង・ប្រទេស・ចូល・ចេញ・ក្នុង・ប្រទេស　外国人出入国管理局長。

　¥រាជការ・ធំ　①上級政府（村－郡－州－国の順の）。（査問委員会の）上級政府（＝大臣、内閣、国王。高等弁務官）。

　¥រាជការ・ធំ・ខាង・ក្នុង　国内の上級政府。

　¥រាជការ・ធ្វើ・មេ・កុងស៊ី　＝រេយី。関税・消費税・使用料総局。

　¥រាជការ・បារាំងសែស　フランス政府（インドシナ国政府をさす）。

　¥រាជការ・ប៉ុស្តិ៍　郵便局。

　¥រាជការ・ប៉ុស្តិ៍・ខែរ・លួស　郵政総局。

　¥រាជការ・ប៉ុស្តិ៍・និង・ខែរ・លួស　郵政総局。

　　@ចាងហ្វាង・រាជការ・ប៉ុស្តិ៍・និង・ខែរ・លួស　各国郵政局長。

　　@ចៅ・ក្រសួង・រាជការ・ប៉ុស្តិ៍・និង・ខែរ・លួស　郵政総局長。

　　@អ្នក・ដំណាង・ចៅ・ក្រសួង・រាជការ・ប៉ុស្តិ៍・និង・ខែរ・លួស　郵政総局長代理（＝各国郵政局長）。

　¥រាជការ・ប៉ូលិស　＝រាជការ・កង・ក្រវែល។警察局。

　¥រាជការ・ប្រធានាធិបតី・ក្រុង・បារាំងសែស　フランス国大統領府。

　　＝រាជការ・អេពូប្លិក・ក្រុង・បារាំងសែស។ フランス国共和政府。

　¥រាជការ・ប្រាក់・ក្នុង・ស្រុក　国の公金を扱う局（＝財務局）。

　¥រាជការ・ប្រតិកត្តរ៉ាក់　＝រាជការ・ព្យាបាល。保護国政府。

　¥រាជការ・ផែន・ដី　国の政府。国家政府。

　　@របៀប・រាជការ・ផែន・ដី　国家政府の仕組み。

　¥រាជការ・ផែន・ដី・ក្នុង・ព្រះ・នគរ　→កាន់・កាប់・រាជការ・ផែន・ដី・ក្នុង・ព្រះ・នគរ　王国を統治する。

　¥រាជការ・ផែន・ដី・ក្រុង・កម្ពុជា　カンボジア国政府。

　¥រាជការ・ផែន・ដី・ក្រុង・បារាំងសែស　フランス国政府。

　¥រាជការ・ផែន・ដី・ខ្មែរ　クメール国政府。

　¥រាជការ・ផែន・ដី・ដែន・តណ្ណាស៊ីន　インドシナ国政府。

　¥រាជការ・ផែន・ដី・ប្រតិកត្តរ៉ាក់　保護国政府。

　¥រាជការ・ផែន・ទី　地図局。

　¥រាជការ・ផែន・ទី・ក្រុម・ព្រះ・សិរិយោ・ដី　地図局土地登記課。

　　@ចាងហ្វាង・រាជការ・ផែន・ទី・ក្រុម・ព្រះ・សិរិយោដី　地図局土地登記課長。

　¥រាជការ・ពេទ្យ　医務総局。

　　@ចាងហ្វាង・រាជការ・ពេទ្យ　医務局長。

　¥រាជការ・ពេទ្យ・ក្នុង・ក្រុង・ភ្នំ・ពេញ　プノンペン市医務局。

　¥រាជការ・ពេទ្យ・សត្វ　獣医局。

　　@ចាងហ្វាង・រាជការ・ពេទ្យ・សត្វ　獣医局長。

　¥រាជការ・ព្យាបាល・ប្រតិកត្តរ៉ាក់　保護国政府。

　¥រាជការ・ព្រៃ・ឈើ　①森林局。②森林総局。

　　@ចាងហ្វាង・រាជការ・ព្រៃ・ឈើ　森林局長。

　¥រាជការ・ព្រះ・បរមរាជវាំង　宮内省。

　¥រាជការ・មហាក្សត្រ・សំរេច・ដាច់・ខាត・នៅ・ព្រះ・អង្គ　絶対君主制政府。

　¥រាជការ・មុខ・ក្រសួង　管掌部局。

　¥រាជការ・មេ・ការ　公共土木事業局。

　¥រាជការ・មេ・ការ・តំមនាការ　交通総局。

　¥រាជការ・យុទ្ធនាធិការ　軍（海軍も含まれている）。

　　@របៀប・រាជការ・យុទ្ធនាធិការ　軍の組織。

　¥រាជការ・រង　（入管の）支局。

　¥រាជការ・រដ្ឋបាល　①行政機関。②行政公務。③国民の安全を守る公務。

　　@ការ・រាជការ・រដ្ឋបាល　①行政公務業務（すべて）。②国民の安全を守る公務。

　　@របៀប・រាជការ・រដ្ឋបាល　行政機関の仕組み。

　¥រាជការ・រូម・ខែត្រ　州政府。

　¥រាជការ・អេពូប្លិក・ក្រុង・បារាំងសែស　＝រាជការ・ប្រធានាធិបតី・ក្រុង・បារាំងសែស។

　¥រាជការ・អសីដង្គ・ម៉ែរ　＝ទី・រាជការ・ក្រុម・មឿង។市政府。

　¥រាជការ・អសីដង្ស・ម៉ែរ　＝រាជការ・ក្រុម・មឿង។市政府。

¥រាជការ・អេស៊ីដងស៍・ម៉ែរ・ក្រុង・ភ្នំ・ពេញ ＝រាជការ・ក្រុម・មឿង・ក្រុង・ភ្នំ・ពេញ　プノンペン市政府。

¥រាជការ・អេស៊ីដងស៍・រូម・ខែត្រ　州政府。

¥រាជការ・អេស៊ីដងស៍・សុប៉េរីយេរ　高等弁務官府。

@ដំណែង・ក្រុម・ឬ・រាជការ・អេស៊ីដងស៍　高等弁務官府の課。

¥រាជការ・រោគាភិបាល　衛生局。

¥រាជការ・សាលា・ខែត្រ　郡庁。

¥រាជការ・សិក្សាធិការ　教育総局。

@ចាងហ្វាង・រាជការ・សិក្សាធិការ　教育局長。

¥រាជការ・ស្រុក・អាយ　現地国政府。

¥កំណត់・រាជការ　政府勤務年数。

¥ចាងហ្វាង・រាជការ　（クメール政府の）局長（官職は副大臣）。

រាជកំណត់

¥ព្រះ・រាជកំណត់　国王による（税の納入）期限。

រាជដំណាក់

¥ព្រះ・រាជដំណាក់・និង・ព្រះ・រាជនិវេស្សាន　王宮内の殿舎。

រាជទាន

¥ព្រះ・រាជទាន・ឡាយ・រាជប្រហាស្សលេខ　国王が署名する。

រាជទ្រព្យ

¥រាជទ្រព្យ・ផ្ទាល់・ព្រះ・អង្គ　国王個人の財産。

រាជនិវេស្សាន　国王の殿舎。

¥ព្រះ・រាជដំណាក់・និង・ព្រះ・រាជនិវេស្សាន　王宮内の殿舎。

រាជបញ្ញត្តិ

¥ព្រះ・រាជបញ្ញត្តិ・អំពី・ដំណែង・អ្នក・រាជការ　官員の職に関する国王規定。

¥ព្រះ・រាជបញ្ញត្តិ・អំពី・ដំណែង・អ្នក・រាជការ・ស្រុក・ខ្មែរ　クメール国官員の職に関する国王規定。

រាជបំពី　国王の代理人。（អាញ្ញា・ល្វង と មេ・គង់ も含まれる。国王に代わって租税の査定徴収をする）。

¥ព្រះ・រាជបំពី・ក្នុង・ខែត្រ　国王の郡代理人。

រាជប្រហាស្សលេខ

¥ព្រះ・រាជទាន・ឡាយ・រាជប្រហាស្សលេខ　国王が署名する。

រាជឱងការ

¥ស្សូត្រ・ព្រះ・រាជឱងការ　国王令を読み上げる。

រាជឱរស

¥រាជឱងការ・សំរាប់・ទទួល・មកុដ・ស្រុក・យួន　ベトナム国皇太子。

រាជាគណៈ

¥រាជាគណៈ・កំណាន់・ខែត្រ　郡守である រាជាគណៈ。

¥រាជាគណៈ・វិសេស　（既存の រាជាគណៈ に加えて新設された職。統治する郡が与えられた）。

រាប់

¥ចេះ・រាប់・គិត・លេខ　数を数え計算することができる（＝小学校に入学するための条件の1つ）。

រាយ

¥រាយ・ការ・សំរាប់・ជំនុំ　議題リスト。

រាស（rage）＝ជម្ងឺ・ឆ្កែ・ឆ្កួត。狂犬病。

រាស្ត្រ　国民。

¥រាស្ត្រ・ចំណុះ・យុំ　村民。

¥រាស្ត្រ・ធម្មតា　官員でない一般人。民間人。

¥រាស្ត្រ・បារាំងសេស　フランス植民地人。

¥រាស្ត្រ・បាន・ការ　成人村民。

រីកុំម៉ង់ដាស្យុង（recommendation）

¥ថ្លៃ・រីកុំម៉ង់ដាស្យុង　＝ថ្លៃ・ដា。（郵便局の）書留料金。

រុល

¥រុល・វិលោង・ផ្ទះ・ចេញ　（公衆衛生上良くない）家を破壊する。

រុង　（樹液を採取するために樹幹に輪状に入れた切り込み）。

រូប

¥រូប・ក្ដី　（最高裁判所は）訴訟本体（については審理しない）。

¥រូប・ភាព：　身分。

¥រូប・សេចក្ដី　＝រូប・ក្ដី。

¥រូប・អត្តការ：　法人（プノンペン市は高等弁務官の保護国政府とは別法人なので独自の予算を持つ）。

¥រូប・អ្នក・ដែល・បាន・ដី　土地取得者本人。

¥រូប・អ្នក・តា　អ្នក・តា の憑依者（＝政府公認の職業で1つの郡につき1名が人頭税が免除される）。

¥មាន・រូប・សព្វ・ថ្ងៃ　現在生存中の（旧 រាជាគណៈ）。

រូប
- ¥រូប・រួម・សន្យា・យ៉ម 「同意契約」に協力する。

រួម
- ¥រួម・ជា・សេចក្ដី・មក （話を）求めると。要するに。

ពី
- ¥ពី・ឆ្នោត （選挙で）開票する。
- ¥ពី・បាន →ទុក・សានក្រម・ជា・ស្រេច・ពត・ពី・បាន 判決が確定する（ここでは「起訴猶予」の意味に誤用されている）。
- ¥ពី・ពិនិត្យ・（ក្រដាស）・ឆ្នោត （選挙で）開票する。

ពីយ （=រៀយ？）
- ¥ជា・ពីយ・ៗ 徐々に。

ពីស
- ¥ពីស・បាន 当選する。
- @អ្នក・ដែល・ពីស・បាន・ជា・បណ្ដោះ・អាសន្ន 仮当選者。
- ¥ពីស・បាន・ការ （第1回）投票が有効になる。
- ¥ដោយ・ពីស →ឡើង・ប៉ូ・វក្សរ・យស・សក្ដិ・ដោយ・ពីស 推薦制で昇給昇任する。

ពីសឺវ័រ (receveur) ①普通郵便局長。②公金出納官。出納長。収入役。③公証人。
- ¥ពីសឺវ័រ・កុងតាប្លី (receveur comptable) 中央郵便局長。
- ¥ពីសឺវ័រ・ដឺ・ឡង់ពីយ៉ីស្ស្រគ្រីម៉ង្គ (receveur de l'enregistrement) 公証人。
- ¥ពីសឺវ័រ・មុយនីស៊ីប៉ាល់ (receveur municipal) =អ្នក・កាន់・កាប់・រក្សា・ប្រាក់・របស់・ក្រុម・ម្យ៉ង។ 市出納長。

រឿង
- ¥រឿង・ក្ដី 訴訟案件。
- ¥រឿង・ក្លែង 偽造事案。
- ¥រឿង・មជ្ឈិម 中級罪事案。
- ¥រឿង・មជ្ឈិមទោស 中級罰事案（រឿង=សេចក្ដី）。
- ¥រឿង・លហុ 軽罪事案。
- ¥រឿង・លហុទោស 軽罰事件
- ¥រឿង・សេចក្ដី 訴訟案件。
- ¥រឿង・អត្តការតតិ 民事事案。
- ¥រឿង・អាជ្ញាតតិ 刑事事案。
- ¥រឿង・ឧក្រិដ្ឋ 重罪事案。

រៀន
- ¥រៀន・ធ្វើ・ការ 実習をする。

រៀប
- ¥រៀប・ខែត្រ 郡の引き渡し（新任の郡長に前任の郡長が）。
- ¥រៀប・ដោយ・មុខ・ក្រោយ →រៀប・A・ដោយ・មុខ・ក្រោយ・តាម・ចំនួន・ពិន្ទុ・តិច・ច្រើន A を点数の高い順に並べる。
- ¥រៀប・តាក់・តែង （組織を）整備する。
- ¥រៀប・តាក់・តែង・ធ្វើ・A （予算案を）作成する。
- ¥រៀប・ទុក （村を）組織してある。

រេយី (regie) =រាជការ・ធ្វើ・មេ・កុងស៊ី។ 関税・消費税・使用料総局。
- ¥ប្រាក់・រេយី 関税・消費税・使用料金。

រេស៊ីដង្គ (résident) ①（州）弁務官。②保護条約によりカンボジア国に駐在したフランス政府の弁務官。②（コーチシナ国小総督と直接交渉できるようにクメール政府がサイゴンに駐在させた）駐在官。
- ¥រេស៊ីដង្គ・ខែត្រ アンナン国の省弁務官。
- ¥រេស៊ីដង្គ・ម៉ែរ (résident maïre) 市長（官職は上級行政官）。
- ¥រេស៊ីដង្គ・រួម・ខែត្រ 州弁務官。
- ¥រេស៊ីដង្គ・សុប៉េរីយ៉ឺរ 高等弁務官（トンキン、アンナン、カンボジア、ラオス）。
- ¥ទ្បី・រេស៊ីដង្គ 弁務官。
- ¥ទ្បី・រេស៊ីដង្គ・យេណេរ៉ាល់ 弁務総監。

រេស៊ីដង្ស (résidence) ①弁務官の統治領＝州。②弁務官庁。
- ¥រេស៊ីដង្ស・ម៉ែរ ①=ទី・រាជការ・ក្រុម・ម្យ៉ង។ 市庁。②ក្រុម・ម្យ៉ង។ 市。
- @ទី・រេស៊ីដង្ស・ម៉ែរ =ទី・រាជការ・ក្រុម・ម្យ៉ង។ 市庁。
- ¥រេស៊ីដង្ស・រួម・ខែត្រ ①州（これを略したのが រួម・ខែត្រ)。②州庁。
- @ទី・រាជការ・រេស៊ីដង្ស・រួម・ខែត្រ 州庁（略して ទី・រួម・ខែត្រ)。
- @ទី・រេស៊ីដង្ស・រួម・ខែត្រ 州都（=州庁所在地）。
- @@ប៉ុស្ដិ៍・រង・ទី・រេស៊ីដង្ស・រួម・ខែត្រ 支州庁。

@រាជការ・សេស៊ីដងស៍・រូម・ខែត្រ　州政府。
　　¥សេស៊ីដងស៍・ស៊ុបេរីយើរ　高等弁務官府。
　　@ទី・រាជការ・សេស៊ីដងស៍・ស៊ុបេរីយើរ　高等弁務官府。
　　¥ទី・សេស៊ីដងស៍　（トンキン国の州。省の下）。

រ៉ឺនុ　（ps. renu）鉱物。

រ៉ៃ　＝សិន・កន្សែង。（面積の単位）1600平方メートル。

រោគាភិបាល　衛生。
　　¥បញ្ញត្តិ・រោគាភិបាល　衛生規定。

រោគ្យ
　　¥ក្សា・រោគ្យ・អ្នក・ស្រុក　国民の健康を守る。

រោង
　　¥រោង・ក្រឡឹង・ឈើ　丸太削り所。
　　¥រោង・យាំង・សត្វ・របេស　拾得動物保護所。
　　¥រោង・ដាក់・ទំនិញ　倉庫。
　　¥រោង・ទុក・ទំនិញ　倉庫。
　　¥រោង・ធ្វើ・ការ　工房（＝個人の工場）。
　　¥រោង・ធ្វើ・ទូក　造舟所。
　　¥រោង・ព្យាបាល・មនុស្ស・ជម្ងឺ　病院。
　　¥រោង・រៀន・កុមារី　女子校。
　　¥រោង・រៀន・កូឡេស・ព្រះ・ស៊ីសុវត្ថិ　シソワット中学校。
　　¥រោង・រៀន・ជាន់・ខ្ពស់　高等教育校。
　　¥រោង・រៀន・ទុតិយសិក្សា・ភាសា・បារាំងសែស・នៅ・ហាណូយ　＝លីសេ・ដឺ・ហាណូយ。リセー・ハノイ。
　　¥រោង・រៀន・បឋមសិក្សា・បារាំង−ខ្មែរ　フランス語－クメール語初等教育校。
　　¥រោង・រៀន・បារាំងសែស　フランス学校。
　　¥រោង・រៀន・ភាសា・បារាំងសែស　フランス語学校（インドシナ国が極東の大きい年に設置した）。
　　¥រោង・រៀន・វិសេសសិក្សា　特別教育課程校。
　　¥រោង・រៀន・ហត្ថកម្ម　工業学校。
　　@គ្រូ・ចំ・រោង・រៀន・ហត្ថកម្ម　工業学校長。
　　¥រោង・រៀន・ឧត្តមសិក្សា　高等教育校（ハノイにある。実際は後期中等教育校らしい）。
　　¥រោង・សំរាប់・យក・ប្រយោជន៍・ផល・ព្រៃ　林産物を有用物にする加工場。
　　¥រោង・អ៊ី　工場。
　　¥រោង・អ៊ី・ធ្វើ・គ្រឿង・សាត្រាវុធ・កប៉ាល់　船の武器製造工場。

　　¥រោង・អ៊ី・មូរ・បារី・ធម្មតា　紙巻きタバコ製造工場。
　　¥រោង・អ៊ី・ស្រាវ・ស៊ូត្រ　絹糸工場。

រំងាប់
　　¥រំងាប់・ជម្ងឺ・ឆ្លង　伝染病を鎮める（＝伝染させない）。

រំលត់
　　¥រំលត់・ស្មោះ　（焚き火など）完全に火を消す。

រំលាយ
　　¥រំលាយ・ក្សួន　筏を解く。
　　¥រំលាយ・រូប・ក្នុង・ភ្លើង　火葬する。

រំលោភ　職権を乱用して不法行為をする。
　　¥រំលោភ・ដោយ・នៅ・អំណាច・ទៅ・លើ・A　（官吏が）Aに職権を乱用して不法行為を行う。
　　¥រំលោភ・នឹង・អំណាច　（裁判所の）職権乱用（判決は無効）。

រំហែក
　　¥រំហែក・ខូច　破れて破損する。

រាំង
　　¥រាំង・ពោះ・ព្រែក　水流を妨げる（ច្រោះが）。

លក
　　¥លក・លើក・មិន・ឱ្យ・មាន・A　Aを廃止する。

លក្ខណៈ　規定。（村の境界争いを裁定する）規定。②（固有国有財産の購入）規定。
　　¥លក្ខណៈ・ជា・ចន្លោះ　例外規定。
　　¥លក្ខណៈ・ជា・សាធារណៈ　一般規定。
　　¥លក្ខណៈ・ជារ・ដី　土地譲渡規定。
　　¥លក្ខណៈ・ដើម・ទាំង・ពួង　（全体に対する）大原則規定。
　　¥លក្ខណៈ・ដោយ・ចំណែក　例外規定。
　　¥លក្ខណៈ・ទារ・ពន្ធ　徴税規定。
　　¥លក្ខណៈ・ទុក・ដោយ・ចំណែក　例外規定。
　　¥លក្ខណៈ・បញ្ញត្តិ　規定。
　　¥លក្ខណៈ・បញ្ញត្តិ・ដើម　基本規定。
　　¥លក្ខណៈ・បញ្ញត្តិ・ពី・តុក・ខែត្រ　郡刑務所規定。
　　¥លក្ខណៈ・បញ្ញត្តិ・ពី・បាញ់・នឹង・ទាក់・សត្វ・ដំរី　ゾウ猟規定。
　　¥លក្ខណៈ・បញ្ញត្តិ・ព្រៃ・ឈើ　森林規定。
　　¥លក្ខណៈ・បញ្ញត្តិ・អំពី・សត្វ　動物に関する規定。

¥លក្ខណៈ・ពិភាក្សា （訴訟の）審理手続き規定。

¥លក្ខណៈ・ពី・ដារ・ដី・ឱ្យ・រាស្រ្ត 土地を民衆に譲渡する規定。

¥លក្ខណៈ・ព្រៃ・ឈើ 森林規定。

លត់

¥លត់・ភ្លើង・ឆេះ 火事を消火する。

¥លត់・ភ្លើង・ឆេះ・ផ្ទះ 家の火事を消火する。

លហុទោស

¥ក្តី・លហុទោស 軽罰訴訟。

¥រឿង・លហុទោស 軽罰案件。

លា

¥លា・ឈប់・ចេញ・ពី・រាជការ 政府勤務を依願退職する。

¥លា・ឈប់・ពី・រាជការ 政府勤務を依願退職する。

¥លា・ឈប់・លែង・ធ្វើ・រាជការ 政府勤務を依願退職する。

@ទទួល・អនុញ្ញាត・លា・ឈប់・លែង・ធ្វើ・រាជការ 政府勤務依願退職を許可する。

លាក់

¥លាក់・បន្លំ 虚偽の（届けを出す）。

¥លាក់・បំបាត់ （未納の税金額を）隠すために虚偽の申告をする。

លាង

¥លាង・ជំរះ （衣服を）消毒する。

¥លាង・ជំរះ・ផ្ទះ 家を消毒する。

¥លាង・របួស 怪我を消毒する。

¥លាង・សំអាត・ផ្ទះ 家を消毒する。

¥លាង・ស្យារ 煮沸消毒する。

លាន 家の敷地内の庭。

លាមក し尿。

¥លាមក・អាចម៍ ①大便。②し尿。

លិខិត

¥លិខិត・ចុះ・សន្យា 契約書。

¥លិខិត・ចែក・ទ្រព្យ （共有財産の）分割配分書。

¥លិខិត・ជា・ផ្លូវ・រាជការ 公文書。

¥លិខិត・ដូរ 交換書。

¥លិខិត・ដំកល់・ដី 土地権利書。

¥លិខិត・បញ្ចាំ 入質書。質札。

¥លិខិត・ប្ដូរ・ទ្រព្យ 財物交換書。

¥លិខិត・ផ្ទាល់・តួ 私署証書。

¥លិខិត・ភស្តុ・តាង 証拠書類。

¥លិខិត・មាន・តំណាប់・ច្បាប់ 公正証書。

¥លិខិត・លក់ 売却書。

¥លិខិត・សញ្ញា 契約書。

@ដើម・លិខិត・សញ្ញា 契約書の原本。

¥លិខិត・សញ្ញា・ផ្ទាល់・រូប 私署証明契約書。

¥លិខិត・សន្យា・ចូល・ហ៊ុន 出資契約書。

¥លិខិត・សំគាល់ 身分証明書（＝パスポートなど）。

¥លិខិត・សំគាល់・រូប・ខ្លួន 本人証明書。

¥លិខិត・អនុញ្ញាត・ឱ្យ・ទទួល （金の）受取許可書。

¥លិខិត・អំណោយ 譲渡書。

លិសង្ស (licence) 学士号取得者。学士。

លីសេ (lycée)

¥លីសេ・ដឺ・ហាណូយ リセー・ハノイ（ハノイにあったフランス語中高等学校の名）。

លីស្តិ៍ (liste)

¥លីស្តិ៍・ស៊ីវីល (liste civil) ＝ប្រាក់・សម្រាប់・រាជ។王室費。

លីសង្ស៊ី 学士。

លុប

¥លុប・តែមប្រិ៍ 使用者が印紙の上に署名し年月日を書いてその印紙を使用済みにする。

លួច

¥លួច・ដុត・ព្រៃ・ឈើ 密かに森林に放火する。

¥លួច・បិត・ស្រា・បន្លំ・ក្លែង・ក្លាយ 酒を密造する。

¥លួច・លាក់・បន្លំ・ក្លែង・ក្លាយ・នាំ・ចូល 密輸入する。

¥លួច・លាក់・រត់・ពន្ធ →ធ្វើ・ដោយ・លួច・លាក់・រត់・ពន្ធ （マッチを）密造して脱税する。

លើក

¥លើក・កិត្តិយស・មន្ត្រី （民衆に対して）官吏の名誉を高める。

¥លើក・ជំនុំ・ណា・មួយ （会期中の）いずれかの回（の会議）。

¥លើក・ពាក្យ・បណ្ដឹង・ចោល 上告を棄却する。

¥លើក・លាមក・និង・ភក់・ព្រាំ・ចោល　し尿汲み取りと汚泥塵介の除去廃棄をする。

¥លើក・លែង・A・ចេញ　Aを廃止する。

¥លើក・លែង・បោះ・ឆ្នោត　（時刻が来たら）投票を止める。

¥លើក・សេចក្ដី・ហាម・ចេញ　禁止を廃止する。

¥លើក・សេចក្ដី・អនុញ្ញាត・ចោល　許可を取り消す。

លេខ

¥លេខ・ខ្ពស់・ទាប　（卒業試験合格の）席次。

¥លេខ・ថ្នាក់・ពន្ធ　税額の等級。

លេខាធិការ　上級秘書官（内閣官房に属する。សមុហាបញ្ជី がこれに任命された。cf. លេខានុការ 「秘書官」には ស្យេន が任命された）。

លេខានុការ　内閣官房の秘書官（ស្យេន から任命された。cf. លេខាធិការ）。

លេវ　2級保安士（＝最下級）。

លែង

¥លែង・ឈើ　→បើក・លែង・ឈើ　材木の移動を許可する。

¥លែង・ប្រើ・បាន　（証明書が）無効になる。

លោះ　免除料。

¥លោះ・ការ・យាម・ល្បាត　警備・巡視免除料。

¥លោះ・ជា・ប្រាក់　金を払って（警備・巡視を）免除してもらう。

លំដាប់

¥លំដាប់・ងារ・ថ្នាក់　職の等級。

លំនៅ

¥លំនៅ・ធ្យូ　炭層。

¥លំនៅ・ធាតុ・រ៉ែនុ　①（調査中の）鉱床。②（採掘中の）鉱山。

លះ

¥លះ・បង់・ប្រគល់・ជំនួញ　商業を譲渡する（＝売る）。

ស្យេន

¥ស្យេន・ខ្លី　射程距離が短い。

¥ស្យេន・វែង　射程距離が長い。

ល្អ　（作柄が）良（ល្អ－បង្គួរ－អាក្រក់「良－中－不良」）。

រង់

¥រង់・ដែន　（担当）区域。

¥រង់・ព្រាំ　領域。

¥រង់・ព្រាំ・ទី・ក្រុង　市域。

វណិជ្ជគតិ　商事訴訟。

វឡុទូរលេខ　＝ទូរលេខ・ឥត・ខ្សែ。無線電信。

វារី　①水路交通路②＝ការ・ផ្លូវ・ផ្លូវ。家屋・交通路業務。③＝ក្រម・ថែ・រក្សា・ផ្លូវ・ក្នុង・មឿង。市交通路局。④＝ក្រសួង・វារី。（市）交通路局。

វាល

¥វាល・ត្រែង　野原。

វាស់

¥វាស់・កំណរ・ស្រូវ　籾の山の体積を測る。

¥វាស់・ត្រប់・ជ្រុង・ទាំង・អស់（＝គុប）　体積を求める。

¥វាស់・ដី　土地の面積を求める。

¥វាស់・ទាយ・ចំណុះ　計測・積載量推定。

¥វាស់・ទាយ・ចំណុះ・ទូក　舟の計測・積載量推定。

¥ក្បួន・វាស់　体積の求め方。

វិជ្ជា　（前科があるか否かを知る）技術知識。

¥វិជ្ជា・ការ・របរ　→ចំណេះ・វិជ្ជា・ការ・របរ　農業工業の知識。

¥វិជ្ជា・ចំណេះ・ដោយ・ទ្បេក　専門知識。

¥វិជ្ជា・ផ្សំ・ថ្នាំ・ផ្សំ・ធាតុ　①薬学。②＝ស៊ីមី。化学（これは原訳者の誤解）。

¥វិជ្ជា・សិល្បសាស្រ្ត　科学。

វិធី

¥វិធី・ផ្លូវ・បង្រៀន　教授法。

វិន័យធម្ម　郡僧侶法務官（？）（僧の役職名。律師に相当。郡僧侶裁判所の構成員になる）。

វិបរិត

¥កើត・វិបរិត・បាស់・បោ　反乱が起こる。

វិទ　民事訴訟。

¥វិទ・ទទាស់　（選挙に関する）訴訟。

¥ក្ដី・វិទ　民事訴訟。

វិសេសសិក្សា　特別課程教育。

¥វិសេសសិក្សា・បារាំងសែស・ខ្មែរ　フランス語－クメール語特別課程教育。

＠សាលា・វិសេសសិក្សា・បារាំងសែស・ខ្មែរ　フランス語－クメール語特別課程教育校。

¥រោង・រៀន・វិសេសសិក្សា　特別課程教育校。

¥សញ្ញាបត្រ・វិសេសសិក្សា　特別課程教育修了証書。

វិសេសសិក្សាធិការ　特別課程教育。

វិសេសសិក្សាធិការ・ភាសា・បារាំងសេស・ស្រុក・អាយ　フランス語－現地語特別課程教育。@ប្រីវេត៍・វិសេសសិក្សាធិការ・ភាសា・បារាំងសេស・ស្រុក・អាយ　フランス語－現地語特別課程教育修了証書。

វិហារ
¥វិហារ・ចាម　イスラム寺院。

វីរេម៉ង្ត (virement)
¥វីរេម៉ង្ត・ដី・ក្រេឌិត (virement de credit) ＝ផ្ទេរ・ទឹក・ប្រាក់។（予算の）金額の移項。

រឿង　(v. phụ) 府。

រៀច
¥រៀច・ក្លែង　①（調書を。伐採許可証を）偽造する。②（調書に）偽造の内容がある。③（投票の）不正。
@ទោស・ជា・រៀច・ក្លែង　偽造の罪。
¥រៀច・ក្លែង・ក្លាយ　①（伐採許可証を）偽造する。②（税額をごまかすために）虚偽の（申告をする）。
¥រៀច・បន្លំ・ក្លែង・ក្លាយ　→ដោយ・រៀច・បន្លំ・ក្លែង・ក្លាយ　虚偽の（申告をする）。
¥ដោយ・រៀច　不正に（酒造する）。

រាំង
¥រាំង・ព្រល・ជុំ・វិញ　周囲に杭を打って囲む。

សក្តិ
¥សក្តិ・ងារ　階級（は将軍）。
¥សក្តិ・ដែល・មាន・នៅ・ដៃ・អាវ　袖章。
¥សក្តិ・ហ្វាន់　位階。
¥មាន・សក្តិ　→ក្រុម・រក្សា・ស្រុក・មាន・សក្តិ　袖章を持つ保安隊員（＝最下級の2級保安士を除く全員）。

សំរាជ　世紀。
¥សំរាជ・ឥឡូវ・នេះ　今世紀。

សង
¥សង・ជំងឺ・ចិត្ត　弁償する。
¥សង・A・នឹង・B　新しい（支出費目）Aに（支出費目）Bから（金を）移項する。
¥សង・ថ្លៃ　代金を返却する。
¥សង・ប្រាក់・ពន្ធ・ជំនួស・A　（行方不明の）Aの未納の税金を代納する。
¥សង・ប្រាក់・រាជការ　（財務局長が不足の）公金を弁償する。
¥សង・សោហ៊ុយ　①補償金を払う。②（政府に監督料、証紙貼付の）費用払う／返済する。

សង់ដាម (gendarme)　憲兵（＝警察業務も行う）。

សង់ដាមម៊ើរី (gendarmerie)　憲兵隊。

សង់សេលីយេរ (chancelier)　法務官（州裁判所の検察事務官を務める）。

សង្គ្រាជ
¥សង្គ្រាជ・ចាម・ផ្ញា　イスラム僧。
¥សង្គ្រាជ・បារាំងសេស　フランス人神父。

សង្ឃនាយក　僧侶長（＝最高位で両派にひとりずつ。功績を認められると សម្តេច に任じられて សម្តេច・សង្ឃនាយក になり、更に「僧王」を許されることがある）。

សញ្ញា
¥សញ្ញា・កុងវង់ស៊ីយុង　①協定。②(convention)。1884年6月17日締結の「協定」。
¥សញ្ញា・ត្រៃតេ (traité)　条約。
¥សញ្ញា・ត្រៃតេ・ជា・ស្ថាន・មេត្រី　友好条約。
¥សញ្ញា・ត្រៃតេ・ឈប់・ច្បាំង　終戦条約。
¥សញ្ញា・មួយ・ច្បាប់　契約書1通。

សញ្ញាបត្រ　教育修了証書。
¥សញ្ញាបត្រ・ចេញ・ពី・សាលា～　～校卒業証書
¥សញ្ញាបត្រ・បឋមសិក្សា　初等教育修了証書。
¥សញ្ញាបត្រ・បឋមសិក្សា・ជាន់・ខ្ពស់・បារាំងសេស ＝សេរទីហ្វីកាត់・ដេទុដ・ព្រីមែរ・ស៊ុប៉ឺរីយើរ (certificat d'étude primaire supérieur)。フランス語高等初等教育修了証書（＝クメール初級中等教育修了証書）。
¥សញ្ញាបត្រ・បឋមសិក្សា・បារាំង・ខ្មែរ　フランス語－クメール語初等教育修了証書。
¥សញ្ញាបត្រ・បឋមសិក្សា・បារាំងសេស・ខ្មែរ ＝សេរទីហ្វីកាត・ដេទុដ・ព្រីមែរ・ហ្រ្វាំងកោ・ខ្មែរ។ フランス語－クメール語初等教育修了証書。
¥សញ្ញាបត្រ・បាក្កាឡូរេអាត់　バカロレア（＝上級中等教育修了証書）
¥សញ្ញាបត្រ・ប្រយោគ・ទី・មួយ（中等教育前期修了証書）＝ប្រីវេត៍・អេឡឺម៉ង់តែរ។ 初級中等教育（＝コレージュ）修了証書。
¥សញ្ញាបត្រ・ប្រីវេត៍・ស៊ុប៉ឺរីយើរ　上級中等教育修了証書。
¥សញ្ញាបត្រ・ព្រះ・សង្ឃ　出家証明書（比丘証と沙彌証を総称して）。
¥សញ្ញាបត្រ・លីសង់ស៍ (licence)　学士号。
¥សញ្ញាបត្រ・វិសេសសិក្សា　特別課程教育修了証

書。

¥សញ្ញាបត្តិ・វិសេសសិក្សា・បារាំង・ខ្មែរ　フランス語－クメール語特別課程教育修了証書。

¥សញ្ញាបត្តិ・សាលា・រដ្ឋបាល・ខ្មែរ　クメール行政学校修了証書。

សត្វ　役畜。

¥សត្វ・៣ហាណៈ・របើស　拾得役畜。

¥សត្វ・របើស　拾得動物。飼い主不明の動物（①市街地区内では家畜を放すことが禁止であるが、公道を飼い主なしで歩いているのを捕えたもの。②農村で他者の田畑に侵入して荒らしたのを捕えたもの）。

¥សត្វ・ស្រុក　飼育動物。

¥សត្វ・អនុប្រាណ　小さい生物。微生物。

សន្តត

¥សន្តត់・ទុក・ដូច・ជា・A　Aと見做す（人）。Aに準じる（人）。

សន្យា

¥សន្យា・ដោយ・ស្មគ្រចិត្ត　（入札、競売をしない）随意契約。

¥សន្យា・បំពើ・ធ្វើ・ការ　使用人契約。

¥សន្យា・យ៉ម　示談をする。

　　@សេចក្តី・សន្យា・យ៉ម　示談。

　　@សុំ・រូប・រួម・សន្យា・យ៉ម　示談協力申請。

　　@សេចក្តី・សុំ・រូប・រួម・សន្យា・យ៉ម　示談協力申請書。

សន្លឹក

¥សន្លឹក・បា៉តង　営業許可書。

¥ខាង・ចុង・សន្លឹក　（控え付き証明書帳の控えの部分を除いた）証明書本体部分。

សមណោ・គ្រ

¥សមណោ・គ្រ・យុំ　村民。

សមុហា

¥សមុហា・គណ　郡僧侶人事官？（僧の役職名。郡僧侶裁判所の構成員）。

¥សមុហា・បញ្ជី　＝ស្យៀន・សមុហា・បញ្ជី。文書係 ស្យៀន。

　　@កាន់・សមុហា・បញ្ជី　公文保管庫を管理する。

　　@ទី・សមុហា・បញ្ជី　公文書保管庫。

　　@ស្យៀន・សមុហា・បញ្ជី　①（保護国諮問会議の）書記。②文書係 ស្យៀន（これを単に សមុហា・បញ្ជី と呼ぶらしい）。

¥សមុហា・បញ្ជី・យុំ　村公文書保管庫。

¥សមុហា・បញ្ជី・រជការ・រួម・ខែត្រ　州政府公文書保管庫。

¥សមុហា・បញ្ជី・សាលា・ខែត្រ　郡庁公文書保管庫。

សម្មាត់

¥បោះ・ឆ្នោត・ជា・សម្មាត់　無記名投票をする。

¥សរសេរ・ដោយ・សម្មាត់　（投票用紙は）無記名で書く。

សម្មេច

¥សម្មេច・សង្ឃនាយក　សម្មេច に任じられた僧侶長。

¥សម្មេច・អគ្គមហាសេនា　សម្មេច に任じられた អគ្គមហាសេនា（＝特に功績が認められた អគ្គមហាសេនា。位階は 11・ហ្គាន់）。

សម្បត្តិ

¥សម្បត្តិ・ផែន・ដី　国有財産。

¥សម្បត្តិ・ផែន・ដី・ជា・សាធារណៈ　公共国有財産。

¥សម្បត្តិ・ផែន・ដី・ផ្ទាល់　固有国有財産。

¥សម្បត្តិ・ផែន・ដី・ផ្ទាល់・ខ្លួន　固有国有財産。

¥សម្បត្តិ・ផែន・ដី・សំរាប់・រាជការ・ខ្មែរ　クメール国政府の国有財産。

¥សម្បត្តិ・ផែន・ដី・សំរាប់・រាជការ・ប្រតេកតូរាត　保護国政府の国有財産。

¥សម្បត្តិ・ផែន・ដី・សំរាប់・រាជការ・ផែន・ដី・ឥណ្ឌូស៊ីន　インドシナ国政府の国有財産。

¥សម្បត្តិ・ផែន・ដី・សំរាប់・រាជ្យ　国王位の国有財産。

សម្រាស់

¥បោះ・ដាក់・សម្រាស់　やなを仕掛ける。

¥បោះ・សម្រាស់　やなを仕掛ける。

សម្រួល

¥សម្រួល・ទំលាប់・អំពី・បុរាណ　→ទី・សម្រួល・ទំលាប់・អំពី・បុរាណ　昔からの習慣に対する経過措置。

¥សម្រួល・សេចក្តី・ទាស់・ខុស　反対を解決する。

¥ជា・សម្រួល・សិន　（過渡期の）経過措置として。

សម្រេច

¥សម្រេច・បញ្ជី・ប្រាក់・ចំណូល・ចំណាយ　予算を執行する。

សរសេរ

¥សរសេរ・អក្សរ・ល្អ　（試験科目）清書する。

សាក្សី

¥ សាក្សី・ដែល・ខាង・ភ្នាក់・ងារ・ចោទ　検察側証人。

¥ សាក្សី・ដែល・ខាង・អ្នក・ជាប់・ចោទ　被告側証人。

សាច់

¥ សាច់・ឈើ

　@វាយ・សាច់・ឈើ　木質面を槌で叩く（＝刻印する）。

¥ សាច់・ពន្ធ・ដី　土地税額。

¥ សាច់・ពន្ធ・ប៉ាតង់　営業税額。

¥ សាច់・សំណ　鉛質部（に刻印する）。

¥ សាច់・ស្ពាន់　銅質部（に刻印する）。

សានក្រម

¥ សានក្រម・កាត់・សេចក្ដី・ធ្វើ・ទោស　処罰判決書。

¥ សានក្រម・គតិការ　（僧侶委員会の）裁決書。

¥ សានក្រម・ជា・បណ្ដោះ・អាសន្ន　（会計検査院の）仮裁決書。

¥ សានក្រម・ជា・ស្រេច　（会計検査院の）決定裁決書。

¥ សានក្រម・សេចក្ដី・វិវទ　民事訴訟の判決書。

¥ ទុក・សានក្រម・ជា・ស្រេច・ឥត・រើ・បាន　判決が確定する（ただし、本書では原訳者の誤解で「起訴猶予」の意味に使用されている）。

¥ បដិសេធ・សានក្រម　判決を破棄する。

សាន្ត（特に表記上区別されている）。

¥ សាន្ត・វិនិច្ឆ័យ　最高裁判所（パリにある）。

សារ

¥ សារ・គតិការ　僧の争いに対する裁定書。

¥ សារ・គតិការ・សង្ឃ　＝សារ・គតិការ。

¥ សារ・ត្រា・ប្រដិស្ឋាន　宣誓書。

¥ សារ・ត្រា・សេនាបតី　大臣通達。

¥ សារ・ត្រា・ឡើ・រេស៊ីដង់・ស៊ុបេរីយើរ　高等弁務官通達。

¥ សារ・ប្រដិស្ឋាន　誓約書（エラー？）。

សារពើ

¥ ការ・សារពើ　→វិជ្ជា・ចំណេះ・ការ・សារពើ　一般教養の学問知識。

¥ សារពើ・ចំណេះ　一般知識（普通科校で学ぶもの。≠職業教育の知識）。

¥ វិជ្ជា・ចំណេះ・ការ・សារពើ　一般教養の学問知識。

សាលា

¥ សាលា・ការ・កង・ទ័ព　軍事裁判所。

¥ សាលា・ក្បាច់・រចនា・ខេមរ　クメール美術工芸学校。

　@គ្រូ・ធំ・សាលា・ក្បាច់・រចនា・ខេមរ　クメール美術工芸学校長。

¥ សាលា・ក្រមការ　ក្រមការ　学校（＝行政司法学校の前身）。

¥ សាលា・ក្សេត្រាធិការ　＝អេកូល・ដាគ្រីគុលទួរ。農業学校（ハノイにある）。

¥ សាលា・ខែត្រ　①郡庁。②郡裁判所。

¥ សាលា・គណៈ　郡僧侶裁判所（＝構成員はមេ・គណៈ、បាឡាត់・គណៈ、វិន័យធមួ、សមុហាបញ្ជី、បែឌិកា・គណៈ）。

¥ សាលា・ច្បាប់・និង・ចំណេះ・រដ្ឋបាល　法律行政学校（ハノイにある。卒業生は現地国政府行政官吏になれる）。

¥ សាលា・ច្បាប់・និង・ចំណេះ・រដ្ឋបាល・ជាន់・ខ្ពស់　＝អេកូល・ស៊ុបេរីយើរ・ដឺ・ជ្រវិត・អេ・អាជមីនីស្ត្រាស្យុង。高等法律行政学校（ハノイにある。卒業生は現地国政府行政官吏になれる）。

¥ សាលា・ជាន់・ខ្ពស់・មួយ・ថ្នាក់　一級上の上級裁判所。

¥ សាលា・ជំនុំ・ជំរះ・ក្ដី　裁判所。

¥ សាលា・ដំបូង

　@ចាងហ្វាង・សា៤បា・ដំបូង　地方裁判所長。

¥ សាលា・ឌូដាវុ・ដឺ・ឡាគ្រេ（Doudart de Lagrée）（プノンペンの初等教育校名）。

¥ សាលា・តាម・មុខ・ក្រសួង　管掌する裁判所。

¥ សាលា・ថ្នាក់・ជា・ទី・ដំណឹង・ទី・បំផុត　第2審で最終審裁判所。

¥ សាលា・ថ្នាក់・ទី・ពីរ　第2審裁判所。

¥ សាលា・ទាហាន　軍法会議。

¥ សាលា・ទី・បំផុត　最終審裁判所。

¥ សាលា・ទី・រួម・ខែត្រ　①州都校。②州裁判所。

¥ សាលា・ទ្រីប៊ុយណាល់（tribunal）　地方裁判所。

　@ចាងហ្វាង・សាលា・ទ្រីប៊ុយណាល់　地方裁判所長。

¥ សាលា・ទ្រីប៊ុយណាល់・ក្រុង・ភ្នំពេញ　プノンペン地方裁判所。

¥ សាលា・ទ្រីប៊ុយណាល់・រួម・ខែត្រ　州地方裁判所。

¥សាលា・បង្រៀន・ការ・រចនា　美術工芸校。

¥សាលា・បង្រៀន・វិជ្ជា・ពេទ្យ　医学校。

¥សាលា・បារាំងសែស・នៅ・ចុង・បូព៌ាប្រទេស ＝អេកូល・ហ្រ្វង់សែស・ដេក្ស្ត្រេម・អូរីអង្គ。フランス極東学院。

¥សាលា・បាឡី　パーリ語学校。

　@ចាងហ្វាង・សាលា・បាឡី　パーリ語学校長。

¥សាលា・ផ្សះ・ផ្សា　調停裁判所。

¥សាលា・ពេទ្យ　＝អេកូល・ដឺ・មេឌីស៊ីន (école de médecine)。医学校（ハノイにある。准医師になる）。

¥សាលា・ពេទ្យ・សត្វ　＝អេកូល・វ៉េតេរីណេរ (école vétérinaire)。獣医学校（ハノイにある。現地国人獣医になる）。

¥សាលា・មជ្ឈិម　中級罪裁判所。

¥សាលា・មជ្ឈិមទោស　中級罰裁判所（地方裁判所のこと）。

¥សាលា・មន្ត្រី　＝អេកូល・ដេ・មង់ដារាំង្ស (école des mandarins)。官吏学校。

¥សាលា・មូលវិជ្ជា　＝អេកូល・ដឺ・ប៉េដាកោស៊ី (école de pédagogie)。師範学校。

¥សាលា・រដ្ឋបាល・ខ្មែរ　クメール行政学校。

¥សាលា・រដ្ឋបាល・តុលាការ・ខ្មែរ　クメール行政司法学校。

¥សាលា・លហុទោស　簡易裁判所。

¥សាលា・ល្អក・យួន　プノンペン地方裁判所。

¥សាលា・វត្ត　寺学校（＝小学校入学前にクメール語の読み書きを教える）。

¥សាលា・វិនិច្ឆ័យ　最高裁判所（本書では សាន្ន・វិនិច្ឆ័យ と書かれている）。

¥សាលា・វិសេសសិក្សា・បារាំងសែស-ខ្មែរ　フランス語-クメール語特別課程教育校。

¥សាលា・សាធារណការ　＝អេកូល・ដេ・ត្រាវ៉្យុ ព្លិក。公共土木事業学校（ハノイにある）。

¥សាលា・ហ្រ្វង់ស៊ីស・ការនីអែរ（Francis Garnier）。(プノンペンの初等教育校名)。

¥សាលា・អត្តការគតិ　民事裁判所（＝地方裁判所がなる）。

¥សាលា・ឧក្រិដ្ឋ　重罪裁判所（＝សាលា・ឧក្រិដ្ឋ ទោស)。

¥សាលា・ឧក្រិដ្ឋទោស　重罰裁判所（クメール人には地方裁判所がなる。フランス法律の下にある現地国人は គូរ・ត្រីមីណែល「刑事裁判所」、欧米人は គូរ・ដាសស៊ីស「重罪院」)。

សាវតារ

¥សាវតារ・ករ・ណេះ　履歴。

¥សាវតារ・ជាតិ　履歴。

¥សាវតារ・ជាតិ・ករ・ណេះ　履歴。

¥សាវតារ・ជាតិ・កំណើត　国籍情報（？）。

¥សាវតារ・ណោត・(រាជការ)　政府勤務評点記録書。

¥កត់・ទុក・ក្នុង・សាវតារ　（行政処分として）叱責し）職歴に記入する。

សាស្ន

¥សាស្ន・ជាតិ・ស្រុក・កំណើត・ខ្លួន　→កាន់・សាស្ន・ជាតិ・ស្រុក・កំណើត・ខ្លួន　母国の宗教を持つ（？）。

សិក្សា　学ぶ。

¥សិក្សា・ក្បាច់・រចនា　美術工芸教育。

¥សិក្សា・លទ្ធិ・សាសនា　宗教教育。

¥សិក្សា・ហត្ថកម្ម　工業教育。

សិន

¥1・សិន・កន្សែង　＝ឫៃ。40メートル平方＝1600平方メートル。

សិប្បយការ　工業。

សិល្បសាស្ត្រ　技術（ここでは医学）。

¥មន្ទីរ・សិល្បសាស្ត្រ　研究所。

ស៊ី

¥ស៊ី・ឈ្នួល

　@មនុស្ស・ស៊ី・ឈ្នួល　被用者。

¥ស៊ី・ឈ្នួល・បម្រើ　使用人として雇用される。

¥ស៊ី・ផល・លើ・ដី　（自分が占有する）土地の上に生じる法律上の果実を消費する（権利を持つ）。

ស៊ីតារ៍ (cigare)　＝បារី・បារាំង。葉巻。

ស៊ីញ (signer)

¥ស៊ីញ・បាន・ឃើញ　「見た」署名。

¥ស៊ីញ・បោះ・ត្រា・បាន・ឃើញ　「見た署名押印」をする。

¥ស៊ីញ・យល់・ឃើញ　（賛成か反対かの）「判断」署名。

¥ស៊ីញ・យល់・ព្រម　「同意」署名。

¥ស៊ីញ・យល់・ព្រម・ឱ្យ・សម្រេច・តាម　施行に同意する署名。「同意」署名。

¥សុីញ៉្ញ・អានុញ្ញាត・យល់・ព្រម 「承認」署名をする。

សុីមី（chimie） 化学。

សុចរិត

¥សុចរិត・ពិត・ប្រាកដ・មែន （この文書はの存在は）真正である。

¥សុចរិត・ពិត・ត្រង់ →ដោយ・សុចរិត・ពិត・ត្រង់ 善意の（取得者）。善意で（権利がないにも関わらず土地を管理する）。

សុភា （1902年7月23日付国王布告で）中級職地方司法官。

¥សុភា・ចារបុរស 検事。

សុំា ＝ជម្ឺ・សា・គោង・ហើម・ស្នាស។（?）。

សុវណ្ណកោដ្ឋ 王の棺。

@ព្រះ・ករុណា・ក្នុង・ព្រះ・សុវណ្ណកោដ្ឋ 過去の故王。

សុី（sous-）

¥សុី-អាំងស្ប៉ិកទែរ（sous-inspecteur） 副監督官（＝カンボジア国農業工業商業局次長の官職）。

សូត្រ

¥សូត្រ・កំណត់・ចោទ 起訴状を読み上げる。

¥សូត្រ・ពាក្យ・ឲ្យ・សរសេរ・ដាក់・អក្សរ・គ្រឹម・ត្រូវ （試験の）書き取り。

¥សូត្រ・សាលក្រម・ឲ្យ・ស្ដាប់ 判決書を読み上げて聞かせる。

¥សូត្រ・ឲ្យ・សរសេរ・តាម・ដាក់・អក្សរ・គ្រឹម・ត្រូវ （試験の）書き取り。

សូន្យ

¥ទុក・ជា・សូន្យ 無効（票）とする。

សួន

¥សួន・ដាំ・ឈើ・ផ្លែ 果樹園。

សួរ

¥សួរ・យក・ចម្លើយ・មនុស្ស・ត្រូវ・ចោទ 被告を尋問する。

¥សួរ・សព្ទ 聴聞する。

សូរីតេ（sûreté） 公安警察。

សុីរវៃយ៉ង់（surveillant）＝អ្នក・ត្រួត・ត្រា។（公共土木事業の）事業監督。

សើប

¥សើប・រក・បទ・ល្មើស・នឹង・បញ្ញត្តិ・ព្រៃ・ឈើ 森林規定の違反を捜査する。

សៀវភៅ

¥សៀវភៅ・កត់ 記録簿。

¥សៀវភៅ・កត់・ប្រាក់・ប្រដាប់・ក្ដី・និង・ក្រហាយ・ពិន័យ 裁判料および罰金記録簿。

¥សៀវភៅ・កត់・មនុស្ស・ទោស 受刑者簿。

¥សៀវភៅ・កត់・រឿង・មជ្ឈិម 中級罪事案簿。

¥សៀវភៅ・កត់・សត្វ 役畜記録簿。

¥សៀវភៅ・ក្ដី・វិវាទ 民事訴訟案件簿。

¥សៀវភៅ・ក្បាល・បញ្ជី 台帳。

¥សៀវភៅ・ក្បាល・បញ្ជី・ទូក 舟台帳。

¥សៀវភៅ・គល់・បង្កាន់・ដៃ 領収証（を発行して）控えだけの帳簿。

¥សៀវភៅ・គុក 収監者簿。

¥សៀវភៅ・ចុះ・រឿង・ក្ដី 民事訴訟案件簿。

¥សៀវភៅ・ច្បាប់・សន្យា＝ការយ・ដេ・សារ្យ៉（cahier des charges）。競売仕様書。

¥សៀវភៅ・ជាង （フランス人に雇用されている職人あるいは召使いが所持する）職人手帳。

¥សៀវភៅ・ជាង・ធ្វើ・ការ＝សៀវភៅ・ជាង。

¥សៀវភៅ・ជាតិ 出生簿。

¥សៀវភៅ・ដីកា・បើក・ឲ្យ・នាំ・ឧស 薪運搬書帳。

¥សៀវភៅ・ទាហាន 軍人手帳。

¥សៀវភៅ・ទូក 舟手帳。

¥សៀវភៅ・និង・លិខិត・បោះ・ពុម្ព・ជា・ផ្លូវ・រាជការ 公式出版物。

¥សៀវភៅ・បញ្ជី・ជាតិ 出生簿。

¥សៀវភៅ・ប្រាក់・ចំណាយ 支出金簿。

¥សៀវភៅ・ប្រាក់・ចំណូល 収入金簿。

¥សៀវភៅ・មនុស្ស・ទោស 収監者簿។

¥សៀវភៅ・មាន・គល់ ①控え付き〜帳。②控え付領収証帳。

¥សៀវភៅ・រាជការ・ខែត្រ 郡政府書類。

¥សៀវភៅ・សន្យា 競売仕様書。

¥សៀវភៅ・សាលក្រម 判決書簿。

¥សៀវភៅ・សំណៅ・សំបុត្រ・ស្នាម 文書謄本発給簿。

សេចក្ដី ＝ក្ដី។訴訟。

¥សេចក្ដី・កែ・ប្រែ 改正案។

¥សេចក្ដី・ខុស （籾税査定徴収の）不正។

¥សេចក្ដី・ចោទ （作文問題の）テーマ。

¥សេចក្ដី・ចំឡង （原本の）謄本。（国王布告の）謄本（を必要部局に配布する）。

¥សេចក្ដី・ចំឡង・កំណត់ （出生簿に記載し）

その記載の謄本（を渡す）。
　¥សេចក្ដី･ចំឡង･ពី･សានក្រម　判決書の謄本。
　¥សេចក្ដី･ជូន･ព័ត៌មាន　（情報伝達者が作成する）情報書。
　¥សេចក្ដី･ជំនុំ　会議の議決。
　¥សេចក្ដី･ដើម　（文書の。判決書の）原本。
　¥សេចក្ដី･ដើម･លិខិត　文書の原本。
　¥សេចក្ដី･ដែល･មាន･ជា･ចំ　（AとBとの）大きな相違。
　¥សេចក្ដី･ដែល･រៀប･ចំ･ប្រែ･កែ　変更をまとめて記した文書。
　¥សេចក្ដី･ទំនុក･បំរុង　私情で（任命。昇任）。
　¥សេចក្ដី･បង្គាប់　①命令書。②（裁判所からの）令状。
　¥សេចក្ដី･បញ្ញត្តិ･ដើម្បី･នឹង･បង្ការ･កុំ･ឱ្យ･ឆ្លើង･នេះ･ព្រៃ　森林防火規定。
　¥សេចក្ដី･បញ្ញត្តិ･អំពី･លក់･សត្វ　役畜売却規定。
　¥សេចក្ដី･បណ្ណោយ　①大目に見ること。②（権利ではなく）恩恵（である）。
　¥សេចក្ដី･ប្រៀប　例。
　¥សេចក្ដី･ប្លែក　例外。
　¥សេចក្ដី･ប្លែក･ចន្លោះ:　例外。
　¥សេចក្ដី･ប្លែក･ជា･ចំ　大きな違い。
　¥សេចក្ដី･ប្លែក･នឹង･ដើម･អត្ត･នេះ:　この原則に対する例外。
　¥សេចក្ដី･ផ្សេង　例外。特例。
　¥សេចក្ដី･ព័ត៌មាន　情報書。
　¥សេចក្ដី･ពិត　（文書の存在の）真正性。
　¥សេចក្ដី･ព្រះ:･រាជឱង្ការ　国王令書。
　¥សេចក្ដី･យល់･ឃើញ　＝ណោត。勤務評点。
　¥សេចក្ដី･រាយ･ដំណើរ　（規定作成のための）説明書（を諮問会議に提出する）。
　¥សេចក្ដី･រឿង･វិវាទ　民事訴訟事案。
　¥សេចក្ដី･រៀប･រយ　秩序。
　¥សេចក្ដី･រៀប･រយ･ក្សេម･ក្សាន　治安
　　@ក្សា･សេចក្ដី･រៀប･រយ･ក្សេម･ក្សាន　治安を守る。
　¥សេចក្ដី･រៀប･រយ･និង･សេចក្ដី･សុខ･ក្នុង･ស្រុក　国の治安。
　¥សេចក្ដី･លក្ខណៈ:･ដោយ･ចំណែក　例外。
　¥សេចក្ដី･វិវាទ　＝ក្ដី･វិវាទ。民事訴訟。
　¥សេចក្ដី･រៀច　不正。

　¥សេចក្ដី･រៀច･ក្លែង　（調書作成者による）偽造（の内容）。
　¥សេចក្ដី･រៀរ･ទុក･ដោយ･ចំណែក　例外。
　¥សេចក្ដី･សន្យា　契約書。
　¥សេចក្ដី･សន្យា･ដើម　元の協約。
　¥សេចក្ដី･សន្យា･យ៉ម　示談。
　¥សេចក្ដី･សានក្រម　判決文（を書く）。
　¥សេចក្ដី･សារ･ត្រា　通達書。
　¥សេចក្ដី･សុខ･ទុក្ខ　（郡内の）安寧。
　¥សេចក្ដី･សុខ･រៀប･រយ　→ក្សា･សេចក្ដី･រៀប･រយ　（村の）秩序を守る。
　¥សេចក្ដី･សុំ　①申請。②申請書。③（修正）要請。
　¥សេចក្ដី･សុំ･ឱ្យ･ឡើង･យស･សក្ដិ　昇任申請書。
　¥សេចក្ដី･សំគាល់･យល់･ឃើញ　意見。
　¥សេចក្ដី･សំរួល　便宜。
　¥សេចក្ដី･ស្រង់･（ពី･បញ្ជី･ពន្ធ）　税簿からの（必要部分だけの）抜粋簿。
　¥សេចក្ដី･អង្កេត･ជំបូង　第1回尋問の内容／結果。
　¥សេចក្ដី･អត្តការគតិ　民事訴訟。
　¥សេចក្ដី･អត្តការគតិ･និង･វណិជ្ជគតិ　民事商事訴訟。
　¥សេចក្ដី･អធិប្បាយ　説明書。
　¥សេចក្ដី･អនុញ្ញាត　→លើក･សេចក្ដី･អនុញ្ញាត　許可を取り消す。
　¥សេចក្ដី･អាជ្ញា　刑事訴訟。
　¥សេចក្ដី･អាជ្ញាគតិ　刑事訴訟。
　¥សេចក្ដី･ឧក្រិដ្ឋទោស　重罰訴訟。
　¥សេចក្ដី･ឯកចិត្ត　自由意志。
　¥សេចក្ដី･ឱ្យ･ដំណឹង　＝ដីកា･ឱ្យ･ដំណឹង。通知書。
សេន　パーセント（＝追加税の率の単位）。
សេនាបតី　①卿。（អ្នក･ឧកញ៉ា･អត្ដមហាសេនា、អ្នក･ឧកញ៉ា･យោមរាជ、អ្នក･ឧកញ៉ា･ក្រឡាហោម、អ្នក･ឧកញ៉ា･ចក្រី、អ្នក･ឧកញ៉ា･វាជំវំង の5卿があり、大臣に任命されて内閣を構成する。位階はいずれも 10･ហ្វាន់）。②大臣。
　¥សេនាបតី･ក្រសួង　①〜を担当する大臣。②＝ចៅ･ក្រសួង。総局長（インドシナ国には大臣がいないから）。
　¥សេនាបតី･ក្រសួង･ក្សេតរាធិការ　農業大臣。

¥សេនាបតី・ក្រសួង・ធម្មាធិការ　宗務大臣。

¥សេនាបតី・ក្រសួង・ព្រះ・បរមរាជវាំង　宮内大臣（クメール政府）。

¥សេនាបតី・ក្រសួង・មហាថៃ　内務大臣（クメール政府）。

¥សេនាបតី・ក្រសួង・មហាថៃ・ធម្មការ　内務・宗務大臣（クメール政府）。

¥សេនាបតី・ក្រសួង・យុត្តិធម្ម　法務大臣（クメール政府）。

¥សេនាបតី・ក្រសួង・យុទ្ធនាធិការ　（クメール国）陸軍大臣。

¥សេនាបតី・ក្រសួង・សិក្សាធិការ　①教育大臣（クメール政府）。②教育総局長（総督府）。

¥សេនាបតី・ក្រសួង・ស្រុក・ចំណុះ　植民地相（フランス国）。

¥សេចក្ដី・ប្រជុំ・គ្នា・ជំនុំ・ជា・អចិន្ត្រៃយ៍　大臣が集まって定例閣議を開く。

¥សេនាបតី・ឯក　首相。

¥កុប្បើយ・សេនាបតី　①大臣（＝内閣のメンバー）。②内閣。

¥ប្រកាស・សេនាបតី　大臣布告。

សេរទីហ្វីកាត់ (certificat)　初等教育修了証書。

¥សេរទីហ្វីកាត់・ដេទុដ・ព្រីមែរ・សុប៉េរីយ៉េរ (certificat d'étude primaire supérieure)　＝សញ្ញាបត្រ・បថមសិក្សា・ជាន់・ខ្ពស់・បារាំងសែស។　フランス語高等初等教育修了証書（＝クメール初級中等教育修了証書）。

¥សេរទីហ្វីកាត់・ដេទុដ・ព្រីមែរ・ហ្វ្រងកូ・ខ្មែរ (certificat d'étude primaire franco-khmer)　＝សញ្ញាបត្រ・បថមសិក្សា・បារាំងសែស・ខ្មែរ。　フランス語クメール語初等教育修了証書。

សេរវិស (service)

¥សេរវិស・ដី・ស្តាទីស្សទិក・ដី・ឡា・នាវិកាសុង・ហ្វលុយវីអាល　船舶統計課

¥សេរវិស・ដី・ឡា・គីនីន・ដេតាត់ (service de quinine d'état)　国のキニーネ課。

¥សេរវិស・ដី・អាំងតងដង់ស៍ (service de intendance)　＝ក្រុម・កង・ស្បៀង។　兵站部。

¥សេរវិស・ដេ・មីន・ដី・ឡាំងខូស៊ីន (service des mines de l'indochine)　＝ក្រុម・រាជការ・ពិនិត្យ・កន្លែង・ធាតុ・អ៊ែន・ក្នុង・ប្រទេស・ឥណ្ឌូស៊ីន。　インドシナ国鉱山調査局。

¥សេរវិស・ដេ・អារស៊ីវ・ឡាំងខូស៊ីន　＝ក្រុម・រាជការ・សមុហ・បញ្ជី・ដើម・ដែន・ឥណ្ឌូស៊ីន។　インドシナ国公文書保存館。

¥សេរវិស・មេតេអរូឡូស៊ីក (service météorologique)　＝ក្រុម・រាជការ・ពិនិត្យ・អាកាស・វិប្បរិត។　気象台。

¥សេរវិស・យេណេរ៉ាល (service général)　＝（ក្រុម）・រាជការ・ដើម។　総局。

¥សេរវិស・យេណេរ៉ូ (services généraux)　＝ក្រុម・រាជការ・ដើម។　（総督府）総局。

¥សេរវិស・ឡូកាល (service local)　＝ក្រុម・រាជការ・ក្នុង・ស្រុក។　国内局。

សេរសង់ (sergent)　＝ដៃយ។　保安隊の軍曹。

សេហ្វ (chef)　長。

¥សេហ្វ・ការីច (chef quartier)　＝មេ・ឃុំ。（プノンペン市の）区長。

¥សេហ្វ・ដី・កុងគ្រេកាស៊ីយុង (chef de congrégation)　華僑会長。

¥（ឌី）・សេហ្វ・ខ្ន・កាប៊ីណេត់・ពី・រេស៊ីដង់・ស៊ុប៉េរីយ៉េរ　＝បាឡាត់・ទូល・ឆ្លង។　高等弁務官府官房長。

សេរៀន　漁区主。

សោហ៊ុយ

¥សោហ៊ុយ・ជំងឺ・ចិត្ត　賠償金（刑事訴訟の）。

¥សោហ៊ុយ・ថែ・រក្សា　（病院、学校）維持費。

¥សោហ៊ុយរ・ថែ・រក្សា・ផ្ទាត់・ផ្ទង់　（入管の）維持費。

¥សោហ៊ុយ・នឿយ・ហាត់　疲労の補償。

¥ចេញ・សោហ៊ុយ　補償金を払う／出す。

¥ចេញ・សោហ៊ុយ・ជា・សំណង　（樹木を伐った）補償金を払う。

¥សង・សោហ៊ុយ　補償金を払う。

សុំ

¥សុំ・រូប・រួម・សន្យា・យ៉ម　示談協力を申請する。

@សេចក្ដី・សុំ・រូប・រួម・សន្យា・យ៉ម　示談協力申請。

¥សុំ・ឧទូរ　控訴の申請をする。

សំគាល់

¥សំគាល់・រូប・ខ្លួន　自分の身元を証明する。

¥សំគាល់・ឱ្យ・ដឹង・រូម・ខេត្រ　→អក្សរ・ជា・សំគាល់・ឱ្យ・ដឹង・រូម・ខេត្រ　州を示す文字。州の記号。

¥ធ្វើ・សំគាល់　証明する。

សំណង
- ¥ថ្លៃ・សំណង 補償金額。

សំណៅ
(書類の)写し。謄本。
- ¥សំណៅ・សំបុត្រ・បញ្ជី・ជាតិ 出生簿の謄本。
- ¥សំណៅ・បញ្ជី・សរ・ជាតិ 出生簿。

សំណុំ
- ¥សំណុំ・រឿង・ពាក្យ・សុំ 申請案件書類。
- ¥សំណុំ・រឿង・សើ្ប・សួរ 取り調べ調書。

សំបុត្រ
- ¥សំបុត្រ・ចង・ការ・ជុន・រាជការ 国債証券。
- ¥សំបុត្រ・ចុត・ហ្មាយ 公文書。
- ¥សំបុត្រ・ចែក・ទ្រព្យ 財物分与書。
- ¥សំបុត្រ・ជួល・ផ្ទះ 家屋賃貸契約書。
- ¥សំបុត្រ・ជួរ 交換書。
- ¥សំបុត្រ・ជួរ・វត្ថុ 交換書。
- ¥សំបុត្រ・ដើរ・ផ្លូវ 通行許可書。
- ¥សំបុត្រ・ដើរ・ផ្លូវ・សំរាប់・ក្មេង・ជំទង់ 未成年者通行許可書。
- ¥សំបុត្រ・ដំកល់ ＝សំបុត្រ・ដំកល់・ជា・ម្ចាស់・ជី＝សំបុត្រ・ដំកល់・អំណាច・ម្ចាស់・ជី。土地権利書。
- ¥សំបុត្រ・ដំកល់・ជា・បណ្ដោះ・សិន 仮土地権利書。
- ¥សំបុត្រ・ដំកល់・ជា・ម្ចាស់・ជី ＝សំបុត្រ・ដំកល់。
- ¥សំបុត្រ・ដំកល់・ជី 土地権利書。
- ¥សំបុត្រ・ដំកល់・អំណាច・ជា・បណ្ដោះ・សិន 仮土地権利書。
- ¥សំបុត្រ・ដំកល់・អំណាច・ជា・បណ្ដោះ・អាសន្ន 仮土地権利書。
- ¥សំបុត្រ・ដំកល់・អំណាច・ជារ・ជី 仮土地権利書。
- ¥សំបុត្រ・ដំកល់・អំណាច・ម្ចាស់・ជី ＝សំបុត្រ・ដំកល់。
- ¥សំបុត្រ・ត្រា・តាំង・សញ្ញាបត្តិ (フランス学校教育)修了証書。
- ¥សំបុត្រ・បក・ការ・ជា・ផ្លូវ・ការ 公式報告書。
- ¥សំបុត្រ・បក・ប្ដឹង 報告書。
- ¥សំបុត្រ・បញ្ជី・ជាតិ 出生簿。
  - @សំណៅ・សំបុត្រ・បញ្ជី・ជាតិ 出生簿の写し。
- ¥សំបុត្រ・បដិញ្ញាណ 証明書。
- ¥សំបុត្រ・បដិញ្ញាណ・កិរិយា・មារយាទ 操行証明書。
- ¥សំបុត្រ・បដិញ្ញាណ・តំនិត・មារយាទ・ល្អ 操行良好証明書。
- ¥សំបុត្រ・បដិញ្ញាណ・ជំនួស・សំបុត្រ・កំណើត 出生証明書に代わる証明書。
- ¥សំបុត្រ・បដិញ្ញាណ・ជាតិ・កំណើត・សំគាល់・រូប 出生証明書。
- ¥សំបុត្រ・បដិញ្ញាណ・ពេទ្យ (医師の)健康証明書。
- ¥សំបុត្រ・បដិញ្ញាណ・លក់ 売却証明書。
- ¥សំបុត្រ・បដិញ្ញាណ・លក់・សត្វ 役畜売却証明書。
- ¥សំបុត្រ・បដិញ្ញាណ・វាស់・ទាយ・ចំណុះ (舟の)計測・積載量推定証明書。
- ¥សំបុត្រ・បដិញ្ញាណ・សំរាប់・ចេញ・ដំណើរ 旅行証明書。
- ¥សំបុត្រ・បណ្ដាំ・ខ្មោច 遺言書。
- ¥សំបុត្រ・ប៉ាតង់ 営業許可書。
- ¥សំបុត្រ・ប៉ាស្សរត៍ ＝សំបុត្រ・បើក・ផ្លូវ・វែង・ដែន＝សំបុត្រ・បើក・ផ្លូវ・បើក・កំពង់＝សំបុត្រ・បើក・ផ្លូវ។ パスポート。
- ¥សំបុត្រ・បើក・កំពង់・បើក・ដែន パスポート。
- ¥សំបុត្រ・បើក・ដែន・បើក・កំពង់ ＝ប៉ាស្សរទ៍។
- ¥សំបុត្រ・បើក・ផ្លូវ＝ឡៃស្សេ・ប៉ាសេ។ ①運搬許可書。②通行許可書。
- ¥សំបុត្រ・បើក・ផ្លូវ・បើក・កំពង់ パスポート。
- ¥សំបុត្រ・បើក・ផ្លូវ・វែង・ដែន ＝សំបុត្រ・បើក・ដែន・បើក・កំពង់។ パスポート。
- ¥សំបុត្រ・បើក・ឲ្យ・ដើរ・ផ្លូវ ＝ឡៃស្សេ・ប៉ាសេ។ 通行許可書。
- ¥សំបុត្រ・បំណុល 金銭借用書。
- ¥សំបុត្រ・មរណភាព 死亡診断書។
- ¥សំបុត្រ・រាជការ・ជា・ប្រញាប់ 急ぎの公文書。
- ¥សំបុត្រ・រាយ・ការ 報告書。
- ¥សំបុត្រ・សន្យា・មៅ・ធ្វើ・ការ 仕事請負契約書។
- ¥សំបុត្រ・សន្យា・មៅ・លក់ 売却請負契約書។
- ¥សំបុត្រ・សំគាល់・ចេញ・ពី・រោង・រៀន～ ～学校卒業証書។
- ¥សំបុត្រ・សំគាល់・ជា・សាធារណៈ (出生証明書に代わる)一般の証明書。
- ¥សំបុត្រ・សំគាល់・រូប・ខ្លួន 身分証明書。

¥សំបុត្រ・ស្នាម ①文書。②手紙。

¥សំបុត្រ・ស្នាម・ជា・ផ្លូវ・រាជការ 公文書。

¥សំបុត្រ・ស្នាម・មន្ត្រី・ស្រុក・អាយ・ជា・ផ្លូវ・រាជការ 現地国政府官吏の公文書。

¥សំបុត្រ・អនុញ្ញាត・ចេញ・ទៅ・ក្រៅ 出国許可書。

¥សំបុត្រ・អនុញ្ញាត・ឱ្យ・ចេញ・ទៅ・ក្រៅ 出国許可書。

¥សំបុត្រ・អនុញ្ញាត・ឱ្យ・ដី・ជា・បណ្ណើរ・សិន 仮土地権利書。

¥សំបុត្រ・អនុញ្ញាត・ឱ្យ・ដើរ・ផ្លូវ 通行許可書。

¥សំបុត្រ・អនុញ្ញាត・ឱ្យ・នៅ 国内居住許可書。

¥សំបុត្រ・អនុញ្ញាត・ឱ្យ・នៅ・ក្នុង・ស្រុក 国内居住許可書。

¥សំបុត្រ・អនុញ្ញាត・ឱ្យ・នៅ・ផ្សេង 居住特別許可書。

¥សំបុត្រ・អនុញ្ញាត・ឱ្យ・នៅ・ស្រុក 国内居住許可書。

¥សំបុត្រ・អំណោយ・ប្រគល់・ចុះណែក 寄贈書。

សំរិទ្ធវិភាក្សា 最終審。

¥សំរិទ្ធវិភាក្សា・ស្ដី・វិវាទ 民事訴訟の最終審。

សំរើប

¥សំរើប・ចិត្ត 奨励する。

សំរេច ①（予算を）執行する。②（法律を）施行する。③（異議申し立てを）採決する。

¥សំរេច・ច្បាប់ 法律を施行する。

¥សំរេច・ដាច់・ខាត 専決する。

¥សំរេច・តាម （法律を）施行する。

　@ឱ្យ・សំរេច・តាម （規定を）施行させる。

¥សំរេច・តាម・សានក្រម 判決を執行する。

¥សំរេច・ទោសានុទោស 処罰する。

សំអាត

¥សំអាត・ជំរះ （家を）消毒する。

¥សំអាត・បង្ការ・រោគ・សាធារណៈ 公衆衛生。

¥សំអាត・វិងាប់・មេ・ពិស 消毒する。

ស្គាល់

¥ស្គាល់・មុខ・ងារ （自己の）任務を弁える。

¥បាន・ស្គាល់→ដោយ・ប្រាកដ （被課税者が）確認できる（情報）。

ស្ដាប់

¥ស្ដាប់・បង្រៀន 授業を聞く。

ស្ដី

¥ស្ដី・ក្រសួង・រាជការ・នេះ この職の職務を司る。

¥ស្ដី・មុខ・ក្រសួង 職務を司る。

¥ស្ដី・មុខ・ក្រសួង・រាជការ・ក្នុង・A （インドシナ国全土を）管轄する。

¥ស្ដី・មុខ・ងារ~ （行政。司法）職務を司る。

¥ស្ដី・មុខ・ងារ・ទី・ខ្ពស់・ក្នុង・ដំណែង・រាជការ 政府内の高いポストにつく。

¥ស្ដី・រាជការ 公務を司る。

ស្ដេច

¥ស្ដេច・ក្សត្រា （現在、過去を問わず）国王の男性親族。

¥ស្ដេច・ក្សត្រី （現在、過去を問わず）国王の女性親族。

¥ស្ដេច・ប្រទេស・រាជ・តុងកិង （アンナン国の）トンキン属国王。

¥ស្ដេច・មាយ~ （？）。（人頭税が免除）。

ស្ថាន

¥ស្ថាន・កល =កលស្ថាន。条件。

¥ស្ថាន・កល・បញ្ញត្តិ （競売仕様書中の）規定を条件にして（競売にかける）。

¥ស្ថាន・កិច្ច・កល 義務の事柄。

¥ស្ថាន・កិច្ច・សន្យា 契約の種類（=職人、子守、など）。

¥ស្ថាន・ចន្លោះ・ដោយ・ចំណែក 例外のケース。

¥ស្ថាន・ដែល・ជា・បផុជន 緊急の場合。

¥ស្ថាន・ជាប់・កិច្ច 義務として課している事柄。

¥សន្យា・ស្ថាន・នេះ この種類の契約。

ស្ទង់

¥ស្ទង់・កំឡុំង・ស្រា 酒の強度を測る。

ស្នាម

¥ស្នាម・កាប់・ជា・រូង （樹脂採集のための）樹幹の切り込み。

¥ស្នាម・ផ្ដិត・ចុង・ម្រាម・ដៃ 押捺した指紋。

¥ស្នាម・ផ្ដិត・ចុង・ម្រាម・ដៃ・ស្ដាំ 押捺した右の指の指紋。

ស្ពាន

¥ស្ពាន・ឥដ្ឋ コンクリートの橋。煉瓦の橋（？）。

ស្ម័គ្រ

¥ស្ម័គ្រ・បក្ស・ពួក 自警団志願者。

ស្មើ
¥ស្មើ・នឹង・ដី→កាត់・ឱ្យ・ស្មើ・នឹង・ដី 地面の高さと同じに切る。
¥ស្មើ・ឬ・ថយ・ពី・៣០០ 300 以下。

ស្មៀន
①（商店や民間企業や銀行の）事務員。②（フランス人）書記官。(村の ស្មៀន は村の គ្រូ・បង្រៀន と警察官と共に弁務官発令の អ្នក・រាជការ である)。
¥ស្មៀន・ក្រឡាបញ្ជី ក្រឡាបញ្ជី 付きの ស្មៀន。
¥ស្មៀន・ជំនួយ ស្មៀន 補。
¥ស្មៀន・ដើម・ខ្សែ・លេខ・១〜៤ 1〜4 級主任 ស្មៀន。
¥ស្មៀន・បំរុង・រាជការ ស្មៀន 見習い。
¥ស្មៀន・ប្រែ・ភាសា 通訳 ស្មៀន。
¥ស្មៀន・ឯក・លេខ 特級 ស្មៀន。
¥ស្មៀន・លេខ・១〜៥ 1〜5 級 ស្មៀន。
¥ស្មៀន・សមុហបញ្ជី （保護国諮問会議の）書記。
¥ស្មៀន・អាជ្ញា ＝ណូតែរ។ 公証人。

ស្មៅ
¥ស្មៅ・ត្រេង ススキなどのように高くのびた雑草。

ស្រង់
①数量を調査する。数量を調査して合計する。②（漁具を）調査する。
¥ស្រង់・ចំនួន・នាវា 船の統計をとる。
¥ស្រង់・បញ្ជី・ចំនួន・សត្វ・៣ហាណៈ 役畜の数のリストを作る。
¥ស្រង់・មុខ・របរ （課税される）業種の表。
¥ស្រង់・យក・គោល・ព្រំ 境界碑を抜き取る。

ស្រា
¥ស្រា・បារាំង 洋酒。
¥ស្រា・សុទ្ធ 酒の含有アルコール（分）。
¥ស្រា・អាយ （輸入酒ではなく）現地国酒。

ស្រាប់
（これらの ចៅ・ក្រម は）もちろん／当然（司法部の官吏である）。

ស្រី
¥ស្រី・ផ្សារ・ផ្កា・មាស 売春婦。

ស្រុក
（バット・ドンボーン地域の郡と村との間の行政区画。他の郡の支郡と異なり、統治上村長は ស្រុក 長に直属する)。
¥ស្រុក・កូសាំងស៊ីន コーチシナ国。
¥ស្រុក・ក្នុង・ញ្ញាបាល 保護国。
¥ស្រុក・ចេះ・ដឹង ＝ស្រុក・ស៊ីវិល័យ។ 文明国。
¥ស្រុក・ជំងឺ・ឃ្លង់ ハンセン病村。
¥ស្រុក・ដែល・ចំណុះ 服属する国（＝植民地＋保護国)。
¥ស្រុក・តុងកិន トンキン国。
¥ស្រុក・បស្ចិមទេស 西洋諸国。
¥ស្រុក・លាវ ラオス国。
¥ស្រុក・លាវ・ខាង・ក្រោម ラオス国低地部（「南部」ではない)。
¥ស្រុក・ស៊ីវិល័យ ＝ស្រុក・ចេះ・ដឹង។ 文明国。
¥ស្រុក・អាណាម アンナン国。
¥ស្រុក・អាណាម・ខាង・ត្បូង アンナン国南部。
¥ស្រុក・អាយ 現地国。
　@ជាតិ・ស្រុក・អាយ 現地国人。
¥មេ・ស្រុក ①（バット・ドンボーン地域の）ស្រុក 長。②（プノンペン市の）区長（多分誤用)。

ស្រែ
¥ស្រែ・អំបិល
　@ធ្វើ・ស្រែ・អំបិល 塩田業を営む。

ស្រាម
¥ស្រាម・ចំហ →ដាក់・ក្នុង・ស្រាម・ចំហ （書類を）封筒に入れて開封にする。

ស្ល
¥ស្ល・អាភៀន アヘンを製造する。

ស្លាក
①（薪の山に所有者の名を書いて立てておく）標札。②（国外追放者／受刑者の特徴）カード。
¥ស្លាក・ឆ្នោត 投票用紙。
¥ស្លាក・ជា・សំគាល់ （樹幹に線を引いて伐採を許す）目印にする。
¥ស្លាក・ត្រា （マッチ箱に貼ってある納税済み）証紙。
¥ក្តារ・ស្លាក ＝ស្លាក។ 標札。

ស្លាប
¥ស្លាប・រោម・ខ្លួន・សត្វ 鳥の羽毛。

ស្លេះ
¥ស្លេះ・ចោល （規定の運用を）中止する。

ស្វាយ
¥ស្វាយ・រាជសម្បត្តិ・គ្រប់・គ្រង （クメール国の）王位に就いて統治する。

ហាម
¥ហាម・ផ្តាច់ 厳禁する。

ហិប　金庫。
　¥ហិប・យុំ　村の金庫。
　¥ហិប・បំរុង・ទុក　準備金勘定。
　¥ហិប・ប្រាក់・ឃ្លាំង　財務局の金庫。

ហិុសគ្គារ
　¥ហិុសគ្គារ・ណាទូរ៉ែល (histoire naturelle) ＝ក្បួន・ធម្មជាតិ・កំណើត។ 博物学。

ហុកគៀន　（福建）。

ហុប　①材木。②（流木〜）本。
　¥ហុប・ឈើ　①（伐採して現場で枝を払った。筏に組んで流す）丸太。②材木（丸太も角材も）。
　¥បង・ហុប・ឈើ・ជា・ក្បួន　丸太を筏に組む。
　¥ហុប・ឈើ・ដែល・ចាំង・ជា・បួន・ជ្រុង　4角材。
　¥ហុប・ឈើ・ដែល・នៅ・កំរោល・ទាំង・សំបក　樹皮付き丸太。
　¥ហុប・ឈើ・ធ្វើ・ការ　建築用丸太。
　¥ហុប・ឈើ・នៅ・កំរោល・ទាំង・សំបក　樹皮付丸太。

ហុត
　¥ហុត・គយ　関税を徴収する。
　¥ហុត・ងារ・ចេញ・ពី・រាជការ　（村長を）免職にする。
　¥ហុត・ងារ・បណ្ដេញ・ចេញ・ពី・រាជការ　（行政処分）政府勤務から免職にする。
　¥ហុត・យក　（証明書の発給料を）徴収する。
　¥ហុត・យក・ពន្ធ　（森林利用）税を徴収する。

ហឿងជិក (v. hương chức「郷職」)　村委員。

ហេតុ
　¥ហេតុ・ជា・គប្បី　相応な理由（なしに納付が遅れる）。
　¥ហេតុ・ជា・ចំទៀក　不時の理由／原因。
　¥ហេតុ・ជា・ទេសកាល　思いがけない原因。不慮の原因。
　¥ហេតុ・ជា・ទេសកាល・អ្វី　どういう状況が原因で（凶作になる）。
　¥ហេតុ・ដែល・កំឡុង・ខ្លួន・ទប់・ទល់・ពុំ・បាន　不可抗力の原因／理由。
　¥ហេតុ・ដំណើរ・ជា・គប្បី　（そうする）相応な理由／原因。

ហេ
　¥ហេ・សៀវភៅ　＝សមុហាបញ្ជី។ 公文書保管所。

ហៅ
　¥ហៅ・មក・ប្រជុំ　会議を招集する。

ហ្វាក់ទួរ (facture)　商品納入書。

ហ្វិសគ្គារ・ណាទូរ៉ែល　博物学。

ហ្វីស៊ីក (physique)（教科名）物理。

ហ្វៀវរ៉ឺ (fièvre)
　¥ហ្វៀវរ៉ឺ・សារបុនណឺស (fièvre charboneuse) 炭疽病。＝ជម្ងឺ・គ្រុន・ដោយ・មេ・ពិស・ឆ្បង（これはおそらく誤訳）。
　¥ហ្វៀវរ៉ឺ・អាហ្វឺទឺស (fièvre aphteuse)　口蹄疫。

ឡ
　¥ឡ・ដុត・កំបោរ　石灰焼き窯（＝消石灰を作る）。
　¥ឡ・ដុត・ក្បឿង　瓦焼き窯。
　¥ឡ・ដុត・ឥដ្ឋ　煉瓦焼き窯。

ឡូ
　¥ឡូ・កុំម៉ងដឺរ・ដារ្មេ　陸軍司令官。
　¥ឡូ・កុំមីសេរ・សង់ត្រាល់　市警察局長。
　¥ឡូ・ដេឡេគេ・ក្រសួង・យុត្តិធម៌　法務省付保護国代表。
　¥ឡូ・ឌីរិចទារ៍・ដេ・ប្យូរ៉ូ・ឌី・ឡា・រេសុីដង្ស・សូប៊េរិយ៉ឺរ　高等弁務官府事務局長。
　¥ឡូ・ប្រគួរ៉ឺរ៍・ឌី・ឡា・រេពុប្លិក　共和国検事。
　¥ឡូ・រេសុីដង្ស　弁務官。
　¥ឡូ・រេសុីដង្ស・ម៉ែរ　市長。
　¥ឡូ・រេសុីដង្ស・យេណេរ៉ាល់　弁務総監。
　¥ឡូ・សេហ្វ・ខ្ង・កាប៊ីណេត់　＝បាលដុំទទួលផ្ទៃង។ 官房長。
　¥ឡូ・សេហ្វ・ខ្ង・កាប៊ីណេត់・ពី・រេសុីដង្ន・សុប៊េរិយ៉ឺរ　高等弁務官府官房長。

ឡើង
　¥ឡើង・ថ្នាក់・ដោយ・កំណត់・រាជការ・ចាស់　（勤務年数による）普通昇任。
　¥ឡើង・ថ្នាក់・ដោយ・ពីស　（推薦による）特別昇任。
　¥ឡើង・ប៉ៃ・វត្សរ	　昇給する。
　¥ឡើង・ប៉ៃ・វត្សរ・ដោយ・កំណត់・រាជការ・ចាស់　（勤務年数による）普通昇給。
　¥ឡើង・ប៉ៃ・វត្សរ・ដោយ・ពីស　（推薦による）特別昇給。
　¥ឡើង・ផ្ទាល់・នឹង・A　Aに直属する。

¥ឡើង·យសសក្តិ 昇任する。

¥ឡើង·យសសក្តិ·ដោយ·កំណត់·រាជការ·ចាស់ (勤務年数による) 普通昇任。

¥ឡើង·យសសក្តិ·ដោយ·រើស （推薦による）特別昇任。

¥ឡើង·យសសក្តិ·ប្រៀ·រក្សរ 昇任昇給する。

¥ឡើង·លើ →ពន្·ប៉ាតង់·ពី·ត្រឹម·លេខ·៣·ឡើង·លើ 3級以上の営業税。

¥ឡើង·ស្ដាប់·បង្គាប់ 直属し命令下にある。

ឡ្យេរ =ក្រុម·រក្សា·ស្រុក·លេខ·២។ 保安隊 2 等保安士（=最下級）。

¥ក្រុម·រក្សា·ស្រុក·ឡ្យេរ 保安隊2等保安士。

ឡ្យេសេរ (laisser)

¥ឡ្យេសេរ·ប៉ាសេរ (laisser-passer) ①=សំបុត្រ·បើក·ផ្លូវ=សំបុត្រ·បើក·ឱ្យ·ដើរ·ផ្លូវ。通行許可書。②=សំបុត្រ·បើក·ផ្លូវ。運搬許可書。

អក្សរ

¥អក្សរ·កុកឯី ベトナム語。

¥អក្សរ·ជា·សំគាល់ （検査済という）証拠の文字（が彫ってある金槌）。

¥អក្សរ·បារាំងសែស ①フランス語の文字。②フランス語。

¥កត់·ជា·អក្សរ （金額を数字でなく）文字で記す。

អង់រ៉ឺយីស្យូរក្រីម៉ង់ (enregistrement)。①登記。②=រាជការ·ចុះ·បញ្ជី·ប្រថាប់·ត្រា。登記所。

អង្កេត

¥អង្កេត·ជា·ដំបូង 第1回尋問。

@ធ្វើ·អង្កេត·ជា·ដំបូង 第1回尋問をする。

¥អង្កេត·ដំបូង 第1回尋問。

@សេចក្ដី·អង្កេត·ដំបូង 第1回尋問の結果。

¥អង្កេត·ពិនិត្យ·សៀប·សួរ 査問する。

¥អង្កេត·សួរ·សព្ 聴聞する。

¥អង្កេត·សៀប·សួរ 質問して聴聞する。

អង្គ

¥អង្គ·ហេតុ 訴訟本体。

@គ្រប់·អង្គ·ហេតុ 案件の全事実。

អណ្ដាប់

¥អណ្ដាប់·យស·សក្តិ 等級。~級（郡長）。

អត្ថារតតិ 民法。

¥រឿង·អត្ថារតតិ 民事案件。民事事案。

អធិបតី

¥អធិបតី·កុងរ៉ឺយ·សេនាបតី·ក្នុង·រវេលា·ជំនុំ·ជំ 大閣議の議長（=高等弁務官がなる）。

¥អធិបតី·កុងរ៉ឺយ·សេនាបតី·ជំនុំ·ជា·អចិន្ត្រៃយ៍ 定例閣議議長（=អគ្គមហាសេនា が務める）。

អធិប្បាយ

¥អធិប្បាយ·សុំ·ឱ្យ·ទៅ·ក្រម·ធ្វើ·ទោស （検察官が）論告求刑をする。

¥អធិប្បាយ·ឱ្យ·ន័យ·ច្បាប់·ខុស 法律の解釈に誤りがある。

អនុញ្ញាត

¥អនុញ្ញាត·កាប់·ឈើ =ច្បាប់·កាប់·ឈើ。伐採許可書。

¥អនុញ្ញាត·ផ្សេង 特別許可。

¥អនុញ្ញាត·យល់·ព្រម ①（国王布告の内容を。王室費予算を）承認する。

@សុំ·អនុញ្ញាត·យល់·ព្រម 承認を求める。

¥អនុញ្ញាត·ឱ្យ·ជា·បណ្ដើរ·សិន （政府が）仮譲渡許可を与える。

¥អនុញ្ញាត·ឱ្យ·ទិញ·គ្រាប់·រំសេវ 弾薬購入許可書。

¥អនុញ្ញាត·ឱ្យ·នាំ·ចេញ 国外移送許可。

¥អនុញ្ញាត·ឱ្យ·សម្រេច·តាម 施行許可を与える。

អនុប្រាណ

¥សត្វ·អនុប្រាណ 小さい生物。微生物。

អន្លើ （森林を多くの）区画（に分割する）。

¥ដោយ·អន្លើ·ឬ·ទាំង·មូល （その土地の）一部あるいは全部。

អម

អយ្យការ ①検察局。②検事。

¥（ងារ·ជា·）ភ្នាក់·ងារ·អយ្យការ （職は）検事。

អរជ្រី (ordre)

¥អរជ្រី·ដឺ·រឺសែត្ត (ordre de recette) =ដីកា·ដាក់·ប្រាក់。（財務局への）納付書。

អស់

¥អស់·ផ្លូវ 余すところなく（人々に知らせる）。

¥អស់·មាន·ត្រូវ·ការ 不用になった（証明書）。

អសុកសាក

¥អសុកសាក·សត្វ 動物の死骸。

អាករ
　¥អាករ・ឃុំ　村の収入。
　¥អាករ・ចំទ្បែក　（予算の）特別収入。
　¥អាករ・ដើម　樹木収入（＝森林利用税など）。
　¥អាករ・ថ្លៃ・តែង　使用独占権売却代金収入。
　¥អាករ・ធំ　大きい収入。
　¥អាករ・បន្ថែប・បន្សំ　（予算で）雑収入。
　¥អាករ・ផែន・ដី　①国の料金等収入。②（税金などの）収入。
　¥អាករ・ព្រៃ・ឈើ　森林収入。
　¥អាករ・សម្បត្តិ・ផែន・ដី　国有財産収入。
　¥អាករ・សួយ・សៃ　料金等収入。
　¥អាករ・សួយ・សៃ・ប្រាក់・មាស　料金等収入。
　¥អាករ・សួយ・សៃ・រាជការ　政府の収入。

អាការ　（役畜の）健康。
　¥អាការ・ឆុត・ពូកែ　（キニーネの）特効性。
　¥អាការ・និង・កិច្ច　行為と事業（に課税するのが間接税）。
　¥អាការ・មាំ・មួន　健康である。
　¥អាការ・រោគ　①病状。②健康（管理。を守る）。
　¥អាការ・រោគ・ជន　→ពិនិត្យ・អាការ・រោគ・ជន　人々の健康診断をする。
　¥អាការ・រោគ・សត្វ・ពាហណៈ　役畜の健康。
　¥អាការ・រោគ・សាធារណៈ　公衆の健康。
　¥អាការ・រោគ・សាធារណជន　公衆の健康。
　　＠ការ・ពារ・អាការ・រោគ・សាធារណជន　公衆の健康を守る。
　¥អាការ・រោគ・ស្រល・មែន・ទែន　（産婦の）健康が完全に回復する。

អាកាស　＝ខិះ។　客家（＝中国人の）。
អាក្រក់　（作柄が）悪い（ល្អ－បង្គួរ－អាក្រក់　良－中－悪）。
　¥អាក្រក់・ខូច・ខាតការ　（作柄が）悪い。不作だ。凶作だ。
អាចារិយ　中高等教育教授。
អាចារ្យ
　¥អាចារ្យ・ស្រាប់　有資格の教授。
អាជ្ញា
　¥អាជ្ញា・សាលា・បារាំង　フランス裁判所の執行官。
　¥ប្តឹង・ជា・អាជ្ញា　刑事事案として告訴する。
អាជ្ញាគតិ　刑事事案。

　¥តុលាការ・អាជ្ញាគតិ　刑事裁判。
　¥រឿង・អាជ្ញាគតិ　刑事事案。

អាដមីនីស្រ្តាទ័រ（administrateur）①（官職名）上級行政官。②（職名）（コーチシナ国の）省知事（＝弁務官に相当）。
　¥អាដមីនីស្ត្រាទ័រ・សេហ្វ　主任上級行政官（＝広州湾の長の官職）。

អាដ្យុដង្គ、អាត់យុដង្គ（adjudant）　曹長（現地国人軍／州警備隊員が達しうる最高階級）。

អាណាចក្រ
　¥អាណាចក្រ・ខ្មែរ　クメール王権界（≠仏教界）。

អាភៀន
　¥អាភៀន・បេណាវែស　ベナレスアヘン。
　¥អាភៀន・យុនណាន់　雲南アヘン。
　¥អាភៀន・រាជការ　官製アヘン。
　¥អាភៀន・ឯក　上質アヘン。

អាយុ
　¥អាយុ・ត្រូវ・ជាប់・ពន្ធ　被課税年齢。
　¥អាយុ・ត្រូវ・រួច・ពន្ធ　免税年齢。
　　＠ហួស・អាយុ・ត្រូវ・រួច・ពន្ធ　（その年中に非課税年齢を脱して）免税年齢に達する。

អារុងឌីសើម៉ង់（arrondissement）　＝ដំបន់。公共土木事業局管区（国内に2つある）。

អាវ៉ូកាត
　¥អាវ៉ូកាត・យេណេរ៉ាល់（avocat général）　次席検事。

អាសង្គ（agent）
　¥អាសង្គ・ឌុយ・សែរវិស・អាក់ទីហ្វ（agent du service actif）　（関税・消費税・使用料局）巡視課官員。

អាសង្ស（agence）
　¥អាសង្ស・អេកូណូមិក（agence économique）＝ក្រុម・ផល・សម្បត្តិ។経済事務所（＝インドシナ農業工業商業局の農産物紹介、輸入および投資相談などのパリ事務所）。

អាស៊ីអាទិក（asiatique）
　¥អាស៊ីអាទិក・តាង・ប្រទេស　①アジア人外国人（＝中国人、インド人など）。②中国人。

អាហារ
　¥អាហារ・ចំណី　食品。

អ៊ីម្មីក្រាស៊ីយុង（immigration）　＝ក្រុម・រាជការ・ត្រួត・ត្រា・កត់・ជាតិ・តាង・ប្រទេស・ចូល・ស្រុក　＝ក្រុម・រាជការ・ត្រួត・ត្រា・ជាតិ・តាង・ប្រទេស・

ដែល·ចូល·មក·នៅ·ក្នុង·ស្រុក＝រាជការ·ត្រួត·ត្រា·ជាតិ·គាង·ប្រទេស·ចូល·ចេញ·ក្នុង·ស្រុក។ 外国人入国管理局。

អីវ៉ាន់

¥ធ្វើ·អីវ៉ាន់　(郵便で) 小包を送る。

អុត　天然痘。

¥អុត·ក្តាម　＝ហ្គីអេវី·អាហ្គីទេស。口蹄疫。

អូស

¥អូស·A·ជា·ប្រយោជន៍·រាជការ　Aを没収して政府の利益にする。

អេកូល（école）

¥អេកូល·ដាគ្រីគុលទួរ（école d'agriculture）＝សាលា·កសិការ។農業学校。

¥អេកូល·ដឺ·បែដាគោស៊ី（école de pédagogie）＝សាលា·មូលវិជ្ជា។師範学校。

¥អេកូល·ដឺ·មេដឺស៊ីន（école de médecine）＝សាលា·ពេទ្យ។医学校。

¥អេកូល·ដេ·ត្រាវ៉ូ·ព្យូប្លិក（école des travaux publics）＝សាលា·សាធារណការ។公共土木事業学校。

¥អេកូល·ដេ·ម៉ង់ដារាំង（école des mandarines）＝សាលា·មន្ត្រី។官吏学校。

¥អេកូល·ដេ·វេតេរីណេរ（école des vétérinaire）＝សាលា·ពេទ្យ·សត្វ។獣医学校。

¥អេកូល·ស៊ុយប៉េរីយើរ·ដឺ·ដ្រួគ·អេ·អាដមីនីស្ត្រាស្យុង（école superieure de droit et administration）＝សាលា·ច្បាប់·និង·ចំណេះ·រដ្ឋបាល·ជាន់·ខ្ពស់។高等法律行政学校。

¥អេកូល·ហ្វ្រង់សែស·ដឹក្ស្ត្រែម·អូរីអង្គ（école francaise d'extrême-orient）＝សាលា·បារាំងសែស·នៅ·ចុង·បូព៌ាប្រទេស។フランス極東学院。

អេក្សត្រែម−អូរីអង្គ（extrême-orient）។＝ចុង·បូព៌ាប្រទេស។極東。

អឺរ៉ុប៉េអៀង

¥ជាតិ·អឺរ៉ុប៉េអៀង　ヨーロッパ人。

អំណាច　(村長は ចៅ·ក្រម 補になる) 資格 (がある)。

¥អំណាច·កាន់·កាប់·ដី　土地管理権。

¥អំណាច·ក្រសួង　職権。

　＠ចែក·អំណាច·ក្រសួង·ដាច់·ពី·គ្នា　(三) 権の分立。

　＠បង្វែរ·អំណាច·ក្រសួង　職権を譲渡する。

¥អំណាច·ក្រសួង·តុលាការ　司法権。

¥អំណាច·ក្រសួង·តែង·ច្បាប់　立法権。

¥អំណាច·ក្រសួង·រដ្ឋបាល　①行政権。②行政権者。

¥អំណាច·ក្រសួង·សម្រេច·ច្បាប់　法律施行権（＝行政権＋司法権）。

¥អំណាច·ជា·ម្ចាស់·ទ្រព្យ·នៅ·លើ·ដី　土地上の財物の所有権。

¥អំណាច·ជា·ម្ចាស់·លើ·ទី·នោះ　その土地の所有権。

¥អំណាច·ជា·អ្នក·បោះ·ឆ្នោត·ឆ្នើយ·រើស　選挙権。

¥អំណាច·តែង·ច្បាប់　立法権。

¥អំណាច·តាំង·នៅ·ដក·ហូត·អ្នក·រាជការ·ខ្មែរ　クメール政府官員任免権。

¥អំណាច·ត្រូវ·រួច·ពន្ធ　免税権。

¥អំណាច·និយាយ·មុខ·ការ·នេះ　この件についての発言権。

¥អំណាច·នឹង·តាំង·មន្ត្រី　官吏任命権。

¥អំណាច·នឹង·បាន·ប្រយោជន៍　特典を得る権利。

¥អំណាច·បោះ·ឆ្នោត·ឆ្នើយ·រើស·A　Aを選ぶ選挙権。

¥អំណាច·បោះ·ឆ្នោត·រើស·A　A選挙権。

¥អំណាច·មុខ·ការ·នេសាទ　漁業独占権。

　＠តែង·អំណាច·មុខ·ការ·នេសាទ　漁業独占権を売る。

¥អំណាច·មុខ·ក្រសួង　職権。

¥អំណាច·ម្ចាស់　所有権。

¥អំណាច·ម្ចាស់·លើ·អចលនវត្ថុ　不動産の所有権。

¥អំណាច·ម្ចាស់·ទ្រព្យ　財産権。

¥អំណាច·រួច·ពន្ធ　免税権。

¥អំណាច·លើក·ទោស　（国王の）恩赦権。

¥អំណាច·ស្តី·ការ·រាជការ　統治権。

¥អំណាច·ស្តី·មុខ·ក្រសួង　職務執行権。

¥អំណាច·ស្តី·មុខ·ងារ　任務執行権。任期。

　＠ផុត·អំណាច·ស្តី·មុខ·ងារ　任期が切れる。

¥អំណាច·ស្តី·មុខ·ងារ·កំណត់·(4·ឆ្នាំ)　任期 (は4年)。

¥អំណាច·ឱ្យ·គេ·បោះ·ឆ្នោត·ឆ្នើយ·រើស·

ខ្លួន　被選挙権。

　¥អំណាច・ឱ្យ・គេ・បោះ・ឆ្នោត・រើស・ខ្លួន　被選挙権。

　¥អំណាច・ឱ្យ・គេ・ឲ្យ・ឆ្នោត・ផ្ទេយ・រើស・ខ្លួន　被選挙権。

　¥មាន・អំណាច
　　@ប្រទេស・មាន・អំណាច　主権国家。

អំណោយ
　¥អំណោយ・ប្រគល់・ចំណែក　寄贈。

អំពើ
　¥អំពើ・ចិត្ត→តាម・អំពើ・ចិត្ត・ខ្លួន　勝手に。

អាំងយេនីញ៉ារ (ingenieur)　①技師。②（＝公共土木事業局管区長の官職）。

　¥អាំសេនីញ៉ារ・អង់・សេហ្វ (ingenieur en chef)　主任技師（各国の公共土木事業局長の官職）。

　¥អាំយេនិញ៉ារ・អង់・សេហ្វ・ដេ・ត្រាវ៉ឺ・ពុព្លិក (ingenieur en chef des travaux publics)　公共土木事業主任技師（＝各国の公共土木事業局長の官職）。

អាំងស៊ីទុត (institut)
　¥អាំងស៊ីទុត・ស្យង់ទីហ្វិក (institut scientifique)　科学研究所。

អាំងស្បឹកទារ、អាំងស្បេកទារ、អាំងស្បេចទារ
　(inspecteur)　①（私服）警部（州保安隊長になる）②州保安隊司令官。③視察官（＝農業工業商業局長の官職）。④—អ្នក・ត្រួត。視察官。⑤視学官。

　¥អាំងស្បឹកទារ・ក្រុម・រក្សា・ស្រុក　保安隊司令官。

　¥អាំងស្បឹកទារ・ដេ・ក្លូនី (inspecture des colonies)　植民地視察官。

　¥អាំងស្បឹកទារ・យេណេរ៉ាល់ (inspecture général)　①総監（＝インドシナ国公共土木事業総局長／教育総局長の官職）。

　¥អាំងស្បឹកទារ・យេណេរ៉ាល់・ក្រសួង・មើល・រក្សា・ជម្ងឺ・និង・បង្ការ・ជម្ងឺ　医務総監。

　¥អាំងស្បឹកទារ・រង＝ស៊ី—អាំងស្បឹកទារ។　副視察官（＝農工商業局次長の官職）。

អាំងស្បឹកស្យុង (inspection)
　¥អាំងស្បឹកស្យុង・ដេ・សេរវីស・សានីតែរ・អេ・ម៉េឌីក្ខ (inspection des sanitaires et médicaux) ＝ក្រុម・ចៅ・ក្រសួង・រាជការ・ពេទ្យ។医務総局。

អ្នក
　¥អ្នក・កត់・ទារ・ពន្ធ　税査定徴収人。
　¥អ្នក・កត់・ពន្ធ ＝អ្នក・កត់・ទារ・ពន្ធ　税査定徴収人。
　¥អ្នក・កត់・ពន្ធ・ស្រូវ　籾税査定徴収人。
　¥អ្នក・កាច់・ចង្កូត・រថ・ឡាន　自動車運転手。
　¥អ្នក・កាន់・កាប់・បញ្ជី・ប្រាក់・ចំណូល・ចំណាយ・ឃុំ　村予算管理者。
　¥អ្នក・កាន់・កាប់・រក្សា・ចម្ការ・ម្រេច　コショウ畑管理人。
　¥អ្នក・កាន់・កាប់・រក្សា・ប្រាក់・របស់・ក្រុម・ប្រឹង　＝receveur municipal。市出納長。
　¥អ្នក・កាន់・ច្បាប់・កាប់・ឈើ　伐採許可書所持者。
　¥អ្នក・កាន់・បញ្ជី＝comptable。会計係。
　¥អ្នក・កាន់・បញ្ជី・ប្រាក់　出納簿管理者（出納簿管理者と公金管理者のふたつの職務を持つのが公金出納官＝出納長）。
　¥អ្នក・កាប់・ឈើ　伐採人。
　¥អ្នក・កំសត់・ទុគ៌ត　生活困窮者。
　¥អ្នក・គូរ・ផែន・ទី　地図製図者。
　¥អ្នក・ចម្ងាយ　遠来者（＝見知らぬ人。よそ者）。
　¥អ្នក・ចិញ្ចឹម・សត្វ　家畜飼育業者。
　¥អ្នក・ចោទ　裁判の審理のときの検察官（＝検事がなる）。
　¥អ្នក・ឆ្នេយ・រើស　選挙人。
　　@បញ្ជី・អ្នក・ឆ្នេយ・រើស　選挙人名簿。
　¥អ្នក・ជម្ងឺ・ដែល・ចូល・មក・ដេក・មើល・ខ្លួន　入院患者。
　¥អ្នក・ជាប់・បញ្ជី　（税）簿に記載されている人。登録者。
　¥អ្នក・ជិះ・នាវា　船の乗員乗客。
　¥អ្នក・ជួញ・គ្រឿង・សាត្រាវុធ　銃商人。
　¥អ្នក・ជួល　雇用者。
　¥អ្នក・ជំនួញ・ធ្វើ・ឈើ　＝អ្នក・ធ្វើ・ឈើ។材木業者。
　¥អ្នក・ជំនួយ・ពេទ្យ・សត្វ　獣医助手。
　¥អ្នក・ជំនួយ・មេ・ឃុំ　村長の補助者（＝ស្បៀនがなる）。
　¥អ្នក・ជំពាក់・ឃ្លាំង　納税義務者。
　¥អ្នក・ដែល・ត្រូវ・ចោទ　被告。
　¥អ្នក・ដែល・ត្រូវ・ទទួល・ខុស・សង・សោហ៊ុយ・ជម្ងឺ・ចិត្ត　賠償金の支払いを命令された者。

¥អ្នក・ដែល・ត្រូវ・ទទួល・មតិក 遺産相続人。

¥អ្នក・ដែល・ត្រូវ・រង・អំពើ・បទ・ល្មើស 犯罪の被害者。

¥អ្នក・ដែល・បាន・អនុញ្ញាត・កាប់・ឈើ 伐採許可書所持者。

¥អ្នក・ដែល・ប្ដឹង・ទារ・សោហ៊ុយ・ជម្ងឺ・ចិត្ត 賠償金の支払いを求める者。

¥អ្នក・ដែល・ពើស・បាន・ជា・បណ្ដោះ・អាសន្ន 仮当選者。

¥អ្នក・ដំណារ 仲介者。

¥អ្នក・ដំណាង・ខ្លួន 自分の代理人。

¥អ្នក・ដំណាង・មេ・ឃុំ 村長の代理人（សៀន が指示されている）。

¥អ្នក・ដំណាង・រាជការ 政府代理人。

¥អ្នក・ដំណាង・សម្បត្តិ・ផែន・ដី・សម្រាប់・រាជការ・ប្រតិកត្តព្រាត់ 保護国政府の国有財産代理人（＝高等弁務官）。

¥អ្នក・ដាំ・ដំណាំ 農場経営者。

¥អ្នក・ត្រូវ・ចោទ ①被告。②被疑者。

¥អ្នក・ត្រូវ・ជា・ចោទ・ល្មើស・នឹង・A A違反の罪による被告。

¥អ្នក・ត្រូវ・ជាប់・ចោទ 悪事の被疑者。

¥អ្នក・ត្រូវ・រង・អាការ・ទុច្ចរិត 被害者。

¥អ្នក・ត្រួត ＝អាំងស្យិកទ័រ。①視学官。②視察官。

¥អ្នក・ត្រួត・ត្រា・ការ・សិក្សា ＝អាំងស្យេចទ័រ។ 視学官。

¥អ្នក・ទទួល・ដំណារ 仲介者。

¥អ្នក・ទារ・ពន្ធ 徴税人。

¥អ្នក・ទុក・រត់・សំបុត្រ 郵便配達人。

¥អ្នក・ធ្វើ・ការ・ក្នុង・កប៉ាល់ 船の乗組員。

¥អ្នក・ធ្វើ・ការ・ឈើ 林業に従事する人。

¥អ្នក・ធ្វើ・ជ័រ 樹脂業者。

¥អ្នក・ធ្វើ・ឈើ 木材業者。

¥អ្នក・ធ្វើ・របរ 事業者。

¥អ្នក・ធ្វើ・របរ・រក・ស៊ី 事業者。

¥អ្នក・ធ្វើ・របស់・របរ 工業に従事する人。

¥អ្នក・ធ្វើ・សំបុត្រ 手紙の差出人。

¥អ្នក・ធ្វើ・ស្រែ・ចំការ・ច្បារ・ដំណាំ 農民。

¥អ្នក・ធ្វើ・ស្រែ・អំបិល 塩田業を行う者。

¥អ្នក・ធ្វើ・អំបិល 塩生産者。

¥អ្នក・ធ្វើ・ឧស 薪業者。

¥អ្នក・នេសាទ 漁民。

¥អ្នក・នាំ （材木）運搬者。

¥អ្នក・នាំ・ការ・ជូន・ពណ៌ដមាន 情報伝達者。

¥អ្នក・បង់ 納付者。

¥អ្នក・បង់・ប្រាក់ 金銭支払い者。

¥អ្នក・បង្គាប់ 予算執行命令者。

¥អ្នក・បង្គាប់・បញ្ជី・ប្រាក់・ចំណូល・ចំណាយ 予算執行命令者（＝អ្នក・បង្គាប់ と略する）。

¥អ្នក・បង្គាប់・រង 総予算執行副命令者（＝各国高等弁務官）。

¥អ្នក・បង្គាប់・រង・បញ្ជី・ប្រាក់・ចំណូល・ចំណាយ・ដើម 総予算執行副命令者。

¥អ្នក・បង្រៀន →ក្រុម・អ្នក・បង្រៀន （1つの学校の）教師団。

¥អ្នក・បរ （ウシ／スイギュウ）車の御者。

¥អ្នក・បរ・រថ・ឈ្នួល バス運転手。

¥អ្នក・បាន・អនុញ្ញាត・កាប់・ឈើ 伐採許可書所持者。

¥អ្នក・បើក・ប្រាក់・ចែក 支給金代表受取人（＝郡長がなる）。

¥អ្នក・បើក・ប្រាក់・(ឲ្យ・គូលី) ＝ប៊ីយេទ័រ។ （労務者への）賃金支払人。

¥អ្នក・បោះ・ឆ្នោត・ឆ្លើយ・រើស 選挙人。

@អំណាច・អ្នក・បោះ・ឆ្នោត・ឆ្លើយ・រើស 選挙権。

¥អ្នក・ប្រឡង 受験者。

¥អ្នក・ប្រឹក្សា・ច្បាប់ 法律顧問（＝保護国政府からカンボジア国法務省への保護国政府代行補佐官）。

¥អ្នក・ផ្ដួង・ឆ្នោត・ឆ្លើយ・រើស 投票人（が選挙人名簿に自分の名があることを確認する）。

¥អ្នក・ពិនិត្យ・ត្រួត （度量衡器）検査官。

¥អ្នក・ពិនិត្យ・ត្រួត・កូន・ជញ្ជីង・និង・រង្វាស់・រង្វាល់ 度量衡器検査官。

¥អ្នក・រក្សា・ជម្ងឺ ①看病する人。②看護師（男女がいる）。

¥អ្នក・រក្សា・ឈើ 材木保管者。

¥អ្នក・រក្សា・ឈើ・សំណត់ 流木保管者。

¥អ្នក・រក្សា・ប្រាក់ 公金保管者（អ្នក・កាន់・បញ្ជី・ប្រាក់ を見よ）。

¥អ្នក・រក្សា・ប្រាក់・របស់・ក្រុម・មឿង ＝រើស៊ីវ័រ・មុយនីស៊ីប៉ាល់។ 市出納長。

¥អ្នក・រង・បង្គាប់・បញ្ជី・ប្រាក់・ចំណូល・ចំណាយ

総予算執行副命令者（＝各国の高等弁務官）。

¥ អ្នក・រាជការ　官員。

¥ អ្នក・រាជការ・កាន់・បញ្ជី・ប្រាក់・ចំណូល・ចំណាយ　予算を管理する官吏。

¥ អ្នក・រាជការ・ក្រម・ជំរួត ＝សង់ដាម。憲兵。

¥ អ្នក・រាជការ・ក្រម・រដ្ឋបាល　行政部官員。

¥ អ្នក・រាជការ・ក្រម・ឈ្នួត ＝អសង្គ・ឧយ・សៃវិស・អាកទីហ្ស。（関税消費税・使用料局）巡視課官員。

¥ អ្នក・រាជការ・ខ្មែរ　クメール政府官員。

¥ អ្នក・រាជការ・ចុះ・បញ្ជី・ប្រថាប់・ត្រា　登記所官員。

¥ អ្នក・រាជការ・ជាតិ・បារាំងសែស　フランス人官員。

¥ អ្នក・រាជការ・ជាតិ・ស្រុក・អាយ　現地国人官員。

¥ អ្នក・រាជការ・ជំនួយ・រាជការ・ប៉ុស្តិ៍・និង・ខ្មែរ・ឡូស ＝ត្រាំ。郵政局補助官員。

¥ អ្នក・រាជការ・តុលាការ　司法部官員。

¥ អ្នក・រាជការ・ត្រួត・ត្រា・ដើរ・ឈ្នួត　巡視監督官員（≠内勤官員）。

¥ អ្នក・រាជការ・ធំ　高官。

¥ អ្នក・រាជការ・បារាំងសែស　フランス政府官員。

¥ អ្នក・រាជការ・ប្ញូវ៉ូ　内勤官員（≠巡視官員）。

¥ អ្នក・រាជការ・ពិនិត្យ・រស់　計測検査官員。

¥ អ្នក・រាជការ・ភ្នាក់・ងារ　官員。

¥ អ្នក・រាជការ・មុខ・ក្រសួង　管掌官員。

¥ អ្នក・រាជការ・រដ្ឋបាល　行政官員。

¥ អ្នក・រាជការ・ស៊ីវិល ＝អ្នក・រាជការ・ស្រុក・ធម្មតា。文官官員。

¥ អ្នក・រាជការ・ស្រុក・ធម្មតា ＝អ្នក・រាជការ・ស៊ីវិល。文民官員。

¥ អ្នក・រាជការ・ស្រុក・អាយ　現地国政府官員。

¥ អ្នក・រាជការ・ស្រុក・អាយ・សក្តិ・ធំ　現地国政府高官。

¥ អ្នក・រួច・ពន្ធ　免税者。

¥ អ្នក・លក់・រាយ　小売者。

¥ អ្នក・លក់・ស្រា　酒販売者。

¥ អ្នក・លក់・អាភៀន　アヘン販売者。

¥ អ្នក・លក់・ឧស　薪販売者。

¥ អ្នក・ស៊ី・ឈ្នួល　被用者（フェリーのも）。

¥ អ្នក・ស៊ី・មតិក　遺産相続人。

¥ អ្នក・ស្តាប់・គ្រៅ　聴講生。

¥ អ្នក・ស្រុក・ចំណុះ・យុំ　村に属する住民（＝村民）。

ឥណ្ឌា

¥ ជាតិ・ឥណ្ឌា　インド人。

ឥត

¥ ឥត・ថែម・ថយ　（調書には）何も加えず減らさずありのまま（を書く）。

ឥន្ធនា　エンジニア。

ឧកញ៉ា

¥ ឧកញ៉ា・អគ្គមហាសេនា　អគ្គមហាសេនា 卿（位階は10。ហ្សាន់。功績があると。សម្តេច・អគ្គមហាសេនា（11・ហ្សាន់）に昇任）。

ឧត្តមលេខ ＝ជុតលេខ。特級（郡長、など）。

ឧត្តមសិក្ខាធិការ　高等教育（インドシナ国では、実際は後期中等教育、すなわち高等学校相当。ハノイにある）。

ឧទ្ធរ

¥ ឧទ្ធរ・សេចក្តី　判決に（不満で）控訴する。

ឧបជ្ឈាយ ＝ឧបជ្ឈាយ・បំបួស。戒師。

ឧបាយ

¥ ឧបាយ・ពេញ・ច្បាប់　合法的手段（を使って税金を納付させる）。

ឧស、ឥស

¥ ឧស・ជ្រៀត・ហើយ　すでに割った薪。

¥ ឧស・មូល　まだ丸いままの薪。

ឧស្សី　（樹木税の分類で）タケ材（＝手工業の材料。櫧・櫂材、トウ、タケ、果樹、など）。

ឯកចិត្ត　個人の自由意思。

¥ ឯកចិត្ត・រៀង・ខ្លួន　個人の自由意思。

ឱកាស

¥ ដោយ・ឱកាស　時々（自宅の一部を間借りさせる）。

編者あとがき

　本書(以下、「本訳書」とする)『カンボジアの行政』の底本のクメール語タイトルは、ក្បួនបង្ហាញចំណេះវិជ្ជាការខាងរដ្ឋបាលសំរាប់មន្ត្រីនាក្រពញ្ញាខ្មែរហើយនឹងពួកកូនសិស្សសាលារដ្ឋបាលខ្មែរ(『クメール政府官員とクメール行政学校学生のための行政知識解説』)で全2巻である。またフランス語による表題紙には *Cours de Connaissances Administratives à l'Usage des Fonctionnaires Cambodgiens et des Élèves de l'École d'Administration Cambodgienne, traduit par M. Nal, Secrétaire-Interprète à la Résidence Supérieure Répétiteur à l'École d'Administration Cambodgienne, publié sous les auspices de l'Administration du Protectorat, 1920* とある。原著者は、カンボジアの高等弁務官、インドシナ総督代行を歴任、自ら行政学校で教鞭も取った、アシル・ルイ・オーギュスト・シルベストル(Achille Louis Auguste Silvestre、1879-1937)である。また、原訳者ミアハ・ナル(មាស ណាល់、1894-1974)はシソワット校を卒業、高等弁務官府の行政官となり、フランス留学後、行政学校の教官となった。その後、王立図書館司書、内務宗教大臣(1941-1943)、教育大臣(1945)などを歴任した。

　本訳書の底本である原訳書はカンボジアの国立公文書館、およびフランス、ヴァンセンヌの国防省歴史資料部に所蔵されている。原訳書のタイトルには、「翻訳」と記されているが、フランス語による原書が翻訳以前に出版されていたかどうかは不明である。シルベストルによる序文には、「本書は、学生たちが誉れある幸福の道をめざし、国のすべての人が知識を身につけることができるように導くことを助け、また政府の職務に就いた際に、政府のことについて詳しく理解できるようになるために作成された」とあり、行政教育に対するシルベストルの熱意がわかる。

　同じくシルベストルによって書かれ、1924年にプノンペンで出版された *Le Cambodge Administratif :Cours professé a l' École d'Administration Cambodgienne* の序文には、1917年、1922年に行政上の改革があったこと、また、10年近くにわたるクメール行政学校での業績を公開することになった、と書かれている。

　シルベストルの功績については、*Nagara Vatta* 紙でもたびたび言及されている(8号1937年2月6日3-1-2、18号1937年5月1日1-6、19号1937年5月8日1-5、20号1937年5月15日1-5、47号1937年11月27日1-5、48号1937年12月4日1-5)。

　それによるとシルベストルは1879年1月1日に生まれ、植民地学校を卒業した後、コーチシナで勤務を始め、上級行政官見習いとなった。1901年12月18日からカンボジアで多くの州の弁務官を務め、続いて高等弁務官の事務局長となった。フランスの租借地であった広州湾の主任行政官を務めた後、カンボジアに戻り高等弁務官となった。途中、フランス領ソマリで総督も務め、最後にはインドシナ総督代行も務めている。

　シルベストルは自ら行政学校で教鞭も取った。またクメール人の子どもたちが基礎学力をつけられるように寺学校を多数つくり、さらに学力のあるクメール人がフランス、トンキン、コーチシナなどに出ていくことなくカンボジア国内で中等教育が受けられるよう、シソワット中高等学校設立の支援をした。卒業生たちやその関係者のネットワークを作るために、シソワット校卒業生友愛会の設立も後援した。さらにカンボジアの経済を発展させるために、トウモロコシなど多くの種類の作物を栽培できるように指導し、クメール人の人頭税を引き下げたという。

　シルベストルはインドシナの地で35年間奉職し、1937年1月末に職務を引退し、フランスに帰国してすぐ、1937年4月21日、生まれ故郷のロシュフォール＝シュル＝メール(Rochefort-Sur-mer)で亡くなった。

　シルベストルの追善供養式が、同年5月2日、シソワット中高等学校で行われ、その際には、高等弁務官をはじめとするフランス人、カンボジア国王代理、クメール人政府関係者のほか、シソワット校関係者が多数参加し、50名の僧侶が読経したという。1937年11月には、プノンペンの中央に位置するプサー・トゥメイ市場が落成された。これは、シルベストルがカンボジアの高等弁務官であったときに発案していたものだと伝えられている。落成式の様子を報じた47号1937年11月27日特別版では、シルベストルについて「クメール国を経済と商業と考えをひとつに団結して暮らすことの面で発展させたいという良い性格で、我々は氏の霊魂を深く尊敬するべきである」としている。いかにシルベストルがカンボジアの地で高く評価され、慕われていたかがわかろう。

　行政学校で原訳書を通して行政の在り方を学び、その後、クメール政府の官員となった多くのクメール人が

*Nagara Vatta*の読者や支持者となったことから、本訳書によって*Nagara Vatta*への理解は確実に深まると考えられる。

　本訳書『カンボジアの行政』は、本訳者、坂本恭章先生の長年にわたる膨大な資料の収集およびその電算化、通時・共時両面からの言語研究、そして辞書編纂という学術研究成果の蓄積によっている。単なる翻訳ではなく、他の研究者にも一次資料と同様に学術利用できるよう、原文に忠実に訳した上で、解説にあたるまえがき、語彙集が付けられている。本文中には、本訳者である坂本先生による丁寧な訳注が適宜、入れてある。原訳書のクメール語の綴りは現在のクメール語とは異なるものも多く、統一もされていないが、本訳書の巻末にある語彙集では、現在のクメール語の綴りに統一してある。

　本訳書が完成するまでには多くの方々の協力があった。グレゴリー・ミカエリオン（Grégory Mikaelian）氏は資料に関して適切な助言を下さった。マリー・アベルダム（Marie Aberdam）氏は原訳者の履歴、また原訳書の所蔵館についてご教示くださった。本訳者の謝辞に名前のある神田真紀子氏は東京外国語大学カンボジア語専攻の第1期生である。校正作業には、同専攻卒業生の本間順子氏、そしてカンボジア語研究室の学生諸君の協力を得た。また、水戸部功氏はすばらしい装幀をしてくださった。西沢章司氏は丁寧な組版をしてくださった。めこんの桑原晨氏は、熱意と誠意をもって出版をサポートしてくださった。この場を借りてお礼申し上げる。

　最後に、本訳書『カンボジアの行政』はカンボジア研究はもとより、東南アジア研究の発展を願って、訳者の坂本恭章先生が私財を投じて出版を実現させたものであることを申し添えておく。

2018年11月

編者

坂本恭章（さかもと・やすゆき、SAKAMOTO, Yasuyuki）
1935年生まれ。東京外国語大学名誉教授。専門は言語学（モン・クメール語族）。
主な著書は、『カンボジア語入門』、『タイ語入門』（以上大学書林、1989年）、『カンボジア語辞典』（全3巻、東京外国語大学アジア・アフリカ言語文化研究所、2001年）、『王の年代記』（明石書店、2006年）、論文は "a et ā de khmer ancien"（1974）、"e de khmer ancien"（1970）、"sur quelques voyelles de khmer ancien"（1971）、"The source of Khmer /uɑ/"（1977）、"i ,ī,ya,yā de khmer ancien"（1970）、（いずれも掲載誌は省略）など。
1996年、カンボジア王国ムニサラポアン勲章コマンドール章受章。

上田広美（うえだ・ひろみ、UEDA, Hiromi）
1966年生まれ。東京外国語大学大学院総合国際学研究院准教授。専門はカンボジア語学。
著書は、『カンボジアを知るための62章』（共編著、明石書店、2012年）、『ニューエクスプレス カンボジア語』（白水社、2008年）、『カンボジア語読解と練習』（白水社、2017年）、論文は「クメール語の動詞句の連続について」（掲載誌は省略、2017年）など。

岡田知子（おかだ・ともこ、OKADA, Tomoko）
1966年生まれ。東京外国語大学大学院総合国際学研究院准教授。専門はカンボジア文化、文学。
著書は、『カンボジアを知るための62章』（共編著、明石書店、2012年）、訳書に『追憶のカンボジア』（東京外国語大学出版会、2014年）、『萎れた花・心の花輪』（大同生命国際文化基金、2015年）、論文は「保護国カンボジア―クメール語紙『ナガラワッタ』に見られるフランスの存在」（掲載誌は省略、2015年）など。

フランス保護国時代のカンボジア
第1分冊

カンボジアの行政

初版第1刷発行 2019年1月1日

著 者	A. シルベストル
訳 者	坂本恭章
編 者	上田広美　岡田知子
装 幀	水戸部 功
発行者	桑原 晨
発 行	株式会社めこん
	〒113-0033 東京都文京区本郷3-7-1
	電話 03-3815-1688　FAX 03-3815-1810
	ホームページ http://www.mekong-publishing.com
組 版	字打屋
印 刷	株式会社太平印刷社
製 本	株式会社新里製本所

本書は日本出版著作権協会（JPCA）が委託管理する著作物です。本書の無断複写などは著作権法上での例外を除き禁じられています。複写（コピー）・複製、その他著作物の利用については事前に日本出版著作権協会（http://www.jpca.jp.net e-mail：data@jpca.jp.net）の許諾を得てください。